MEDARDO MEJÍA

HISTORIA DE HONDURAS TOMO V

ERANDIQUE

COLECCIÓN

HISTORIA DE HONDURAS TOMO V
MEDARDO MEJÍA

©Colección Erandique
Supervisión Editorial: Óscar Flores López
Diseño de portada: Andrea Rodríguez-Lilyana Gálvez
Administración: Tesla Rodas
Director Ejecutivo: José Azcona Bocock

Primera Edición
Tegucigalpa, Honduras—Julio de 2024

ÍNDICE

DE CÉLEO ARIAS A LA INFAME CARTA ROLSTON 7

PRÓLOGO 9

PRESENCIA DE CÉLEO ARIAS EN LOS ACONTECIMIENTOS DE 1871 11

EL JEFE LIBERAL CÉLEO ARIAS TOMA EL PODER DE LA REPÚBLICA DE HONDURAS 17

CONSTITUCIÓN POLÍTICA DE LA REPÚBLICA DE HONDURAS DE 23 DE DICIEMBRE DE 1873 39

PRIMER GOBIERNO DEL GENERAL PONCIANO LEIVA 67

GOBIERNO DE MARCO AURELIO SOTO. IGNORADO ORIGEN DE ESTE GOBIERNO 73

CONSTITUCIÓN POLÍTICA DE LA REPÚBLICA DE HONDURAS DE 1º. DE NOVIEMBRE DE 1880 89

EL CONSEJO DE MINISTROS QUE QUEDÓ EN LUGAR DE SOTO 111

GOBIERNO CONSTITUCIONAL DEL GENERAL LUIS BOGRÁN 113

MIS IDEAS 123

GOBIERNO DEL GENERAL PONCIANO LEIVA 129

GOBIERNO DEL GENERAL DOMINGO VÁSQUEZ 133

CONSTITUCIÓN POLÍTICA DE LA REPÚBLICA DE HONDURAS DE 14 DE OCTUBRE DE 1894 137

GOBIERNO CONSTITUCIONAL DEL DOCTOR POLICARPO BONILLA 169

CONSTITUCIÓN POLÍTICA DE LOS ESTADOS UNIDOS DE CENTRO AMÉRICA DE 27 DE AGOSTO DE 1898 173

MATERIAL DEL DESARROLLO SOCIAL HONDUREÑO EN LOS ÚLTIMOS 50 AÑOS DEL SIGLO XIX 209

DOCTOR POLICARPO BONILLA 279

*CINCUENTA AÑOS DE INTERVENCIÓN ANGLO-
NORTEAMERICANA* 325

TRATADO HAY-PAUNCEFOTE 335

DATOS DE HONDURAS 339

LA CARTA ROLSTON 385

PACTOS DE WASHINGTON DE 1907 409

DECRETO NÚMERO 9 411

DE CÉLEO ARIAS A LA INFAME CARTA ROLSTON

Para Medardo Mejía, la frase de Rafael H. Valle de "La historia de Honduras se puede escribir en una lágrima", no es correcta. En todo caso, señalaba el autor de Los Diezmos de Olancho, Froylán Turcios en los campos de la estética y el civismo, Comizahual, entre muchas obras, "la historia es para estudiarla y aprender de los errores para no volver a cometerlos".

Este tomo —el número cinco de los seis que contiene la Historia de Honduras de Medardo Mejía— comienza con la biografía de Céleo Arias del doctor ecuatoriano Antonio Grimaldi, y concluye en 1920.

Como ya es una tradición hondureña, aquí quedan retratadas las conspiraciones, intrigas y traiciones de los políticos por perpetuarse en el poder... o por tumbar al que lo tiene.

Además de dedicarle muchas páginas a Arias y a su manifiesto llamado MIS IDEAS, en el que exponía su visión para Honduras, Medardo Mejía también recoge anécdotas que ayudan a hacernos una imagen de los hombres que gobernaron el país a finales del siglo XIX y a inicios del XX. Como esta de Ponciano Leiva.

La única persona que conoció bien al General Ponciano Leiva fue su mujer. Cierta vez lo encontró un amigo en el salón presidencial, sentado en un sofá, con ademán meditabundo, sosteniéndose la mandíbula.

—¿Qué te pasa? —le preguntó el amigo— que te veo triste y acongojado...?

—¿Qué ha de pasarme —le contestó el Presidente Leiva— que no me pagan mis sueldos y debo seis meses de comida...

—Pero eso no es para que adquieras el tamaño de una hormiga. Tienes bienes en Santa Cruz de Yojoa. Pídele a tu mujer dinero suficiente para matar tus penas.

—Ahí está lo grave —le replicó Leiva—. Dice Luisa que la política es vagancia; que me dedico a ella por no trabajar, y que el que no trabaja no come...

Medardo Mejía, además, cuenta cómo fue que Marco Aurelio Soto llegó a la presidencia de Honduras...

El joven don Marco Aurelio Soto —narra el maestro Medardo— desconocido en su misma patria y por lo mismo sin odios, pero que Arias tenía motivos para creerlo liberal, tomando sus palabras por verdaderas, era uno de los servidores de Justo Rufino Barrios y entusiasta por la dictadura de éste. No había, pues, motivo para que Barrios dejara de aceptarlo, como sucedió.

Con ese resultado, Arias escribió a Honduras, indicando a sus amigos que lo hiciesen conocer y lo aprestigiasen levantando actas proclamándolo Presidente —agrega—. Aunque Soto no era conocido ni de nombre, las recomendaciones de Arias eran atendidas y las actas se levantaron. Fundado en ellas, pudo ya inaugurarse el Gobierno de Soto.

Mejía tampoco deja pasar la estrategia de potencias extranjeras (Estados Unidos e Inglaterra), para someter a los países centroamericanos a su voluntad y a su interés de enriquecerse a través del saqueo de las minas y de la explotación de los campos bananeros.

Un reflejo de la visión colonizadora es la famosa —e infame— Carta Rolston, un documento que todo hondureño debería conocer.

Después de burlarse de la esposa del presidente López Gutiérrez, Hiller Rolston, ejecutivo de la compañía bananera transnacional United Fruit Company, da una serie de acciones para apoderarse de tierras a través del chantaje.

"La observación y estudio cuidadoso nos permite asegurar que este pueblo envilecido por el alcohol, es asimilable para lo que se le necesita y destine: es en nuestro interés preocuparnos porque se dobleguen a nuestra voluntad, esta clase privilegiada, que necesitaremos a nuestro exclusivo beneficio", escribe Rolston, refiriéndose al pueblo hondureño.

Una vez más, en **Colección Erandique** le agradecemos a doña Victoria Mejía, hija del maestro Medardo, quien generosamente cedió los derechos de publicación de la obra completa de su padre.

Óscar Flores López
Editor Colección Erandique

PRÓLOGO

Como se dice en Honduras, esta Historia no es una maravilla ni mucho menos. Pero sí tiene algo de particular, que consiste en lo siguiente:

1) Es una relación crítica que no se conforma, por tanto, con la simple exposición narrativa.

2) Es una investigación extensa, por comprender el daño que ocasiona el compendio histórico que comprime los hechos para no explicarlos, en definitiva.

3) Pretende reflejar, con aproximación, el movimiento histórico en sus aspectos político, social y económico, a diferencia de aquellas historias puramente políticas.

4) Se propone hacer ver la transformación de la Sociedad hondureña con sus instituciones, y en primera línea el Estado.

5) Acepta con hechos inexcusables la situación subalterna de Centro América y de Honduras ante los poderes colonizantes de la Gran Bretaña y los Estados Unidos.

6) Esta relación se detiene en el límite de los siglos XIX y XX. Serán los lectores quienes harán el enjuiciamiento merecido de esta Historia.

MEDARDO MEJÍA

PRESENCIA DE CÉLEO ARIAS EN LOS ACONTECIMIENTOS DE 1871

Tomemos de la "Biografía del Doctor Céleo Arias" escrita por el Doctor Antonio Grimaldi, notable publicista ecuatoriano, la siguiente información que aclara el papel desempeñado por un hombre surgido del suelo revolucionario de Honduras, con cuya acción determinó los cambios substantivos en Centro América. Con esto nos proponemos hacer justicia al verdadero adalid de la reforma centroamericana, más importante que los demás a pesar de que alcanzaron más altas posiciones y renombre, por su clara inteligencia, por su saber indiscutible, por su orientación filosófica y por su fuego revolucionario.

Dice el Doctor Grimaldi:

"Surgieron por ese tiempo algunas dificultades y desavenencias entre los Gobiernos amigos y correligionarios de Medina y Dueñas, con motivo de la rivalidad personal entre Medina y Xatruch, entonces Comandante de San Miguel.

Todo Centro América, con excepción de Nicaragua, se hallaba dominada por los conservadores, pero Medina, torpe engendro de Carrera, influenciado por su Ministro favorito don Máximo Araujo, de la misma escuela, pero grande agitador contra el gobierno de Dueñas, por motivos que no son de este lugar, buscó el contacto personal y político de Arias y entraron en confianzas, respecto a la política de El Salvador.

Propuso el Ministro una misión que debía confiarse al Señor Arias, quien por primera vez se relacionó con Medina, y tres días después estaba en camino para San Salvador, asociado de don Teodoro Aguiluz, a quien él mismo designó para su adjunto en aquella representación. Arias comprendía que del choque entre los dos caudillos del conservatismo, debería resultar el triunfo de los liberales en Centro América, y así fue.

Recibidos los dos comisionados por el Gabinete Salvadoreño, expusieron el objeto de su misión, reducido a celebrar un tratado que garantizase la paz de ambas Repúblicas, exigiendo como condición precisa la remoción del General Xatruch de la Comandancia de San Miguel, su concentración a la capital y la de los demás emigrados hondureños y nicaragüenses que había en aquella frontera.

Inútiles fueron los repetidos esfuerzos de la comisión en las varias conferencias que tuvo al efecto con el Ministro salvadoreño, Dr. Zaldívar. Dueñas creía necesaria la caída del Gobierno del General Medina, su correligionario en ideas políticas, pero teniendo más confianza en Xatruch, aún más definido que Medina en el partido retrógrado, comprendía que su bamboleante poder quedaría mejor apuntalado, si lograba colocarlo, por lo cual se negó obstinadamente a obsequiar la demanda del Gobierno hondureño.

Perdida toda esperanza, los comisionados se retiraron de El Salvador no sin formular una protesta enérgica, preludio de un rompimiento entre ambas Repúblicas, que debía modificar el aspecto de Centro América, pues Arias preveía las complicaciones y comprendía que un estallido en cualquiera de los cinco Estados rompería el equilibrio de los conservadores, y una vez armados los liberales por Medina y para su conveniencia, irían más allá de lo que éste se imaginaba, pues si los conservadores formaban una liga de intereses, los liberales aspiraban a una renovación general. (Subrayamos nosotros).

Al llegar a Comayagua los comisionados, dieron cuenta al Gobierno del estado de las cosas en El Salvador, y del inminente peligro de una guerra que Dueñas proyectaba y cuyos preparativos en Oriente no podían ocultarse, llamando Xatruch a los descontentos de Honduras, que al ingresar por la frontera oriental quedaban de alta en la guarnición de San Miguel.

Honduras tenía que aceptar la guerra y defenderse, pero el Señor Arias fue de opinión que se anticipara a declararla, haciendo teatro de ella el territorio salvadoreño, cuyos habitantes, exasperados como se hallaban, se levantarían contra el odioso Gobierno de Dueñas, desprestigiado completamente.

El mismo día que Arias ingresó a Comayagua fijando las bases de la guerra, se le propuso una Cartera en el Gobierno, que aceptó sin vacilación bajo la precisa condición que su primera firma en el Ministerio, sería declarando la guerra al desatentado Gobernante de El Salvador. (Decimos nosotros que el Dr. Arias conocía perfectamente el clima revolucionario de Centro América en aquel momento).

Haya sido por temor, o por no admitir ni en el seno de la guerra, a los liberales, Medina vacilaba y hubiera querido la paz a todo trance, si los preparativos de Dueñas y Xatruch no le obligasen a conjurar el inmediato peligro, pues el lejano que no veía, era la desaparición de los conservadores en las cinco Repúblicas, cansadas ya de una larga y oprobiosa dominación. Se vio, pues, forzado a declarar aquella guerra tan fecunda en beneficios para la causa de los pueblos en las cinco secciones.

Todo esto pasó a fines de febrero de 1871, en menos de cuatro días, después de la llegada de Arias, pues ante aquel hombre tan activo e inteligente, que en aquellos momentos fue la rueda motora de Centro América, ningún obstáculo debía medirse.

Partidario y consejero de aquella guerra, cuyo apostolado ejerció con la entereza de un héroe, no excusó compromisos en los momentos supremos y de mayor incertidumbre, habiendo enfrentado los trabajos y peligros de aquella época con toda la energía de su poderosa voluntad, y con esa fe inquebrantable que sólo saben inspirar las convicciones y el amor a la patria.

La guerra terminó con el sangriento combate de Santa Ana, el 10 de abril de 1871, donde el soldado hondureño probó, como siempre su denuedo, moralidad y disciplina jamás desmentidos[1].

Medina reservaba el grueso del ejército en la frontera, y por vía de ensayo, aventuró cuatrocientos hombres, que avanzaron hasta Santa Ana, y allí esperaron las fuerzas bien equipadas y numerosas de que disponía el asesino del General Gerardo Barrios, que había usurpado el poder sobre torrentes de sangre.

Tres mil hombres, mandados por los más valientes jefes del desmoralizado partido dueñista, se atrincheraron en el cementerio de Santa Ana con buena artillería y sobrados elementos para una dilatada campaña. La revolución sólo contaba con machetes y algunos fusiles en mal estado; de manera que toda la esperanza se cifraba en los cuatrocientos héroes que sólo aspiraban a la redención del pueblo, por tantos títulos amigo, y aunque estaban en la proporción de uno contra siete, se emprendió el combate más sangriento de estos últimos tiempos.

Deshecho completamente el ejército del odioso dictador, los revolucionarios entraron a la capital, haciéndose notar aquella

---

[1] El General Juan López, conservador, era jefe del Ejército, pero el segundo jefe, General Andrés Van Severén, liberal, era el fuego revolucionario del mismo Ejército.

pequeña columna de valientes, cuya modestia los presentaba más bien como derrotados que como victoriosos, pues llegaron abrazando a sus hermanos con la humildad del mártir, garantizando la vida, la propiedad y el honor de los salvadoreños, regresando en seguida a su patria en honrosa miseria, cubiertos de cicatrices, después de haber conquistado con su sangre la libertad de sus hermanos.

Dueñas, como todo criminal, aunque contaba todavía con ejército en la capital, sin hacer un disparo, se escondió cobardemente en la casa del Ministro norteamericano, reclamando protección y asilo.

La revolución de Guatemala, que ya se agitaba en la frontera occidental, redobló sus esfuerzos al saber que había desaparecido el gobernante Dueñas. La marcha de los acontecimientos fue rápida, y el 30 de junio se desplomó el añejo edificio de los tradicionalistas, mezcla singular de la vanidosa aristocracia y del salvajismo montañés.

Cualquiera que pese las circunstancias de esa época memorable, notará que esta página histórica, marca uno de los hechos más brillantes del señor Arias, a quien debe Centro América una de sus más radicales transformaciones, como lo declaró el Gobierno de Guatemala en 1874, mediante un honrosísimo acuerdo comunicado por el Ministerio al señor Arias, apenas llegó a la capital.

Derrocada la administración de Dueñas quedó Medina en una posición difícil. Había traicionado a su partido uniéndose, por un rato, con los liberales por su propia conveniencia y conservación momentánea; pero nulificado Xatruch, cuyo antagonismo había sido el único móvil de Medina para prestarse a una guerra, cuyo resultado, a su juicio, debía ser la caída de Dueñas y de Xatruch, sin pensar que todo el partido conservador se vendría abajo operándose una revolución liberal, desconfió de todos los círculos políticos y en verdad ninguno le quedaba.

Pero el instinto lo llevó a sus antiguas filas, creyendo resucitar al bando conservador que acababa de combatir. Cerna derrotada ("huyó mamá Vicenta de Totonicapán", canción popular: nota nuestra); llegó a la frontera de Honduras, donde tuvo una entrevista con Medina, a quien hizo creer que, caído como se hallaba, tenía más prestigios y más poder que los revolucionarios triunfantes de Guatemala. Es de advertir que Cerna creía confiado en un escapulario, de cuya eficacia estaba persuadido.

Fascinado el General Medina con la preponderancia de Cerna, contrajo serios compromisos con él; hizo alianza con los facciosos de Curarén (que viviendo en un medio inhóspito, se desplazaban de su lugar en busca de alimentos: nota nuestra) mandó al Licenciado Manuel Colindres con plenos poderes a celebrar un convenio secreto, no con el Gobierno de Nicaragua, a quien consideraba como enemigo, sino con los ultraconservadoras de aquella República que acaudillaba el General Martínez. Desde ese momento Medina encabezaba la reacción.

Aún conservaba el señor Arias alguna esperanza de que se detuviera en esa pendiente fragosa de la reacción; le inspiraba interés el hombre que había prestado, aunque por la fuerza de los sucesos, importantes servicios a la causa liberal que acaba de levantarse de la postración; pensaba que por su misma conservación debían apoyar la causa liberal, entrando su administración en un sistema racional de imparcialidad y tolerancia, cimentando el orden en los principios.

Era todavía Ministro de Estado, y con la autoridad de su posición oficial, le escribió repetidas veces, haciéndole racionales y juiciosas observaciones, con la franqueza del patriota, en la seguridad de haber obrado de consuno, en las difíciles circunstancias de la guerra.

Los esfuerzos a el Ministro no bastaban ya para contener las pasiones de aquel hombre que amenazaban a desbordarse en forma de conquista, lisonjeado a cada rato por los conservadores que creían posible desbaratar la obra de redención consumada en El Salvador y Guatemala.

Contrariada ya en Honduras esa revolución puesta por Arias en el escenario político, su permanencia en el Gabinete, formando parte de un Gobierno trásfuga, era ya inconducente. Hizo, pues, dimisión de la Cartera que desempeñaba y volvió a la vida privada.

La traición del General Medina a la causa que acaba de abrazar, le atrajo una justa y general execración, y despertando los recuerdos de su pasado, perdió las simpatías y prestigios que comenzaba a crearse en el partido liberal centroamericano, para quien su Gobierno dejaba de ser una esperanza y se convertía insensatamente en una amenaza.

Los nacientes Gobiernos de El Salvador y Guatemala no podían ni debían consentir que se estableciese en Honduras el cuartel general del obcecado reaccionarismo y se vieran obligados, por la ley de su conservación y desarrollo, a procurar cambio favorable en aquella República".

EL JEFE LIBERAL CÉLEO ARIAS TOMA EL PODER DE LA REPÚBLICA DE HONDURAS

El Gobierno de Guatemala, de acuerdo con el de El Salvador, había arrastrado al General González al terreno de los principios (González era una veleta, con capacidad de traicionar a todo el mundo: nota nuestra), y sólo faltaba escoger un ciudadano hondureño que inspirara más confianza y reuniese los prestigios necesarios para el ejercicio del poder provisional en Honduras.

Los emigrados hondureños que había en El Salvador, se reunían en junta revolucionaria en La Unión para deliberar y resolver este punto tan importante como trascendental, y en ellas fue Arias generalmente proclamado. González se mostró satisfecho de haber encontrado al hombre que debía suceder a Medina sin asomar hasta entonces la menor pretensión sobre Honduras.

En proclamas y conversaciones manifestaba siempre el gobernante salvadoreño su desinterés y deseo de contribuir a mejorar la condición del pueblo hermano, movido únicamente por los principios. Ya hemos dicho que no tenía principios y agregamos que no era salvadoreño, pero hasta entonces había motivo para creer que permanecía firme en el partido por su propia conveniencia.

En tales circunstancias y tan avanzados los trabajos, Arias no podía haber excusado sus servicios en el comprometido puesto que le señalaban sus conciudadanos; y exento de toda ambición personal, inspirado en las ideas liberales e invitado por los demás revolucionarios, presentó el programa de la revolución, que cumplió a pesar de las complicaciones y contrariedades que siempre le rodearon. Arias apareció en Honduras cuando el General Medina, a la aproximación de las fuerzas aliadas, huía con su ejército abandonando las fortificaciones de Gracias, y fue proclamado Presidente Provisional con facultades discrecionales por todos los departamentos de la República, aun por aquellos pueblos que distaban más de cien leguas de la frontera donde estaba.

Inaugurado el Gobierno Provisional en mayo de 1872, tuvo lugar a principios de junio en Gracias, una entrevista de los Presidentes García Granados, de Guatemala, y González de El Salvador, con Arias, en la cual fijaron las bases de unión y alianza entre los tres y todo quedó concluido.

El General García Granados regresó a Guatemala sin haber exigido a Honduras cosa alguna, portándose como caballero desinteresado, pues no tuvo más propósito que apoyar un Gobierno de principios liberales como una muralla contra la reacción armada en Honduras. En cambio, González era ladrón, se llevó las piezas de artillería que encontró en Gracias y otros objetos nacionales sin razón para ello.

Recogió cuantas bestias pudo, y en un llano donde pastaban muchos bienes de campo, ordenó a los oficiales lazar y colectar las bestias de un honrado propietario, que fueron conducidas a una hacienda de El Salvador.

El Licenciado Juan Samayoa, improvisado general antes de estos acontecimientos, era favorito y consejero de González, y fue dicho hombre quien le sugirió que sometiera a arbitramento el dominio de Honduras sobre la isla y puerto de Amapala, que alegaban pertenecer a El Salvador, echando mano de sofismas históricos tan ridículos como impolíticos, pero llevaban por objeto desvirtuar la revolución que acababan de proteger y acaso halagar a los salvadoreños con una conquista rechazada por sus mejores hombres que tanto aprecian las cualidades del pueblo hondureño.

Arias rechazó indignado tales proposiciones. El general González (alias, Gonzalón; nota nuestra), no conociendo lo bastante el carácter del patriota hondureño, quiso imponerle sus condiciones, amenazándole con dejar caer su mano de hierro sobre su naciente Gobierno. Arias no tenía un soldado de que disponer. Estaba como preso entre las bayonetas salvadoreñas, rodeándole algunos pocos hondureños que siquiera lo apoyaban moralmente; pero contaba con la fuerza de su carácter y con la idea de hacerse matar, antes que consentir la humillación de su patria. Logró alejarse en completa ruptura (de Gonzalón), declarando su resolución de disolver el Gobierno con un manifiesto a los pueblos de Centro América y tomar el papel de faccioso en las inaccesibles montañas de Honduras, para no consentir el criminal sacrificio que se le exigía.

Se ocupaba de confeccionar el Decreto de disolución del Gobierno y el manifiesto anexo, cuando, de parte del General González, llegó un edecán suyo a manifestarle: que había modificado favorablemente sus pretensiones y lo invitaba a nuevas conferencias.

Fuese que le faltó valor moral para consumar aquel atentado de que debía pedirle cuenta Centro América, fuese por versatilidad de su carácter, en el cual se operaban de una hora a la otra los cambios más extremos, lo cierto es que en la nueva conferencia retiró sus exigencias, quedando por el interés de la causa pública, en armonía aparente; pero en el fondo, se extinguió para siempre, la buena inteligencia entre aquellos hombres de antecedentes tan opuestos.

El General Medina, que salió huyendo de Gracias y fue derrotado en Comayagua, se embarcó en Trujillo, y González regresó con su ejército a El Salvador, no porque la guerra hubiese concluido, sino por temores de un trastorno en aquella República.

El Vicepresidente salvadoreño (posiblemente el señor Manuel Méndez: nota nuestra) le entregó el mando a González y asumió la Cartera de Instrucción Pública, quedando los demás Ministros, Bustamante, Arbizú y Grimaldi en el Gabinete, donde González hizo una relación de sus actos, sometiendo a la deliberación del Consejo de Ministros, el proyecto de dominar el Golfo de Fonseca, anexando el puerto de Amapala.

Viendo el Consejo de Ministros que aquel proyecto debía ser sugerido por la perfidia de alguno, lo desaprobó y hubo Ministro que manifestase, que si Honduras no tuviera posesión inmemorial de aquel puerto, y El Salvador fuese su verdadero dueño, debía cederlo a Honduras, pueblo hermano con más extensión de litoral por aquel punto que El Salvador. Aquella incalificable usurpación, no teniendo eco en el pueblo salvadoreño ni en el Gabinete, no volvió a mencionarse.

El General Medina apareció inmediatamente en Omoa. Mr. Federico Debrot y otros extranjeros que explotaban su administración y el ferrocarril, le proporcionaron enganches de negros desde Belice hasta las Islas de la Bahía, mientras los Ingenieros del ferrocarril le facilitaban un gran número de operarios para engrosar la columna reaccionaria, que apareció de pronto, en número de seiscientos hombres, en el departamento .de Santa Bárbara. En esos momentos hacía el señor Arias su entrada triunfal en Comayagua, donde acabaría de organizar su Gobierno y tomaría sus disposiciones para hacer frente a la anarquía que por todas partes amenazaba.

El país habría quedado pacificado fácilmente y a poca costa, si la ambición y la deslealtad de ciertos hombres sin conciencia no le hubiera procurado terribles complicaciones. Pesan sobre ellos las desgracias que trajeron sobre su patria.

El General Felipe Espinoza, Comandante en Jefe de la División Oriental Salvadoreña que había ocupado a Comayagua desde principios de mayo, cumplía instrucciones del General González que tendía a complicar la situación de Honduras, mientras se hacía necesario, por segunda vez, la intervención suspensa entonces.

En consecuencia, se puso de acuerdo Espinoza con los Generales Juan Antonio Medina, Casto Alvarado y otros sujetos, algunos de ellos empleados del Gobierno, para intimar al señor Arias la abdicación de la Presidencia en don Ponciano Leiva, a mediados de junio; pero un caballero, con quien contaron, fiel al Gobierno, indicó al señor Arias que dentro de pocos momentos Espinoza y sus parciales ocurrirían a su casa con este fin.

Arias recibió la noticia sin alteración visible, pero dio orden a su Guardia de Honor que hiciera fuego sobre los que intentaran humillarlo, aunque él mismo pereciese. Un momento después, entre siete y ocho de la noche, se presentó un grupo avanzado sobre la casa del Presidente, pero como a veinte metros de la casa, hizo alto por haber dicho Espinoza: "Arias es muy terco, y lo conozco mucho; primero se deja matar que pasar por una humillación; aplacemos la cosa y la haremos de otro modo".

El grupo se dispersó y Espinoza se retiró. Al otro día propuso Espinoza al Señor Arias una expedición sobre Omoa al mando del General Juan Antonio Medina. Este rechazó la proposición, y, al fin, convinieron en ella, agregando al General Longino Sánchez como segundo jefe, sujeto a quien Espinoza no podía influenciar.

Había ocupado ya la plaza de Santa Bárbara el General José María Medina, con fuerzas respetables. Espinoza resolvió ir a conferenciar con él, prometiéndose que aceptaría la inauguración del gobierno de Leiva, a quien apoyaría con las fuerzas sublevadas de su mando, pues tenía plena confianza en esta resolución de Medina.

Arias, comprendiendo esas argucias de sus adversarios, nombró primer Jefe de Operaciones al General Rafael Osorio que, de los departamentos de Copán y Gracias, marchaba simultáneamente sobre Santa Bárbara, cuando recibió la orden de atacar la plaza, aun sin contar con Espinoza, el cual quedó sorprendido de ver las primeras descargas de Osorio, que le obligaron, a su vez, a tomar parte en el combate.

Los fuegos eran vivísimos, la acción sangrienta y bien sostenida por ambas partes; pero las fuerzas de Medina peleaban atrincheradas, mientras las del Gobierno avanzaban a pecho descubierto bajo los nutridos fuegos de las fortificaciones. Por fin, cansadas éstas de sufrir bajas, empezaban a flaquear cuando apareció la columna de Siguatepeque y Comayagua, dando una carga vigorosa ordenada por el mismo Espinoza, con la cual huyó la facción, abandonando los atrincheramientos antes de sufrir el asalto inevitable.

El General Medina, como siempre, a pretexto de enfermedad, se encontraba muy distante de aquel campo sangriento.

Aquel desenlace no esperado por los reaccionarios, la herida que Espinoza recibió en el combate, la casi disolución de sus fuerzas y la llegada del General Streber con trescientos hombres de Choluteca, hicieron ya imposible el proyectado Gobierno del Señor Leiva.

Después de la derrota de Santa Bárbara, Medina se dirigió a Omoa, donde se encontró con el General Juan Antonio del mismo apellido y acordaron proclamar el nuevo Gobierno, el de don Juan Antonio, dándose al Señor Leiva un puesto secundario; pero el General Longino Sánchez, sin vacilación, desconoció esa caricatura de Gobierno, y aunque se puso en fuga el General Juan Antonio Medina, cayó prisionero don José María, junto con el Licenciado Crescencio Gómez. Regresó el General Sánchez a Comayagua, llevando a los prisioneros, después de haber fusilado al Padre Chonoma, clérigo de espíritu aventurero e inescrupuloso, que figuraba en esas charcas de sangre arrastrando una espada, como General de la reacción.

Arias no manchó su administración con la sangre de aquellos prisioneros, por más que muchos exigían la de Medina, y no encontrando grandes responsabilidades en el Licenciado Crescencio Gómez, lo dejó en plena libertad.

El 25. de julio el Coronel Salomón Ordóñez, bajo el humo de la pólvora, ocupó la plaza de Trujillo, donde la reacción medinista fracasó después de una resistencia desesperada, y cinco días después el patriotismo de Tegucigalpa, avivado por un octogenario, derrotó completamente las hordas de Curarén que intentaban saquear y destruir la más bella población de Honduras.

Normalizado un tanto el país, Arias se entregó a los negocios de reconstrucción y organizó su Gabinete así: don Ponciano Leiva, Ministro de Relaciones Exteriores; el General Andrés Van Severén, Ministro de Guerra; don Juan N. Veneo, Ministro de Hacienda, y el Presbítero don Miguel del Cid, Ministro de Gobernación y Justicia, Instrucción Pública, Fomento y Negocios Eclesiásticos. Este honrado sacerdote era un liberal avanzado y de una clara inteligencia.

El señor Leiva hizo pronto la dimisión de su Cartera, pero el Gobierno le concedió licencia en la esperanza de que volviera a ocupar su puesto.

Dictó el Gobierno varias disposiciones encaminadas a restablecer la confianza de los hondureños hasta entonces perdida. Decretó una amnistía muy amplia para todos los que habían incurrido en delitos políticos desde el 5 de marzo de 1871 hasta el 1º. de noviembre de 1872.

Emitió un decreto garantizando la vida, la libertad personal, los derechos de igualdad, seguridad en la propiedad, inviolabilidad del domicilio, libre tránsito, derecho de asociación, libertad absoluta de la prensa, responsabilidad de los funcionarios, derecho de petición, etc. Creó el impuesto pecuniario, de consumo y extracción, reglamentando los ramos de tabaco, aguardiente y papel sellado. Una ley de Fomento promovió las empresas de añil, caña de azúcar, café y cacao.

Estableció una Junta de Crédito Público para reconocimiento de pérdidas. Organizó el Poder Judicial y creó una Oficina de Estadística. Nombró al Licenciado don Ramón Rosa, enviado extraordinario y Ministro Plenipotenciario cerca del Gobierno de Guatemala, con el objeto de mantener y ensanchar las buenas relaciones entre ambas Repúblicas.

Así pasó el año de 1872.

Entre las múltiples labores del Gobierno el año de 1873, merecen alguna especial mención.

Dirigió excitativa a los Presidentes de Centro América para que en compañía de sus respectivos Ministros de Relaciones Exteriores se reuniesen a tratar de la Nacionalidad, indicando que tendría especial gusto en que la reunión y conferencias se efectuasen en Amapala, y aunque fue aceptada esa idea con aplauso, no se efectuó por haberlo impedido los sucesos posteriores.

Dio una ley financiera sobre los bienes del Estado y el Tesoro. Atendió con sumo cuidado los negocios del ferrocarril, inspirando confianza a los Tenedores de Bonos y procurando que la obra se llevase a cabo por una compañía, sentando bases honrosas al país, según el convenio ajustado por el comisionado Gutiérrez y Bernard. Dictó medidas de reparación y conservación de la línea construida por haberla abandonado los señores Wareng Bros. and McCandlish, contratista de toda la línea interoceánica.

Debeló la facción de Acosta en Ocotepeque y la de Sancho García en Ojojona.

A los diez meses de inaugurado su. Gobierno, convocó los pueblos a elecciones para una Asamblea Constituyente, y con el propósito de preparar esos trabajos nombró para formarlos detenida y concienzudamente a los Diputados electos, Presbítero don Miguel del Cid, Licenciado don Martín Uclés, don Carlos Madrid, don Vicente Ariza Padilla y don Máximo Gálvez.

Emitió billetes de la Tesorería en cantidad de $100,000.00 para negociarlos voluntariamente con los propietarios. Ingentes necesidades exigidas por aquella situación tan anómala, obligaron al Gobierno a ocurrir a ese medio desagradable para un pueblo que no mantiene a sus gobernantes en esa abundancia provocadora a los derroches y usurpaciones; pero la bancarrota era completa y la situación aflictiva.

Aunque el valor de los billetes era reembolsable y admisible en el pago de las contribuciones nacionales y se negociaban al 20% de descuento, no circularon voluntariamente. Apremiado el Gobierno cada vez más por las necesidades públicas, hizo forzosa su aceptación.

En el mes de abril se descubrió el crimen de asesinato proyectado en la persona del señor Arias en su tránsito de la casa de Gobierno a la suya. Probado plenamente el atentado. fueron presos el General Salignac, Coronel Ezequiel Marín, don Jerónimo y don Juan Miguel Fiallos, Licenciado Francisco Meza, don Rómulo Colindres y Licenciado Tomás Armijo, autores principales.

Los que tantas veces han visto rodar cadáveres en los patíbulos o tratar a esta clase de reos con la mayor ignominia, se extrañarán que el Señor Arias no haya recurrido a esos medios oprobiosos, y, sin embargo, esas prisiones y el empréstito son fundamentos que los conservadores tuvieron para llamarle déspota, llenándolo de improperios que aún se repiten.

Por ese tiempo la reacción centroamericana, disponía ya del vapor norteamericano Sherman, que se alistaba en El Limón, puerto de Costa Rica, para expedicionar sobre las aguas de Trujillo y Omoa, en Honduras, y de Santo Tomás, en Guatemala, con algunos elementos de guerra y los principales emigrados de Honduras, Guatemala y El Salvador, que pretendían restablecer el conservatismo caído.

Streber, llamado de Choluteca con las fuerzas de su mando, dio una proclama a su división y marchó para Omoa con la orden de ocupar el castillo en el menor tiempo posible y hacer la defensa de aquel litoral. Al llegar, habló con el General Mariano "Alvarez, Comandante del Puerto, y como éste ignoraba los trabajos de la reacción, tranquilizó a Streber; éste, creyendo que Arias buscaba pretextos para prolongar la dictadura, regresó a San Pedro Sula, de donde avisó al Gobierno la ocupación de aquella plaza por razones de higiene y comodidad.

El Gobierno contestó en el acto, ordenando la ocupación del Castillo y expresando temores de que su correo llegara tarde. Este llegó al mismo tiempo que otro de Omoa, en que se le avisaba a Streber la sublevación del Comandante del Castillo, Teniente Coronel F. Betancourt, y haberse negado a la entrega del fuerte, a pesar de las intimaciones del General Álvarez.

Como es natural, Streber marchó precipitadamente, y a los cuatro días de combate contra los sublevados, desocupó Betancourt la fortaleza a la última intimación de Streber, hecha por conducto de Carlos Follín, Cónsul Americano. Pocos momentos después se avistaba el Sherman, que contaba con los sublevados del Castillo, pero ya era tarde.

Antes de este suceso, a principios de junio, el Sherman, había llegado a Utila, en donde los señores Licenciados Manuel Colindres y Rafael Padilla fabricaron una cosa que llamaron Gobierno. Hecho esto y enganchando gente, se dirigieron a Trujillo, contando tal vez con la traición de su Comandante don Dolores Toro, pues la única y pequeña resistencia la hizo el Mayor de Plaza, Coronel Nicanor Turcios.

Trujillo quedó en poder de los reaccionarios. El Gobierno declaró la República en estado de Guerra, dio una proclama a los pueblos y con una actividad asombrosa improvisó seiscientos hombres que marcharon a Trujillo, sin pérdida de tiempo, a las órdenes del General Salomón Ordóñez; pero el General Casto Alvarado, que ejercía las funciones de Comandante por parte de los facciosos, evacuó la plaza el 15 de julio a las cuatro de la tarde, al saber la aproximación de Ordóñez, y éste la ocupó el veinte.

La fiebre amarilla diezmaba la población del puerto, y la división del General Ordóñez fue, en mucha parte, víctima de aquella epidemia. De ella murió el entendido, leal y valiente Coronel Leandro J. Rodríguez, Gobernador y Comandante del Departamento de Santa Bárbara.

Bastante disminuida aquella división, dejó el suficiente número para que Ordóñez resguardara el puerto y luego se incorporase la del General Solares, que había llegado con seiscientos hombres a Santa Bárbara, con el objeto de combatir a la reacción centroamericana y filibusteros agregados.

El vapor Sherman zarpó de Trujillo el 15 de junio y llegó a Puerto Cortés el 16, el cual estando indefenso, fue ocupado por los reaccionarios, lo mismo que la línea férrea.

El 7 de agosto, el traidor Coronel Manuel Luben, encabezando una partida de reaccionarios, y juzgando débil al General Streber, atacó vigorosamente el Castillo, ayudado por el vapor Sherman, que desde la bahía disparaba sus piezas de artillería sobre el puerto. El General Streber resistió primero y después, tomando la ofensiva, salió al llano y los arrolló, derrotándolos completamente, quedando muerto el cabecilla Luben.

Tras este descalabro, los reaccionarios al mando del General Miranda se internaron a San Pedro, y entendidos de que el General Solares llegaba al Chamelecón a dos leguas de distancia, salieron a su encuentro el 9 de agosto, a las 8 de la mañana, en número de 450. Un vivo tiroteo de todo el día hasta las 8 de la noche puso en fuga a los reaccionarios que al favor de la oscuridad se escaparon, dejando varios muertos, entre ellos al General Casto Alvarado, hondureño, y al Coronel Antonio Muñoz, guatemalteco.

El vapor de guerra inglés Niobe, al mando de Lamton Loraine, acompañaba desde el principio y protegía indirectamente al Sherman. Loraine logró convertirse en su personero, desembarcando en Omoa a proponer al General Streber la entrega del Castillo a don Felipe Palacios, por cierta cantidad de pesos.

Rechazada tan indigna propuesta, buscó pretextos para hostilizar a Streber y encontró dos: la supuesta violación del territorio británico en los cayos de Zapotillo y agravios inferidos al Vicecónsul Inglés, don Federico Debrot.

Streber contestó que los cayos de Zapotillo no eran de la Gran Bretaña y que los agravios del Vicecónsul eran falsos, declinando la cuestión para que los gobiernos respectivos la tratasen por medio de sus representantes, pues él, como Jefe Expedicionario, carecía de facultades diplomáticas y estaba resuelto a repeler toda invasión.

El Comandante inglés del Niobe no se dio por satisfecho, y con fecha 19 de agosto intimó al General Streber: que si no reparaba los ultrajes hechos a la Gran Bretaña, bombardearía la fortaleza. En efecto, sin esperar contestación, cuando apenas se habían traducido cuatro o cinco líneas de su despacho, comenzó el bombardeo a las doce del día, cayendo una granizada de balas y bombas sobre el Castillo, hasta que la oscuridad de la noche suspendió aquella tempestad de hierro en que volaban por toneladas las antiguas y macizas barras del fuerte.

Antes de las dos de la mañana del 20 comenzó de nuevo el bombardeo, haciendo pedazos el fuerte durante catorce horas, en que sus defensores permanecieron en pie bajo los derrumbamientos, con la sangre de los héroes. Durante el bombardeo el Sherman permaneció al lado del Niobe presenciando y saboreando aquel atentado en que tomó parte don Enrique Palacios, que ocupaba con fuerzas la población del puerto. El Capitán del Niobe se esforzó en que Palacios ocupara el Castillo, interponiendo el poder británico, pero ante el valor de Streber y los suyos todo fue inútil.

Una partida de bandoleros del Sherman, dirigida por el cabecilla José María Barahona, que el General Ordóñez dejó pasar por incauto y poco diligente, se internó hasta Opoteca el 15 de septiembre, con el objeto probable de dirigirse hasta la Costa del Sur, en donde comenzaban a agitarse los reaccionarios, protegidos por el vapor Montijo, que navegaba en las aguas del Pacífico.

El General Ordóñez dio alcance a Barahona en el referido pueblo, lo atacó y fue rechazado debido a las buenas posiciones de Barahona. El 21 volvió con buenas fuerzas, abrió sus fuegos sobre aquella plaza inexpugnable, y no habiendo alcanzado ninguna ventaja en tres días de combate, se retiró.

Barahona se dirigió a La Paz en ocasión que penetraba por el Valle de Comayagua, una división salvadoreña, al mando del General Espinoza, quien, informado del paradero de los bandoleros, aceleró su marcha y les dio una carga terrible, dejándolos en completa dispersión.

El vapor Sherman se encontraba en Tela: allí desembarcó el General reaccionario don Juan Antonio Medina, que con sesenta y seis hombres apareció en El Negrito, donde lo batió y deshizo el Coronel don Cleto González, Gobernador y Comandante de Yoro.

Medina recogió los soldados dispersos, que, unidos a 130 de los derrotados de La Paz, se dirigieron a Cataguana, donde se hallaba el General González. Se empeñó en una lucha reñida y Medina fue vencido.

No les quedaba ya esperanzas a los reaccionarios del Sherman, y el 22 zarparon de Tela con dirección a Utila, isla que había dejado asegurada, pero que fuerzas del Comandante de Trujillo la habían recuperado el 20. El Sherman llegó el 26 a las 8 de la mañana, hora en que abrió sus fuegos de artillería sobre los atrincheramientos de la isla. A las 5 de la tarde suspendió las hostilidades, hizo rumbo a Trujillo, pasó a la vista de Roatán, pero cambiando, dirigió su proa a Colón, en donde fue capturado por el Capitán W. B. Cushing, Comandante del buque de guerra norteamericano Wyoming, según el parte siguiente:

"Colón, 8 de noviembre de 1873. Señor James Boyd. Panamá. He tomado posesión del vapor Coronel Ariza, antes General Sherman, por haber hecho uso de papeles ilícitos y haber navegado bajo la bandera de Honduras, siendo así que está probado que en ningún tiempo ha cambiado de nacionalidad, y es todavía legalmente buque americano, pues que los últimos documentos que ha poseído y posee son de registro americano y otros papeles. Cushing".

Así acabó la expedición pirática o filibustera de aquel litoral, como se le llamó en documentos oficiales de Guatemala, El Salvador, Honduras y Nicaragua, después de cruentos sacrificios, especialmente para Honduras, quedando sembrada la cizaña entre los aliados.

Al doctor Céleo Arias, presidente de Honduras, cupo la suerte de combatir la reacción más formidable que los conservadores de las tres

Repúblicas han levantado hasta ahora, comenzando por hacer de Honduras un teatro de anarquía decorado de sangre por las ambiciones innobles de los que incendiaron su patria con tal de colocarse en el dosel. En aquella borrasca desastrosa, otro que no hubiese sido Arias, habría dado atrás a los modernos Nerones y Calígulas que han estremecido de horror a Centro América.

El Licenciado Ramón Rosa, que tenía a su cargo la Cartera de Relaciones Exteriores de Guatemala, llegó a Comayagua en misión confidencial de su Gobierno el 4 de septiembre. Después de algunas conferencias, complacido de la marcha de las cosas, manifestó que Guatemala continuaría aliada y consecuente, pues los informes que había dirigido al Gabinete de su procedencia eran satisfactorios.

Todo esto era verdad, pero Rosa, viendo en seguida que el General Barrios había caído bajo las sugestiones del Presidente de El Salvador, General Santiago González (a) Gonzalón, el hombre más voluble que ha tenido el Gabinete salvadoreño, renunció su Cartera y se retiró a la vida privada.

Con alguna repugnancia por los títulos imperiales, después de haber mencionado al General González, distinguiremos al salvadoreño con el título de Mariscal, que obtuvo bajo la dictadura de Dueñas.

Pues bien, el Mariscal González, descontento de Arias por no haber accedido a sus pretensiones atentatorias sobre la isla del Tigre, por haber negado la traslación del Presidente Medina a El Salvador, y por no darle en arrendamiento la renta de aguardiente del distrito de Ocotepeque, solicitada tantas veces en cartas particulares que tenemos a la vista, buscaba otro hombre que tuviera algún cálculo capaz de solicitar su apoyo concitándole odios al señor Arias.

El Mariscal sabía que el señor Leiva era uno de los desafectos y quería la caída de Arias, aun siendo su Ministro de Relaciones Exteriores. Con tal objeto celebró en Santa Cruz el 16 de julio el Convenio Leiva-Cousin, en el cual se comprometió con el Gobierno de El Salvador: 1°. A tomar la Presidencia Provisional de Honduras; 2°. A empeñar su influjo y recursos de la Nación para combatir y extirpar la facción reaccionaria; 3°. Aprobar los actos administrativos del señor Arias; 4°. Someter a juicio en breve tiempo al ex-Presidente Medina o, en caso de no permitirlo las circunstancias, acordar su traslación a El Salvador en calidad de depósito. Tales son, en resumen, las bases de ese convenio que en copia y letra del señor Cousin conservamos.

El Gobierno de El Salvador se obliga: auxiliar con todo su influjo y poder el arribo del señor Leiva al Poder Ejecutivo; ayudarle a debelar la facción reaccionaria y a cuanto tendiera a su buena Administración, aun después de pacificado el país, e interponer su influjo con el Gobierno de Guatemala para que se adhiriera al Convenio.

Para llevar a cabo el expresado convenio, el señor Leiva salió del país y se encontró en las conferencias que los Presidentes González y Barrios tuvieron en Chingo el 1º. de noviembre, de las cuales salió la intimación que aquellos gobernantes hicieron al señor Arias, en carta privada, de abandonar la Presidencia en favor de Leiva.

(Decimos nosotros: ¡Vea usted qué liberales que estaban reformando a Centro América! Ya se sabe que Gonzalón era un bandido; pero no se sabía que Barrios tuviera cabeza de pollo, y menos que Leiva viniera al mundo a desempeñar papeles tan tristes por no decir otra cosa).

El Mariscal había pretextado en las conferencias que Arias no podía dominar la reacción ni las facciones interiores, creándose malas inteligencias que el mismo González fomentaba, despertando ambiciones, pero la verdad es que Arias era netamente liberal y González pretendía crear un tercer partido, rechazado como se hallaba por ambos. Arias, que comprendía el programa incoloro e indefinible del Mariscal González, sabía para donde se encaminaba éste bajo fútiles pretextos.

Los reaccionarios del Sherman se habían retirado para no volver, el país estaba quieto; pero González había logrado que las fuerzas de El Salvador y Guatemala permanecieran en Honduras obedeciendo a su plan, cuyos sucesos no tardaron en desarrollarse.

Leiva regresó a Honduras, se incorporó a la división del General Espinoza, y con su apoyo inauguró su Gobierno en Choluteca el 23 de noviembre. Pero antes (14 de noviembre) el General Van Severén, con trescientos salvadoreños, fue derrotado en El Corpus por el General Juan Antonio Medina, que en su fuga del departamento de Yoro se había trasladado a la Costa Sur, donde encabezaba una partida de reaccionarios en unión del General Ramón Tinoco. Medinita marchó sobre Tegucigalpa, cuya plaza ocupó sin resistencia. El 26 de noviembre, el Mariscal González quería, por engaño, apoderarse de Amapala, manifestando al Comandante del puerto, por conducto del General Brioso, que Medinita, de acuerdo con el vapor Montijo, intentaba sorprender el puerto, por lo cual le ofrecía toda clase de auxilios. El Comandante contestó dando las gracias por la noticia y por la promesa de auxilio, pero negándose a aceptarla en concepto de que el General Espinoza, Jefe de las fuerzas salvadoreñas en Honduras venía haciendo un llamamiento al reaccionarismo y se había declarado abiertamente hostil a su Gobierno.

Esa contestación, que ladeaba la careta del señor Mariscal, le puso furioso y resolvió tomar el puerto a viva fuerza. En efecto, con seiscientos hombres cargó sobre la plaza, defendida por el Coronel Domingo Vargas con ochenta hombres, que sucumbieron heroicamente, quedando el puerto y su jefe en poder del Mariscal.

Entre tanto Espinoza y el nuevo Gobierno, esperando los resultados del combate de Amapala, se encontraron en Choluteca, donde también estaban los Coroneles Williams y Sierra con trescientos hombres fieles al gobierno de Arias, que muy bien pudieron caer sobre Espinoza y derrotarlo; pero no había declaratoria de guerra ni tenían orden al efecto. Sierra quería que lo hicieran de cuenta propia, asumiendo la responsabilidad, seguro del buen éxito, y así se lo propuso a Williams, pero este no quiso dar un paso tan atrevido.

Sabedor Espinoza de hallarse Amapala en poder del Mariscal González, propuso al Coronel Williams que uniesen sus fuerzas para marchar sobre Tegucigalpa y batir a Medinita. Williams no quería ir sino con las fuerzas separadas, pero deseando salir de la situación incómoda en que estaba, convino; mas en el Cerro de Hule, dejando el camino de Tegucigalpa, tomó el de Lepaterique, a vista de la división de Espinoza, que no se atrevió a detenerlo. Williams llegó a Comayagua el mismo día a la una de la noche.

Espinoza en Tegucigalpa entró en conferencias con el reaccionario Medinita y concluyeron por quedar unidos para combatir al Presidente Arias.

El 11 de septiembre había convocado el Gobierno para el 12 de octubre un Congreso Constituyente, pero los sucesos de ese tiempo no permitieron su instalación; mas habiéndose tranquilizado el país con la ida y captura del Sherman, con fecha 25 de octubre, hizo una nueva convocatoria para el 1º. de diciembre.

Se instaló en Comayagua ese Congreso, ante el cual leyó el Doctor Arias un breve mensaje, notable por el fondo y por la forma, obra suya con su propio estilo.

Aprobó el Congreso el mejor y más ventajoso contrato que se ha celebrado hasta hoy para la construcción del ferrocarril interoceánico; pero no aceptó la dimisión de la Presidencia que hizo el Señor Arias.

Autorizó al Gobierno para manifestar a los Gobiernos aliados de El Salvador y Guatemala, que no eran ya necesarias las fuerzas auxiliares en Honduras, y para ordenar al Comandante de las fuerzas salvadoreñas que evacuasen el territorio de la República, apelando a los medios sucesivamente conciliatorios y de coacción en caso necesario.

Declaró faccioso y usurpador del mando supremo al señor Ponciano Leiva. Amnistió a todo el que hubiese incurrido en delito político, menos por malversación de fondos públicos.

Amnistió especialmente al reo de Estado General José María Medina, con la restricción anterior, no pudiendo salir de la cárcel sin la caución por las responsabilidades pecuniarias en el juicio de responsabilidad. Convocó a los pueblos a elecciones para Presidente Constitucional el primer domingo de febrero y para Diputados al Congreso Ordinario, designando, para el ejercicio del Ejecutivo, a los señores Licenciados Martín Uclés, Juan Ramón Valenzuela y Ramón Midence.

Por último (el 23 de diciembre), decretó la Constitución Política de la República.

Pudo prolongarse la dictadura exigida imperiosamente por las circunstancias; sin embargo, el señor Arias prefirió entrar de lleno al orden constitucional. Muchos buscan pretextos, hasta ridículos, para gobernar omnímodamente; Arias, al frente de la anarquía, quiso la ley antes que el abuso autoritario, la Constitución antes que el fusil y el Congreso antes que el cadalso. Si esto no es un programa liberal, no conocemos otro en nuestro credo político.

El Congreso del 73 obró con entera libertad. Aún viven aquellos diputados (en 1890) a quienes hemos oído decir que no sintieron en sus deliberaciones la mano del gobierno, ni sugestión, ni halago, ni amenaza. Hubo diputados que en plena discusión vituperaban al

Gobierno, en términos descomedidos, por la prisión del General Medina, y a nadie le pasó siquiera un desagrado.

Volviendo a los sucesos de Tegucigalpa, se vio allí un fenómeno político común en nuestros hombres públicos, la unión del liberal Espinoza con el reaccionario Medinita. Resolvieron obrar sobre la plaza de Comayagua: el primero por la Villa de San Antonio y el segundo por los pueblos de Esquías y El Espino.

Sabido en Comayagua que Espinoza bajaría por la Cuesta Grande, el Teniente-Coronel Emilio Delgado, pidió con insistencia al señor Arias que le diera 500 hombres, para batir a dicho jefe en las vueltas de la cuesta, respondiendo con su cabeza del buen éxito. Arias se negó, confiado en las gestiones diplomáticas encaminadas a llevar a buen término las relaciones con los aliados, pues no había motivo para romperlas.

Espinoza se presentó al valle a principios de diciembre, se posesionó de la villa de San Antonio sin dificultad ninguna, mientras Solares, estacionado en los departamentos de Gracias y Copán, guardaba una conducta de abstención, tal vez por serle muy duro consumar una deslealtad.

Por fin se movió sobre Comayagua, habiendo llegado a Opoteca el 21 de diciembre.

Solares, Espinoza y Juan López, reunidos en Lo de Reina el 2 de enero, intimaron al Presidente Arias que entregara la plaza a Ponciano Leiva, dentro de tres días naturales.

Arias, por conducto del Ministro de Guerra, contestó que estaba resuelto a defender la autonomía y dignidad del país, haciendo frente a la guerra más injustificable que traían dos jefes de armas a nombre de sus respectivos Gobiernos, hasta ahí aliados suyos, y declinaba la responsabilidad de las desgracias que ocurriesen.

Al doctor Arias le desagradaba el derramamiento de sangre injustificado y las desgracias que acarreaba, pero la dignidad del país y la suya estaban de por medio.

El 6 de enero, a las 5 de la tarde, la avanzadilla, apostada en la iglesia de la Virgen de Caridad, resistió los primeros disparos de Solares, que llegaba por el camino de Opoteca, mientras el cañón de las bóvedas de la Catedral anunciaba que la batalla había comenzado; pero la tropa invasora tenía miedo, no avanzaba, hasta que, animada por unos pocos opotecas y al favor de la noche, ocuparon algunas casas de la ciudad que saquearon y escarbaron en busca de tesoros enterrados.

El General Espinoza, enredado y perdido en los montes de la Casampulga no pudo llegar sino hasta las 8 de la noche y su primer cuidado fue mandar quitar el agua que entraba a la plaza.

El fuego de rifles, ametralladoras y cañones fue nutrido toda la noche, y al toque de diana, ejecutado por la Banda Marcial de la plaza el día siguiente, y en medio de vivas y mueras de ambos lados, se avivó el fuego y continuó todo el día; por la noche hubo ligeras intermitencias. La sangre de tres pueblos hermanos y aliados empezaba a correr por la inconsecuencia de dos, y la lucha continuó el 8, del mismo modo. El señor Arias era el jefe de la defensa y preparaba una salida sobre el enemigo, pero en esos momentos el General Streber, nombrado jefe para actuarla, recibió una herida grave, por lo cual se malogró aquella importante maniobra.

La deserción de las tropas sitiadoras era grande, pero la situación de la plaza, sin agua, era aflictiva.

El 9 continuaba tenaz y reñido el combate. Las tropas del reducto esperaban protección de los departamentos de Olancho y Yoro y confiaban en el tiempo.

El 10 fue más rudo el combate; el enemigo, ocupando las casas inmediatas al reducto, estrechaba el sitio. Los fuegos del 11 eran terribles. El agua se escaseaba en la plaza.

La artillería maniobró sin cesar el 12 y las bajas eran considerables. La protección de Olancho y Yoro no llegaba, y la sed acosaba al soldado del reducto.

Dos trincheras quedaban abandonadas por la noche, no pudiendo resistir la sed los soldados que las defendían.

El enemigo se reducía demasiado por la deserción, día por día, hora por hora. Unos días más hubiera dado al señor Arias el triunfo completo, aun sin los auxilios esperados; pero no había una gota de agua y era ya imposible prolongar la defensa.

Pudo el señor Arias romper la línea y salvarse; se lo exigían sus enemigos, pero no queriendo ya sacrificios estériles, resolvió capitular, para evitar al pueblo y a los valientes defensores de la plaza las consecuencias de un desenlace inevitable.

Amaneció el 13 bajo el humo de la batalla.

Los clarines de la plaza tocaron a parlamento y los del enemigo contestaron aceptando. Se suspendieron los fuegos y se izaron banderas blancas por ambas partes.

Arias envió al campamento enemigo a los generales Pedro Fernández y Pablo Nuila, acompañados del Coronel Delgado, los cuales conferenciaron con los Generales Juan López, Jefe de la fuerza hondureña; el General Espinoza, Jefe de la fuerza salvadoreña, y el General Solares, Jefe de la fuerza guatemalteca, y convinieron en los puntos siguientes: 1°. Dentro de dos horas de recibido el convenio por el señor Arias, saldría desarmado todo el ejército de los reductos de la Catedral y Palacio, en la forma siguiente: los Jefes Oficiales portando sus espadas y revólveres y los individuos de tropa en pelotones de 25 hombres cada uno; 2°. El señor Arias, jefes, oficiales y tropa, tendrían plenas garantías y podrían residir donde les pareciese; y 3°. El General Godoy con el batallón de El Salvador y otro de Guatemala, ocuparían los reductos, a fin de custodiar los intereses nacionales y particulares existentes allí.

El señor Arias habitaba el Palacio y allí continuó en unión de los señores Presbíteros Miguel del Cid y Manuel Sebastián López y Generales Francisco López y Salomón Ordóñez.

Al día siguiente (14 de enero) al trasladarse a su casa, se lo estorbaron los guardias del enemigo que ocupaban las puertas del Palacio, y al indicarle orden de traslación al Colegio Tridentino, contestó que si su prisión era necesaria, en nada debía afectar a los señores que allí le acompañaban, pues él asumía todas las responsabilidades.

La orden, sin embargo, fue cumplida.

Así terminó el Gobierno del señor Arias.

El Doctor Antonio Grimaldi, político liberal de El Ecuador, escribió en "El Bien Público" de Quezaltenango, una serie de artículos biográficos sobre la personalidad del doctor Céleo Arias, muerto en 1890. De esa serie de artículos hemos tomado la suficiente información para demostrar que la reforma liberal de la segunda mitad del siglo XIX, como movimiento revolucionario y como gobierno nació de las entrañas de Honduras, con el desarrollo económico posterior a la independencia; con las facciones (insurrecciones populares) que luchaban contra las instituciones sobrevivientes de la colonia y el feudalismo; y, luego, en las esferas del Estado, con la inteligencia y la audacia de hondureños tan célebres como el doctor Céleo Arias que supo aprovechar las contradicciones de los Gobiernos conservadores para ganar tiempo en la conquista de las instituciones nuevas.

Correspondió al Doctor Grimaldi, morazanista sin par en el plano de las ideas, conocedor a fondo del alma y de la política limpia de Cabañas, decir quien fue Céleo Arias como intelectual de primera línea, como diestro profesional del Derecho, como político de una clara visión del acontecer del tiempo en que le tocó actuar, como revolucionario que se inventaba las transformaciones y, sobre todo, como hombre del que también pudo haber dicho Rubén Darío: "Este fue un caballero que persiguió a la muerte".

Se define el liberalismo diciendo que es la doctrina de los partidarios de la libre empresa; y, más particularmente sosteniendo que es la teoría según la cual el Estado no tiene nada que intervenir en las relaciones económicas que existen entre los individuos, clases o naciones. Tal fue el liberalismo del Doctor Céleo Arias que correspondía exactamente a la América del siglo XIX, interesada en poner fin a los remanentes coloniales españoles y feudales eclesiásticos para impulsar el desarrollo capitalista que demandaba la historia. En pocas palabras, América, nuestra América, estaba ya hasta la coronilla de haciendas feudales y siervos de la gleba y exigía empresas capitalistas y obreros modernos.

Hoy, el liberalismo se opone al dirigismo o sea a la dirección que imprime el Estado a las empresas capitalistas, y se opone al socialismo en una sociedad de producción común y distribución igual. Naturalmente, el liberalismo guarda silencio ante los fenómenos de la concentración y la centralización del capital que han engendrado los monopolios, el capital financiero, el imperialismo.

Por el hecho de haberse dado semejante evolución el rendimiento del liberalismo es nulo en la actualidad, y acaso ha quedado de él una militancia subalterna, y de repente solo el nombre con el significado de impulso generoso.

Arias vio con claridad lo que podía resultar del odio mortal que se tenían José María Medina, gobernante de Honduras, autor de La Ahorcancina de Olancho y del crimen de los empréstitos ingleses para el ferrocarril interoceánico, con Francisco Dueñas, gobernante de El Salvador y asesino del soldado morazánico general Gerardo Barrios.

Vio el peligro que representaba para el Gobierno de Medina la presencia de Florencio Xatruch, personaje conservador que odiaba a Medina por creerlo cómplice en la muerte de Guardiola, como Comandante de Armas en el departamento de San Miguel, El Salvador, y listo para invadir el territorio hondureño.

Entonces Arias aprovechó esta contradicción mortal del conservatismo centroamericano, y el resultado fue después de pláticas y negativas, la batalla de Santa Ana en la que 400 liberales hondureños derrotaron a 3,000 conservadores salvadoreños el 10 de abril de 1871, o sea 81 días antes de la batalla victoriosa de Miguel García Granados y Justo Rufino Barrios sobre las huestes conservadoras del Mariscal Vicente Cerna.

Fue la iniciativa de Arias, pues, quien derrotó a Dueñas y puso en la Presidencia salvadoreña al Mariscal Santiago González, un apátrida (nunca se supo si de verdad era salvadoreño o guatemalteco), un traidor (pues fue subalterno de Dueñas para sacrificar al General Gerardo Barrios y después se le dio vuelta), un ingrato (pues los hondureños le dieron trono y en pago les quería arrebatar la Isla del Tigre) y un desleal (desde luego que el Doctor Arias con su iniciativa agitó el lago de aceite de El Salvador, estaba obligado a ser un aliado honesto del Doctor Arias, y sin embargo hizo todo lo contrario).

El Mariscal González, Gonzalón como le llamaban los salvadoreños era un mal hombre, era un aventurero, era un vividor, y a él debemos que la reforma liberal perdiera su verdadero centro histórico, como era Honduras con su acción revolucionaria desde que empezó la segunda mitad del siglo XIX. Pruebas al canto. Fue el Gobierno del General Trinidad Cabañas el que dio los primeros pasos encaminados a la construcción del ferrocarril interoceánico, base incuestionable para el desarrollo de la libre empresa en Centro América.

Como esta iniciativa desagradara al dictador Carrera porque Guatemala perdería la tradicional capitanía, habilitó la invasión a Honduras por el reaccionario General Juan López, quien derrotó al General Cabañas en la batalla de Masaguara el 6 de octubre de 1855, no por impericia del jefe liberal sino por traición de quienes debían llegar oportunamente al campo de operaciones.

Como resultado de esta ocurrencia, flameó la bandera del Gobierno conservador del General Santos Guardiola. Pero este nuevo

Gobierno se enamoró de la idea del ferrocarril interoceánico, y empezó a poner manos a la obra con capital británico, hecho que sorprendió desagradablemente a Carrera, y lo llevó a concebir el asesinato de Guardiola, por mucho tiempo falsamente atribuido al General Gerardo Barrios, gobernante de El Salvador en 1862, año del magnicidio.

Se levantó el Gobierno del General José María Medina, reaccionario y dependiente de la capitanía de Rafael Carrera. Pero como soplaban irresistibles vientos de progreso, Medina como reaccionario produjo la matanza más espeluznante en la región de Olancho, y como hombre de avanzada siguió con el proyecto del ferrocarril que originaron los empréstitos de Londres. Pero hombres mediatizados como Medina no podían hacer la reforma de Honduras.

La historia demandaba hombres nuevos y apareció en la persona del Doctor Céleo Arias, quien vio las contradicciones del frente conservador en Centro América y trató de aprovecharlas para hacer efectivo el poder liberal. Dueñas, lacayo de Carrera y asesino del General Gerardo Barrios, odiaba de muerte al General Medina y pretendía derribarlo por medio del General Florencio Xatruch, a quien había nombrado Comandante de Armas del departamento de San Miguel. Personalmente, Xatruch odiaba a Medina por creerlo cómplice en la muerte de su pariente el General Guardiola. Había pues entre los gobiernos salvadoreño y hondureño una gran tensión.

Ya hicimos ver que fue Arias quien derribó con su iniciativa y su acción al Presidente Francisco Dueñas, el 10 de abril de 1871, y que el 12 de mayo de 1872 cimentaba en Honduras el Poder Liberal, a los 17 años de haber sido derrotado el General Trinidad Cabañas. Arias, pionero de la reforma liberal en Centro América, contó con la alianza de Santiago González de El Salvador y Rufino Barrios de Guatemala. Ya dijo Gonzalón con sus propios actos que era un Don Nadie; pero no sabíamos que Rufino fue Don Poca Cosa, si no es que él mismo se encarga de revelarlo. Ambas miserias humanas se reunieron en Chingo para tramar una conspiración contra el Gobierno de Arias.

Los grandes liberales aliaron sus fuerzas militares con las del reaccionario General Juan López, el mismo que en otro tiempo había estado al servicio de Carrera y había derribado el Gobierno de Cabañas, para sitiar la ciudad de Comayagua, capital de la República de Honduras, sede del Gobierno liberal del Doctor Arias. Después de siete días de combate feroz en que los sitiadores se estaban desbandando, y al retrasarse las fuerzas de apoyo de Olancho y Yoro, el Gobierno capituló, apareciendo entonces la figura descolorida, acomodaticia y penosa de don Ponciano Leiva.

CONSTITUCIÓN POLÍTICA DE LA REPÚBLICA DE HONDURAS DE 23 DE DICIEMBRE DE 1873

EN EL NOMBRE DE DIOS Y EN EJERCICIO DE LA SOBERANÍA NACIONAL, LA ASAMBLEA CONSTITUYENTE DEL PUEBLO HONDUREÑO, INSTALADA CON EL OBJETO DE EMITIR LA CARTA. FUNDAMENTAL DE LA REPÚBLICA, DECRETA Y SANCIONA LA SIGUIENTE

CONSTITUCIÓN POLÍTICA

CAPÍTULO I
DE LA REPÚBLICA Y SU SOBERANÍA

Art. 1.-El pueblo hondureño se constituye en República, soberana, libre e independiente; y por lo mismo, le pertenece el derecho exclusivo de gobernarse y establecer sus leyes.

Art. 2.-La soberanía reside en la universalidad de los ciudadanos hondureños. La ejercerán directamente en el acto de sufragar conforme a las leyes; y en todo lo demás, por medio de los poderes que establece la presente Carta. Es inalienable e imprescriptible.

Ningún individuo, ninguna fracción del pueblo, puede atribuirse su ejercicio.

Art. 3.-Todo poder político emana del pueblo. Los funcionarios públicos son sus delegados y agentes; y no tienen otras facultades que las que expresamente les da la ley. Por ella ordenan, juzgan y gobiernan; por ella se les debe obediencia y respeto; y conforme a ella deben dar cuenta de sus operaciones.

CAPÍTULO II
DEL TERRITORIO

Art.4.-La República comprende todo el territorio, que, durante la dominación española, se conoció con el nombre de provincia, circunscrito en los límites siguientes: por el Este, Sudeste y Sur con la República de Nicaragua: por el Este, Nordeste y Norte con el

Océano Atlántico: por el Oeste por Guatemala: por el Sur, Sudeste y Oeste con El Salvador; y por el Sur con la ensenada de Conchagua en el Pacífico y las islas adyacentes a sus costas en ambos mares.

Una ley demarcará especialmente los límites del territorio de la República.

Art. 5.-La división del territorio de la República se hará por una ley general con los datos necesarios mientras esto se verifica, permanecerán los departamentos de Comayagua, Tegucigalpa, Olancho, Yoro, Santa Bárbara, Copán, Gracias, La Victoria, Choluteca, La Mosquitia e Islas de la Bahía, como están actualmente, quedando el de La Paz asumido en el de Comayagua.

CAPÍTULO III
DEL GOBIERNO Y DE LA RELIGIÓN

Art.6.-El Gobierno de la República es popular representativo, y se ejercerá por tres poderes distintos: Legislativo, Ejecutivo y Judicial.

Art. 7.-La religión de la República es la cristiana, católica, apostólica, romana, con exclusión del ejercicio público de cualquiera otra. El Gobierno la protege; pero ni éste, ni autoridad alguna tendrán intervención en el ejercicio privado de otras que se establezcan en el país; si éstas no tienden a deprimir la dominante y alterar el orden público. El Congreso ordinario podrá permitir el ejercicio público de otros cultos, cuando la conveniencia social lo demande.

CAPÍTULO IV
DE LOS HONDUREÑOS, SUS DERECHOS Y OBLIGACIONES

Art. 8.-Son hondureños:

1.-Todas las personas nacidas en el territorio de la República.

2.-Los hijos de padres y madres hondureños nacidos en país extranjero, con comisión del gobierno o ausentes temporalmente.

3.-Los centroamericanos que hayan ganado vecindario de un año, en cualquier pueblo de la República, o que manifiesten ante el respectivo municipio de su designio de ser considerados como tales:

4.-Los extranjeros naturalizados.

Art.9.-Los extranjeros se naturalizan:
1.-Por obtener del Cuerpo Legislativo carta de naturaleza.
2.-Por adquirir bienes raíces en el país, con valor de mil pesos, y vecindario de un año.
3.-Por contraer matrimonio con hondureña o vecindario de un año.
4.-Por abrir en el país un establecimiento de comercio al por menor y vecindario de un año.
5.-Por simple vecindario de dos años.

Art.10.-Son derechos de los hondureños:
1.-La libertad individual, que no tiene más límites que la libertad de otro individuo, es decir, la facultad de hacer u omitir todo aquello de ejecución u omisión no resulte daño a otro individuo ni a la comunidad.
2.-La igualdad ante la ley.
3.-La seguridad individual.
4.-La propiedad.

Art. 11.-Los hondureños y los extranjeros naturalizados, son obligados:
1.-A ser fieles a la Constitución, a obedecer las leyes y respetar las autoridades establecidas.
2.-A contribuir en proporción de sus haberes para los gastos público; y
3.-A defender la patria con las armas, cuando sean llamados por la ley.

Art. 12.-En ningún caso, ni bajo ningún concepto, los extranjeros podrán considerarse de mejor condición de los naturales hondureños y naturalizados; y no teniendo como extranjeros, derecho a tomar parte en las cuestiones políticas del país, su intervención en ellas, contrariando el orden público, los hace indignos de la hospitalidad que la nación les brinda, y podrán ser expelidos por el gobierno del territorio de la República, previa comprobación de la intervención aludida.

El gobierno procurará armonizar los tratados con las naciones extranjeras con la presente carta fundamental.

CAPÍTULO V
DE LA CIUDADANÍA

Art. 13.-Son ciudadanos todos los hondureños mayores de veinte años que tengan oficio y propiedad que les asegure un modo de vivir honesta y decentemente.

También son ciudadanos los mayores de diez y ocho años, que, con las cualidades expresadas, tengan grado literario o sean casados.

Los extranjeros naturalizados deben ser considerados como ciudadanos, reuniendo las cualidades que quedan establecidas.

Ninguno de los contenidos en este artículo tendrá voto pasivo, sino con arreglo a las leyes.

Art. 14.-Sólo los ciudadanos en ejercicio pueden obtener empleos en la República; pero pierden la cualidad de ciudadanos:

1.-Los sentenciados por delitos que merezcan pena más que correccional, hasta obtener rehabilitación.

2.-Los que admitan empleos de otros gobiernos, sin licencia del Congreso, con excepción de los de Centro América; y

3.-Los que se naturalizan en país extranjero.

Art.15.-Se suspenden los derechos de ciudadanos:

1.-Por hallarse procesado criminalmente y tener decretado auto de prisión.

2.-Por ser deudor fraudulento decretado, o deudor a las rentas públicas, requerido judicialmente de pago.

3.-Por conducta conocidamente viciada o vagancia calificada.

4.-Por enajenación mental legalmente declarada; y

5.-Por ser sirviente doméstico cerca de la persona.

CAPÍTULO VI
DE LAS ELECCIONES

Art. 16.-Se dividirá el territorio de la República en distritos electorales que constarán de diez mil almas; y elegirán un diputado propietario y un suplente. Pero entre tanto se reúnen los datos estadísticos para formar aquella división, sufragarán por tres diputados propietarios y dos suplentes los Departamentos de Comayagua, Tegucigalpa y Olancho; por dos propietarios y un suplente por cada uno de los de Yoro, Santa Bárbara, Copán, Gracias, La Victoria y Choluteca, y por un propietario y un suplente por cada uno de los de La Mosquitia y las Islas de la Bahía.

Art. 17.-Las elecciones serán directas y la ley reglamentará la manera de hacerlas, dividiendo los departamentos y distritos en cantones, disponiendo se formen registros de cada cantón, teniendo voto los inscritos únicamente.

Por ahora se harán las elecciones en la forma prevenida por la ley.

CAPÍTULO VII
DE LA ORGANIZACIÓN DEL PODER LEGISLATIVO

Art. 18.-El Poder Legislativo de la República se ejercerá por un Congreso de diputados electos en los términos que se ha dicho. Se reunirán cada dos años sin necesidad de convocatoria, del primero al quince de marzo. Sus sesiones durarán cuarenta días, pudiendo cerrarlas antes, de acuerdo con el Ejecutivo. También las tendrá extraordinarias cuando sea convocado por el Ejecutivo, en cuyo caso sólo se ocupará de las causas que motivan su reunión.

Art. 19.-Un número menor de representantes tiene facultad para tomar inmediatamente las medidas convenientes para hacer concurrir a los demás, hasta conseguir su plenitud; pudiendo llamar los suplentes en caso de muerte o imposibilidad de concurrir los propietarios.

Art. 20.-El Congreso puede instalarse y deliberar con las dos terceras partes de los miembros electos.

Para que haya resolución vasta la mayoría absoluta de votos.

Art. 21.-El Congreso se reunirá en la capital de la República, pero él, ya instalado, podrá decretar su traslación a otro punto, por causas graves que él mismo calificará.

Art. 22.-Las credenciales de los representantes durarán cuatro años, pudiendo ser reelectos una vez, pero a los dos años del primer período se renovará la mitad de los miembros del Congreso designados por sorteo, que hará él mismo al cerrar sus sesiones.

Art. 23.-Para ser Diputado se requiere: ser mayor de treinta años natural o vecino del departamento en que se hace la elección -padres de familia-ciudadano en ejercicio de sus derechos de notoria honradez e instrucción y ser dueño de un capital libre y conocido que no baje de mil pesos, o Licenciado en cualquiera de las facultades mayores. La Mosquitia e Islas de la Bahía podrán sufragar en los ciudadanos vecinos de cualquier departamento de la República que reúnan las demás cualidades expresadas; y en caso de recaer en un sólo individuo, hará su vez el respectivo suplente.

CAPÍTULO VIII
DE LAS ATRIBUCIONES DEL PODER LEGISLATIVO

Art. 24.-Corresponde al Poder Legislativo:
1.-Calificar la elección de sus miembros y aprobar o no sus credenciales.
2.-Admitir las renuncias que hagan por causas legítimamente comprobadas.
3.-Formar su reglamento interior.
4.-Decretar, interpretar, reformar y derogar las leyes.
5.-Crear jurisdicciones y establecer en ellas tribunales y jueces, para que a nombre de Honduras conozcan, juzguen y sentencien en toda clase de asuntos civiles y criminales, que ocurran en la República.
6.-Señalar las atribuciones de los diferentes funcionarios públicos.
7.-Decretar reglamentos para el régimen interior de los demás poderes y corporaciones.
8.-Decretar tasas e impuestos en proporción a la riqueza pública.
9.-Acordar empréstitos forzosos en circunstancias extraordinarias, consultando el haber de cada uno de sus habitantes.
10.-Crear el ejército y milicias de la República.
11.-Determinar la fuerza permanente.

12.-Declarar la guerra y hacer la paz, con presencia de los datos que le comunique el Ejecutivo, y ratificar los tratados y negociaciones que él mismo haya ajustado si mereciesen su aprobación.

13.-Procurar el desarrollo de la instrucción pública, decretando estatutos y métodos adecuados.

14.-Crear y suprimir empleos, y asignar, aumentar o disminuir sueldos.

15.-Conceder premios honoríficos y gratificaciones compatibles con el sistema de gobierno establecido, por servicios relevantes a la patria o por inventos en las ciencias o artes.

16.-Arreglar los pesos y medidas -promover las vías de comunicación- decretar las armas y pabellón de la República y determinar la ley, peso y tipo de moneda.

17.-Conceder indultos y amnistías.

18.-Nombrar los Magistrados de la Suprema Corte de Justicia, y conferir los grados de Brigadier arriba inclusive.

19.-Declarar que ha lugar a formación de causa contra los individuos de los Supremos Poderes, Ministros del Despacho y Agentes Diplomáticos de la República.

20.-Admitir las renuncias que hagan por causas graves de sus mismos oficios, los mismos empleados, y la dimisión de los grados de Brigadier arriba inclusive; y

21.-Fijar, y decretar bienalmente los gastos de la administración en todos los ramos de la hacienda pública, arreglando su manejo e inversión; tomar cuenta de ella al Poder Ejecutivo; y calificar y reconocer la deuda nacional e interior, designando fondos para su amortización.

La primera Legislatura no se disolverá sino cuando haya emitido las siguientes leyes:

1.-La de elecciones
2.-La de hacienda.
3.-La de justicia.
4.-La de gobernadores políticos y municipalidades.

Art. 25.-El Congreso, para casos de guerra exterior o interior, podrá conferir al Ejecutivo las facultades extraordinarias que su prudencia juzgue indispensable para la pacificación, procurando armonizarlas con los principios del derecho público e internacional.

Pero de ninguna manera autorizarlo para atacar la independencia y ejercicio de los demás poderes, para detenciones indefinidas, ni para proscribir ni confiscar.

Art. 26.-El Poder Legislativo puede delegar en el Ejecutivo las facultades siguientes:

1.-Legislar sobre los ramos de policía, hacienda, guerra y marina.

2.-Aprobar o decretar estatutos y ordenanzas de las corporaciones o establecimientos que deben tenerlas, y los proyectos sobre creación de fondos que le presentasen.

3.-Arreglar el sistema de pesos y medidas.

4.-Promover las vías de comunicación ordinaria; y

5.-Decretar los códigos civiles, criminal, de procedimientos, de comercio y minería. De estas facultades sólo podrá hacer uso en receso del Poder Legislativo y con el voto ilustrativo de una comisión de personas competentes que el Congreso o el mismo Ejecutivo elegirá.

Con la aparición del Congreso, cesarán la delegación y las facultades extraordinarias, debiendo dar cuenta del uso que hubiese hecho de ellas.

Art. 27.-El Poder Legislativo no podrá conceder al Ejecutivo más facultades extraordinarias, ni ampliar las que quedan detalladas.

Art.28.-El Congreso se ocupará de preferencia de los asuntos que comprenda la memoria del Ejecutivo.

Art. 29.-Cuando el Congreso hubiere de tratar de los intereses de la iglesia, o de cosas que se relacionan con ellos, podrá convocar al Prelado Diocesano para que por sí, o por medio de un delegado, concurra a la sesión, si lo tuviese a bien, con voto ilustrativo.

CAPÍTULO IX
DEL PODER EJECUTIVO

Art. 30.-El Poder Ejecutivo se ejercerá por un ciudadano que llevará el título de "Presidente de la República", nombrado directamente por el pueblo hondureño, pero cuando resulte electo por mayoría absoluta de votos, el Congreso elegirá entre los tres ciudadanos que hayan obtenido mayor número de sufragios.

Art. 31.-Cuando el Presidente tuviese a bien depositar su autoridad por alguna causa, lo hará en uno de los tres Diputados que designará el Congreso para este objeto; y en caso de muerte, remoción, renuncia o impedimento de aquel funcionario, los Ministros del Despacho asumirán el Ejecutivo, debiendo proceder inmediatamente a designar en sorteo público el Diputado que entre los designados debe ejercer el gobierno. Para este caso serán convocados los funcionarios públicos de mayor categoría que se hallaren en el lugar donde se practique. En falta de los Ministros del Despacho recaerá el Poder en el Diputado que entre los designados se hallare a menor distancia de aquellos; y estado a igual, recaerá en el primer designado, sucediendo los demás por el orden de su nombramiento.

Art. 32.-Para ser Presidente se requiere: ser padre de familia-mayor de treinta años-del estado seglar-natural de Centro América, con vecindario de cinco años en Honduras-de notoria honradez e instrucción y ser dueño de un capital en bienes raíces que no baje de cinco mil pesos, libre de todo gravamen y ubicado en el territorio de la República.

Art. 33.-Antes de proceder el Congreso a declarar o hacer esta elección, se informará y calificará en sesión secreta si los candidatos reúnen las condiciones del artículo anterior; y desechando los que no las tengan, procederá en sesión pública a declarar o verificar la elección-la cual se hará por cédulas que se recogerán en una urna.

Art. 34.-El período presidencial será de cuatro años sin poderse prorrogar un día más por ninguna causa ni pretexto, Comenzará el día primero de abril del año, de la renovación.

Art. 35.-El Presidente de la República no podrá ser reelecto para el período inmediato siguiente, en ningún caso, ni por ningún pretexto, y si prevaliéndose de aclamaciones o actos populares o de cualquier otro medio, se conservase en el poder, se tendrá por el mismo hecho como usurpador; y tanto el ejército, como las autoridades de cualquier género y jerarquía que sea, y los pueblos, no obedecerán más que al designado por la ley, so pena de incurrir en el delito de traición contra la patria.

Art. 36.-El Presidente de la República es Comandante en Jefe del ejército y armada.

CAPÍTULO X
ATRIBUCIONES DEL PODER EJECUTIVO

Art. 37.-Corresponde al Poder Ejecutivo:

1.-Mantener ilesa la soberanía e independencia de la República y la integridad de su territorio.

2.-Conservar la paz y tranquilidad interior conforme a las leyes.

3.-Publicarlas y hacerlas ejecutar y usar del veto del modo establecido.

4.-Proponer al Congreso por medio del Ministerio los proyectos de ley que crea conveniente, con las restricciones del artículo 47.

5.-Presentar al Congreso por el mismo órgano, a los cinco días de abiertas las sesiones ordinarias un informe circunstanciado de todos los ramos de la administración pública, con los proyectos que juzgue oportunos para su conservación o mejora; y una cuenta exacta del bienio vencido, con el presupuesto de gastos del venidero y medios para llenarlo.

Y si dentro del término expresado, los Ministros no cumplen esta obligación, quedarán por el mismo hecho destituidos de sus empleos. El presupuesto no excederá al producto de las rentas ordinarias.

6.-Publicar anualmente un estado de ingresos y egresos de las rentas públicas.

7.-Dar al Congreso los informes que le pida, pudiendo retener los documentos de los asuntos que demandan reserva, a menos que sea para exigirle la responsabilidad. Durante la guerra, no es obligado a exhibir los planes de campaña.

8.-Hacer efectiva la concurrencia de los representantes en la época en que debe aparecer el Congreso; y convocar a éste para sesiones extraordinarias, cuando lo estime conveniente, llamando, mientras se reúnan las juntas preparatorias, a los suplentes de los propietarios que hallan fallecido.

9.-Proponer amnistías al Congreso cuando el bien público lo exija; y conocerlas por sí en el receso de aquél.

10.-Levantar toda la demás fuerza necesaria sobre la decretada por la ley, para retener invasiones o contener rebeliones; pudiendo en este único caso, si los recursos ordinarios no bastasen, proveerse de los que necesite por un empréstito general, de cuya inversión dará cuenta al Congreso en su próxima reunión.

11.-Expedir reglamentos y órdenes para la ejecución de las leyes.

12.-Nombrar y remover los Ministros del Despacho, y a los demás empleados de su libre nombramiento, admitir sus renuncias y conceder retiros a los Jefes y Oficiales del ejército y marina, con arreglo a las leyes.

13.-Nombrar los jueces de primera instancia del fuero común a propuesta en terna de la Corte de Justicia y admitir sus renuncias. No podrá en ningún caso devolver la terna presentada.

14.-Nombrar asimismo los demás empleados cuya provisión no esté reservada a otra autoridad.

15.-Cuidar que los Magistrados y Jueces asistan puntualmente a sus despachos, para que los asuntos no sufran retraso pudiendo compelerlos en caso necesario y a excitación de la Corte respectiva.

16.-Habilitar puertos y establecer aduanas marítimas y terrestres y dar reglas para nacionalizar y matricular buques.

17.-Hacer la guerra y celebrar un tratado de paz y concordatos en armonía con la presente constitución y cualesquiera otras negociaciones, sometiéndolo todo a la ratificación del Cuerpo Legislativo.

18.-Dirigir y disponer de la fuerza armada y mandar el ejército en persona, si lo tuviese a bien, encargando en este caso el Ejecutivo a quien corresponde.

19.-Conmutar las penas cuando el Tribunal superior que pronuncia la sentencia que causa ejecutoria contra el reo, recomienda la conmuta, expresándolo así en la propia sentencia, y por alguno de los motivos que la ley señale.

20.-Vigilar sobre la exactitud de la moneda, computar el valor de la extranjera cuya circulación se permita.

21.-Nombrar Ministros Diplomáticos, Agentes Consulares cerca de los gobiernos, y admitir los nombrados por éstos, pudiendo retirarle el exequátur conforme al derecho de gentes.

22.-Rehabilitar durante el receso del Congreso, al que haya perdido los derechos de ciudadano.

23.-Ejercer el derecho de patronato conforme a los concordatos con la Santa Sede.

24.-Poner el pase si lo tuviese a bien, a los títulos en que se confiera dignidad eclesiástica, y a los nombramientos de vicarios, curas coadjutores, sin cuyo requisito los agraciados no pueden entrar en posesión: concederlo igualmente a las letras pontificias y disposiciones conciliares, o retenerlas. De esta formalidad sólo quedan exceptuadas las que sean sobre dispensas para órdenes o matrimonios, y las expedidas por las penitenciarías.

25.-Todos los objetos de policía y de orden: los establecimientos públicos de beneficencia, de ciencias, letras y artes: las cárceles y presidios, están bajo su dirección y suprema inspección, conforme a sus leyes y estatutos, lo mismo que la formación de censos y estadísticas; y

26.-Promover y proteger el desarrollo de la industria agrícola, fabril y comercial.

CAPÍTULO XI
DE LOS MINISTROS DEL DESPACHO

Art. 38.-El Poder Ejecutivo determinará el número de Ministros y sus respectivos departamentos, no pudiendo aquellos ser menos de dos.

Art. 39.-Para ser Ministro se requiere: Ser natural de Centro América con vecindario de dos años-tener treinta años de edad-notorias luces y buena conducta-y poseer un capital libre que no baje de mil pesos.

Art. 40.-Las providencias del Poder Ejecutivo deben expedirse por el Ministerio respectivo; de otro modo no serán obedecidas.

Art. 41.-Los Ministros serán responsables, solidariamente con el Presidente de las providencias que firmen contra la Constitución y las leyes.

CAPÍTULO XII
DEL PODER JUDICIAL

Art. 42.-El Poder Judicial lo ejerce una Corte dividida en dos secciones y los demás tribunales que se establezcan.

Art. 43.-Las Cortes residirán, una en esta ciudad y la otra en Tegucigalpa. La ley demarcará su respectiva comprensión jurisdiccional.

Art.44.-Cada Corte se compondrá por lo menos de tres Magistrados propietarios y dos suplentes; pero en las causas contra los eclesiásticos, el tribunal se organizará en armonía con los concordatos.

Art. 45.-Para ser Magistrado se requiere: ser Abogado de la República-de crédito y honradez-mayor de veinticinco años y padre de familia o no; Letrado de treinta años arriba con más que medianos conocimientos en jurisprudencia-dueño de un capital libre que no baje de mil pesos-y tener las demás cualidades requeridas para los letrados. Serán inamovibles, durante su buena conducta; pero si hicieren dimisión se les admitirá a los dos años de haber tomado posesión.

Cuando todos o algunos de los Magistrados estuviesen legalmente impedidos para conocer de un asunto, nombrarán colegas que desempeñen sus funciones, quienes reunirán las cualidades que se exigen para Magistrados.

La ley reglamentará el modo de hacer estos nombramientos.

CAPÍTULO XIII
DE LAS ATRIBUCIONES DE LA CORTE

Art. 46.-Corresponde a cada sección:

1.-Formar el reglamento para su régimen interior.

2.-Conocer en segunda instancia de las causas civiles y criminales, en los casos y formas que la ley determina; y en última, de las súplicas y demás recursos legales.

3.-Dirimir las competencias de los tribunales y jueces de su jurisdicción, de cualquier fuero que sean.

4.-Decidir las promovidas a los tribunales y jueces de su jurisdicción, por la otra sección, sus tribunales y jueces.

La ley determinará el modo de resolver las que ocurran entre ambas secciones.

5.-Suspender durante el receso del Congreso, a los Magistrados por faltas graves en el ejercicio de sus funciones.

6.-Conocer de las causas de responsabilidad de los jueces de primera instancia de su respectiva jurisdicción, pudiendo suspenderlos y destituirlos con conocimiento de causa conforme a la ley.

7.-Conocer de los recursos de fuerza y de los demás que le atribuya la ley.

8.-Hacer el recibimiento de abogados, suspenderlos por causas graves, y aún retirarles sus títulos por conducta notoriamente viciada, venalidad, cohecho y fraude con conocimiento de causas.

9.-Visitar, por medio de un Magistrado los pueblos de su jurisdicción, para corregir los abusos que se noten en la administración de justicia. Las facultades del Magistrado, la duración de la visita y demás circunstancias conducentes al objeto serán determinadas por la ley.

10.-Vigilar sobre la conducta de los jueces inferiores, cuidando que administren pronta y cumplida justicia.

11.-Vigilar para que los reos confinados cumplan debidamente su condena, dirigiéndose al Ejecutivo cuando los comandantes de presidio sean remisos en la observancia de sus deberes; y

12.-Manifestar al Congreso la inconveniencia de las leyes, o las dificultades para su aplicación, indicando las reformas de que sean susceptibles. La ley determinará las demás atribuciones del Poder Judicial.

CAPÍTULO XIV
DE LA FORMACIÓN, SANCIÓN Y PUBLICACIÓN DE LA LEY

Art 47.-La iniciativa de la ley es exclusivamente reservada a los diputados, al Presidente, por medio de los ministros y a la Corte de Justicia, más el Ejecutivo no podrá hacerla sobre impuestos ni contribuciones de ninguna clase.

48.-Todo proyecto de ley, después de discutido y aprobado por el Congreso, se pasará al Ejecutivo, el que no teniendo objeciones que hacerle, le dará su sanción y lo hará publicar como ley.

Art. 49.-Cuando el Ejecutivo encuentre inconvenientes para sancionar los proyectos de ley que se le pasan, podrá devolverlos dentro de diez días al Congreso, puntualizando las razones en que funda su opinión para la negativa; y si dentro del término expresado no los objetase se tendrán por sancionado y los hará publicar como ley.

En caso de devolución, el Congreso podrá reconsiderar y ratificar el proyecto, con los dos tercios, pasando al Ejecutivo, quien lo tendrá como ley que ejecutará y publicará.

Cuando el Congreso emita en los últimos diez días de sus sesiones y el Ejecutivo encuentre dificultades para su sanción, es obligado a dar aviso inmediatamente al Congreso para que permanezca reunido hasta que se cumpla el término expresado; y no dándolo se tendrá por sancionada la ley.

Art. 50.-Cuando un proyecto de ley fuese desechado y no ratificado no podrá proponerse en las mismas sesiones sino hasta en las de la Legislatura siguiente.

En la devolución que haga el Ejecutivo de los proyectos de ley, las votaciones del Congreso, para ratificarlos, serán nominales y deberán constar en las actas del día.

Art. 51.-Todo proyecto de ley aprobado por el Congreso, se extenderá por duplicado, se publicará en él, y firmados dos ejemplares por su presidente y secretarios se pasará al Ejecutivo con esta fórmula: "Al Poder Ejecutivo": Si éste no lo aprobase, lo devolverá al Congreso con esta fórmula: "Vuelva al Soberano Congreso".

Art. 52.-Recibido por el Ejecutivo un proyecto de ley, si no le encontrase objeciones que hacer firmará los dos ejemplares, devolviendo uno al Congreso, y reservándose otro en su archivo, lo publicará como ley en el término de diez días.

Art. 53.-La publicación de la ley se hará en esta fórmula. "El Presidente de la República de Honduras a sus habitantes, sabed: que el Soberano Congreso ha decretado o acordado la siguiente: (aquí el texto: y firmas) por tanto: Ejecútese".

CAPÍTULO XV
DE LOS JUECES DE PRIMERA INSTANCIA

Art. 54.-La ley establecerá jueces de primera instancia para que conozcan en lo civil y criminal, demarcará la jurisdicción de cada uno y la compensación proporcionada a su trabajo.

Art. 55.-Para ser juez de primera instancia se requiere: ser abogado de la República, de crédito y honradez-mayor de veinticinco años y padre de familia o no; letrado, de treinta años arriba con más que medianos conocimientos en jurisprudencia-dueño de un capital libre que no baje de mil pesos, tener las demás cualidades requeridas para los letrados.

Art. 56.-Los jueces de primera instancia fallarán sin consulta, a no ser que la pida alguna de las partes. Su duración será de dos años, pudiendo ser reelectos sin interrupción; pero en este caso será voluntaria la aceptación del destino.

CAPÍTULO XVI
DEL GOBIERNO POLÍTICO DE LOS DEPARTAMENTOS Y DEL RÉGIMEN MUNICIPAL

Art. 57.-En cada departamento habrá un Gobernador Propietario y un Suplente, nombrados por el Ejecutivo. Serán de reconocida honradez e instrucción-dueños de un capital libre y conocido que no baje de mil pesos; o Licenciado en cualquiera de las facultades mayores-vecinos del departamento respectivo, o naturales de la República y mayores de treinta años.

Art. 58.-Las comandancias departamentales, sólo en tiempo de guerra podrán ser servidas por los Gobernadores, a juicio del Ejecutivo; más los Comandantes no podrán asumir las Gobernaciones Políticas.

Art. 59.-Los Gobernadores Políticos durarán dos años en sus funciones, pudiendo ser reelectos sin interrupción, si ellos admitiesen. La ley demarcará sus funciones y manera de ejercerlas

Art. 60.-El gobierno interior de los pueblos es a cargo de las municipalidades, electas popularmente en el tiempo y número de individuos que la ley señale.

Art. 61.-Habrá jueces de paz que conocerán de los asuntos de menor cuantía, delitos y faltas livianas. La ley determinará su nombramiento, cualidades y atribuciones.

CAPÍTULO XVII
DE TESORO PÚBLICO

Art. 62.-Formarán el Tesoro Público todos los bienes muebles, raíces, y créditos activos de la República: todos los impuestos, contribuciones, tallas y tasas que paguen los hondureños o en adelante pagaren por sus personas, industrias o bienes; todos los derechos que satisface el comercio con arreglo a las leyes.

Art. 63.-Habrá un Tesorero General de la República, y en los Departamentos Intendentes, pudiendo suprimirse este empleo en la Capital y anexarse a la Tesorería General a juicio del Ejecutivo.
La ley demarcará sus funciones y cualidades, y establecerá los demás empleados que administren, lleven y glosen la cuenta y razón.

Art. 64.-La jurisdicción de hacienda será privada de sus empleados y demás jueces especiales que se establezcan. La ley demarcará su extensión y el modo de ejercerla.

Art. 65.-La Fuerza Pública se compone de la milicia nacional y del ejército de tierra y mar. Es instituida para defender al Estado contra los enemigos exteriores y para el mantenimiento del orden y ejecución de las leyes.

Art. 66.-La organización de la milicia nacional y del ejército, se regulará por la ley.

Art.67.-La Fuerza Pública es esencialmente obediente. Ningún cuerpo armado puede deliberar. Empleada para mantener el orden en el interior, no obrará sino por el requerimiento de las autoridades constituidas, según las reglas determinadas por la ley.

Art.68.-Se establece el fuero de guerra para los Jefes de Coronel efectivo arriba inclusive; y para todos los militares en actual servicio, o que pertenezcan a cuerpo organizado. En los delitos de policía y en los otros casos que la ley determine, quedan sujetos al fuero común.

Art. 69.-La Comandancia General, que es a cargo del Presidente de la República, se desempeñará por conducto del Ministro de la Guerra, pudiendo en tiempos anormales ejercerse directamente.

CAPÍTULO XIX
DE LAS RESPONSABILIDADES DE LOS
FUNCIONARIOS PÚBLICOS

Art. 70.-Todo funcionario o empleado, al tomar posesión de su destino, prestará juramento de ser fiel a la República, de cumplir y hacer cumplir las leyes y atenerse a su texto, cualesquiera que sean las órdenes o resoluciones que las contraríen; y por sus infracciones serán responsables con sus personas y sus bienes; durante ocho años desde la comisión del delito, respecto a la acción criminal; más por la civil quedan sujetos al tiempo de la prescripción ordinaria.

Art. 71.-No podrán juzgarse a los individuos de los Supremos Poderes, Secretario del Despacho y Agentes Diplomáticos de la República, por delitos oficiales, sin que proceda declaratoria de haber lugar a formarles causa; más por los delitos comunes, quedan sin restricción alguna, sujetos a los tribunales a cuyo fuero pertenezcan.

Art. 72.-El Presidente de la República podrá ser juzgado por traición, venalidad y usurpación del poder: por atentar contra las garantías, impedir las elecciones o violentarlas: por impedir la reunión del Poder Legislativo; y por los demás delitos oficiales que cometa. Pero no podrá acusársele, ni ser sometido a juicio, sino hasta después de terminado su período. Tampoco podrá ser aprobada su conducta oficial, mientras esté en ejercicio del poder.

Art. 73.-La instrucción de la causa contra los individuos de los altos poderes, Ministros del Despacho y Agentes Diplomáticos de la República, se verificará en el Congreso por tres de sus miembros, electos por la suerte, y el pronunciamiento se hará colectivamente, debiendo concurrir los dos tercios de los presentes para que haya sentencia. Esta se contraerá a deponer del destino al acusado y declararle incapaz de obtener otros honoríficos, lucrativos o de confianza, por cierto tiempo; mas si la causa diere mérito para un juicio criminal escrito quedará sujeto el culpado a los resultados de un procedimiento ordinario, ante los tribunales comunes.

Art. 74.-Desde que se declare en el Congreso que se ha por admitida la acusación el acusado queda desde este acto suspenso del ejercicio de sus funciones; y por ningún motivo podrá permanecer más en su puesto, sin hacerse responsable del crimen de usurpación, y ningún individuo deberá obedecerle.

Art. 75.-Los decretos, autos y sentencias pronunciadas por el Congreso, deben ser cumplidas y ejecutadas sin necesidad de conformación ni sanción alguna.

Art.76.-Las opiniones de los diputados en lo relativo a su destino no pueden ser interpretadas criminalmente en ningún tiempo ni con mot ivo alguno; ni ellos pueden ser demandados o ejecutados por deudas, desde el llamamiento a sesiones, hasta quince días después de concluidas.

Art. 77.-Para declarar por mayoría de votos cuando ha lugar a formación de causa contra el Tesorero General, Contadores Mayores, Administradores de Aduanas, Intendentes, Comandantes Expedicionarios, Departamentales, de puertos y fronteras y Gobernadores Políticos por delitos oficiales, se organizará un tribunal compuesto del Presidente de la respectiva sección judicial y dos diputados electos por la suerte, entre los tres que componen la representación de los Departamentos de Comayagua y Tegucigalpa. El Tribunal de Justicia respectivo hará el sorteo en corte plena. Hecha la declaratoria, con informe del acusado, este quedará suspenso y será juzgado por los Tribunales a cuyo fuero pertenezca.

La ley determinará la autoridad que debe juzgar a dichos Comandantes.

Art. 78.-Los empleados que sirven su destino en la demarcación jurisdiccional de la Sección Suprema de Tegucigalpa, sufrirán allí el juicio de responsabilidad.

La acusación se presentará ante el tribunal de la sección respectiva, que inmediatamente procederá en sorteo antes establecido.

CAPÍTULO XX
GARANTÍAS INDIVIDUALES

Art. 79.-La República reconoce el derecho de "Hábeas Corpus". La ley determinará la manera de ponerlo en práctica.

Art. 80.-El presunto delincuente puede ser detenido por cualquiera autoridad que tenga facultad de arrestar; y el infraganti por cualquiera persona, para el efecto de presentarlo al juez.

Art. 81.-La detención para inquirir no pasará de seis días: durante este término deberá la autoridad practicar la justificación del caso, y según su mérito, librar por escrito la orden de prisión, o poner en libertad al detenido.

Art. 82.-No podrá librarse aquella sin que proceda justificación de haberse cometido un delito que merezca pena más que correccional y sin que resulte, al menos por semiplena prueba quien sea el delincuente, sin embargo, es permitida la prisión o arresto, por pena, o apremio, en los casos y por el término que la ley disponga.

Art. 83.-Ninguno podrá ser preso ni detenido, sino en los lugares públicos designados al efecto. Los ciudadanos y las mujeres pueden serlo en otros conforme a su voluntad determinándolo la ley.

Art. 84.-El arresto, prisión o reclusión, por pena correccional no podrá pasar de treinta días, ni veinticinco pesos de multa.

Art. 85.-Cuando alguno no estuviese incomunicado por orden del juez, trascrita en el Registro del Alcaide, no podrá éste impedir su comunicación con las personas. Después de la confesión no puede prohibirse aquella y el juicio es público.

Art. 86.-Aun con auto de prisión decretado, ninguno puede ser llevado a la cárcel ni detenido en ella, si presentase fianza cuando al respectivo delito sea aplicable pena pecuniaria.

Art. 87.-Ningún ciudadano o habitante podrá ser obligado a declarar en materia criminal, contra sí mismo, ni contra sus parientes, dentro del cuarto grado de consanguinidad o segundo de afinidad, según la computación civil.

Art. 88.-Las penas deben ser proporcionadas a la naturaleza y gravedad del delito, y ninguna corporal pasará de diez años. El apremio o tortura que no sea necesario para mantener en seguridad a las personas, es atroz y no debe consentirse.

Art. 89.-Siendo la inviolabilidad de la vida humana una de las garantías individuales, la pena de muerte queda abolida en materia política, y solamente se establece por los delitos de asesinato, homicidio premeditado y seguro, asalto o incendio, si se requiere muerte, y por el parricidio en los casos que determine la ley. Los militares en servicio quedan sujetos a las penas de las ordenanzas del ejército.

Art. 90.-Ningún habitante puede ser molestado, inquietado ni perseguido por sus opiniones, de cualquier naturaleza que sean, con
tal que por algún acto directo y positivo no perturbe el orden o infrinja la ley.

Art. 91.-Las acciones privadas que no ofendan directamente el orden público, ni produzcan daños de tercero están fuera de la competencia de la ley.

Art. 92.-La casa de todo habitante es un asilo que sólo puede allanar la autoridad en los casos siguientes y en los demás que determine la ley.
1.-En persecución actual de un delincuente.

2.-Persiguiendo al reo a quien se haya proveído auto de prisión; y,

3.-Cuando por reclamo de interior de ella, o por desorden escandaloso se exija su allanamiento.

También puede ser allanada aquella en que se halle refugiado un delincuente, o se oculten objetos hurtados, prohibidos o estancados, procediendo al menos semiplena prueba de los hechos.

Art. 93.-Solamente los tribunales establecidos con anterioridad por la ley, juzgarán y conocerán en las causas civiles y criminales de los hondureños. Si lo hiciere el Cuerpo Legislativo, fuera de los casos que se dejan señalados, o el Poder Ejecutivo, tomándose facultades que no le competen o declarando delincuente o castigando a un individuo que debe ser juzgado por sus jueces naturales, se declara que tales poderes atacan la presente Carta, que por su infracción, responderán con sus personas y bienes.

Art. 94.-Todo habitante, libre de responsabilidad, puede emigrar a donde le parezca y volver cuando le convenga; pero en caso de guerra, aun los extranjeros lo verificarán con pasaporte, mediante el decreto gubernativo al efecto.

Art.95.-La propiedad de cualquier, no podrá ser ocupada sino por causas de intereses públicos, legalmente comprobada y previamente indemnizado su valor y justa tasación.

Art. 96.-La correspondencia epistolar es inviolable.

La sustraída de las estafetas o de otro lugar, no hacerle contra ninguno.

Art. 97.-Todo habitante puede libremente expresar su pensamiento, por la prensa, sin previa censura, haciéndose solamente responsable por el abuso que haga de este derecho: pero no se podrán publicar escritos injuriosos contra determinadas personas, sin que se suscriban por el autor y se publiquen por su nombre. La ley determinará la manera de calificar las injurias de esta especie.

Art. 98.-Las leyes órdenes, providencias o sentencias retroactivas, proscriptivas, confiscatorias, condenatorias, sin juicio y que hacen trascendental la infamia son injustas, opresivas y nulas. Las autoridades, que cometan semejantes violaciones, responderán con sus personas y bienes a la reparación del daño inferido.

Art. 99.-Ni el Poder Legislativo, ni el Ejecutivo, ni ningún tribunal o autoridad, podrá restringir, alterar o violar ninguna de las garantías consignadas en esta Carta; y cualquier poder que la infrinja será responsable individualmente al perjuicio inferido, en los mismos términos del artículo anterior.

CAPÍTULO XXI
DISPOSICIONES GENERALES

Art. 100.-Sólo por los medios constitucionales se asciende al Poder Supremo. Si alguno lo usurpase por medio de la fuerza o de la sedición popular, es reo del crimen de usurpación. Todo lo que obrare será nulo, y las cosas volverán al estado que tenían antes, luego que se establezca el orden constitucional.

Art. 101.-Llegado el tiempo en que deben practicarse las elecciones populares de Presidente de la República, mientras ellas duren, este funcionario depositará el mando en uno de los designados por el Congreso, quedando reducida la fuerza nacional a las guarniciones ordinarias.

Art. 102.-La ley, bien sea que proteja, o bien que castigue será igual para todos, y recompensará a cada uno en proporción a sus méritos. No podrá ser relajada o dispensada en favor de ningún individuo, corporación o pueblo salvo el caso de indultos o amnistías.

Art. 103.-Todo ciudadano puede ser admitido a los cargos públicos, civiles, políticos y militares sin más diferencia que sus talentos y virtudes, llenando las condiciones establecidas.

Art. 104.-Es nula toda resolución, decreto orden, acuerdo o sentencia de los poderes constitucionales, en que interviene coacción ocasionada por la fuerza pública o por el pueblo en tumulto.

Art. 105.-Ningún Juez puede serlo en dos diversas instancias, evocar causas pendientes para conocer de ella, ni abrir juicios fenecidos.

Art. 106.-Ningún militar en actual servicio podrá ser electo Presidente ni Diputado. Tampoco podrán ser Representantes al Congreso los Ministros del despacho; recayendo la elección en otro empleado de libre nombramiento del Ejecutivo, vacará en su destino; y mientras sea representante, no podrá obtener ningún empleo de gobierno.

Art. 107.-La policía de seguridad sólo podrá ser confiada a las autoridades civiles, en la forma que la ley establezca.

Art. 108.-La República no reconoce dentro de su territorio ningún individuo con derecho a sustraerse a la acción de las leyes y del juicio de los tribunales que ellas establezcan; y las causas no podrán correr más que tres instancias.

Art. 109.-Todos los hondureños pueden reunirse pacíficamente y en buen orden para tratar de cuestiones de interés público, o dirigir peticiones a las autoridades constituidas; mas los autores de estas reuniones responderán personalmente de cualquier desorden que se cometa.

Art. 110.-El período de los Representantes al Congreso comenzará el 1o. de marzo; y el Presidente de la República desde el 1º. de abril, como queda establecido, sin que para ello obste que por algún inconveniente legítimo no pueda funcionar todo el tiempo ordinario.

Art. 111.-No es necesaria la confirmación o sanción del Poder Ejecutivo en los actos o resoluciones legislativas siguientes: en las que tengan por objeto las elecciones que el Congreso haya de hacer y las renuncias que debe oír; en los acuerdos para trasladar su residencia de un punto a otro; en los presupuestos generales de gastos que vote; y en los reglamentos que emita para su régimen interior.

Art. 112.-El régimen judicial y gobierno interior o local de las Islas de la Bahía en el Atlántico, y las del Golfo de Fonseca en el Pacífico, pueden ser distintos de los adoptados en esta Constitución para los demás pueblos de la República. Lo mismo se establece respecto de las tribus aún no civilizadas de la Costa Norte.

CAPÍTULO XXII
DE LAS REFORMAS DE LA CONSTITUCIÓN

Art. 113.-La reforma parcial o absoluta de esta Constitución sólo podrá acordarse por los dos tercios de votos de los Representantes al Congreso. Esta resolución se publicará por la prensa y volverá a tomarse en consideración en la próxima Legislatura ordinaria.

Si ésta la ratifica, se convocará una Asamblea Constituyente para que decrete la reformas. Pero no se propondrán aquellas, sino hasta pasados ocho años después de promulgada ésta.

Art. 114.-La presente Constitución no obsta para que concurra Honduras a la formación de su gobierno nacional con las otras secciones de Centro América, o a la de un pacto federativo, si aquel no pudiese tener efecto. La adaptación de un nuevo régimen o pacto que se celebre, será ratificado con dos tercios de votos de los Diputados al Congreso; y por este hecho, se tendrá como reformada esta Carta, sin embargo, de lo establecido en el artículo anterior.

Art.115.-Queda derogada la Constitución Política de 28 de septiembre de 1865, y vigentes provisionalmente las leyes que rigen actualmente en la República, en lo que no se oponga a la presente Carta.

Dada en Comayagua, a veintitrés días del mes de diciembre del año del Señor de mil ochocientos setentitrés, LII de la Independencia.

RAMÓN MIDENCE,
Diputado Presidente por el Departamento de Tegucigalpa

J. MIGUEL BUSTILLO,
Diputado Vice-Presidente por el Departamento de Gracias

GUILLERMO BUSTILLOS,
Diputado Propietario por el Departamento de Olancho

MIGUEL BUSTILLOS,
Diputado por Yoro

MIGUEL DEL CID,
Diputado por el Departamento de Gracias

PEDRO RIVERA BUSTILLO,
Diputado Propietario por el Departamento de Comayagua

MARTÍN UCLÉS,
Diputado Propietario por el Departamento de Tegucigalpa

FAUSTINO DÁVILA,
Diputado Suplente por Tegucigalpa

JESÚS MARÍA RODRÍGUEZ,
Diputado Propietario por el Departamento de Copán

TEODORO FUNES,
Diputado Propietario por el Departamento de Santa Bárbara;

MIGUEL CUBAS,
Diputado por el Departamento de Yoro

SANTIAGO MEZA,
Diputado Propietario por el Departamento de Olancho

TRINIDAD HERNÁNDEZ,
Diputado por el Departamento de Comayagua

MANUEL SEBASTIÁN LÓPEZ,
Diputado por el Departamento de Santa Bárbara

FRANCISCO LÓPEZ,
Diputado por el Departamento de Comayagua

JUAN BUSTILLO,
Diputado por el Departamento de La Mosquitia

MANUEL RECARTE,
Diputado por el Departamento de Sant Bárbara

APOLINARIO FLORES,
Diputado por el Departamento de Comayagua

TORIBIO ZELAYA,
Diputado por el Departamento de Olancho

SANTIAGO CERNA,
Diputado por el Departamento de la Mosquitia

FRANCISCO FIALLOS,
Diputado por el Departamento de Copán

JUAN ORDÓÑEZ,
Diputado por el Departamento de Olancho

TIBURCIO HERNÁNDEZ,
Secretario, Diputado por el Departamento de Yoro

MÁXIMO GÁLVEZ,
Secretario, Diputado por el Departamento de Tegucigalpa

Por Tanto: Promúlguese, imprímase y cúmplase.
Dado en Comayagua, en la Casa de Gobierno a 25 de diciembre
de 1873.

CÉLEO ARIAS

El Ministro de Guerra y Relaciones Exteriores,
JEREMIAS CISNEROS

El Ministro Accidental de Gobernación y Hacienda,
MARIANO RUBÍ

Los Diputados que compusieron la comisión para formar el proyecto de esta Constitución fueron los siguientes:
Licenciado don Máximo Gálvez, Licenciado don Martín Uclés, Licenciado don Teodoro Funes, Licenciado don Santiago Cerna, Presbítero don Miguel Bustillos y don Tiburcio Hernández.

PRIMER GOBIERNO DEL GENERAL PONCIANO LEIVA

Había inaugurado su Gobierno Provisional en la ciudad de Choluteca, el 23 de noviembre de 1873. Luego lo trasladó a la capital de la República, la ciudad de Comayagua. A finales de 1874 fueron practicadas las elecciones de autoridades supremas, y salió electo Presidente Constitucional el General Leiva para un período de cuatro años que comenzó en 1875.

Dice el profesor Rubén Barahona en su "Breve Historia de Honduras". Al poco tiempo de haber llegado al poder de la Nación, el General Leiva cayó en desgracia con el Gobernante Barrios de Guatemala, pues éste sospechaba que Leiva había celebrado un tratado secreto con el Mariscal González, con el fin de arrojarlo del Poder. Barrios que actuaba por impulsos y no por razonamientos, declaró la guerra a El Salvador, y, al mismo tiempo, con promesas de ayuda de limitada efectividad, consiguió que el General José María Medina se sublevara contra Leiva. Derrotadas las fuerzas del Gobierno en La Esperanza, el General Medina ocupó la ciudad de Comayagua, abandonada por el General Leiva, quien, después de andar errante por varias poblaciones del país, tuvo que capitular en Cedros (8 de junio de 1876) entregando la Presidencia al Licenciado Marcelino Mejía. A los pocos días Mejía designó el mando en el Licenciado Crescencio Gómez, y éste a su vez en el General José María Medina.

El Gobierno de Leiva duró dos años seis meses, azotado por el huracán de la guerra civil. De tal hecho se desprende que su gestión administrativa fue casi nula. Se redujo a emitir un Código de Instrucción Pública y a decretar la fundación del Instituto Científico de San Carlos, con asiento en la ciudad de Santa Rosa de Copán.

Hablemos ahora quizás del meollo del Gobierno de Leiva: la injustificada prisión del Doctor Céleo Arias.

Seguimos citando al Doctor Antonio Grimaldi, quien dice en sus notables artículos biográficos publicados en "El Bien Público", de Quezaltenango, en 1890:

El Licenciado Rafael Padilla, enemigo político del señor Arias, decía una vez: dos cosas honran enormemente a don Céleo Arias: su mensaje al Congreso Constituyente del 73 y su defensa de la plaza de Comayagua.

El Partido Conservador levantó los gritos al cielo el 73 por la prisión de don José María Medina y los conspiradores del mes de abril, y ahora aboga por la prisión de los defensores del Gobierno establecido.

En la prisión de Medina y conjurados, no se ha podido alegar violación alguna. En la de Arias se violó el Convenio del 13 de enero.

La guardia de Medina estaba confiada a la moderación y la honradez de los jefes adecuados que no permitían insultos; la del señor Arias se puso a cargo del General Salignac, que ensañado acababa de salir de la prisión por el motivo que antes se dijo.

Los enemigos del señor Arias tenían entrada libre, y la misma guardia lo insultaba; los soldados lo amenazaban apuntándole con los rifles. El General Juan Antonio Medina, varias veces vencido por las fuerzas de Arias, entró a la prisión de Arias a insultarlo y ofrecerle que sería fusilado y que él se encargaría de la ejecución.

A la prisión de Medina se permitía la entrada de todo lo que hiciera cómoda su situación, al señor Arias se le negaba hasta lo muy necesario. Al General Medina lo visitaba su señora y amigos, previa orden y en presencia de un oficial; a la prisión de Arias llegaban sus adversarios con reclamos impertinentes.

La vida del General Medina y demás prisioneros, nunca estuvo en peligro; la del señor Arias y compañeros lo estuvo a toda hora. Una noche hubo disparos contra el ex Ministro del Cid y General López; las balas penetraron en las cabeceras de las camas donde reposaban. Se dijo entonces que era un plan de asesinato, para el cual hubo timidez, en razón de su magnitud y consecuencias deshonrosas.

Dos sargentos de la guardia, que conocieron preso al señor Arias, le tuvieron cariño, y pretextando vigilarlo mejor, siempre estaban en la puerta para impedir un atentado. Por la noche atravesaban una cama en la puerta y allí dormían.

Después del sitio, unos enemigos del señor Arias (políticos, porque nunca los tuvo personales), se desahogaban hasta con calumnias ante el General Medina, su mejor enemigo, y éste dijo: Arias, ciertamente es muy duro, pero no mata.

El Coronel Marín dijo en otra ocasión: la prisión que nos impuso el señor Arias era debida, porque conspirábamos abiertamente contra su Gobierno; la de él, además de violar un pacto, es injusta, pues no hizo otra cosa que defender su Gobierno.

El señor Teodoro Aguiluz se encontraba en su hacienda, y allí supo que el señor Arias era tratado con dureza en la prisión. Quiso hacer algo por él: se dirigió a La Paz con el objeto de tomar informes, y en casa del General Juan López, donde se encontraban otros, le aseguraron todos, menos el Coronel Marín, que se le daba buen trato. Al salir Aguiluz de aquella casa, lo siguió Marín y le dijo que aquellos señores le habían mentido, pues Arias era tratado con inusitada dureza.

La Convención Nacional convocada por el señor Leiva, se instaló el 20 de abril de 1874, y allí leyó el Gobernante un mensaje manifestando, entre otras cosas: que por consideración y justicia, había registrado el convenio del 13 de enero y que ponía a disposición de la Convención al señor Arias, al ex Ministro del Cid y a otros que llamó cómplices, para que les tomaran cuenta de su conducta pública.

Como sucede siempre, las razones de alta consideración y justicia, surgieron después que, según el mismo convenio, se desocupó la plaza y se disolvió el ejército defensor.

La galería de aquel Congreso era numerosa, y como creciese la exaltación de los ánimos a favor del señor Arias, acordó aquel Alto Cuerpo retirar al pueblo para tratar del asunto en sesión secreta.

Esa Convención se componía, en su mayor parte, de los conservadores y revolucionarios del Sherman, que no reconocían límites en su exaltación. Unos opinaban por la expulsión del reo, otros porque se le encerrara diez años en el Castillo de Omoa, y otros más intransigentes, porque se convocase un Consejo de Guerra que dictase la sentencia de muerte.

Así las cosas, se anunció la llegada de un comisionado de Guatemala, a negociar su libertad, según el convenio del 13 de enero, aprobado por este Gobierno.

Apercibida la Convención, se apresuró a emitir el decreto de 28 de abril, extrañando al reo de la República por el término de cinco años.

El 3 de mayo iban por el camino de El Salvador el Coronel Luis Bográn y una escolta conduciendo al proscrito.

El señor Arias se dirigió a la República de Nicaragua en pos de las libertades aclimatadas en aquel heroico suelo, ya que en su país ni la

Constitución servía de amparo a los derechos más caros, pues en su artículo 97 desconocían las leyes, órdenes, providencias o sentencias proscriptivas sin juicio previo.

Fue recibido allá con las más distinguidas muestras de consideración y simpatía por todos los partidos, pues en aquel país, un ultraje inferido al individuo afecta a la colectividad.

Así se explica cómo don Anselmo H. Rivas, primer Ministro de aquel Gabinete y de ideas políticas opuestas a las del señor Arias, lo distinguió con especialidad, dándole pruebas de verdadero afecto, lo mismo que el Presidente Cuadra.

Su permanencia allí fue corta por haber recibido invitación amistosa del Presidente de Guatemala, General Barrios, quien le hizo una recepción distinguida, manifestándole que lo habían engañado los reaccionarios de Honduras no menos que el Mariscal González, y le descubrió las intrigas en torno a los acontecimientos hondureños.

Barrios quería darle el grado de General con el sueldo respectivo.

Arias sabía que ese título sólo se obtiene después de repetidos combates y una instrucción práctica dilatada; de otro modo sirve de ridículo a quien lo tiene y por esta razón no quiso aceptarlo. Muchas veces le ofreció su apoyo, empeñando los recursos de Guatemala, para devolverle el poder de Honduras, lo que tampoco aceptó.

(Ahora, rogamos a los lectores tomar nota del concepto que se formó el Doctor Céleo Arias del General Barrios como liberal y como unionista centroamericano, según lo escrito por el Doctor Antonio Grimaldi).

Barrios, descontento del señor Leiva, y no habiendo logrado que Arias aceptase su reposición al Gobierno, resolvió apoyar a Medina, Jefe de los conservadores de Honduras. Arias enfrentó la situación queriendo disuadir a Barrios, mostrándole palmo a palmo los males que Honduras recibiría y principalmente la causa liberal de Centro América. Entre Leiva y Medina escogió Arias al primero e intentó apoyarlo, viendo que Barrios persistía.

Todas sus ilusiones se desvanecieron, al hablar con el que más de cerca estaba en la intimidad de Barrios y por quien supo la ninguna importancia que éste daba a los principios y a los hombres de la vecindad, donde quería colocar a otro por Medina si éste no aceptaba, meditando al mismo tiempo provocar trastornos en El Salvador, a fin de que asaltaran el poder hombres entre quienes Zaldívar era el mejor. (Nosotros hemos subrayado).

Arias se afectó profundamente. Medina fue apoyado por el General Barrios: la guerra se llevó a los pueblos exánimes, desangrados y empobrecidos de aquella desgraciada Sección. Leiva recibió del aliado esa recompensa y de Medina una lección que reprueba el buen sentido.

Tales son las enseñanzas de la historia contemporánea, para los que aún conservan alguna fe política, y se formaban ilusiones fantásticas, cerrando los ojos ante la realidad, ofuscados por el lenguaje con que los políticos ocultaban y mediana penetración se transparenta como la luz del sol.

Medina fácilmente deshizo las fuerzas de Leiva, y en menos de cuarenta días los pocos revolucionarios ocuparon la capital. Volvió la anarquía; quedaron dos Gobiernos exigiendo auxilios, sacrificios y exacciones de aquellos pueblos agonizantes; las persecuciones abundaron y todo se anubló, tomando Centro América un aspecto siniestro.

Arias lamentaba las desgracias de su país y veía consolidarse a los conservadores, pero comprendía que la anarquía no tendría término mientras se disputasen el dominio absoluto del poder los dos contendientes, nada dispuestos a entrar en algún arreglo.

Concibió la idea de introducir un hombre nuevo, que Barrios pudiera dejar pasar y los contendientes aceptar. (Nosotros subrayamos).

GOBIERNO DE MARCO AURELIO SOTO.
IGNORADO ORIGEN DE ESTE GOBIERNO

El Doctor Antonio Grimaldi informa en sus artículos biográficos de "El Bien Público" de Quezaltenango, cómo sucedió que Marco Aurelio Soto, un desconocido, llegara a la Presidencia de la República de Honduras. Al respecto dice lo siguiente:

El joven don Marco Aurelio Soto, desconocido en su misma patria y por lo mismo sin odios, pero que Arias tenía motivos para creerlo liberal, tomando sus palabras por verdaderas, era uno de los servidores de Barrios y entusiasta por la dictadura de éste. No había, pues, motivo para que Barrios dejara de aceptarlo, como sucedió.

Con ese resultado, Arias escribió a Honduras, indicando a sus amigos que lo hiciesen conocer y lo aprestigiasen levantando actas proclamándolo Presidente.

Aunque Soto no era conocido ni de nombre, las recomendaciones de Arias eran atendidas y las actas se levantaron. Fundado en ellas, pudo ya inaugurarse el Gobierno de Soto en Amapala, y aunque Arias lo acompañaba y alentaba en sus temores, fue necesario que Streber improvisase una fuerza para reanimarlo algún tanto, por más que, en vez de peligros, no había más que entusiasmo en los pueblos y en el Partido Liberal, esperando al hombre ofrecido por Arias.

Como sucede siempre que surge un hombre sin ideas ni méritos propios, comienza por echarse sobre los suyos, haciendo de esto el primero de sus nacientes méritos. Arias y Streber debieron ser los primeros en sufrir las consecuencias del cambio efectuado en ambos, como lo veremos después.

Desde luego se comprenderá que las ovaciones de los pueblos se acentuaban con más entusiasmo hacia los veteranos del partido y mártires de la causa que acompañaban al hombre nuevo, y aquí empezó a encelarse el mandarín. Los políticos de escasa visión y que no llevan por norma de sus actos las grandes concepciones del patriotismo, sino su personal bienestar, tienen la sicología de las coquetas.

Esas ovaciones en apoyo del partido redentor que se presentaba como tercero en discordia, salvando tan caros intereses, habrían sido el principio de nuevos desastres a no haber mediado la prudencia del señor Arias, prefiriendo sufrir diarias amarguras y decepciones que disimulaba para no perder la cohesión del partido, que Soto había disuelto, no obstante ser su pedestal y único apoyo en aquellas circunstancias.

Pero éste se había ensimismado, y creyendo en sus propios méritos, se suponía llamado, reverenciado y necesario como la Presidencia de Honduras. Toda consideración desapareció ante la majestad de su persona. Negó oficialmente la existencia de los partidos, a pesar de verlos en lucha abierta de principios. Ciego e implacable, no pudo ver que el mundo existía y se enamoró de sí mismo, como el Narciso de la fábula. La dictadura, sin programa nacional fundado en los principios del Partido Liberal, se hizo sentir, enriqueció y un día, lleno de temores, abandonó el puesto y desapareció.

Volviendo al período que vamos relatando, Arias no perdía la esperanza, esperanza de que Soto, por la fuerza misma de las circunstancias, abrazaría la causa liberal, y con este propósito le daba cuantos prestigios podía, infundiendo la confianza entre los que empezaban a perderla; Soto, en cambio, le alejaba amistades y le creaba odios, pues no de otro modo proceden los poderes personales que suelen aparecer en nuestros cacicazgos.

El verdadero mérito suele ser una sombra aterradora para los ambiciosos vulgares, encontrándose eclipsados ante la virtud. Así es como, al sublevarse el indio Calixto Vásquez, conocido instrumento de los conservadores, se encontró fácilmente el medio de atribuir al señor Arias aquel movimiento diametralmente opuesto a sus convicciones, y aunque luego aparecieron los autores de aquella obra esencialmente conservadora, no por esto dejó Soto de ensañarse con los liberales. Complacencias bien extrañas con Medina y con los más aferrados conservadores, al mismo tiempo vejaciones a los liberales, dieron la medida del credo político del Gabinete y toda esperanza hubiera sido inútil si algunos conservadores, menos disimulados, no se hubieran colocado en la oposición.

El General Medina, lejos de odiar al señor Arias por su prisión, confiaba en su competencia y en su respeto por la vida humana. En consecuencia, al adquirir Medina la convicción de que Soto lo sometería a un Consejo de Guerra, escribió al señor Arias una carta particular rogándole admitir el cargo de defensor, si llegaba el caso.

Medina, con justicia, dudaba que llegara ese caso, pues no tenía delito, según el proceso mismo impreso por Soto y fabricado por sus agentes. Arias también dudó y ni uno ni otro meditó que aquel cobarde dictador no dormiría sino detrás del cadalso.

Arias le contestó manifestándole: que si el asiento del Tribunal era Comayagua, con gusto aceptaría el cargo y emplearía toda su inteligencia, pero que si se instalaba en otra parte, su salud no se lo permitiría.

Con lealtad y franqueza comunicó Arias a Soto su propósito de hacer aquella defensa con la fuerza de sus convicciones, insinuando la idea de someter al reo a un Consejo de Abogados y no de militares, pues sabía que no tenía delito y bastaba tener las nociones más triviales de derecho para salvarlo.

La hidalguía del señor Arias con su irreconciliable enemigo produjo un estallido en el ánimo de Soto, que nunca abrigó sentimientos elevados ni comprendió el valor del desinterés.

(Para acortar el discurso del doctor Grimaldi: Así como con anterioridad había sido fusilado el simpático joven Abelino Cobos, corrieron igual suerte el General José María Medina y el Coronel Ezequiel Marín. Aquí conviene objetar al doctor Grimaldi que posiblemente esté en lo cierto al considerar falsa la conspiración de Medina contra el Gobierno de Soto; pero no fueron falsos el hecho horrendo de La Ahorcancina de Olancho, ni el escándalo de los empréstitos de Londres, ni su obediencia traidora al Gobierno de Carrera, ni su adaptación incondicional al régimen de Justo Rufino Barrios para mantener el desorden en Honduras. Soto es exactamente lo que dice el Doctor Grimaldi y es evidente que se sentía molesto con la luz solar que despedía la personalidad del Doctor Arias, verdadero iniciador de la reforma liberal en Centro América con el triunfo de la batalla de Santa Ana el 10 de abril de 1871, y no Miguel García Granados y Justo Rufino Barrios con la victoria de Totonicapán el 30 de junio del mismo año: Advertencia nuestra).

Ahora veamos en las palabras del Doctor Grimaldi al Doctor Céleo Arias asumiendo funciones electivas en el Gobierno de Soto:

Arias se acongojaba. Promover una revolución era acabar con el país. Permitirla en sentido conservador era volver a las andadas. Educar o modelar un carácter como el de Soto, comenzando por infundirle valor e ideas humanitarias, era imposible; los instintos no mueren.

Por ese tiempo se convocó un Congreso extraordinario; los liberales eligieron Diputado por el Departamento de Comayagua al señor Arias, no obstante haber rechazado Soto su candidatura trabajando directa y personalmente. Instalado en mayo de 1877, fue Soto declarado Presidente de la República. Excusado es decir que al partido de Arias se debe esa declaratoria, pues las circunstancias de Centro América no eran para efectuar un cambio imprudente. (Subrayamos nosotros).

Arias fue electo Diputado sucesivamente a los Congresos del 79, 83 y 85, donde habría puesto su inteligencia y patriotismo al servicio del país si aquellos Congresos no hubieran llevado por única consigna aprobar los actos del Ejecutivo, con raras excepciones.

Concurrió también al Congreso Constituyente de 1880, donde hizo mil esfuerzos para colocar en la Constitución los principios del liberalismo, las teorías encaminadas a cimentar la libre empresa moderna y sus anexos; pero los agentes del poder, convertidos en diputados, estaban en mayoría, y apenas logró uno que otro triunfo, entre estos la independencia del Gobierno Municipal.

La libertad y espíritu de independencia con que se condujo el señor Arias en aquel Congreso, le concitaron los odios del iracundo mandarín, cuyo Gobierno nada tenía de republicano, pues el peor de los delitos era no estar de acuerdo en su extraño programa; en consecuencia, las fusilaciones, ultrajes y abusos abrieron para Honduras una época de terror y ansiedad.

En este estado de cosas, vino el simulacro de elecciones presidenciales el año de 1880. Los pueblos, espontáneamente y sin indicación alguna, arrostrando peligros, adoptaron la candidatura del Doctor Céleo Arias, compitiendo con la forzada de Soto, apoyada por las armas y las persecuciones, quedando falseado el sufragio, pero triunfante Soto, quien sabía perfectamente la ninguna injerencia de parte de Arias, ni de sus amigos inmediatos, en las elecciones; pero no hicieron trabajos contra ella y esa abstención fue su pecado. El odio tomó la forma de una tempestad.

Los amigos de Arias, desde mucho antes, abrigaban serios temores por su vida y en esta vez subieron de punto, dados los precedentes sanguinarios del Gobernante. Lo invitaron a salir del país, y aunque no desconocía el peligro, confió, tan sólo, en la rectitud de sus intenciones. No quiso dar ese paso, tal vez funesto para Soto, y así vivió aislado y ocupado en sus negocios, rodeado de acechanzas, durante aquella administración vejatoria y merodeadora.

Soto, tan altivo, orgulloso y valiente con el indefenso ciudadano hondureño que se atrevía a ejercer sus derechos políticos, se quedó trémulo al primer resoplido de Barrios, en que le trataba de estudiante inepto. El miedo lo hizo ver ilusiones; tartamudo y jadeante, sólo trató de escapar, salvando el botín que sacó de Guatemala y engrosó en Honduras.

En efecto, el 9 de mayo de 1883 dejó el Poder en el Consejo de Ministros, compuesto de los Generales Enrique Gutiérrez y Luis Bográn y Licenciado Rafael Alvarado Manzano, y se largó diciendo que iba a comprar armas para arrojar de su guarida a la pantera de Guatemala.

Él se proponía con esa oferta halagar al Consejo, al país ya Centro América, para salir airoso, y se retiró a gozar del botín, logrando apenas ponerse en ridículo.

El General Gutiérrez, genuino y honrado liberal, buscó a sus congéneres, y dirigiendo al señor Arias expresiones de amistad e íntimas confidencias, lo excitó para que lo ayudase en sus tareas administrativas. A esta excitación se siguió una extensa correspondencia entre ambos, tan importante como confidencial.

Las relaciones con los Gobiernos vecinos eran satisfactorias, menos con el General Barrios, en apariencia con Zaldívar.

Soto, al retirarse, mostró cartas de Barrios y agregando que éste pretendía cargar de cadenas a Centro América, dio la voz de alarma, dejando en el Gobierno una situación crítica y abrumadora.

El Consejo de Ministros deseaba un arreglo, y aunque aceptaba la unión en su forma natural, equilibrados los derechos, recusaba la dominación de Barrios y creía en peligro aquella situación, aparentemente anómala en las circunstancias de entonces.

Arias, con su exquisita penetración en los negocios públicos y su larga y previsora mirada, hizo útiles y oportunas indicaciones, que el General Gutiérrez atendió con ilimitada confianza.

Desgraciadamente, antes de abordar las bases para la solución de esas dificultades, ocurrió el 11 de septiembre, a las cinco de la tarde, la inesperada muerte del General Gutiérrez, quedando el Gobierno de los otros dos Ministros, quienes se identificaron.

El 18 de septiembre llegó la renuncia de Soto, procedente de San Francisco de California, fechada el 27 de agosto, y aceptada por un Congreso extraordinario, al que asistió Arias como diputado. La tempestad se calmó.

***

Gracias a los artículos biográficos titulados "Céleo Arias", publicados en "El Bien Público" de Quezaltenango en 1890 por el doctor Antonio Grimaldi, notable escritor liberal y alto funcionario de los Gobiernos liberales de El Salvador, conocemos la parte que había permanecido en la sombra de la vida pública del eminente Gobernante de la Reforma en Honduras, doctor Marco Aurelio Soto. Se ignoraba que el Doctor Céleo Arias, verdadero iniciador del movimiento liberal de reforma en Centro América en los años 70, platicó con Barrios sobre las cualidades del joven Soto para gobernante de Honduras.

Se ignoraba que Arias se valió de sus amigos liberales para levantar actas municipales que pidieran a Soto como Presidente de la República. Se ignoraba que Arias acompañó a Soto para animarlo en el trayecto y se valió del General Ricardo Streber para organizar una guardia que lo acompañara hasta Comayagua, capital de Honduras. Y se ignoraba que Soto, exteriormente abanderado del liberalismo, en sus adentros soñaba gobernar con una organización híbrida como si quisiera seguir retardando y deformando el desarrollo capitalista del país.

Quienes perfilan estas líneas son incapaces de sentir mala voluntad hacia el señor Soto y de negarle las estrellas que ganara justamente. Pero los lectores deben percibir el otro son de la campana, para que a vistas del pro y el contra se formen el juicio que les corresponde del hombre y del gobernante. Corrientemente se llama Reforma al gobierno provisional y constitucional del señor Soto (1876-1883). En realidad, la Reforma comprende desde que llega Soto al puerto de Amapala hasta que termina el siglo (1876-1900). Y hay una concepción más prolongada de la Reforma en que se demuestra la vitalidad de la Nación tanto en el empeño de reconstruir la vieja República Federal como en rechazar las acometidas de las águilas imperiales (1876-1921).

***

El Doctor Rómulo E. Durón, historiador hondureño, el más investigador, el más completo, por el que en definitiva se sabe algo del pasado de Honduras, escribió un libro titulado "Biografía del Doctor Marco Aurelio Soto", en el que aparecen los mensajes presidenciales que leyó el gobernante en los Congresos anuales, dando cuenta de su labor administrativa. En tales mensajes aparecen los hechos que determinaron el cambio de una situación nacional atrasada a otra que indicaba algún progreso. Tanto el Doctor Soto como su colaborador más importante el Doctor Ramón Rosa, en funciones de Ministro General, olvidaron el estilo jacobino que emplearon en Guatemala como altos funcionarios en el Gobierno de Miguel García Granados y Justo Rufino Barrios, y se condujeron como evolucionistas por cuanto fueron incorporando las novedades sin derribar de golpe las viejas instituciones.

Al haber llegado al país como gobernante, el Presidente Soto pensó en fortalecer el instrumento del Poder. Pensó en el Estado moderno, y empezó a organizar la hacienda pública, la policía, el ejército, los tribunales de justicia, a construir cárceles, etc., a la vez que abría legaciones en los países de Centro América, en Estados Unidos, en América del Sur y Europa. Tan significativo empeño fue favorecido por una prolongada paz interna e internacional, excepción hecha de la conspiración de Medina en Santa Rosa y la facción de Calixto Vásquez (a) Corta-Cabezas en las montañas de Santa María, hechos que fueron sofocados a tiempo.

El Estado debía ser un Estado de leyes y oportunamente fueron dadas las leyes fundamentales y secundarias desde la Constitución, Códigos Civil, Penal, de Procedimientos, Minería, Comercio y Leyes Militares hasta los últimos reglamentos. Debía haber una comunicación rápida entre las distintas partes del país, y apareció la novedad del telégrafo. Debía comunicarse Honduras con las naciones civilizadas de ultramar, y fue tendido el cable submarino de Puerto Cortés a Cuba donde existía el correspondiente que comunicaba con Europa. Debía limpiarse el crédito de la República en los centros financieros internacionales, y fue pagada la deuda que le correspondía a Honduras como parte de la deuda contraída por la República Federal de Centro América con la banca inglesa. Debía investigarse la vergonzosa contratación de los empréstitos destinados a la construcción del ferrocarril interoceánico en tiempo de Medina, y se nombró una comisión que acumuló todas las pruebas indispensables no sólo para fusilar a Medina y a los Medinitas de aquella funesta administración sino para ahorcar a todos los Carlos Gutiérrez que se robaron parte de los empréstitos y desprestigiaron a Honduras en el exterior.

Sobre la obra que más preocupaba entonces, el ferrocarril interoceánico, el Presidente Soto dijo en 1883:

"El negociado del ferrocarril interoceánico ha sido siempre el principal objeto de mis trabajos administrativos. A pesar de que la Empresa del Ferrocarril de Honduras lucha con empresas grandiosas, a las que puede hacer alguna competencia, tales son: El Ferrocarril y el Canal de Panamá, el Canal de Nicaragua, el Ferrocarril de Tehuantepec, dos ferrocarriles interoceánicos que están para llevarse a cabo en México, y los grandes ferrocarriles continentales de los Estados Unidos; y, a pesar de los funestos antecedentes y del descrédito en que había caído el proyecto del Ferrocarril de Honduras, en fuerza de perseverantes trabajos, se ha logrado, al fin, fijar la atención de algunas personas respetables de Nueva York sobre nuestra Empresa Nacional[2].

En uso de las facultades que el Congreso dio al Ejecutivo, el 25 de marzo de 1879, he celebrado un contrato con los señores Juan J. Waterbury y Joseph L. Hance, ciudadanos del Estado de Nueva York.

El contrato contiene tres partes: 1°. Concesiones que hace el Gobierno sobre el Ferrocarril Interoceánico, y compromisos de la Compañía; 2°. Concesión para construir ferrocarriles adyacentes; y 3°. Concesión para explotar varios minerales de la República. En el contrato se da a los concesionarios el derecho exclusivo de construir un camino de hierro, con sus correspondientes líneas telegráficas, a través del territorio de la República.

El ferrocarril será de una sola vía, y del ancho que los concesionarios conceptúen oportuno, no debiendo ser de menos de tres pies y 6 pulgadas inglesas, ni de más de cinco pies ingleses. La

---

[2] Vuelve a Estados Unidos el proyecto ferrocarrilero hondureño.

construcción será sólida y el camino estará provisto de todos los materiales indispensables para que su servicio sea fácil y expedito. Los concesionarios se obligan a construir los muelles, diques, canales y demás obras necesarias para mejorar los puertos que sirvan de extremos a las líneas férreas, de modo que pueda hacerse con toda comodidad la carga y descarga de los buques. El precio máximo de transporte para cada pasajero, en razón de cada milla inglesa, será el siguiente: 11 centavos en primera; 5 en segunda, y 3 en tercera. Por el transporte de mercaderías se cobrará, el precio máximo por tonelada de 2,000 libras inglesas, y en razón de cada milla como sigue: en primera clase, 10 centavos; en segunda 7, y en tercera, 6. La concesión es por el término de 99; pero, pasados 30, el Gobierno puede hacer nuevas concesiones para que se construya otro u otros ferrocarriles interoceánicos.

Al expirar el término de 99 años, el ferrocarril y las líneas telegráficas que se hubiesen establecido, lo mismo que las estaciones, los trenes y los derechos de vía, pasarán a ser propiedad nacional, debiendo hallarse todo en el mejor estado posible. Los trabajos deben comenzar en marzo próximo (1883), y concluirse en el término de 5 años, debiendo construir los empresarios anualmente, a satisfacción del Gobierno, por lo menos 40 millas. Los concesionarios se obligan a arreglar la deuda contraída con motivo de los empréstitos ruinosos hechos en Inglaterra y Francia, dejando libre al país de esos abrumadores compromisos.

Los medios escogidos por los concesionarios para lograr la extinción de la deuda, son eficaces y equitativos. Los bonos hondureños están hoy, en su mayor parte, en manos de especuladores, y se cotizan a bajo precio. Si, por de pronto, no es posible tener un arreglo con dichos tenedores de bonos, en tal caso, según el contrato celebrado, los concesionarios ponen a disposición del Gobierno valiosos elementos, con los cuales puede irse amortizando la deuda injusta que representan dichos bonos.

Se concede también a los empresarios el derecho de explotar los minerales de Opoteca y otras minas que escojan en el país. La explotación de estas minas puede compensar a la Compañía, sobradamente, los gastos que haga en el ferrocarril, y darle pingües utilidades, pues, es sabido que los minerales de Honduras son muy extensos y ricos; pero, a la vez, esa misma explotación será muy beneficiosa al país, porque cada empresa de minas que establezcan los concesionarios, será un nuevo centro de labor de riqueza y bienestar.

Los concesionarios tienen el privilegio de construir los ferrocarriles que comuniquen con la línea central las fronteras de El Salvador y Nicaragua y la ciudad de Tegucigalpa. Esta concesión es utilísima, porque los beneficios de la vía férrea los recibirán de un modo inmediato, los distintos lugares de la República. Nuestro ferrocarril, más que hondureño, debiera llamarse centroamericano, así es que ha debido y debe procurarse que se facilite su comunicación con los países vecinos.

Los concesionarios Waterbury y Hance, organizaron conforme a las leyes del Estado de Nueva York, una compañía, compuesta de personas respetables, por. su posición social, y por sus capitales, a la cual le traspasaron todos sus derechos adquiridos, a virtud del contrato que celebraron con el Gobierno de la República.

Esa compañía es hoy la que tiene legalmente las concesiones hechas. En el mes de octubre último, de acuerdo con lo convenido, mandó un plano completo de la vía interoceánica, y ha comunicado haber hecho ya contratas para la construcción de la primera sección. La compañía comienza, pues, a cumplir de un modo práctico, indudable, los compromisos que ha contraído.

Los contratos concluidos y los trabajos llevados a cabo para hacer conocer el país en el extranjero, han hecho que fijen en Honduras su atención varios capitalistas de los Estados Unidos de América. (Subrayamos nosotros para hacer notar a los lectores la mentalidad del estadista Soto, que soñaba con la grandeza de Honduras en el mayor ingreso del capital financiero norteamericano).

Los señores Waterbury y Hance, solicitaron al Gobierno una concesión para fundar un Banco en la República. Con tal motivo, se emitió el Decreto 2 de enero de 1882. En virtud de esa ley, cuyos términos fueron aceptados, en todas sus partes por los concesionarios, éstos están obligados a establecer un banco en esta capital, con oficinas sucursales en Ampala y Trujillo, así como también en un punto inmediato a Puerto Cortés. Durará 18 años el privilegio que se concede, si el banco negocia con un capital de $1,000,000.00, y 12 si el capital se reduce a $500,000.00, cantidad que se fija como mínimum en todo caso. Entre sus diversas operaciones, ese establecimiento hará las que corresponden a la clase de Banco Agrícola Hipotecario. En consecuencia, deberá hacer préstamos a los agricultores bajo buenas garantías hipotecarias, concediéndoles largos plazos para su reintegro, y al interés, a lo más, del 10 por ciento anual. En las demás operaciones que efectúe el Banco, el máximo de interés que cobre será el de 12 por ciento al año. La Compañía tiene su autorización para emitir billetes de banco. El valor de la emisión será igual al valor del capital en acciones que haya sido pagado. En garantía de los billetes emitidos, la Compañía tendrá, como fondo permanente para la redención de los mismos, una cantidad en acciones o bonos de Gobierno, o de sociedades competentemente organizadas, o en bonos asegurados por hipotecas sobre bienes raíces, cuyo valor sea igual al de la suma de billetes en circulación. Los billetes que se emitan expresarán la obligación de que será satisfecho su valor al presentarlos.

El Banco pagará, cada semestre, al Gobierno un impuesto de medio por ciento sobre la suma, término medio, de sus billetes en circulación, y un cuatro por ciento, término, sobre la suma de sus depósitos. Todas las medidas de seguridad están prevenidas en el decreto. El Gobierno tiene una inspección inmediata sobre las operaciones, cuentas, etc. etc., del establecimiento de crédito que va a fundarse.

Los señores Waterbury y Hance han comunicado que está ya formada la Compañía que va a establecer el Banco, conforme a la concesión hecha. Dicha Compañía ha sido incorporada de acuerdo con las prescripciones de la legislación vigente en el Estado de Nueva York, y se espera que en el mes próximo, estará funcionando en esta ciudad la oficina central del Banco.

Muy beneficioso será para el país, la fundación de ese establecimiento de crédito. El comercio, la agricultura y la industria, crecerán y se desarrollarán con mayor presteza a favor de las ventajas que proporciona la abundancia de capitales. Un banco fecunda a un país como las lluvias a la tierra. Honduras, sobrada en elementos de riqueza, y escasa de capital y de iniciativa, tendrá en ese Banco poderoso estímulo para su prosperidad...".

***

Copiado el mensaje presidencial de 1883 en la parte que se refiere a la concesión dada a los señores neoyorkinos Waterbury y Hance para construir el ferrocarril interoceánico de Honduras, los lectores verán porqué el Congreso Nacional rechazó aquella monstruosidad. Tendido el ferrocarril, el mismo iría pagando el total de su construcción con el producto de sus transportes de mar a mar, siendo por ello un pingüe negocio para la Compañía en los 99 años del contrato. Pero la Compañía podía además tender líneas de comunicación telegráfica; llevar ramales ferroviarios a las minas en explotación, que podían ser muchas, cuantas quisiera la Compañía, y por concepción adjunta y secundaria, la Compañía podía fundar un poderoso Banco Agrícola Hipotecario para impulsar el desarrollo de la agricultura y la ganadería. Finalmente, la Compañía se fundaría en Nueva York y se regiría por las leyes del Estado neoyorkino, y el movimiento de sus numerosos y cuantiosos negocios se realizará en Honduras.

El Doctor Durón olvidó ofrecernos la Contestación del Congreso Nacional al Mensaje del Presidente Soto, para que viéramos las objeciones que hizo a un contrato que al cabo de su realización Honduras ya no se pertenecería, sería ajena, sería de la compañía ferrocarrilera y bancaria que asomaba la cara por medio de los señores Waterbury y Hance. Desde entonces, Honduras habría llegado a ser una colonia yanqui, como es Puerto Rico en los actuales momentos. Tómese en cuenta que hay notable diferencia entre el proyecto ferrocarrilero de Squier en el gobierno de Cabañas y el de Waterbury en el gobierno de Soto. Aquel proyecto fue concebido cuando transcurría el desarrollo del capital industrial antes de la guerra civil de los Estados Unidos (1861-1865).

Este otro proyecto surgió después de aquella guerra civil, cuando ya había surgido el capital financiero en los Estados Unidos, y los grandes bancos habían empezado a exportar capitales a los países de incipiente desarrollo, bajo los signos de la Doctrina de Monroe y del Destino Manifiesto (de Buchanan), con el propósito de edificar un gran imperio en toda América que tuviera influencia mundial. Los ferrocarriles que en los comienzos del siglo habían sido meta de progreso en el país, en las décadas finales se volvieron cuerdas de dominación colonialista.

De modo que significando lo expuesto el proyecto de Waterbury, más por presentimiento que por conocimiento racional, lo rechazó el Congreso.

De aquella tentativa de apropiación de las fuentes de riqueza del territorio nacional, quedó algo sin embargo representado en la Rosario Mining Company, establecida con capital mixto en la administración de Marco Aurelio Soto, que luego se volvió enteramente norteamericana, y que extrae oro, plata y otros minerales valiosos de las entrañas de la tierra sin haberle dejado nada de provecho a Honduras, con excepción de unos míseros salarios a los obreros, cementerios completos de muertos por silicosis y una que otra prestación mínima consignada en la concesión.

Es historia fría la que escribimos y no periodismo con adjetivos. Pero debemos decir que la explotación que practica la Rosario Mining Company en el hombre y en las riquezas del subsuelo en nada se diferencia de la explotación esclavista y despiadada que practicaron los viejos españoles de la Colonia en el Real de Minas de San Miguel de Tegucigalpa.

***

Fue numeroso el cuerpo de colaboradores distinguidos, directos e indirectos que tuvo el Presidente Soto en su Gobierno. Digamos algunos nombres: el primero, Ramón Rosa, como Ministro General del Gobierno Provisional; Adolfo Zúñiga, Rector de la Universidad Nacional; Antonio Vallejo, fundador del Archivo y Biblioteca Nacionales, escritor de una Historia de Centro América (inconclusa); Rafael Alvarado Manzano, jurista; Enrique Gutiérrez, militar; Luis Bográn, idem; y otros igualmente importantes que desempeñaron altas funciones en el Poder Ejecutivo.

Fueron legisladores de la Constitución del primero de noviembre de 1880, Céleo Arias, abanderado del liberalismo en lugar de Trinidad Cabañas y ex Presidente de la República; Jerónimo Zelaya, Salomón Ordóñez, y sin faltar el aporte de algunos medinistas y carreristas de antaño como Francisco Cruz, Crescencio Gómez y otros de menos nombre. Juan Antonio Medina, uno de los verdugos más feroces en La Ahorcancina de Olancho, aprovechado de las libras esterlinas de los empréstitos ingleses y factor importante en los ataques costeros del "Sherman", era objeto de genuflexiones y cortesías en el Palacio Nacional.

Tiene razón el Doctor Antonio Grimaldi: si Marco Aurelio Soto hubiera seguido la línea del liberalismo que le indicaba el Doctor Céleo Arias y no la línea de la componenda y los paños tibios su Gobierno sí habría sido una Reforma completa y no a medias, que al desaparecer él casi se esfumó todo. No dejemos por fuera la presencia de ilustres cubanos en el país, que desempeñaron altos puestos en el Gobierno, como Antonio Maceo, Máximo Gómez, Tomás Estrada Palma, Francisco de Paula Flores, José María Izaguirre y el poeta romántico José Joaquín Palma, el Cisne de Bayamo, como se le llamaba, que animó las fiestas presidenciales con su fecunda inspiración, a la vez que sacó de su concha a los intelectuales hondureños y los puso a trabajar en sus obras.

Los intelectuales de la Reforma fueron románticos, como el propio Marco Aurelio Soto, Ramón Rosa, Adolfo Zúñiga, Antonio Vallejo, Carlos Alberto Uclés, y otros; pero los que nacieron y crecieron en los años de la Reforma y traspasaron el siglo, fueron modernistas.

Al respecto, podemos citar a Rómulo E. Durón, Eduardo Martínez López, Augusto C. Coello, historiadores; Ángel Ugarte, Miguel A. Navarro, Paulino Valladares, periodistas; José Antonio Domínguez, Juan Ramón Molina, Froylán Turcios, poetas. Podríamos alargar la lista.

Ramón Rosa puso especial atención en el desarrollo cultural. Redactó y puso en vigencia el primer Código de Instrucción Pública. Renovó la Universidad Nacional para que diera profesiones liberales modernas. Fundó el Instituto Central en que se otorgaba el título de Bachiller en Ciencias y Letras.

Y fundó y multiplicó escuelas en toda la República. Fue lo más lúcido de la Reforma, el esfuerzo encaminado a alfabetizar las masas urbanas y campesinas; a darle conocimientos científicos y literarios a los jóvenes de la clase media, y a preparar cuadros en las carreras liberales para satisfacer las demandas de la sociedad hondureña.

Existen personas que objetan el procedimiento de los reformadores Soto y Rosa, que llegaron al país como los misioneros católicos llegan a predicar el Evangelio en lugares de paganos. Fue una operación de arriba abajo, objetada siempre por el Doctor Céleo

Arias y otros liberales ilustres que creían en la iniciativa y el poder de las masas para edificar el objeto que reclamaba la historia, como era el capitalismo nacional con todas sus correspondientes supraestructuras.

CONSTITUCIÓN POLÍTICA DE LA REPÚBLICA DE HONDURAS DE 1º. DE NOVIEMBRE DE 1880

PARTE PRIMERA

DECLARACIONES, PRINCIPIOS, DERECHOS Y GARANTIAS FUNDAMENTALES

CAPÍTULO PRIMERO
DECLARACIONES Y PRINCIPIOS

Art. 1.-Honduras se considera como una Sección disgregada de la República de Centroamérica. En consecuencia, reconoce como su principal deber y su más urgente necesidad, volver a la unión con las demás Secciones de la República disuelta. Para alcanzar este capital objeto, no obsta la presente Constitución, que puede ser reformada o abolida por el Congreso, para ratificar los pactos, tratados y convenciones que tiendan a dar, o tengan por resultado la reconstrucción nacional de Centro América.

Art. 2.-La Nación hondureña es República Soberana, Libre e Independiente.

Art. 3.-Todo poder público emana del pueblo. Los funcionarios del Estado son sus delegados, y no tienen más facultades que las que expresamente les da la ley. Por ella legislan, administran y juzgan y conforme a ella deben dar cuenta de sus funciones.

Art. 4.-El Gobierno de la República es democrático, representativo, alternativo y responsable; y se ejercerá por tres departamentos distintos: Legislativo, Ejecutivo y Judicial.

Art. 5.-Los límites de la República y su división territorial serán objeto de una ley.

CAPÍTULO SEGUNDO
DERECHO PÚBLICO HONDUREÑO

Art. 6.-La Constitución garantiza a todos los habitantes de la República, sean hondureños o extranjeros, la inviolabilidad de la vida humana, la seguridad individual, la libertad, la igualdad y la propiedad.

SEGURIDAD INDIVIDUAL

Art. 7.-1. La República reconoce la garantía de Hábeas Corpus.

2. No es legal la orden. de arresto que no emane de autoridad competente. La detención para inquirir no pasará de seis días, y el Juez de instrucción está obligado a dentro de este término, decretar la libertad o prisión del indiciado.

3. El delincuente infraganti puede ser aprehendido por cualquiera persona para el efecto de entregarlo inmediatamente a la autoridad que tenga facultad de arrestar.

4. Aun con auto de prisión ninguno puede ser llevado a la cárcel, ni detenido en ella, si presentare fianza, cuando por el delito no debe aplicarse pena aflictiva.

5. Nadie puede ser condenado, sin juicio previo fundado en ley anterior al hecho que motiva el proceso.

6. Ninguno puede ser juzgado por comisiones especiales, ni sustraído de los Jueces designados por la ley del hecho que origina la causa.

7.Nadie puede ser obligado en materia criminal a declarar contra sí mismo, ni contra sus parientes en el cuarto grado de consanguinidad o segundo de afinidad.

8. El derecho de defensa es inviolable.

9. El tormento es abolido para siempre. Las prisiones que no sean absolutamente necesarias para la seguridad de los presos, no deben emplearse.

10. La incomunicación de los detenidos o presos no podrá tener lugar sino por orden escrita del Juez de la causa, por un breve término y por motivos calificados. Ninguno podrá ser preso ni detenido sino en los lugares públicos designados al efecto.

11. El domicilio es inviolable. Son inviolables la correspondencia epistolar y telegráfica, los papeles privados y los libros de comercio.

12. Ningún habitante puede ser inquietado ni perseguido por sus opiniones de cualquier naturaleza que sean, con tal que, por un acto directo y positivo, no perturbe el orden o infrinja la ley.

13. Las leyes, órdenes, providencias o sentencias retroactivas, proscriptivas, condenatorias sin juicio e infamantes, son injustas, opresivas y nulas. Las autoridades que cometan tales violaciones serán responsables con sus personas y bienes por el daño inferido; y

14. La policía de seguridad sólo podrá ser confiada a las autoridades civiles.

LIBERTAD

Art. 8.-El esclavo que pise el territorio hondureño queda libre. El tráfico de esclavos es un crimen.

Art. 9.-Todostienen libertad

1. De publicar sus ideas por la imprenta, sin previa censura.

2. De disponer de sus propiedades, sin restricción alguna, por venta, donación, testamento o cualquiera otro título legal.

3. De profesar cualquier culto. El Estado no contribuirá al sostenimiento de ningún culto. Los cultos se sostendrán con lo que voluntariamente contribuyan los particulares. El Estado ejercerá el derecho de suprema inspección sobre los cultos, conforme a la ley y a los reglamentos de policía relativos a su ejercicio exterior.

4. De ejercer su profesión, oficio o industria.

5. De asociarse y reunirse pacíficamente y sin armas. Se prohíbe el establecimiento de toda clase de asociaciones monásticas.

6. De ejercitar el derecho de petición.

7. De enseñar.

8. De transitar por el territorio de la República, de permanecer en él, y de salir sin pasaporte; y

9. De ejercer la navegación y el comercio.

IGUALDAD

Art. 10.-1. Ante la ley no hay fueros ni privilegios personales.

2. Todos los hondureños podrán desempeñar cargos públicos, sin requerirse más condición que la de su idoneidad. Los Ministros de las diversas sociedades religiosas no podrán ejercer cargos públicos.

3. La igualdad es la base de los impuestos; y

4.La ley civil no reconoce diferencia entre nacionales y extranjeros.

PROPIEDAD

Art. 11.-1. La propiedad es inviolable. Nadie puede ser privado de ella, sino en virtud de ley o de sentencia fundada en ley. La expropiación por causa de utilidad pública debe ser calificada por ley o sentencia fundada en ley, y no se verificará sin previa indemnización.

2. Sólo el Congreso impone contribuciones.

3. Ningún servicio personal es exigible, sino en virtud de ley o de sentencia fundada en Ley.

4. La confiscación se declara abolida para siempre.

5. Todo autor o inventor goza de la propiedad exclusiva de su obra o descubrimiento; y

6. Ningún cuerpo armado puede hacer requisiciones.

Art. 12.-Las leyes regulan el uso de estas garantías de derecho público; pero no podrá darse ley que, con ocasión de reglamentar u organizar su ejercicio, las disminuya, restrinja o adultere en su esencia.

CAPÍTULO TERCERO
DERECHO PÚBLICO DEFERIDO A LOS
EXTRANJEROS

Art. 13.-Ningún extranjero es más privilegiado que otro. Todos gozan de los derechos civiles del hondureño. En consecuencia, pueden comprar, vender, colocar, ejercer industrias y profesiones; poseer toda clase de propiedades y disponer de ellas en la forma prescrita por la ley; entrar al país y salir de él con dichas propiedades;

frecuentar con sus buques los puertos de la República, y navegar en sus mares y ríos. Están libres de contribuciones extraordinarias; se les garantiza entera libertad de conciencia, y pueden construir templos y cementerios en cualquier lugar de la República. Sus contratos matrimoniales no pueden ser invalidados por no estar de conformidad con los requisitos religiosos de cualquiera creencia si estuviesen legalmente celebrados.

2. No están obligados a admitir la naturalización.

3. Pueden optar a los destinos públicos según las condiciones de la ley, que en ningún caso los excluirá por el sólo motivo de su origen; y

4. Obtienen naturalización residiendo un año continuo en el país; la obtienen sin este requisito los colonos; los que se establecen en lugares habitados por indígenas o en tierras despobladas; los que emprenden y realizan importantes trabajos de utilidad general; los que introducen valiosas fortunas al país, y los que se recomienden por invenciones o aplicaciones de grande utilidad para la República.

Art. 14.-Los extranjeros desde su llegada al territorio de la República, están obligados a respetar las autoridades y observar las leyes. También están obligados a la observancia de las disposiciones y reglamentos de policía, y a pagar los impuestos locales y las contribuciones establecidas por razón de comercio, industria, profesión, propiedad o posesión de bienes, y las que por el mismo motivo se establezcan en adelante, bien sea aumentando o disminuyendo las anteriores.

Art. 15.-Las leyes y los tratados reglan el uso de estas garantías, sin poder disminuirlas ni alterarlas.

CAPÍTULO CUARTO
GARANTÍAS DE ORDEN Y DE PROGRESO

Art. 16.-El servicio militar es obligatorio. Todo hondureño de diez y ocho a treinta años es soldado del Ejército activo, y de treinta y cinco a cuarenta es soldado de la reserva. Se exceptúan por diez años los hondureños naturalizados. La organización del Ejército será reglada por la ley.

Art. 17.-Se establece el fuero militar; la extensión de éste será determinada por el Código respectivo.

Art. 18.-La fuerza pública es esencialmente obediente; ningún cuerpo armado puede deliberar.

Art. 19.-Toda persona o reunión de personas que asuma el título de representación del pueblo, se arrogue sus derechos, o represente en su nombre, comete sedición.

Art. 20.-Toda autoridad usurpada es ilegal; sus actos son nulos. Toda decisión acordada por intimación directa o indirecta de un cuerpo armado, o de una reunión de pueblo es nula de derecho y no tendrá efectos legales.

Art. 21.-Declarada la República, o un lugar de la República en estado de sitio, queda suspenso el imperio de la Constitución en la localidad a que se refiera la declaración de estado de sitio.

Art. 22.-Ni los hondureños ni los extranjeros podrán, en ningún caso, reclamar al Estado indemnización alguna por daños o perjuicios que a sus personas o bienes causaren las facciones.

Art. 23.-El Presidente de la República, los Magistrados de la Corte Suprema, los Secretarios de Estado y los Agentes Diplomáticos pueden ser acusados ante el Congreso, por los delitos de traición, concusión, dilapidación y violación de la Constitución de las leyes. El juicio político, o de responsabilidad, se limita a deponer de su empleo al acusado, y entregarlo a los tribunales comunes.

Art. 24.-El Estado tiene el primordial deber de fomentar y proteger la instrucción pública en sus diversos ramos: la instrucción primaria es obligatoria, laica y gratuita. Será también laica la instrucción media y superior. Ningún Ministro de una sociedad religiosa podrá dirigir establecimientos de enseñanza sostenidos por el Estado.

Art.25.-El Estado proveerá todo lo conducente al bienestar y adelanto del país, fomentando el progreso de la agricultura, de la industria y del comercio; de la inmigración, de la colonización de tierras desiertas, y de la construcción de caminos y ferrocarriles de planteamiento de nuevas industrias y del establecimiento de instituciones de crédito; de la importación de capitales extranjeros, y de la explotación y canalización de los ríos y lagos, por medio de leyes protectoras de estos fines, y de concesiones temporales de privilegios y recompensas de estímulos.

Art. 26.-La navegación de los ríos es libre para todas las banderas.

Art. 27.-La presente Constitución puede reformarse. La necesidad de reformarla será declarada por el Congreso ordinario; pero sólo se efectuará la reforma por una Asamblea Nacional Constituyente, convocada al efecto. Es ineficaz la proposición de reforma que no esté apoyada por las dos terceras partes del Congreso. Se exceptúa de estos requisitos el caso previsto en el artículo 1o.

Art. 28.-Todo empleado o funcionario de la República, al tomar posesión de su destino, hará la promesa siguiente: "Prometo que cumpliré y haré cumplir la Constitución y las leyes, ateniéndome a su texto cualesquiera que sean las órdenes que las contraríen y la autoridad de que emanen".

CAPÍTULO QUINTO
DE LA NACIONALIDAD,
DE LA CIUDADANÍA Y DE LAS ELECCIONES

Art. 29.-Son hondureños las personas que nacen en el territorio de la República, y las que se naturalizan en el país conforme a la ley.

Art. 30.-Son hondureños por nacimiento:

1. Todas las personas que hayan nacido o nacieren en el territorio de la República. La nacionalidad de los hijos de extranjeros nacidos en territorio hondureño, y la de los hijos de hondureños nacidos en territorio extranjero, será determinado por los tratados. Cuando no haya tratados, los hijos, nacidos en Honduras, de padres extranjeros domiciliados en el país, son hondureños; y

2. Se consideran como hondureños naturales los hijos de las otras Repúblicas de Centroamérica, por el hecho de hallarse en cualquier punto del territorio de Honduras, a no ser que ante la autoridad correspondiente, manifiesten el propósito de conservar su nacionalidad.

Art. 31.-Son hondureños por naturalización:

1. Los hispanoamericanos domiciliados en la República, si no se reservan su nacionalidad.

2. Los extranjeros que se hallen en los casos del inciso 4°. artículo 13, siempre que se inscriban en el registro cívico en la forma determinada por la ley, y

3. Los que obtengan carta de naturalización de la autoridad que designe la ley.

Art.32.-Son ciudadanos:

1. Todos los hondureños naturales o naturalizados mayores de veintiún años, que tengan profesión, oficio, renta o propiedad que les aseguren la subsistencia, y

2. Los hondureños naturales o naturalizados, mayores de diez y ocho años, que sepan leer y escribir o sean casados.

Art. 33.-Se suspenden los derechos de ciudadanía:

1.Por hallarse procesado criminalmente y tener decretado auto de prisión.

2. Por conducta notoriamente viciosa o por vagancia legalmente declarada.

3. Por enajenación mental judicialmente declarada; y

4. Por sentencia de inhabilitación para el ejercicio de derechos políticos.

Art. 34.-Pierden sus derechos de ciudadanía los hondureños que admiten empleos de otro Gobierno sin licencia del Congreso o del Ejecutivo. De esta regla se exceptúan los hondureños que admiten empleos de los Gobiernos de Centroamérica, salvo el caso en que den servicio o acepten despachos militares sin previa licencia del Poder Ejecutivo.

Art. 35.-El voto activo es irrenunciable y obligatorio, y corresponde a los ciudadanos en ejercicio de sus derechos. El sufragio es público y directo. Las elecciones se practicarán en la forma que prescriba la ley.

Art. 36.-Sólo los ciudadanos en ejercicio de sus derechos pueden obtener voto pasivo con arreglo a la ley.

PARTE SEGUNDA
DEPARTAMENTO DEL GOBIERNO

CAPÍTULO SEXTO
DEL DEPARTAMENTO LEGISLATIVO

SECCIÓN PRIMERA
DE SU ORGANIZACIÓN

Art. 37.-El Poder Legislativo se ejerce por un Congreso de Diputados que se reunirá de derecho en la Capital de la República, cada dos años del 1o. al 15 de enero, sin necesidad de convocatoria. Sus sesiones durarán hasta sesenta días prorrogables, pudiendo cerrarlas antes de acuerdo con el Ejecutivo. También las tendrá extraordinarias, cuando sea convocado por éste, en cuyo caso, sólo se ocupará de los asuntos que motiven su reunión.

Art. 38.-Un número de Diputados, que no baje de cinco, tiene facultad para tomar las medidas convenientes a fin de hacer concurrir a los demás hasta obtener su instalación. El Congreso puede instalarse y deliberar con las dos terceras partes de los Diputados electos, y para que haya resolución basta por regla general la mayoría absoluta de votos.

Art. 39.-Los Diputados serán elegidos por cuatro años, y pueden ser reelectos indefinidamente. A los dos años del primer período se renovarán por mitad, por sorteo que hará el Congreso al cerrar sus sesiones. La renovación sucesiva se hará por el orden de antigüedad.

Art. 40.-Para ser electo Diputado se requiere ser ciudadano en ejercicio de sus derechos, y haber cumplido veinticinco años de edad.

Art. 41.-No pueden ser Diputados:

1. Los Secretarios de Estado,

2. Los militares en servicio; y

3. Los Gobernadores Políticos y Administradores de Rentas, por el departamento o distrito electoral en que ejerzan sus funciones.

Art. 42.-El Diputado es inviolable. En ningún tiempo será responsable por las ideas que de palabra o por escrito, exponga en desempeño de su mandato de legislador.

Art. 43.-Para elegir Diputados al Congreso, se dividirá el territorio de la República en distritos electorales que constarán de diez mil habitantes. Cada distrito elegirá un Diputado propietario y un suplente. Pero entre tanto se hace esta división, cada departamento elegirá tres Diputados Propietarios y dos Suplentes. Los departamentos de las Islas de la Bahía y La Mosquitia elegirán, cada uno, un Diputado Propietario y un Suplente.

SECCIÓN SEGUNDA
ATRIBUCIONES DEL CONGRESO

Art. 44.-Corresponden al Congreso las atribuciones siguientes:

EN EL DEPARTAMENTO DE LO INTERIOR

1. Calificar la elección de sus miembros y aprobar o no sus credenciales.

2. Llamar a los suplentes en caso de muerte o legítimo impedimento de los propietarios.

3. Admitir las renuncias que unos y otros presenten por causas legalmente comprobadas.

4. Formar su reglamento de régimen interior.

5. Decretar, interpretar, reformar y derogar las leyes.

6. Crear y suprimir empleos, fijar sus atribuciones, dar pensiones, decretar honores y conceder amnistías o indultos generales o particulares, cuando la conveniencia pública lo exija, o el solicitante tenga a su favor servicios relevantes prestados a la Nación.

7. Elegir los Magistrados de la Corte Suprema de Justicia, y admitir o no sus renuncias.

8. Disponer todo lo concerniente a la seguridad y defensa de la República, y a su adelanto y prosperidad.

9. Reglar el comercio interior.

10. Declarar la elección de Presidente de la República legalmente practicada; hacerla en el caso del artículo 62; y admitir o no la renuncia del Presidente; y

11. Declarar con lugar a formación de causa al Presidente de la República, a los Magistrados de la Corte Suprema de Justicia, a los Secretarios de Estado y a los agentes diplomáticos.

EN EL DEPARTAMENTO DE RELACIONES EXTERIORES

Art. 45.-1. Proveer lo conveniente a la defensa y seguridad exterior del país.

2. Declarar la guerra y hacer la paz.

3. Aprobar o improbar los tratados concluidos con las naciones extranjeras; y

4. Reglar el comercio marítimo y terrestre.

EN EL DEPARTAMENTO DE HACIENDA

Art. 46.-1. Aprobar o improbar la cuenta de gastos públicos.

2. Fijar bienalmente el presupuesto de esos gastos.

3. Imponer o suprimir contribuciones.

4. Contraer deudas nacionales, reglar el pago de las existentes, y decretar empréstitos.

5. Habilitar puertos mayores, crear y suprimir aduanas; y

6. Decretar el peso, ley y tipo de la moneda nacional.

EN EL DEPARTAMENTO DE LA GUERRA

Art.47.-1 Aprobar o improbar las declaraciones de estado de sitio hechas durante su receso.

2. Fijar bienalmente el número de fuerzas de mar y tierra que ha de mantenerse en pie.

3. Aprobar o improbar la declaración de guerra que haya hecho el Poder Ejecutivo.

4. Permitir la salida de tropas nacionales fuera de la República, y conceder el tránsito o permanencia de tropas extranjeras en el territorio, guardando en todo caso las leyes de neutralidad; y

5. Declarar en estado de sitio la República, o una parte de la República, en los casos de agresión extraña, de conmoción interior, o de hallarse amenazada la tranquilidad pública.

Art. 48,-El Congreso puede delegar en el Ejecutivo facultades para legislar en los ramos de Policía, Hacienda, Guerra, Marina, Instrucción Pública y Fomento.

SECCION TERCERA
DE LA FORMACIÓN, SANCIÓN Y PROMULGACION DE LA LEY

Art. 49.-Las leyes pueden ser iniciadas por cualquiera de sus miembros del Congreso, por el Presidente de la República, y por la Corte Suprema de Justicia en materias de su competencia. Los diputados presentarán los proyectos de ley por medio de una proposición escrita, el Presidente por un mensaje, y la Corte Suprema de Justicia por medio de una exposición.

Art. 50.-Ningún proyecto de ley, salvo el caso de urgencia calificada por el Congreso, será definitivamente votado sino después de tres deliberaciones. Toda proposición, que tenga por objeto declarar la urgencia de una ley, debe ir precedida de una exposición de los motivos en que ella se funda.

Art. 51.-Todo proyecto de ley después de discutido y aprobado por el Congreso se pasará al Ejecutivo, quien, no teniendo objeciones que hacerle le dará su sanción y lo hará promulgar como ley.

Art. 52.-Cuando el Ejecutivo encontrare inconvenientes para sancionar un proyecto de ley, lo devolverá al Congreso dentro de diez días; puntualizando las razones en que funde su desacuerdo. Si dentro del término expresado no lo objetare, se tendrá por sancionado y lo promulgará como ley. En el caso de devolución el Congreso reconsidera el proyecto, y si fuere ratificado con los dos tercios de votos, volverá a pasarlo al Ejecutivo, quien lo tendrá por ley.

Art. 53.-Cuando el Congreso vote un proyecto de ley al terminar sus sesiones y el Ejecutivo encuentre dificultades para su sanción, está obligado a dar inmediatamente aviso al Congreso, para que permanezca reunido hasta diez días contados desde la fecha del proyecto, y no haciéndolo, éste se tendrá por sancionado.

Art. 54.-Cuando un proyecto de ley fuese desechado o no ratificado, no podrá proponerse en las mismas sesiones, sino hasta en la legislatura siguiente.

Art. 55.-Cuando el Ejecutivo devuelva al Congreso un proyecto de ley, las votaciones para ratificarlo serán nominales, y deberán constar en el acta del día.

Art. 56.-No es necesaria la sanción del Ejecutivo en los actos o resoluciones siguiente:
1. En las elecciones que el Congreso haga o declare, y en las renuncias que admita o deseche.
2. En las declaraciones que haga sobre lugar a formación de causa; y
3. En los reglamentos que emita para su régimen interior.

Art. 57.-Todo proyecto de ley aprobado por el Congreso, se extenderá por duplicado, y se pasará al Ejecutivo con esta fórmula: "Al Poder Ejecutivo". Si éste no lo aprobare, lo devolverá al Congreso con esta fórmula: "Vuelva al Congreso Nacional".

Art. 58.-Recibido por el Ejecutivo un proyecto de ley, si no le hiciere objeciones, lo sancionará, devolviendo un ejemplar al Congreso y reservando otro para promulgarlo como ley, en el término de diez días.

Art. 59.-La promulgación de la ley se hará con esta fórmula: "El Presidente de la República de Honduras, a sus habitantes, sabed: que el Congreso Nacional ha ordenado lo siguiente: (aquí el texto y firmas). Por tanto, ejecútese".

CAPÍTULO SEPTIMO
DEL DEPARTAMENTO EJECUTIVO

SECCIÓN PRIMERA
DE SU ORGANIZACIÓN

Art. 60.-El Poder Ejecutivo se ejerce por un ciudadano que se denomina Presidente de la República.

Art. 61.-El Presidente de la República debe ser hondureño natural, ciudadano en ejercicio de sus derechos y mayor de treinta años.

Art.62.-El Presidente de la República es elegido popularmente y declarada su elección por el Congreso, según queda prescrito. Pero cuando hecho el escrutinio de votos no resultare electo por mayoría absoluta, el Congreso procede a elegirlo entre los tres candidatos que hayan obtenido mayor número de sufragios. En este caso la votación será pública y nominal la elección debe quedar concluida en una sola sesión.

Art. 63.-El período constitucional en que el Presidente ejerce su cargo dura cuatro años, y podrá ser reelecto para el período siguiente. Para ser elegido por tercera vez, deberá mediar, entre ésta y la segunda elección el espacio de cuatro años. El período presidencial comienza el primero de febrero del año de la renovación.

Art. 64.-El Presidente de la República tiene para el despacho de los negocios uno o más Secretarios de Estado, y les designa sus respectivos departamentos.

Art. 65.-Para ser Secretario de Estado se requiere ser mayor de veinticinco años, y ciudadano en ejercicio de sus derechos.

Art. 66.-El Secretario de Estado refrenda los actos del Presidente de la República, sin cuyo requisito carecen de legalidad; pero no ejerce autoridad por sí solo; es responsable de los actos que legalice, y solidariamente de los que acuerda con sus colegas, salvo el caso en que proteste.

Art. 67.-Los Secretarios de Estado presentarán al Congreso, al comenzar sus sesiones ordinarias, informes detallados y comprobados sobre los actos del Ejecutivo, en cada uno de los respectivos ramos de la administración pública. Estos informes servirán de base al Congreso para que juzgue de la conducta del Ejecutivo en todo aquello que por la Constitución le corresponda aprobarla o improbarla.

Art. 68.-Los Secretarios de Estado presentarán bienalmente al Congreso el presupuesto de gastos de sus departamentos respectivos; y la cuenta de la inversión dada a los fondos votados en bienio precedente.

Art. 69.-Pueden los Secretarios de Estado concurrir a las sesiones del Congreso, y tomar parte en sus debates, pero no votar. Tienen el deber de responder a las interpelaciones que les dirija cualquier Diputado sobre los asuntos de la competencia del Congreso, salvo los de Guerra y de Relaciones Exteriores, cuando el Presidente de la República juzgue necesaria la reserva.

Art. 70.-Cuando el Presidente de la República mandare personalmente la fuerza armada, o cuando por enfermedad, ausencia del territorio, u otro grave motivo no pudiese ejercer su cargo, le subrogará a su elección, el Consejo de Secretarios de Estado o uno de los Secretarios de Estado mientras subsista la causa de impedimento. En los casos de muerte del Presidente, aceptación de su renuncia u otra clase de imposibilidad absoluta que no pudiese cesar antes de cumplirse el tiempo que falta para completar los cuatro años de su período constitucional, el Secretario de la Guerra subrogará al Presidente de la República, debiendo, en el perentorio término de 10 días convocar a los pueblos por medio de un Decreto para que elijan presidente conforme a lo prevenido en la Constitución. El Presidente electo, por el expresado motivo, durará cuatro años en el desempeño de su cargo.

SECCION SEGUNDA
DE LAS ATRIBUCIONES DEL PODER EJECUTIVO

Art. 71.-El Presidente de la República es el Jefe Supremo de la Nación; tiene a su cargo la administración general del país, y sus atribuciones son las siguientes:

EN EL DEPARTAMENTO DE LO INTERIOR:

Art. 72.-1. Ejecuta y hace cumplir las leyes, expidiendo los decretos y órdenes conducentes a este objeto, cuidando de no alterar su espíritu con excepciones reglamentarias.

2. Nombra los Magistrados de las Cortes de Apelaciones, a propuesta de la Corte Suprema de Justicia, y a los Jueces de Letras, en la forma que prescriba la ley.

3. Admite en receso del Congreso, las renuncias de los Magistrados de la Corte Suprema de Justicia, y en este caso, nombra interinamente los Magistrados que deban de sustituirlos. Igual nombramiento hará en los casos de muerte o impedimento absoluto de los individuos de la Corte Suprema de Justicia.

4.Nombra los empleados del Departamento Ejecutivo, conforme a la ley.

5.Vigila sobre la pronta y cumplida administración de justicia y sobre la conducta ministerial de los empleados del ramo.

6. Remueve y destituye a los empleados de su libre nombramiento.

7. Concede, en receso del Congreso, amnistías e indultos generales o particulares, cuando la conveniencia pública lo exija, o el solicitante tenga a su favor servicios relevantes prestados a la Nación.

8. Conmuta las penas cuando el Tribunal Superior que pronuncia la sentencia que causa ejecutoria contra el reo, recomiende la conmutación, expresándolo así en la misma sentencia, y por alguno de los motivos que la ley señala.

9. Concede a sus empleados licencia, jubilaciones, retiros y goce de montepíos, conforme a las leyes.

10. Prórroga las sesiones ordinarias del Congreso, y lo convoca a extraordinarias cuando un grave interés nacional lo requiera; y

11. Da cuenta en un mensaje al Congreso, al abrir sus sesiones ordinarias, del estado general de la administración pública y del uso que haya hecho de las facultades que se le hubiesen delegado.

EN EL DEPARTAMENTO DE RELACIONES EXTERIORES

Art. 73.-1. Concluye y firma tratados de paz, de comercio, de navegación, de alianza, de neutralidad, y las demás negociaciones requeridas para el mantenimiento y cultivo de las buenas relaciones internacionales; y

2. Nombra los Agentes Diplomáticos y Consulares de la República, recibe los Ministros y admite los Cónsules de las naciones extranjeras.

EN EL DEPARTAMENTO DE HACIENDA

Art. 74.-1. Hace recaudar y administra las rentas de la República, y decreta su inversión con arreglo a la ley, y

2. Decreta, en los casos de invasión o rebelión, si los recursos del Erario no basten, una contribución extraordinaria general, de cuya inversión dará cuenta al Congreso en sus próximas sesiones.

EN EL DEPARTAMENTO DE LA GUERRA

Art.75. 1.El Presidente es el Comandante General y General en Jefe de las fuerzas de mar y tierra de la República.

2. Provee todos los empleos militares. Por sí solo confiere grados hasta el de Coronel efectivo; confiere los de General de Brigada y de División con acuerdo del Congreso; y sin éste requisito podrá conferirlos en el campo de batalla.

3. Dispone de las fuerzas militares, y le corresponde su organización y distribución según las necesidades del Estado.

4. Declarar la guerra, en receso del Congreso, y concede patentes de corso y cartas de represalia; y

5. Declara, en receso del Congreso a la República, o a una parte de la República en estado de sitio, en los casos de agresión extraña de conmoción interior o si estuviere amenazada la tranquilidad del país.

CAPÍTULO OCTAVO
DEL DEPARTAMENTO JUDICIAL

Art. 76.-El Poder Judicial de la República se ejerce por una Corte Suprema de Justicia, compuesta de cinco Magistrados, y por los Tribunales Superiores e Inferiores que la Ley establezca.

Art. 77.-Para ser Magistrado de la Corte Suprema de Justicia se requiere ser ciudadano en ejercicio de sus derechos, mayor de veinticinco años y abogado de la República.

Art. 78.-La facultad de juzgar y ejecutar lo juzgado pertenece exclusivamente a los Tribunales de Justicia. Ni el Congreso, ni el Presidente de la República pueden, en ningún caso, ejercer funciones judiciales, ni avocarse causas pendientes.

Ningún poder público podrá revivir procesos fenecidos.

Art. 79.-Los Magistrados. de la Corte Suprema de Justicia ejercerán su empleo durante cuatro años, prorrogables de derecho hasta el nombramiento de sus sucesores.

Art. 80.-La ley regla la organización y atribuciones de los Tribunales.

Art. 81.-La administración de justicia será gratuita en la República.

PARTE TERCERA
DEL GOBIERNO MUNICIPAL

CAPÍTULO NOVENO
DEL MUNICIPIO Y DE LAS MUNICIPALIDADES

Art.82.-Podrán constituir municipios las poblaciones que tengan, por lo menos, quinientos habitantes.

Art. 83.-El Municipio es autónomo, y será representado por Municipalidades electas directamente por el pueblo. El número, condiciones y atribuciones de los municipales, se determinarán por una ley especial.

Art. 84.-Las atribuciones de las Municipalidades se limitan al Gobierno local de sus correspondientes demarcaciones administrativas.

DISPOSICIONES TRANSITORIAS

Art. 85.-Mientras se establece el régimen penitenciario, podrá imponerse la pena de muerte en los casos que designe la ley; y

Art. Final. La presente Constitución comenzará a regir el 1º. de diciembre del corriente año.

Dada en la ciudad de Tegucigalpa, a 1º. de noviembre del año de 1880, sexagésimo de la Independencia de Centro América.

MANUEL GAMERO
Presidente, Diputado por el Departamento de El Paraíso

JOSÉ MANUEL ZELAYA
Vice-Presidente, Diputado por el Departamento de Olancho

ROSENDO AGUERO
Diputado por el Departamento de Tegucigalpa

FAUSTINO DÁVILA
Diputado por el Departamento de Tegucigalpa

JOSÉ ESTEBAN LAZO
Diputado por el Departamento de Tegucigalpa

CÉLEO ARIAS
Diputado por el Departamento de Comayagua

LUCAS CALDERÓN
Diputado por el Departamento de Comayagua

RAFAEL ALVARADO
Diputado por el Departamento de La Paz

FRANCISCO CRUZ
Diputado por el Departamento de La Paz

FRANCISCO FIALLOS
Diputado por el Departamento de Gracias

RAFAEL VILLAMIL
Diputado por el Departamento de Gracias

TRINIDAD FERRARI
Diputado por el Departamento de Gracias

VICTORIANO CASTELLANOS
Diputado por el Departamento de Copán

CONSTANTINO CUIRST
Diputado por el Departamento de Copán

SALVADOR DÍAZ
Diputado por el Departamento de Copán

MANUEL SEBASTIÁN LÓPEZ
Diputado por el Departamento de Santa Bárbara

JESÚS MANUEL GONZÁLEZ
Diputado por el Departamento de Santa Bárbara

TRANQUILINO BONILLA
Diputado por el Departamento de Yoro

CARLOS ALBERTO UCLÉS
Diputado por el Departamento de Yoro

ADOLFO ZÚÑIGA
Diputado por el Departamento de Olancho

CORNELIO MONCADA
Diputado por el Departamento de Olancho

CRESCENCIO GÓMEZ
Diputado por el Departamento de El Paraíso

BRUNO ARRIAGA
Diputado por el Departamento de El Paraíso

PONCIANO PLANAS
Diputado por el Departamento de Choluteca

MIGUEL AUGUSTO LARDIZÁBAL
Diputado por el Departamento de Choluteca

ABEL CUBERO
Diputado por el Departamento de Choluteca

JOHN DACUS MC. LEAN
Diputado por las Islas de la Bahía

SALOMÓN ORDÓÑEZ
Diputado por el Departamento de la Mosquitia

LUIS BOGRÁN
Secretario, Diputado por el Departamento de Yoro

JERÓNIMO ZELAYA
Secretario Diputado por el Departamento de Santa Bárbara Casa
de Gobierno, Tegucigalpa, 1o. de noviembre de 1880. Promúlguese.

MARCO AURELIO SOTO
El Secretario de Estado en el Despacho de Relaciones
Exteriores, Instrucción Pública y Guerra.

RAMÓN ROSA
El Secretario de Estado en el Despacho de Gobernación, Justicia
y Fomento.

ENRIQUE GUTIÉRREZ
El Secretario de Estado en el Despacho de Hacienda y Crédito
Público.

EL CONSEJO DE MINISTROS QUE QUEDÓ EN LUGAR DE SOTO

El Consejo de Ministros que se hizo cargo del Poder de la Nación estuvo integrado por el Doctor Rafael Alvarado Manzano, el General Enrique Gutiérrez y el General Luis Bográn. Empezó a funcionar el 9de mayo de 1883 y cesó el 30 de noviembre del mismo año, o sea que estuvo al frente del gobierno 6 meses 12 días.

Hizo las veces de Presidente del Consejo el General Gutiérrez, genuino y honrado liberal -dice el Doctor Antonio Grimaldi- (que) buscó a sus congéneres, y dirigiendo al señor Arias (la cumbre de aquellas décadas: nota nuestra) expresiones de amistosas o íntimas confidencias, lo excitó para que le ayudase en sus tareas administrativas.

Las relaciones con los gobiernos vecinos eran satisfactorias, menos con el General Barrios, en apariencia con Zaldívar. Soto, al retirarse, mostró cartas de Barrios y agregando que éste pretendía cargar de cadenas a Centro América, dio la voz de alarma, dejando en el Gobierno una situación crítica y abrumadora.

El Consejo de Ministros deseaba un arreglo, y aunque aceptaba la unión en su forma natural, equilibrados los derechos, recusaba la dominación de Barrios y creía en peligro aquella situación, aparentemente anómala en las circunstancias de entonces.

Arias, con su exquisita penetración en los negocios públicos y su larga y provisora mirada, hizo útiles y oportunas indicaciones, que el General Gutiérrez atendió con ilimitada confianza.

Desgraciadamente, antes de abordar las bases para la solución de esas dificultades, ocurrió el 11 de septiembre a las cinco de la tarde, la inesperada muerte del General Gutiérrez, quedando el Gobierno en los otros dos Ministros, quienes se identificaron.

El 18 de septiembre llegó la renuncia de Soto, procedente de San Francisco de California, fechada el 27 de agosto, y aceptada por un Congreso extraordinario, al que asistió Arias como Diputado.

Ya se sabe que cuando en un país hay Constitución, el Gobierno interino tiene como deber básico acelerar el proceso que lleve al Gobierno constitucional, y eso fue lo que hizo el Consejo de Ministros.

112

GOBIERNO CONSTITUCIONAL DEL GENERAL LUIS BOGRÁN

Tiene la palabra el doctor Antonio Grimaldi para decirnos quien fue Bográn como político. Dice así:

"Convocados los pueblos a elecciones presidenciales para el 9 de noviembre, cada partido hizo surgir su candidatura y el sufragio rodó sobre los señores Arias y Bográn, que ocupaban distante posición en aquellas circunstancias. Como es de suponer, triunfó la candidatura de Bográn. A principios del 84 el Partido Liberal trató de organizarse como se acostumbra en todas partes, asociarse para tratar colectivamente de los intereses generales, ni más ni menos como el que se organizó en Guatemala, con otro nombre, dando sus sesiones públicamente.

El de Honduras se llamó Liga Liberal, y conociendo el señor Arias las susceptibilidades que despertaría y las siniestras interpretaciones que obtendría, dado el carácter del país y las circunstancias de entonces, opinó que sus sesiones fueran secretas. Las bases constitutivas de la Liga no afectaban en manera alguna el orden público, y tanto era así, que entraba en las miras de los socios atraer a su seno al General Bográn (a quien se suponía liberal genuino: n. n.)

La sola circunstancia de ser secreta la Liga, causó grandísima alarma y hasta se calificó de complot revolucionario vinculado con don Marco Aurelio Soto. Tal fue el efecto que produjo el derecho de reunión, por lo cual sufrieron algunos socios males que no relataremos.

Aunque los amigos de Arias temieron su concurrencia al Congreso del 85, por haberse generalizado la opinión de los riesgos que corría y la conveniencia de que emigrara, él se fijó en que aquellas noticias eran de procedencia conservadora, tal vez con el fin de evitar toda inteligencia entre él y Bográn y dar motivo a una ruptura.

Arias se dirigió a Tegucigalpa a ocupar su asiento, y a su llegada recibió del General Bográn un atento saludo, habiéndose visitado después recíprocamente; pero una enfermedad, después de las primeras sesiones, le obligó a regresar a Comayagua, por cuyo motivo no estuvo en la cuestión de la nacionalidad por el decreto del 28 de febrero en Guatemala".

Copiamos textualmente al Doctor Rómulo E. Durón:

"El 8 de marzo de 1884, el Presidente Bográn dictó un decreto por el que autorizó a los Secretarios de Estado para que, durante su ausencia, continuaran despachando los negocios ordinarios pertenecientes a sus respectivas carteras; en los asuntos graves le consultarían por telégrafo o por correo. Hecho esto se dirigió a la hacienda de Mongoy en la frontera de Guatemala, en donde el 23 y el 24 celebró conferencias con el General Barrios y el Doctor Zaldívar: allí trataron de unión centroamericana, y ofrecieron a Bográn darle oportuno aviso de lo que determinaran. De Mongoy fue a Santa Bárbara después de haber visitado los departamentos de Copán y Gracias, y luego se dirigió a Tegucigalpa a donde llegó el 18 de mayo, (muy contento por las relaciones que había establecido: n. n.)

Habiendo aceptado la invitación del Presidente Barrios para asistir a la inauguración del ferrocarril del puerto de San José a Guatemala, que se verificaría el 15 de septiembre, depositó el 30 de agosto el Poder Ejecutivo en el Consejo de Ministros. De regreso en Tegucigalpa, volvió a su ejercicio el 17 de noviembre.

El 28 del mismo nombró Ministro de la Guerra a don Ponciano Leiva, ex Presidente de la República.

El 28 de febrero de 1885 Barrios, sin aviso previo a Bográn, dictó el decreto en que proclamó la unión de Centro-América y asumió el mando militar de todos los Estados. Bográn, no obstante la sorpresa, dispuesto a cooperar en la grande obra, dio cuenta al Congreso que se hallaba reunido. Este Cuerpo dictó el 7 de marzo un decreto por el cual se adhería a la revolución iniciada por el Presidente de Guatemala y facultó al Poder Ejecutivo para que concurriera decididamente a la reconstrucción de la Patria centroamericana.

Bográn depositó el mando en el Ministro Leiva; y levantó fuerzas, las que situó en Nacaome y Choluteca para hacer frente a las fuerzas de Costa Rica, Nicaragua y El Salvador, que se oponían al movimiento encabezado por Barrios. Este invadió el territorio salvadoreño, y el 2 de abril encontró la muerte en la batalla de Chalchuapa. Tan desgraciado. acontecimiento hizo fracasar el plan de unión. La Asamblea de Guatemala, por decreto del día siguiente, revocó el del 28 de febrero, y abiertas negociaciones de paz, se firmó ésta, por parte de Honduras, el 11 de abril en Namasigüe, con los representantes de El Salvador, Nicaragua y Costa Rica, Bográn volvió a la Presidencia el 27 de junio.

Desaparecida la exigencia constante de Justo Rufino Barrios, vuelta la paz nacional y tranquilo el ánimo, Bográn pensó en la conveniencia de castigar al ex Mandatario Soto por los delitos de fraude y dilapidación de los fondos del Estado, durante el tiempo en que éste ejerció la Presidencia, para lo cual nombró un Comité de Investigación con el fin de averiguar la verdad y deducirle las responsabilidades del caso. En represalia, Soto envió contra Bográn dos expediciones: la del Dorian en mayo de 1855 y la del *City of Mexico* en enero de 1886. Ambas partieron de los Estados Unidos. No tuvieron éxito.

El 15 de abril de 1886, por ausencia de Bográn, volvió a encargarse del Poder Ejecutivo el Ministro Leiva. Este el 3 de agosto declaró la República en estado de sitio, por haberla invadido el General Emilio Delgado con cuarenta hombres por la frontera de Nicaragua. Esta expedición fue también armada por el Doctor Soto.

Delgado penetró al interior, derrotó en Flores, en el Valle de Comayagua una fuerza del Gobierno; de allí pasó a Lamaní donde sostuvo un recio combate con las fuerzas que lo atacaron; luego siéndole imposible pasar al departamento de Copán en donde esperaba que se le reunirían sus amigos y partidarios, buscó la frontera de El Salvador; pero, perseguido, tuvo que batirse en Casa Nueva. Finalmente sostuvo un combate con los vecinos de San Antonio del Norte, en el que pereció uno de sus más apreciados compañeros, el Licenciado Ramón Reyes, joven muy ilustrado, en el que se cifraban grandes esperanzas; y el día siguiente, 27 de agosto, se entregó.

Los presos fueron traídos a Comayagua. Bográn que había regresado a Tegucigalpa y se había hecho cargo del poder el 28, acordó formar un Consejo de Guerra; y dictada la sentencia que condenaba a muerte a todos menos a tres, mandó que sólo se aplicara la pena capital al General Delgado, al Teniente-Coronel Indalecio García, al Comandante 2o. Miguel Cortés y al Teniente Gabriel Lozano. Estos fueron pasados por las armas el 18 de octubre a las 8 de la mañana, al costado sur de la Iglesia de La Caridad. El 20 se levantó el estado de Sitio.

(Mucho dinero gastó el ex Presidente Soto en las expediciones marítimas del Dorian y el City of Mexico y un poco menos en la terrestre del General Emilio Delgado por la frontera de Nicaragua, aunque éste perdió su preciosa vida. Recuérdese quien fue Delgado, un militar resuelto en los días azarosos del Gobierno del Doctor Arias, el más combatido por la reacción centroamericana y por los propios Gobiernos Liberales de Guatemala y El Salvador. Perdió su vida por servir la ambición de un burgués; que quería ser más rico como era el caso de Marco Aurelio Soto.

Y le quitó la vida otro burgués comodón que hasta en la sangre que se vertía calculaba el provecho que le daba. Cuando con los años alguien le reclamó por la muerte del General Delgado, contestó que si en aquel tiempo hubiera conocido la clemencia, no lo hubiera fusilado. Pero queríamos decir que ante la inminencia de las invasiones marítimas y terrestres del guerrillero Marco Aurelio Soto contra su compañero Luis Bográn, continuador de la llamada Reforma, su pariente, amigo y colaborador Ramón Rosa, residente entonces en San José, Costa Rica, le escribió a Nueva York aconsejándole que para el éxito de la empresa convenía que se situara físicamente a la cabeza de las operaciones militares y no a la distancia como pretendía hacerlo.

Soto le contestó desde Nueva York que no podía ponerse físicamente a la cabeza de la rebelión contra el Gobierno de Bográn, porque meses antes había tomado un seguro de vida valorado en cien mil dólares y no quería perderlo por violación de la cláusula que prohibía al asegurado arriesgar la vida en aventuras militares. Allí está retratado el filisteo de los alemanes. ¡A Delgado que se lo llevara el diablo! ¡Pero él no podía perder su seguro de vida!)".

REELECCION PRESIDENCIAL DEL GENERAL LUIS BOGRAN

Seguimos citando al historiador nacional, doctor Rómulo E. Durón, quien se refiere al segundo período de Gobierno de Bográn en los siguientes términos:

"Convocado el pueblo a elecciones de Presidente por decreto legislativo de 28 de febrero de 1887, surgieron dos candidatos: el mismo General Bográn que deseaba ser reelegido, pues la Constitución lo permitía, y el doctor Céleo Arias. El Congreso se reunió el 16 de noviembres, y el 19 declaró a Bográn electo Presidente para el nuevo período, por haber obtenido 38,394 votos en una base de 44,499. Bográn tomó posesión el 30. La candidatura de Arias había sido lanzada en nombre del partido liberal. Arias, por reclamo de la juventud, dio a conocer su programa, lo que hizo en un manifiesto que intituló Mis Ideas. En la campaña electoral obtuvo 5,326 votos, lo que dio esperanzas para el porvenir. Pero Arias falleció el 28 de mayo de 1890, y esto dio ocasión a que el doctor Policarpo Bonilla preparara sobre nuevas bases la organización del Partido Liberal

(El programa político Mis ideas introdujo la novedad de un candidato presidencial que exponía a la consideración pública el plan de gobierno que iba a desarrollar. El programa produjo una impresión enorme en las masas electorales, que por primera vez se les daba a conocer en forma directa los Derechos del Hombre y del Ciudadano. Y de ahí en adelante ya no hubo medio de impedir la agitación de las masas electorales hasta que vencieron con la revolución de 1894".

Copiemos unos cuantos párrafos del folleto Mis Ideas. Decía el doctor Arias, por ejemplo:

"Por origen y por convicción filosófica, profeso ideas liberales y quiero en consecuencia:

La unidad de fuero, sin más excepción que para los militares en campaña;

La seguridad individual, afianzada especialmente por la garantía del Hábeas corpus, debidamente reglamentada, para que en ningún caso resulte ilusoria;

La abolición absoluta de la pena de muerte y la supresión inmediata de los cadalsos políticos;

La abolición de la tortura, de los palos o flagelaciones; de las penas perpetuas e indefinidas, y de las infamantes;

La garantía de la propiedad en todas sus formas;

La libre manifestación del pensamiento por la palabra o por la prensa, sin otra responsabilidad que la de calumnia, deducida ante Jurado;

La libertad de reunión y de asociación;

La libertad de locomoción;

La libertad de enseñanza;

La libertad industrial y comercial;

La libertad de cultos y la independencia entre la Iglesia y el Estado;

La igualdad civil y política;

La universalidad del sufragio;

La autonomía del Municipio y la consiguiente independencia de las Municipalidades;

La limitación racional para el período de Presidente de la República;

La prohibición de reelección presidencial, de Diputados y Magistrados; o sea la alternabilidad de los ciudadanos en el ejercicio de los Supremos Poderes.

La absoluta independencia de los Poderes Legislativo, Ejecutivo y Judicial, en términos que el Ejecutivo no se convierta en legislador, ni invada bajo ninguna forma el santuario de los Tribunales de Justicia.

En suma, aspiro a ver en práctica todos los principios que constituyen la República Democrática y las verdades secundarias que derivan de su naturaleza, bajo un Gobierno respetable, de regularidad y de progreso".

El manifiesto del doctor Céleo Arias contenido en Mis ideas está considerado como una joya literaria de la política liberal de Honduras en las últimas décadas del siglo XIX. No sólo demanda los derechos del hombre, el ciudadano, el trabajador y el empresario sino los de la Nación como parte de Centro América y del mundo, regidos por principios del Derecho Internacional. Y a la vez puntualiza los mandatos de una administración pública puesta al servicio del desarrollo independiente. Repetimos que el folleto "Mis ideas" fue en lo sucesivo el Evangelio de los liberales hondureños que necesitaban de un punto de apoyo ideológico para hacer una revolución violenta.

En aquellas elecciones, la brutal imposición del oficialismo, según el decir del doctor Grimaldi, dio un triunfo absoluto al General Bográn. "Al concluir el período del General Bográn —escribe Grimaldi en su folleto Céleo Arias — convocó a elecciones para el sustituto. Los dos partidos volvieron a proclamar sus candidatos. El partido oficial notó que la Constitución no había consagrado el principio de alternabilidad, garantía y fundamento de la democracia, pero tal vez inadecuado para Honduras, según se dijo. No hubo, pues, inconveniente en adoptar la reelección, iniciándose por la prensa de Tegucigalpa, Santa Bárbara, Choluteca, Trujillo y Roatán, cuyas empresas tipográficas ignoramos si sean de particulares y lleven el carácter de independientes; pero en las actas de reelección figuraron los empleados públicos y sus dependencias, por lo cual se llamó oficial, tal vez impropiamente, aquel partido".

"Los liberales por su parte —sigue escribiendo Grimaldi— levantaron actas que tal vez no quisieron obedecer al principio de subordinación, supuesto no figuró en ellas ninguna corporación civil ni militar, y si algunas de esas actas no pudieron ver la luz, no fue por la falta de libertad sino porque los tipógrafos no tenían lugar de imprimirlas.

"Sabían los liberales que su candidatura no triunfaría bajo ningún concepto, pero se proponían sentar un honroso precedente por el país, haciendo ver a los pueblos de Centro América, que aquel suelo, minado por los despotismos anteriores, no había perdido su vitalidad".

Cuando empezaban los trabajos de nueva organización del partido liberal bajo la dirección del doctor Policarpo Bonilla, ocurrió la rebelión del General Longino Sánchez. Este era Comandante de Armas, y el 8 de noviembre se adueñó de los cuarteles de Tegucigalpa: no pudiendo sostenerse en la plaza, que había sido sitiado por numerosas fuerzas, rompió la línea el 15, y al llegar a San Antonio de Oriente, no pudiendo evitar su captura, se suicidó disparándose un tiro de revólver en el cielo de la boca. Debelada la rebelión, en la que el doctor Bonilla y sus partidarios prestaron su inmediato y eficaz concurso al Gobierno, dándole fuerza material y moral desde el primer momento, aquel obtuvo del General Bográn que no se aplicase la pena de muerte a ninguno de los comprometidos.

(No está claramente explicada la conducta observada por el Comandante de Armas de Tegucigalpa en el artículo del doctor Policarpo Bonilla titulado "La traición del General Sánchez" que apareció en uno de los primeros números de "El Bien Público", órgano del Partido Liberal. Dice en los "Antecedentes").

El General Sánchez, natural de Nicaragua, donde inició su carrera militar, la continuó en El Salvador, donde llegó a alcanzar hasta el grado de Coronel. En el año de 1872 vino a Honduras con el ejército salvadoreño para auxiliar al Gobierno provisorio del señor Arias, y éste le concedió el grado de General de Brigada en premio de su heroico comportamiento durante el ataque a la ciudad de Comayagua hecho por el General Medina. Volvió a Honduras con el ejército auxiliar del señor Leiva; y se estableció definitivamente en el país bajo la administración Soto, llegando a adquirir el grado de General de División.

El Presidente Bográn lo mantuvo en el empleo de Comandante de Armas de este departamento, durante los siete años que lleva de estar en el poder, a pesar de la queja general de los habitantes; y creemos poder asegurar, que es tres veces mayor el daño que los abusos causaron a la popularidad del señor Bográn, que los ataques de sus adversarios políticos. Llegó a creerse casi omnipotente, y como sucede siempre cuando no se sigue el camino recto, había de comenzar su decadencia. Varias veces dejó comprender sus aspiraciones a la Presidencia de la República, y debía ser por los medios de la acción que él acostumbraba: la violencia y la ilegalidad; pero el Presidente Bográn, confiado como ha sido siempre para con los hombres que le han rodeado, parece que no dio importancia alguna a tales pretensiones. No obstante, y aunque ignoramos las causas, se hizo notorio que el poder y el favor de Sánchez decaían. El sin duda no pudo resignarse, siendo ya viejo y falto de salud, a perder toda esperanza de realizar sus ilegítimas aspiraciones, y concibió el proyecto que tantos males ha causado a nuestro país.

Así dice el doctor Bonilla en los "Antecedentes" de su artículo "La traición del General Sánchez" publicado en "El Bien Público". Sin negar que la sublevación fue funesta, en la que los liberales salvaron el Gobierno de Bográn, al vencer al sublevado, en lo inmediato, parece que Bonilla olvidó que Bográn se había reelegido contra la Constitución y que la reelección había sido condenada por Arias en su folleto Mis Ideas. La retención del Poder al margen de la ley o contra la ley da lugar al derecho de insurrección. Ese derecho lo ejerció Sánchez, y los liberales debieron haber apoyado a Sánchez para evitar los futuros dolores de cabeza que trajeron los gobiernos de Ponciano Leiva, Rosendo Agüero y Domingo Vásquez o sea cuatro años de verdaderas angustias nacionales. Y en lo lejano, también olvidó el doctor Bonilla que el General Longino Sánchez frustró el gobierno que se inventó el General José María Medina en Omoa y en el que apareció como Presidente el General Juan Antonio Medina (a) Medinita, al capturar allí al General Medina (a) Medinón y al Licenciado Crescencio Gómez, que inmediatamente condujo como prisioneros a Comayagua, después de haber fusilado al padre Chonona, "clérigo de espíritu aventurero e inescrupuloso, que figuraba en esas charcas de sangre arrastrando una espada, como general de la reacción" (Grimaldi).

Bonilla creyó que la ayuda del partido liberal a Bográn en el aplastamiento de la rebelión de Sánchez enderezaría la política bogranista en favor del liberalismo que se nutría con las ideas del Doctor Arias, jacobino hondureño. No fue así. Bográn se inclinó en favor de la candidatura del afortunado Ponciano Leiva.

Oigamos al Doctor Rómulo E. Durón:

El 5 de febrero de 1891 la Convención Liberal dictó en Tegucigalpa con representantes de seis departamentos la Constitución del Partido, habiendo acogido en ella las ideas fundamentales del programa de Arias. La Convención declaró al Doctor Bonilla electo jefe del Partido y Candidato a la Presidencia de la República para el período que iba a empezar el 30 de noviembre. El candidato del gobierno fue don Ponciano Leiva. Así quedó inaugurada la campaña electoral, y la lucha fue vigorosa.

En mayo fue tomado el puerto de Amapala por unos pocos emigrados, habiendo muerto en la refriega el Comandante de la Plaza, General Santos Bardales. Pronto fue recuperado el puerto y el movimiento no pasó a más, al ser enteramente aislado. Sin embargo, sirvió de pretexto a Bográn para mantener en estado de sitio la República hasta el 15 de agosto con el objeto de impedir los progresos de la propaganda por la candidatura Bonilla. Las elecciones se practicaron el 5 de septiembre y los dos días siguientes. El Congreso se reunió en Comayagua, a donde Bográn trasladó el gobierno, con motivo de la actitud hostil de Tegucigalpa; y en decreto el 6 de noviembre declaró electo Presidente a Leiva por haber obtenido 34,362 votos en una base de 49,662. El doctor Bonilla había obtenido más de 15,000 votos. La elección se tuvo por falseada, y el descontento que esto produjo había de traer la guerra civil.

Bográn concluyó la carretera del sur comenzada por el doctor Soto, las carreteras de Tegucigalpa a Yuscarán y de Tegucigalpa a Santa Bárbara, mejoró muchos edificios públicos como la casa de Gobierno, construyó la Escuela de Artes y Oficios, instaló el acueducto que provee a Tegucigalpa y Comayagüela del agua del Jutiapa e impulsó otras obras urbanas. Además, Bográn organizó la Academia Científico-Literaria de Honduras; estableció la Litografía Nacional, y tributó un homenaje. al pasado, creando en el Palacio la galería de retratos de los Gobernantes. De ser partidario de la unión de Centroamérica dio nuevas muestras concurriendo con los gobiernos de las demás repúblicas a la celebración del Pacto que se firmó en San Salvador el 15 de octubre de 1889.

Luis Bográn fue inconsecuente con la línea fundamental del siglo, con la línea contenida en el programa del liberalismo que tendía a crear el capitalismo nacional manejado por una clase burguesa hondureña en constante desarrollo. Si hubiera seguido esa línea, su nombre sería grande en la historia. Siguió la línea falsificada de Soto que por disfrutar el Poder sin pena ni riesgo le prendía una vela a Dios y otra al Diablo. Como Soto no fue consecuente con la reforma liberal, que había tenido sus fuentes de alimentación en la propia Honduras, tampoco lo quiso ser Bográn, y a eso obedece que su gobierno estuviera lleno de incidentes y amenazas. No obstante, se puede decir que fue un gobernante de la Reforma, sin olvidar que al retirarse del Poder el 30 de noviembre de 1891, dejó el país envuelto en las llamas de la revolución liberal.

MIS IDEAS

Desde que el Congreso Legislativo emitió el decreto de convocatoria a elecciones de Presidente de la República para el período de 1887-1891, muchos de mis compatriotas vienen insinuándome el pensamiento de proclamarme candidato para aquel alto puesto. Notabilidades políticas de los demás Estados de Centroamérica, simpatizan con esa idea y la juzgan conveniente y oportuna. Entre aquellos y éstas figuran sujetos honorables que, o no conozco personalmente, o no había tenido antes la honra de sus relaciones. En lo general, he guardado silencio, porque ni esperaba que tal pensamiento tuviese el eco y la propaganda que se nota en los pueblos, ni me he creído apto para el ejercicio del Poder, cuyas delicadas funciones son incompatibles con los hábitos de retraimiento político que he contraído en más de una década de aislamiento y de exclusiva consagración a los cuidados de mi familia y a las tranquilas labores de la tierra.

Pero se insiste en mi llamamiento y se hace sonar mi nombre como candidato presidencial en todos los departamentos de la República, a la vez que en cartas privadas, como en el folleto de mi verdadero amigo el señor Licenciado don Policarpo Bonilla, dado a luz el 30 del mes pasado, y especialmente en la proclamación de Tegucigalpa que circula impresa con fecha 1º. del corriente, bajo respetables y numerosas firmas, se me excita a la aceptación y a que explane mis ideas. No podría, pues prolongar mi silencio, sin faltar a los respetos y a los miramientos que debo a mis conciudadanos y amigos, y sin contrariar mis antecedentes y mis sentimientos de patriotismo, único resorte de mi vida pública.

Mucho se equivoca cualquiera que me atribuya vulgar ambición de mando. Sé por experiencia propia y por las enseñanzas de la historia, que el cargo de Gobernante Supremo en este país es un verdadero sacrificio para el hombre de bien, que en su penoso camino casi siempre recoge por recompensas, amarguras, decepciones e inconsecuencias. No sórdidos cálculos que envilecen, ni personalidades odiosas, ni la vanidad de los fatuos pueden ser móvil y halago para quien admira y tiene por modelo la pureza de manos, la elevación de propósitos, y la modestia republicana de los próceres de la patria Dionisio Herrera, Francisco Barrundia y Trinidad Cabañas.

***

Fenomenal sería el triunfo de mi candidatura, como lo es ya mi proclamación verdaderamente espontánea; y provechosa lección sería, además para los que no creen en los prodigios de la voluntad libre y en la fuerza moral de la opinión pública, a veces incontrastable en épocas definidas. No obstante, acepto los honores de mi candidatura proclamada, dentro de los límites del derecho y de la propaganda pacífica y decente, que son y han sido en todos tiempos el distintivo y la norma de mis amigos políticos. Fuera de la ley en nada pienso, ni nada aceptaría.

Al hacer esta franca declaratoria, debo ante todo protestar que mi preferente y anhelada aspiración, es llegar a ver restablecida la patria centroamericana. Todos nuestros esfuerzos de perfeccionamiento; todos nuestros sacrificios, por grandes y generosos que parezcan, serán más o menos estériles y traducidos como formas veladas de pequeñez y egoísmo, mientras insensatos sigamos sin rumbo en el naufragio de los unionistas nacionales del malhadado y tenebroso año de 1839.

Hecha esa protesta que tranquiliza mi conciencia patriótica y que desde luego me liga en compromiso solemne con mis correligionarios de Centroamérica, debo también, para corresponder a las distintas excitaciones, hacer conocer una vez más a mis conciudadanos mi credo político, y mis aspiraciones concretas como hombre público, sin que baste hallarse algunas de ellas en nuestra Constitución y leyes, ya que me propongo presentar en síntesis y a grandes rasgos un sistema de gobierno definido; trazar un cuadro de administración pública en la región ideológica, como punto de partida al terreno de los hechos que reclaman los progresos y conquistas de la época, y las peculiaridades y conveniencias de Honduras. Así no podrá acusárseme de inconsecuencia, ni hacerse nadie ilusiones de que yo pudiera prestarme como agente de otras ideas y menos como instrumento de personalidades y de pasiones indignas.

***

Entre estas verdades consecuenciales quisiera primordialmente:

La paz interior, o sea la armonía entre el pueblo y el Gobierno, que sólo engendra una política sensata, exenta de extralimitaciones, de violencias y amenazas; política de justicia, de equidad y de garantías para todos los habitantes de la República;

La paz exterior basada en el respeto y en la estricta observancia del Derecho Internacional.

La amistad estrecha y de familia con las Repúblicas hermanas, procurando la identidad o la mayor asimilación posible de los principios políticos adoptados por sus Gobiernos, bajo las condiciones imprescindibles de la Democracia y de la República;

El respeto a la Constitución y a las leyes;

La efectiva responsabilidad de los empleados en todos los ramos de administración;

El nombramiento de Diputados al Congreso Legislativo, de Presidente de la República y de Magistrados para la Suprema Corte de Justicia, por elección popular; de Magistrados para las Cortes de Apelaciones y de Jueces de 1^{era}. Instancia, por la Corte Suprema, y de Jueces de Paz, por las Cortes de Apelaciones, propuestas en ternas por los Jueces de 1^{era}. Instancia;

La votación directa y por cédulas secretas en las elecciones populares en un solo día en todos los Municipios de la República, mediante división de cantones o mesas electorales, y el escrutinio de votos por ministros de fe, ante selecto Comité de Ciudadanos;

La prohibición de paradas o ejercicios militares de los milicianos ciudadanos, en el día señalado para elecciones populares;

La destitución y castigo como prevaricadores a los que, ejerciendo autoridad en el orden civil, en el político y en el militar, impongan, amenacen o influyan directa o indirectamente para inclinar la votación en las elecciones populares.

La decidida protección de la instrucción pública, mediante Universidades centrales para estudios profesionales de ambos sexos, y Colegios de enseñanza secundaria, igualmente para los dos sexos, en las Capitales de departamentos; escuelas superiores departamentales, escuelas primarias en todos los Municipios, subvencionadas por el Gobierno, cuando no basten sus fondos;

escuelas de artes y oficios, y lecciones nocturnas a los artesanos, agricultores e industriales adultos;

El celo, la pureza, la economía y la equidad en el manejo e inversión del Tesoro Nacional;

El afianzamiento del crédito nacional en el interior y su restablecimiento en el exterior;

La subordinación del Presupuesto General de Gastos a los ingresos del Erario;

La formación de una caja de ahorros y de reserva para acometer empresas de manifiesta utilidad general, y para hacer frente a los gastos en circunstancias anormales o extraordinarias;

La exclusiva administración de los caudales públicos y por empleados subalternos de hacienda, bajo reglas o preceptos fijos e inalterables a voluntad del Gobierno, y sin otra dependencia que de la ley;

La negación de contratas ruinosas para el Erario Nacional;

La persecución y el castigo de los agiotistas;

La supresión absoluta de contribuciones directas sobre el capital y de las prestaciones personales, sustituyéndolas con impuestos indirectos y con rentas determinadas y cedidas a beneficio de los Municipios;

La conclusión del camino de hierro interoceánico y la construcción de ramales a los departamentos;

La apertura de vías fluviales, carreteras y de herradura;

La protección y fomento de la inmigración;

El establecimiento de colonias en nuestros desiertos, al favor de contratas y de concesiones liberales;

La reforma de las leyes militares sustantivas y adjetivas, en sentido liberal;

La supresión del Estado Mayor General en tiempo de paz, y la reducción de las guarniciones al número de plazas que basten para guardar el orden;

La estricta observancia de las exenciones de aquellos que por su edad están fuera de la organización de las milicias;

La admisión obligatoria de las renuncias que hiciesen de sus despachos los oficiales y Jefes del Ejército, que por su edad, o por otras excusas o impedimentos legales, están fuera de la organización militar;

Y el establecimiento de un Diario costeado por el Gobierno, órgano de la oposición legal, que ilustre, discuta y objete las providencias, los actos y las extralimitaciones de los Poderes públicos.

***

Tal es, en compendio, mi ideal político y administrativo. He allí mi rojismo, el rojismo de todos los de mi escuela, cuya bandera triunfa en Centroamérica. Verlo implantado bajo un sistema seguro que inspire fe y confianza a todos los hondureños, es mi ardiente aspiración. Para empresa tan colosal y tan difícil en un país donde hay que romper con preocupaciones, con precedentes contrarios, con hábitos arraigados de inercia e indolencia, necesario es que el Gobernante lleve a los puestos públicos, personalidades conspicuas y homogéneas, y que se rodee de ciudadanos de antecedentes honrosos, de hombres de luces y de voluntad firme en la senda del bien.

Comprendo que no sería yo quien pudiera tanto, si el sufragio de mis conciudadanos me llamara al ejercicio del poder; pero en todo caso presidirían mis actos la buena fe y la honradez y daría pruebas de perseverancia, de firmeza, de desprendimiento y de patriotismo, como las daré, en todo tiempo, de consecuencia personal y política a mis compatriotas, que me honran con su proclamación, cualquiera que sea el resultado de la elección popular.

Comayagua, San Isidro, 23 de julio de 1887.

GOBIERNO DEL GENERAL PONCIANO LEIVA

(Por segunda vez).

La única persona que conoció bien al General Ponciano Leiva fue su mujer. Cierta vez lo encontró un amigo en el salón presidencial, sentado en un sofá, con ademán meditabundo, sosteniéndose la mandíbula.

—¿Qué te pasa? —le preguntó el amigo— que te veo triste y acongojado...?

—¿Qué ha de pasarme —le contestó el Presidente Leiva— que no me pagan mis sueldos y debo seis meses de comida...

—Pero eso no es para que adquieras el tamaño de una hormiga. Tienes bienes en Santa Cruz de Yojoa. Pídele a tu mujer dinero suficiente para matar tus penas.

—Ahí está lo grave —le replicó Leiva—. Dice Luisa que la política es vagancia; que me dedico a ella por no trabajar, y que el que no trabaja no come...

—Entonces, ¿qué piensas hacer...?

—Pienso renunciar para ir a Santa Cruz a tender cercos de "motate"..

El periodista Lucas Paredes nos da la semblanza del personaje en los términos siguientes:

"El General Ponciano Leiva aparece en la vida pública hondureña en 1865 como Ministro de Gobernación y Justicia, cuando el designado a la Presidencia, Licenciado Crescencio Gómez, se hizo cargo del Poder Ejecutivo. Más tarde, en septiembre de 1868, se le ve desempeñando el Ministerio de Relaciones Exteriores, cuando el Poder Ejecutivo quedó en un Consejo de Ministros. Desaparece por un tiempo del Escenario Político para reaparecer nuevamente como Ministro de Relaciones Exteriores en julio de 1872, en el Gobierno Provisorio del General Juan Antonio Medina, a quien sustituye por el movimiento armado de noviembre de 1873. En enero del 76, es restituido al poder, en el que apenas dura un semestre. Esta vez apoyado por los Gobiernos de El Salvador y Guatemala.

Días antes que el Presidente Bográn terminara su período constitucional, el Coronel Terencio Sierra invadió los pueblos fronterizos a El Salvador. "Tan pronto como Sierra traspasó el

Goascorán, llegaba a San Miguel el General Antonio Ezeta, a la cabeza de mil hombres. Convencidos los dictadores cuscatlecos de que los pueblos de Honduras no respondían a los movimientos iniciados por Sierra, optaron por estrechar relaciones con el Gobierno de Leiva, y al efecto excitaron a éste para que enviara un agente confidencial al pueblo de Soco, donde se entrevistaría con el General Ezeta. El Presidente Leiva envió al Licenciado Ponciano Planas. Cuando don Ponciano Leiva inauguró su Gobierno, dirigió un mensaje al pueblo diciendo: "Acepto la Presidencia de la República pero con la intención de servir este alto y delicado destino, un lapso no mayor que el período constitucional, porque mi edad, la conservación de mi salud y mis actuales convicciones, reclaman el descanso y la quietud".

El estado de agitación que creó el movimiento iniciado por Sierra, obligó al gobierno a decretar el Estado de Sitio en los lugares donde la agitación tomaba mayor incremento. Fracasado aquel, el doctor Bonilla se entregó a la conspiración, resuelto como estaba en apartar a Leiva. Alejado del país el General Domingo Vásquez por enemistad con Bográn, volvió cuando gobernaba Leiva, quien lo hizo Comandante de Armas de Tegucigalpa y quien recibió la orden presidencial que relegara a las Islas de la Bahía a los señores Policarpo Bonilla, Miguel Oquelí Bustillo, Miguel R. Dávila, Dionisio Gutiérrez, José María Reina, Erasmo Velásquez y Enrique Lozano, pero en vez de hacerlo, el General Vásquez les extendió pasaportes para viajar a Nicaragua.

El Coronel Leonardo Nuila se sublevó en La Ceiba, proclamando Presidente al Doctor Bonilla, y poco después salieron los partidarios de éste, de Tegucigalpa y Comayagüela para la frontera de Nicaragua, en donde fueron organizados y dirigidos por los Generales Reina, Velásquez, Dávila y Laínez. Estos movimientos fueron desafortunados; el ejército de Nuila se desbandó en Quiebra-Botija, habiendo sido capturado su jefe y pasado por las armas; y el ejército del sur sucumbió a la superioridad del adversario en Las Anonas, primero, y después en El Corpus, en donde se había fortificado el General Terencio Sierra.

El haberse iniciado una nueva campaña en enero de 1893, encabezada ya por el Doctor Bonilla, hizo pensar a Leiva en separarse del Poder. Trasladó el gobierno a Tegucigalpa, en donde se reunió el

Congreso; y por decreto del 9 de febrero depositó la presidencia en su Ministro de Guerra el Licenciado Rosendo Agüero. Este procuró entrar en arreglos de paz con los revolucionarios; pero la paz fue imposible. El Doctor Bonilla pasó de Güinope a Tatumbla, donde estableció su campamento y se sostuvo treinta y un días contra las numerosas fuerzas del General Domingo Vásquez, nombrado por el gobierno general en jefe del ejército. Luego se dieron las acciones de Tegucigalpa, Las Crucitas, Coa, Cedros, Guaimaca en donde fue herido el Doctor Bonilla, y finalmente las de El Salto y Liure; todas adversas a los revolucionarios. El Doctor Bonilla tuvo que volver a Nicaragua. En Tegucigalpa y Comayagüela hubo fusilamientos de presos políticos.

Terminada esta campaña, el Licenciado Agüero depositó la Presidencia provisional el 18 de abril en el General Vásquez, nombrado Ministro de Gobernación. Ya antes, el 15, del mismo mes, don Ponciano Leiva, había enviado de Santa Cruz de Yojoa su renuncia de la Presidencia de la República. Y así con pena pero sin gloria terminó la segunda gestión pública de don Ponciano Leiva; dejó la vagancia de la política, como le decía su mujer en cartas íntimas, y volvió a Santa Cruz de Yojoa a tender cercos de "motate".

GOBIERNO DEL GENERAL DOMINGO VÁSQUEZ

Falta una biografía de este notable hondureño, que parece un personaje del Renacimiento por su amor a la sabiduría y su inclinación al crimen; por su apego al terruño y su devoción a los viajes. En su afán montonero, no hubo rincón de Honduras que no visitara, y en su obsesión de llegar a costas lejanas, fue el primer compatriota que visitó Grecia, madre de la civilización occidental. Vásquez, buen mozo en su juventud, de apreciables familias tegucigalpenses, y habiendo emprendido estudios universitarios, se le ve asomarse y luego desaparecer en los años iniciales de la Reforma hondureña, en tiempo de Arias. Permanece como escondido en los años administrativos del doctor Marco Aurelio Soto, y después huye del país perseguido por Bográn, regresando en tiempo de Leiva, quien le confía la Comandancia de Armas de Tegucigalpa.

Para hombre tan inteligente, calculador y ambicioso como Vásquez, un juzgadillo de paz que le hubiera dado Leiva, habría sido suficiente para que escalara las más altas cumbres del Poder. Desde luego, los factores que le ayudaron fueron muchos, 1) La clase dominante hondureña estaba hasta la coronilla de Luis Bográn; 2) Consideraba inaceptable desde todo punto de vista el sustituto que se había hallado en don Ponciano Leiva; 3) Estimaba insufrible el procedimiento que ya se estaba volviendo costumbre, de pasar el poder a otro por medio de la imposición oficial;5) La mediocridad patente y manifiesta de los principales funcionarios del gobierno leivista; 6) El mandato histórico que hubiera un audaz que de un salto se adueñara del poder para que detuviera la correntada revolucionaria que tenía en mira radicalizar la

Reforma Liberal, que como se ha visto gracias fue una tímida operación por arriba, dejando en el tintero las demandas populares, en una palabra, los derechos del hombre y del ciudadano. Vásquez en aquella ocasión fue el hombre del destino, con cierto brillo bonapartista en el arte de tomar el poder, aunque posteriormente se condujera como un tonto en retenerlo.

Fue el periodista Paulino Valladares quien escribió que: "Las elecciones de 1893 en favor de Vásquez, fue el asalto del sable a la opinión pública". Y en otra parte dijo: "El solo nombre de Vásquez llenaba de terror a los electores". Pues, bien, agrega el historiador Rómulo E. Durón en su Bosquejo Histórico, que:

"El Congreso admitió la renuncia de Leiva como Presidente de la República en decreto del 7 de agosto, y convocó a elecciones. Practicadas, éstas, declaró al General Vásquez Presidente Constitucional en decreto de 14 de septiembre, por haber obtenido 37,114 votos en 39,124. (Adviértase que en dichas elecciones no hubo candidato de la oposición: n. n.) Vásquez tomó posesión el 15 de septiembre.

Su labor en el gobierno fue activa. Creó los departamentos de Valle y de Cortés. Estableció en Tegucigalpa una escuela de cabos y sargentos. Reglamentó la venta de bananos en la Costa Norte para proteger a los productores. Decretó una prima en favor de los cultivadores de café, cacao y hule. Declaró puerto mayor el de La Ceiba. Reglamentó la siembra de tabaco. Mandó erigir estatuas de bronce en Tegucigalpa al eminente estadista y literato Doctor Ramón Rosa y en Comayagua al Benemérito don León Alvarado.

(Como cosa nuestra diremos lo siguiente: Vásquez tenía el propósito de empujar la Reforma Liberal por arriba, que dejaran inconclusa Marco Aurelio Soto y Luis Bográn. Con tal objeto, pensó al principio nombrar Ministro General al Doctor Ramón Rosa, lo que no hizo por la enfermedad incurable que sufría el eminente hombre público que lo llevó a la tumba. Vásquez quería distinguirse como adalid del progreso nacional. También concibió otro plan: al darse cuenta que Honduras está rodeada de tres hermanas que la constriñen y no la dejan desenvolverse, pensó en convertirla en la Esparta centroamericana, para lo cual debía patrimoniar el país, darle una economía autárquica, y una vez que contara con esa base, crear el poder militar hondureño, superior a cualquier otro en el área istmeña y capaz de producir pánico en el alma de las "hermanitas". Vásquez recogía los mejores ideales. Don Juan Lindo no descansó hasta que arrojó al último inglés de las tierras continentales del país. El General Cabañas pensó en hacer de Honduras el poder económico fundamental de Centro América para luego unir a esta en una sola nación. Y Vásquez quiso hacer de Honduras una potencia militar para mantener aterrorizadas a las "vecinitas", y quitarles la gana de meter sus "hociquitos" en este país". Sigamos escuchando al historiador Durón:

El 30 de octubre, en previsión de nuevas agresiones revolucionarias procedentes de Nicaragua, de donde habían venido las anteriores, se hizo autorizar por el Congreso para declarar y hacer la guerra al Gobierno de dicha República en el momento mismo que se alterase la paz de Honduras por cualquiera invasión que de allá viniera. Este decreto era innecesario, pues el Presidente contaba con facultades constitucionales para declarar la guerra en el caso de agresión exterior.

El Gobierno de Nicaragua, alarmado, concedió entonces un apoyo franco y decidido al doctor Bonilla; y, éste se presentó el 24 de diciembre en Los Amates, en donde organizó su Gobierno provisional. A este acto sucedió la ocupación de Choluteca y finalmente la de Tegucigalpa a donde entró el ejército vencedor el 22 de febrero de 1894. Vásquez había roto la línea de sitio el día anterior y pronto logró penetrar en territorio salvadoreño".

LA REVOLUCION LIBERAL DE 1894

(La revolución del 94, como se le llama, es un acontecimiento lleno de contradicciones. Debió haber desatado su furia contra el despotismo de José María Medina; debió haber apoyado con toda su fuerza el Gobierno Liberal del Doctor Céleo Arias, y con tal apoyo no haberse ofrecido el espectáculo de los regímenes de Ponciano Leiva y José María Medina, una vez más; debió haber insuflado su espíritu al Gobierno "versallesco" de Marco Aurelio Soto y al régimen "inconstante" de Luis Bográn. Sucedió en la última década del siglo como para demostrar que la reforma sotista y bogranista había sido una operación a medias, artificiosa, lucrativa y oportunista. Su triunfo fue el resultado de un error de Vásquez al amenazar a Nicaragua con una guerra internacional. Pero de otra parte, la invasión al territorio hondureño tuvo el carácter de una traición a la Patria. Sin embargo, estos errores básicos fueron olvidados ante la posibilidad de aparecer en el nuevo siglo con un gobierno surgido de la voluntad del pueblo, sujeto a los principios de una Constitución avanzada).

Por decreto del 26 de abril convocó el doctor Bonilla una Asamblea Constituyente. Esta se instaló el 11 de julio, y el 14 de octubre dictó una nueva Constitución. En ella se declaró, como en la de 1880, que Honduras es un Estado disgregado de la República de

Centro América, y en consecuencia reconoce como una necesidad primordial volver a la unión con las demás: secciones de la República disuelta. Se apartó de la derogada en que admitió que la unión pudiera efectuarse con uno o más Estados de la antigua Federación, mientras que la otra se refería a la reconstrucción nacional de Centro América.

Respecto a la pena de muerte estableció la de 1880 que, mientras se establecía el régimen penitenciario, podría imponerse en los casos que designara la ley. La de 1894 declaró que la pena de muerte queda absolutamente abolida en Honduras.

(Ahora decimos nosotros: La Constitución Política -así se llama en el texto- de 14 de octubre de 1894, es la conquista más grande de Honduras en el campo del Derecho Político, y es una lástima que el historiador Durón no haya puesto más énfasis a sus palabras al referirse a ella. Céleo Arias, Policarpo Bonilla, las juventudes de 1871 y 1894 y las insurrecciones populares de aquellas décadas se unen, indudablemente, a la famosa proclama francesa de los Derechos del Hombre y del Ciudadano, resumida para uso hondureño en el folleto titulado "Mis Ideas". Dígase la verdad, fuera de los revolucionarios liberales de la Independencia, fuera de Morazán y Cabañas, los únicos políticos que se fueron a la raíz de las reivindicaciones sociales y públicas fueron Arias y Bonilla, fundadores del partido liberal en la segunda mitad del siglo XIX.

Ellos vieron en toda su crudeza la servidumbre de las masas populares y del ansia que sentían por ser hombres libres en una sociedad libre. Y ellos fueron los esforzados en prender una revolución en las bajas capas sociales para reivindicar los derechos de los labriegos, los peones, los artesanos, de todas las gentes marginadas en una sociedad burguesa en perspectiva. La Constitución de 14 de octubre de 1894 fue el resultado de una pequeña y tardía Revolución Francesa en Honduras que ratificó todas las conquistas de aquel gran modelo revolucionario burgués que fueron alcanzables en una diminuta nación americana. Desgraciadamente, el resultado de aquel hermoso esfuerzo fue como echar sal en el agua, pues a los pocos años de haber entrado en vigencia aquella ley suprema, el imperialismo norteamericano interrumpió el desarrollo normal de Honduras, empezando a rebajarla con sus inversiones financieras, su comercio y su política y a convertirla en una dependencia yanqui).

CONSTITUCIÓN POLÍTICA DE LA REPÚBLICA DE HONDURAS DE 14 DE OCTUBRE DE 1894

NOSOTROS, LOS REPRESENTANTES DEL PUEBLO HONDUREÑO, REUNIDOS PARA DAR LA LEY FUNDAMENTAL DE LA NACION DECRETAMOS Y SANCIONAMOS LA SIGUIENTE

CONSTITUCIÓN POLÍTICA
TÍTULO I
DE LA NACION

Art. 1.-Honduras es un Estado disgregado de la República de Centro América. En consecuencia, reconoce como una necesidad primordial volver a la unión con las demás secciones de la República disuelta. A este efecto, queda facultado el Poder Legislativo para ratificar definitivamente los tratados que tiendan a realizarla con uno o más Estados de la antigua Federación.

Art. 2.-Honduras es Nación libre, soberana e independiente.

Art. 3.-La soberanía nacional reside esencialmente en la universalidad de los hondureños.

Art. 4.-Todo poder público emana del pueblo. Los funcionarios del Estado no tienen más facultades que las que expresamente les da la ley. Todo acto que ejecuten fuera de la ley es nulo.

Art. 5.-Los límites de Honduras y su división territorial serán determinados por la ley.

TÍTULO II
DE LOS HONDUREÑOS

Art. 6.-Los hondureños son naturales o naturalizados.

Art. 7.-Son naturales:
1. Los nacidos en Honduras de padres hondureños.

137

2. Los hijos nacidos en Honduras de extranjeros domiciliados, y los hijos de padre o madre hondureños nacidos en el extranjero, que opten por la nacionalidad hondureña.

Los tratados pueden modificar las disposiciones de este último número, con tal que haya reciprocidad.

Art. 8.-Se consideran como naturales los hijos de las otras Repúblicas de Centro América que manifiesten ante la primera autoridad política departamental, su deseo de ser hondureños.

Art. 9.-Son naturalizados:

1. Los hispano americanos que tengan un año de residencia en el país y que manifiesten su deseo de naturalizarse en él ante la autoridad respectiva.

2. Los demás extranjeros que tengan dos años de residencia en el país, y que manifiesten el deseo de naturalizarse en él ante la autoridad referida.

3. Los que obtengan carta de naturaleza acordada por la autoridad que designe la ley.

TÍTULO III
DE LOS EXTRANJEROS

Art.10.-La República de Honduras es asilo sagrado para toda persona que se refugie en su territorio.

Art.11.-Los extranjeros están obligados, desde su llegada al territorio de la República, a respetar las autoridades y a observar las leyes.

Art. 12.-Los extranjeros gozan en Honduras de todos los derechos civiles de los hondureños.

Art. 13.-Pueden adquirir toda clase de bienes en el país; pero quedarán sujetos, en cuanto a estos bienes, a todas las cargas ordinarias, y a las extraordinarias de carácter general, a que estén obligados los hondureños.

Art. 14.-No podrán hacer reclamaciones, ni exigir indemnización alguna del Estado, sino en los casos y en la forma que pudieran hacerlo los hondureños.

Art. 15.-Los extranjeros no podrán ocurrir a la vía diplomática, sino en los casos de denegación de justicia. Para este efecto no se entiende por denegación de justicia que un fallo ejecutorio no sea favorable al reclamante. Si contraviniendo esta disposición, no terminaren amistosamente las reclamaciones, y se causaren perjuicios al país, perderán el derecho de habitar en él.

Art. 16.-La extradición sólo podrá otorgarse en virtud de ley o de tratados, por delitos comunes graves; nunca por delitos políticos, aunque por consecuencia de éstos resulte un delito común.

Art. 17.-Las leyes podrán establecer la forma y casos en que puede negarse al extranjero la entrada al territorio de la Nación, u ordenarse su expulsión por considerarlo pernicioso.

Art. 18.-Las leyes y tratados reglamentarán el uso de estas garantías, sin poder disminuirlas ni alterarlas.

Art. 19.-Las disposiciones de este Título no modifican los tratados existentes entre Honduras y otras naciones.

TÍTULO IV
DE LOS CIUDADANOS

Art. 20.-Son ciudadanos todos los hondureños mayores de veintiún años, y los mayores de diez y ocho que sean casados o sepan leer y escribir.

Art.21.-Son derechos del ciudadano; ejercer el sufragio, optar a los cargos públicos y tener y portar armas; todo con arreglo a la ley.

Art. 22.-Se suspenden los derechos del ciudadano:
1. Por auto de prisión o declaratoria de haber lugar a formación de causa.

2. Por vagancia legalmente declarada.

3. Por enajenación mental, judicialmente declarada.

4. Por sentencia de inhabilitación para el ejercicio de derechos políticos, durante el término de la condena.

5. Por estar declarado deudor fraudulento, mientras no obtenga rehabilitación judicial.

6. Por sentencia que imponga pena más que correccional.

7. Por admitir empleo de naciones extranjeras, sin licencia de la autoridad respectiva. Las Repúblicas de Centro América no se consideran como naciones extranjeras.

Art. 23.-El voto activo es irrenunciable y obligatorio para los ciudadanos.

Art. 24.-El sufragio será directo y secreto. Las elecciones se verificarán en la forma prescrita por la ley, y ésta dará la representación correspondiente a las minorías.

Art.25.-Sólo los ciudadanos mayores de veintiún años, que se hallen en el ejercicio de sus derechos, son elegibles.

TÍTULO V
DE LOS DERECHOS Y GARANTÍAS

Art. 26.-La Constitución garantiza a todos los habitantes de Honduras, sean nacionales o extranjeros, la inviolabilidad de la vida humana, la seguridad individual, la libertad, la igualdad y la propiedad.

INVIOLABILIDAD DE LA VIDA HUMANA

Art. 27.-La pena de muerte queda absolutamente abolida en Honduras.

SEGURIDAD INDIVIDUAL

Art. 28.-La Constitución reconoce la garantía del Hábeas Corpus. En consecuencia, toda persona ilegalmente detenida o cualquiera otra en su nombre, tiene derecho para recurrir al Tribunal, verbalmente o por escrito, pidiendo la exhibición de la persona.

Art. 29.-Toda persona tiene derecho para requerir amparo contra cualquier atentado o arbitrariedad de que sea víctima, y para hacer efectivo el ejercicio de todas las garantías que esta Constitución establece, cuando sea indebidamente coartada en el goce de ellas, por leyes o actos de cualquiera autoridad, agente o funcionario público.

Art. 30.-La orden de arresto que no emane de autoridad competente, o que se haya dictado sin las formalidades legales, es atentatoria.

Art. 31.-La detención para inquirir no podrá pasar de seis días.

Art. 32.-La incomunicación del detenido no podrá pasar de veinticuatro horas.

Art. 33.-No podrá proveerse auto de prisión, sin que preceda plena prueba de haberse cometido un hecho punible con pena más que correccional, y sin que resulte, al menos por presunción grave, quien sea su autor.

Art. 34.-Es permitida la prisión o arresto, por pena o apremio, en los casos y por el término que disponga la ley. El apremio no podrá exceder de treinta días.

Art. 35.-El delincuente infraganti puede ser aprehendido por cualquiera persona, para el efecto de entregarlo inmediatamente a la autoridad que tenga facultad de arrestar.

Art. 36.-Ninguno puede ser preso o detenido sino en los lugares que determina la ley.

Art. 37.-Aun con auto de prisión, ninguno puede ser llevado a la cárcel, ni detenido en ella, si presentare fianza suficiente, cuando por el delito no deba aplicarse pena que pase de tres años.

Art. 38.-Ninguno puede ser juzgado por comisiones especiales, ni por otros Jueces que los designados por la ley.

Art. 39.-Se prohíbe la prisión, por deudas, excepto cuando hubiere dolo.

Art. 40.-El derecho de defensa es inviolable.

Art.41.-Nadie puede ser obligado en materia criminal a declarar contra sí mismo, ni contra su cónyuge y parientes dentro del cuarto grado de consanguinidad o segundo de afinidad.

Art. 42.-Ninguno puede ser inquietado ni perseguido por sus opiniones. Las acciones privadas que no alteren la moral o el orden público, o que no causen daño a tercero, estarán siempre fuera de la acción de la ley.

Art. 43.-Se prohíbe absolutamente la fustigación o aplicación de palos, y toda especie de tormentos. Se prohíben, también las prisiones innecesarias y todo rigor indebido.

Art. 44.-La habitación de todo individuo es un asilo sagrado, que no podrá allanarse sino por la autoridad, en los casos siguientes.
1. Para extraer un criminal sorprendido infraganti.
2.Por cometerse delito en el interior de la habitación, por desorden escandaloso, que exija pronto remedio, o por reclamación del interior de la casa.
3. En caso de incendio, terremoto, inundación, epidemia u otro análogo.
4. Para libertar una persona secuestrada ilegalmente.
5. Para extraer objetos perseguidos en virtud de un proceso, precediendo semiplena prueba por lo menos, de la existencia de dichos objetos, o para ejecutar una disposición judicial legalmente decretada.
6. Para aprehender a un reo, a quien se haya previsto auto de prisión o detención, precediendo al menos semiplena prueba de que se oculta en la casa que debe allanarse.
En los dos últimos casos, no se podrá verificar el allanamiento sino con orden escrita de autoridad competente.

Art. 45.-Siempre que el domicilio que haya de allanarse no sea el del reo a quien se persigue, la autoridad o sus agentes solicitarán previamente el permiso del morador.

Art. 46.-El allanamiento del domicilio, en los casos en que se requiera orden escrita, no se puede verificar desde las siete de la no che hasta las seis de la mañana.

Art. 47.-Son inviolables la correspondencia epistolar y telegráfica, los papeles privados y los libros de comercio. En ningún caso el Poder Ejecutivo ni sus agentes podrán sustraer, abrir ni detener la correspondencia epistolar o telegráfica. La sustraída de las estafetas o de cualquier otro lugar no hace fe contra ninguno.

Art. 48.-La correspondencia particular, papeles y libros privados, sólo podrán ocuparse en virtud de auto de Juez competente, en los asuntos criminales y civiles que la ley determine; debiendo registrarse a presencia del poseedor, o en su defecto de dos testigos, y devolverse los que no tengan relación con lo que se indaga.

Art. 49.-Se prohíbe dar leyes proscriptivas, confiscatorias, o que establezcan penas infamantes o perpetuas. La duración de las penas no podrá exceder de quince años.

Art. 50.-Las leyes no pueden tener efecto retroactivo, excepto en materia penal, cuando la nueva ley sea favorable al delincuente.

Art. 51.-La policía. de seguridad sólo podrá ser confiada a las autoridades civiles.

Art. 52.-No se impondrá ninguna pena más que correccional, sin que preceda declaración del Jurado sobre la responsabilidad del presunto delincuente.

LIBERTAD

Art.53.-El esclavo que pise el territorio hondureño queda libre. El tráfico de esclavos es un crimen.

Art. 54.-Se garantiza el libre ejercicio de todas las religiones, sin más límite que el trazado por la moral y el orden público.

Art. 55.-No podrá someterse el estado civil de las personas a una creencia religiosa determinada.

Art. 56.-La emisión del pensamiento por la palabra hablada o escrita, es libre, y la ley no podrá restringirla. Tampoco podrá impedir la circulación de los impresos nacionales y extranjeros. Los delitos cometidos por medio de la prensa, serán previamente calificados por un jurado.

Art. 57.-Se garantiza la libre enseñanza. La que se costee con fondos públicos será laica, y la primaria será además gratuita, obligatoria y subvenida por el Estado. La ley reglamentará la enseñanza sin restringir su libertad, ni la independencia de los profesores.

Art. 58.-Se garantiza la libertad de reunión sin armas, y la de asociación para cualquier objeto lícito. Se prohíbe el establecimiento de toda clase de asociaciones monásticas.

Art. 59.-Toda industria es libre. Sólo podrán estancarse en provecho de la Nación, el aguardiente, la pólvora, el salitre y el tabaco.

Art. 60.-Los monopolios, privilegios y concesiones sólo podrán establecerse, por tiempo limitado, para fomentar la introducción o perfeccionamiento de nuevas industrias la colonización o inmigración, las instituciones de crédito y la apertura de vías de comunicación.

Art. 61.-Todo individuo es libre para disponer de sus propiedades, conforme al derecho civil, por venta, donación, testamento o cualquiera otro título legal.

Art. 62.-Son prohibidas las vinculaciones, y toda institución en favor de establecimientos religiosos.

Art. 63.-Toda persona o reunión de personas, tiene derecho de dirigir sus peticiones a las autoridades legalmente establecidas, de que se resuelvan y se le haga saber la resolución correspondiente.

Art. 64.-Todos tienen libertad para entrar, permanecer, transitar y salir del territorio de la Nación, sin pasaporte.

IGUALDAD

Art. 65.-Ante la ley no hay fueros ni privilegios personales. Los ministros de las diversas sociedades religiosas no podrán ejercer cargos públicos.

Art. 66.-La proporcionalidad será la base de las contribuciones directas.

PROPIEDAD

Art. 67.-Nadie puede ser privado de su propiedad sino en virtud de ley o de sentencia fundada en ley. La expropiación, por causa de necesidad y utilidad pública, debe ser calificada por la ley o por sentencia fundada en ley, y no se verificará sin previa indemnización. En caso de guerra no es indispensable que la indemnización sea previa.

Art.68.-Todo autor o inventor goza de la propiedad exclusiva de su obra o descubrimiento, por el tiempo que determine la ley.

Art. 69.-El derecho de reivindicar los bienes confiscados prescribe en cincuenta años.

Art.70.-Sólo el Congreso impone contribuciones nacionales.

Art. 71.-Ningún servicio personal es exigible sino en virtud de ley, o de sentencia fundada en ley.

DISPOSICIONES GENERALES

Art. 72.-La enumeración de derechos y garantías que hace esta Constitución, no excluye otros derechos y garantías no enumerados, pero que nacen del principio de la soberanía del pueblo y de la forma republicana de gobierno.

Art.73.-Las leyes que reglamenten el ejercicio de estas garantías, serán ineficaces en cuanto las disminuyan, restrinjan o adulteren.

Art. 74.-En el caso de guerra exterior, podrá decretarse el estado de sitio en toda la República o parte de ella. El estado de sitio durará todo el tiempo que exijan las circunstancias que lo motivan; pero no podrá pasar de sesenta días sin nueva declaratoria, y jamás podrá alterar las garantías consignadas en los artículos 27,43 y 49.

También podrá decretarse el estado de sitio en los casos de conmoción interior, circunscribiéndose al lugar o territorio donde exista la perturbación del orden; pudiendo extenderse si así lo exige la seguridad de la República.

Art. 75.-En casos de epidemia, podrán dictarse disposiciones sanitarias que contraríen o restrinjan las garantías contenidas en los artículos 44, 47, en lo relativo a detención de la correspondencia, 58, 64 y 71.

TÍTULO VI
DE LA FORMA DE GOBIERNO

Art. 76.-El Gobierno de Honduras es republicano, democrático y representativo. Se ejerce por tres poderes independientes: Legislativo, Ejecutivo y Judicial.

Art. 77.-Ninguno de los Poderes constituidos podrá ejecutar actos en que altere la forma de Gobierno establecida, o se menos cabe la integridad del territorio o la soberanía nacional.

TÍTULO VII
DEL PODER LEGISLATIVO

Art. 78.-El Poder Legislativo se ejerce por un Congreso de Diputados, que se reunirá en la capital de la República el 1º. de enero de cada año, sin necesidad de convocatoria.

Art. 79.-Sus sesiones durarán sesenta días, prorrogables hasta por cuarenta más, cuando lo exijan asuntos de interés actual.

Art. 80.-El Congreso tendrá también sesiones extraordinarias cuando sea convocado por el Ejecutivo, y en ese caso sólo tratará de los asuntos expresados en el decreto de convocatoria.

Art. 81.-Instalado el Congreso en la capital podrá acordar trasladarse a otra población.

Art. 82.-El 21 de diciembre de cada año se reunirán los Diputados en juntas preparatorias, y con la concurrencia de cinco, por lo menos, organizarán el Directorio, a fin de dictar las providencias necesarias para la instalación del Congreso.

Art. 83.-Dos terceras partes de los miembros de que se compone el Congreso, serán suficientes para celebrar sesiones.

Art.84.-Un número de cinco Diputados podrá convocar extraordinariamente al Congreso para cualquier lugar de la República cuando el Ejecutivo haya impedido sus sesiones o lo haya disuelto.

Art. 85.-Los Diputados serán electos por cuatro años, y pueden ser reelectos indefinidamente. Cada dos años se renovarán por mitad. La primera renovación se hará por sorteo, y las sucesivas por orden de antigüedad.

Art. 86.-No pueden ser electos Diputados:
1. Los Secretarios y Subsecretarios de Estado.
2. Los empleados del Poder Ejecutivo que ejerzan jurisdicción general o departamental.
3. Los Militares en servicio.
4. Los contratistas de obras o servicios públicos que se costeen con fondos del Estado, y los que por tales contratas tengan reclamaciones de interés propio.
5. Los deudores morosos a la Hacienda Pública, y los que tengan pendientes cuentas por administración de fondos de la misma.
6. Los parientes del Presidente de la República, dentro del cuarto grado de consanguinidad o segundo de afinidad.
Art. 87.-Los Diputados desde el día de su elección, gozarán de las siguientes prerrogativas:
1. Inmunidad personal para no ser acusados ni juzgados, si el Congreso no los declara previamente con lugar a formación de causa.
2.No ser demandados civilmente desde treinta días antes, hasta quince días después de las sesiones ordinarias o extraordinarias del Congreso salvo el caso de reconvención.
3. No ser llamados al servicio militar sin su consentimiento, desde la elección hasta terminar su período.

4. No ser extrañados de la República ni confinados, durante el período para el que han sido electos.

5. No ser responsables por sus opiniones o iniciativa parlamentaria.

Art. 88.-Los Diputados no están obligados a aceptar empleos del Ejecutivo. Si voluntariamente aceptaren alguno de los comprendidos en el artículo 86, dejan por el mismo hecho de ser Diputados y se repondrá su elección.

Art. 89.-La elección de Diputado al Congreso se hará bajo la base de un Diputado propietario y un suplente, por cada diez mil habitantes. Si hubiere fracciones, su representación será determinada por la ley.

TÍTULO VIII
DE LAS ATRIBUCIONES DEL PODER LEGISLATIVO

Art. 90.-Corresponde al Congreso las atribuciones siguientes:

1. Abrir y cerrar sus sesiones, calificar la elección de sus miembros, con vista de las credenciales, y recibirles la promesa de ley.

2. Llamar la atención a los respectivos suplentes, en caso de falta absoluta o de legítimo impedimento de los propietarios, y mandar reponer las vacantes que ocurran.

3. Admitir las renuncias de sus miembros, por causas legales debidamente comprobadas.

4. Formar su reglamento interior.

5. Decretar, interpretar, reformar y derogar las leyes.

6. Crear y suprimir empleos, establecer pensiones, y decretar honores.

7. Conceder indultos y amnistías, y conmutar las penas.

8. Disponer todo lo conveniente a la seguridad y defensa de la República.

9. Hacer el escrutinio de votos para Presidente y Vicepresidente de la República y Magistrados de la Corte Suprema de Justicia, y declarar electos a los ciudadanos que hubieren obtenido mayoría absoluta.

10. En caso de no haber mayoría absoluta, hacer la elección de Presidente, Vicepresidente y Magistrados, entre los ciudadanos que hubieren obtenido para cada cargo mayor número de sufragios populares.

11.Cuando concurran en un mismo individuo diversas elecciones, será determinada la preferencia en el orden siguiente: 1. Presidente; 2. Vicepresidente; 3. Diputado; 4. Magistrado. La elección de propietario prefiere a la de suplente.

12. Recibir la promesa constitucional a los funcionarios que elija o declare electos y admitirles o no sus renuncias.

13. Designar anualmente tres ciudadanos para ejercer por el orden de su elección el Poder Ejecutivo, en los casos de falta de Presidencia y Vicepresidente de la República, previstos por la Constitución.

14. Declarar con lugar a formación de causa al Presidente, al Vicepresidente, a los Diputados, Magistrados de la Corte Suprema, Secretarios de Estado y Agentes Diplomáticos, durante sus funciones.

15. Cambiar la residencia de los Supremos Poderes por causas graves.

16. Decretar premios y conceder. privilegios temporales a los autores e inventores; y a los que hayan introducido o perfeccionado industrias nuevas de utilidad general.

17. Decretar subsidios para promover nuevas industrias o mejorar las existentes.

18. Acordar subvenciones para objetos de utilidad pública.

19. Conceder o negar permiso a los hondureños para aceptar empleos de otra nación.

20. Aprobar o improbar la conducta del Ejecutivo.

21. Aprobar, modificar o improbar las contratas celebradas por el Ejecutivo, en los casos del artículo 60, o cuando hayan de prolongar sus efectos al siguiente período presidencial.

22. Aprobar, modificar o improbar los tratados celebrados con las demás naciones.

23. Reglamentar el comercio marítimo y terrestre.

24. Aprobar o improbar las cuentas de los gastos públicos.

25. Fijar anualmente el Presupuesto de gastos, tomando por base los ingresos probables.

26. Imponer contribuciones.

27. Reglamentar el pago de la deuda nacional.

28. Decretar la enajenación de los bienes nacionales, o su aplicación a usos públicos.

29. Decretar empréstitos.

30. Habilitar puertos, crear y suprimir aduanas.

31. Decretar el peso, ley y tipo de la moneda nacional.

32. Declarar la guerra y hacer la paz.

33. Fijar en cada reunión ordinaria el número de fuerzas del ejército permanente.

34. Permitir o negar el tránsito de tropas de otro país, por el territorio de la República.

35. Declarar en estado de sitio la República o parte de ella, conforme a la ley.

36. Conferir los grados de General de Brigada y de División, a iniciativa del Ejecutivo.

37. Conceder cartas de naturalización a los extranjeros.

38. Nombrar los miembros del Tribunal de Cuentas y el Fiscal General de Hacienda.

Art. 91.-El Poder Legislativo no podrá suplir o declarar el estado civil de las personas, ni conceder títulos académicos y literarios.

Art. 92.-Las facultades del Poder Legislativo son indelegables, excepto las que se refieren a dar posesión a los altos funcionarios.

TÍTULO IX
DE LA FORMACIÓN, SANCIÓN Y PROMULGACIÓN DE LA LEY

Art. 93.-Tienen exclusivamente la iniciativa de ley, los Diputados, el Presidente de la República por medio de los Secretarios de Estado, y la Corte Suprema de Justicia en asuntos de su competencia.

Art. 94.-Ningún proyecto de ley será definitivamente votado, sino después de tres deliberaciones efectuadas en distintos días salvo el caso de urgencia calificada por dos tercios de votos. Toda proposición que tenga por objeto declarar la urgencia de una ley, debe ir precedida de una exposición de los motivos en que aquella se funda.

Art.95.-Todo proyecto de ley, una vez aprobado por el Congreso, se pasará al Ejecutivo, a más tardar dentro de tres días de haber sido votado, a fin de que le dé su sanción y lo haga promulgar como ley.

Art. 96.-La promulgación de la ley, se hará con esta fórmula: Por tanto: ejecútese.

Art. 97.-Si el Poder Ejecutivo encontrare inconvenientes para sancionar el proyecto de ley, lo devolverá al Congreso dentro de diez días, con esta fórmula: Vuelva al Congreso; exponiendo las razones en que funde su desacuerdo. Si en el término expresado no lo objetare, se tendrá por sancionado y lo promulgará como ley. Cuando el Ejecutivo, devolviese el proyecto, el Congreso lo sujetará a una nueva deliberación; y si fuere ratificado con dos tercios de votos, lo pasará de nuevo al Ejecutivo, con esta fórmula: Ratificado constitucionalmente; y aquél lo publicará sin tardanza.

Art. 98.-Cuando el Congreso vote un proyecto de ley al terminar sus sesiones, y el Ejecutivo crea inconveniente sancionarlo, está obligado a dar aviso inmediatamente al Congreso, para que permanezca reunido hasta diez días, contados desde la fecha en que aquel recibió el proyecto; y no haciéndolo, se tendrá la ley por sancionada.

Art.99.-No es necesaria la sanción del Ejecutivo en los actos o resoluciones siguientes:
1. En las elecciones que el Congreso haga o declare, o en las renuncias que admita y deseche.
2. En las declaraciones de haber lugar a formación de causa.
3. En la Ley de Presupuesto.
4. En los decretos que se refieren a la conducta del Ejecutivo.
5. En los reglamentos que expida para su régimen interior.
6. En los acuerdos para trasladar su residencia a otro lugar temporalmente, y para suspender o prorrogar sus sesiones.
7. En los tratados o contratas que impruebe el Congreso.

Art. 100.-Siempre que un proyecto de ley, que no proceda de iniciativa de la Corte Suprema de Justicia, tenga por objeto reformar o derogar cualquiera de las disposiciones contenidas en los Códigos de la República, no podrá discutirse sin oír la opinión de aquel Tribunal. La Corte emitirá su informe en el término que el Congreso le señale. Esta disposición no comprende las leyes del orden político, económico y administrativo.

TÍTULO X
DEL PODER EJECUTIVO

Art. 101.-El Poder Ejecutivo se ejerce por un ciudadano que se denomina Presidente de la República; en su defecto, por un Vicepresidente y a falta de éste, por uno de los Designados, según su orden.

Art. 102.-El Presidente, el Vicepresidente y los Designados deben ser ciudadanos en ejercicio de sus derechos, mayores de veinticinco años y naturales de Honduras.

Art. 103.-El Presidente y el Vicepresidente de la República, serán electos popular y directamente, y su elección será declarada por el Congreso, como queda prescrito.

Art. 104.-El período presidencial será de cuatro años y comenzará el 1º. de febrero.
El ciudadano que hubiere ejercido la Presidencia en propiedad, no podrá ser reelecto ni electo Vicepresidente para el siguiente período. Tampoco podrán ser electos Presidentes o Vicepresidentes sus parientes dentro del cuarto grado de consanguinidad o segundo de afinidad.

Art. 105.-No podrá ser electo Presidente el ciudadano que hubiere ejercido la Presidencia constitucional en los últimos seis meses del período, ni sus parientes dentro de los grados que expresa el artículo anterior.

Art. 106.-En caso de falta absoluta del Presidente de la República el Poder Ejecutivo quedará a cargo del Vicepresidente; y en defecto de éste, el Designado que corresponda por el orden de su elección. El designado concluirá el período presidencial, si la falta ocurriere dentro del último año; y si acaeciere antes de transcurrir los tres primeros años, deberá procederse, un mes después de la vacante, a nueva elección presidencial. En caso de impedimento temporal, ejercerá las funciones del Presidente el Vicepresidente, y los Designados por su orden.

Art. 107.-Mientras recibe la Presidencia el llamado por la ley, ejercerá el Poder Ejecutivo el Consejo de Ministros; y éste llamará inmediatamente al nuevo funcionario para darle posesión, si no estuviese reunido el Congreso.

TÍTULO XI
DE LOS DEBERES Y ATRIBUCIONES DEL PODER EJECUTIVO

Art. 108.-El Presidente de la República tiene la administración del país. Son sus atribuciones:

1. Ejercer el mando en Jefe de las fuerzas de tierra y mar.

2. Defender la independencia, el honor de la Nación y la integridad de su territorio.

3. Ejecutar y hacer cumplir las leyes, expidiendo al efecto los decretos y órdenes conducentes, sin alterar el espíritu de aquellas.

4. Nombrar los Secretarios y Subsecretarios de Estado, y los demás empleados del Departamento Ejecutivo, conforme a la ley.

5. Conservar la paz y seguridad interior de la República, y repeler todo ataque y agresión exterior.

6. Dar a los funcionarios del Poder Judicial los auxilios y fuerzas que necesiten para hacer efectivas sus providencias.

7. Remover a los empleados de su libre nombramiento.

8. Velar porque todos los empleados de la República cumplan los deberes que la ley les impone, sin intervenir en el ejercicio de sus funciones.

9. Conceder, en receso del Congreso, amnistías, cuando lo exija la conveniencia pública.

10. Conmutar las penas en receso del Congreso, de conformidad con la ley.

11. Convocar al Congreso a sesiones extraordinarias, o proponerle la prórroga de las ordinarias.

12. Declarar la guerra y hacer la paz, y permitir o negar el tránsito de tropas de otro país, por el territorio de la República, cuando las circunstancias no permitan la reunión del Congreso para que lo resuelva.

13. Presentar por medio de los respectivos Secretarios de Estado, dentro de los primeros ocho días de la instalación del Congreso, un informe o memoria circunstanciada de todos los ramos de la administración.

14. Celebrar tratados y cualesquiera otras negociaciones diplomáticas, sometiéndolos a la ratificación del Congreso en las próximas sesiones.

15. Dirigir las relaciones exteriores, nombrar los Agentes Diplomáticos y Consulares de la República, recibir los Ministros y admitir los Cónsules de las naciones extranjeras.

16. Hacer que se recauden las rentas del Estado y reglamentar su inversión con arreglo a la ley.

17. Decretar, en los casos de invasión o rebelión, si los recursos del Estado fueren insuficientes, un empréstito general proporcional, voluntario o forzoso, de cuya inversión dará cuenta al Congreso en sus próximas sesiones.

18. Conferir grados militares desde Subteniente hasta Coronel, y los de General de Brigada y de División en el campo de batalla, a los militares que tengan una conducta distinguida; sometiendo los de General a la aprobación del Congreso en sus próximas sesiones.

19. Disponer de las fuerzas militares, organizarlas y distribuirlas de conformidad con la ley, según las necesidades de la República.

20. Conceder patentes de corso y cartas de represalia.

21. Declarar en estado de sitio la República o parte de ella, en receso del Congreso, de conformidad con la ley, debiendo dar cuenta al Congreso en su primera reunión, del uso que hubiere hecho en esta facultad.

22. Conceder cartas de naturalización conforme a la ley.

23. Conceder o negar permiso a los hondureños, en receso del Congreso, para admitir empleos de otra nación.

24. Dirigir y fomentar la instrucción pública y difundir la enseñanza popular.

25. Sancionar las leyes, usar del veto en los casos que corresponde, y promulgar sin demora aquellas disposiciones legislativas que no necesiten de la sanción del Ejecutivo.

26.Mandar reponer las vacantes de Diputados y Magistrados de la Corte Suprema en receso del Congreso, de conformidad con la ley, a más tardar un mes después de haber ocurrido.

27.Nombrar interinamente, en receso del. Congreso, los miembros del Tribunal de Cuentas y el Fiscal de Hacienda.

28. Publicar mensualmente el estado de ingresos y egresos de las rentas públicas.

29.Vigilar sobre la exactitud legal de la moneda, y cuidar de la uniformidad de pesos y medidas.

30.Ejercer la suprema dirección de la policía de seguridad.

Art. 109.-Las providencias del Poder Ejecutivo que no se expidan por el Ministerio correspondiente, no deben cumplirse. El Presidente y los Ministros serán responsables solidariamente, por las disposiciones que dicten en contravención a la Constitución y las leyes.

Art. 110.-Siempre que el Presidente de la República juzgue conveniente ponerse al frente del ejército, encargará del Poder Ejecutivo al ciudadano que debe sustituirlo constitucionalmente; y quedará investido sólo del carácter de General en Jefe, y con las atribuciones de Comandante General.

TÍTULO XII
DE LOS SECRETARIOS DE ESTADO

Art. 111.-Habrá de tres a seis Secretarios de Estado, y el Ejecutivo distribuirá entre ellos el despacho de los negocios.

Art. 112.-Los Secretarios de Estado deben ser hondureños, naturales o naturalizados, y mayores de veintiún años.

Art. 113.-No pueden ser Secretario de Estado los contratistas de obras o servicios públicos por cuenta de la Nación; los que por tales contratas tengan reclamaciones de interés propio; los deudores de la

Hacienda Pública, y los que tengan cuentas pendientes a favor de la misma, por administración de fondos.

Art. 114.-Los Secretarios de Estado pueden asistir, sin voto, a las deliberaciones del Congreso; y deberán concurrir siempre que se les llame, y contestar las interpelaciones que les haga cualquier Diputado, referente a asuntos de la Administración; exceptuando los de los ramos de Guerra y Relaciones Exteriores, cuando juzguen necesaria la reserva, a menos que el Congreso les ordene contestar.

Art. 115.-Los Subsecretarios de Estado deben tener las mismas condiciones que los Secretarios y sustituirán a éstos por ministerio de la ley.

TÍTULO XIII
DEL PODER JUDICIAL

Art. 116.-El Poder Judicial de la República se ejercerá por una Corte Suprema de Justicia, compuesta de cinco Magistrados, que residirán en la capital y por los Tribunales y Jueces inferiores que la ley establece.

Art. 117.-Para ser Magistrado se requiere ser abogado y mayor de veinticinco años.

Art. 118.-Los Magistrados de la Corte Suprema serán electos popularmente, y podrán ser reelectos.

Art. 119.-Se elegirán igualmente tres Magistrados Suplentes, que sustituirán a los propietarios y que deberán reunir las mismas condiciones que éstos. Si la falta fuere absoluta, el Poder Ejecutivo convocará a elecciones para reponer al propietario; y la elección será declarada por la Corte Suprema.

Art. 120.-La Corte Suprema de Justicia nombrará los Magistrados de las Cortes de Apelaciones, los Jueces inferiores departamentales y seccionales, y los Oficiales del Ministerio Público, de conformidad con la ley. Los Jueces de Paz serán electos popularmente en el respectivo término municipal.

Art. 121.-No podrán ser Magistrados ni Jueces en un mismo tribunal las personas ligadas por parentesco, dentro del cuarto grado de consanguinidad o segundo de afinidad.

Si resultaren electos dos o más parientes en dichos grados, se preferirá al que hubiere obtenido mayor número de votos; y en caso de igualdad, al abogado más antiguo. La elección de los demás se repondrá.

Art. 122.-El período de los Magistrados, Jueces Departamentales, o seccionales y Oficiales del Ministerio Público, será de cuatro años, y tomarán posesión el 1o. de febrero.

Art. 123.-La Corte Suprema admitirá o no las renuncias de los funcionarios de su nombramiento, y concederá licencia tanto a éstos como a sus propios miembros.

Los Jueces departamentales y seccionales admitirán o no las renuncias y concederán licencia a los Jueces de Paz.

Art. 124.-La ley reglamentará la organización y atribuciones de los Tribunales de Justicia.

Art. 125.-La facultad de juzgar y ejecutar lo juzgado pertenece a las Cortes y demás Tribunales de Justicia. A ellos corresponde la aplicación de las leyes en casos concretos que legalmente se sometan a su conocimiento, y negarles cumplimiento cuando sean contrarias a la Constitución.

Art. 126.-Se establece el Jurado de calificación en donde hubiere Jueces departamentales o seccionales, para toda clase de delitos que deban juzgarse en juicio escrito. La ley reglamentará esta institución.

Art. 127.-La Corte Suprema de Justicia, además de las atribuciones que la ley le confiere ejercerá las siguientes:
1.Hacer su reglamento interior.

2. Conocer de los delitos oficiales y comunes de los altos funcionarios, cuando el Congreso los haya declarado con lugar a formación de causa.

3. Autorizar a los abogados y notarios, recibidos dentro o fuera de la República, para el ejercicio de su profesión, salvo lo estipulado en los tratados y suspenderlos con arreglo a la ley.

4. Declarar que ha lugar a formación de causa contra los miembros del Tribunal de Cuentas, Fiscal General de Hacienda, y contra los principales empleados nacionales y departamentales que la ley determine, por los delitos que cometan.

5. Conocer de las causas de presos, de extradición y demás que deban juzgarse con arreglo al Derecho Internacional.

Art.128.-Podrá también establecerse directamente ante la Corte Suprema de Justicia, el recurso de inconstitucionalidad de una ley que se refiera a asuntos no ventilables ante los Tribunales, por toda persona que al serle aplicada en un caso concreto, sea perjudicada en sus legítimos derechos. La ley reglamentará el uso de este recurso.

Art. 129.-La administración de justicia es gratuita en la República.

Art. 130.-Los miembros de los Tribunales de Justicia durante su período, no podrán ejercer ningún otro empleo que lleve anexa jurisdicción.

Art. 131.-Los Tribunales de Justicia podrán requerir el auxilio de la fuerza armada para el cumplimiento de sus resoluciones, y si les fuere negado o no la hubiere disponible, podrán exigirlo de los ciudadanos. El funcionario que indebidamente se negare a dar auxilio, incurrirá en responsabilidad.

Art. 132.-Ninguna persona que tenga la libre administración de sus bienes, puede ser privada del derecho de determinar sus asuntos civiles por transacción o arbitramento.

Art.133.-Un mismo Juez no puede serlo en diversas instancias en una misma causa.

Art. 134.-Ningún poder ni autoridad puede avocarse causas pendientes, ni abrir juicios fenecidos.

TÍTULO XIV
DEL PRESUPUESTO

Art. 135.-El Presupuesto será votado por el Congreso, en vista del proyecto que presente el Poder Ejecutivo.

Art. 136.-El proyecto de Presupuesto será presentado por el respectivo Ministro, dentro de los quince días subsiguientes a la instalación del Congreso.

Art. 137.-Todo gasto que se haga fuera de la ley es ilegal, y serán responsables solidariamente por la cantidad gastada, el Presidente, el Ministro respectivo, los miembros del Tribunal de Cuentas, y los empleados que en él intervinieren, si faltaren a sus respectivos deberes.

Art. 138.-El Presupuesto de gastos ordinarios de la Administración pública, no podrá exceder de los ingresos probables, calculados por el Congreso Nacional.

TÍTULO XV
EL TESORO PÚBLICO

Art. 139.-Forman el Tesoro Público de la Nación:
1. Todos sus bienes, muebles o raíces
2. Todos sus créditos activos
3. El producto de los derechos, impuestos y contribuciones.

Art. 140.-El Poder Ejecutivo no podrá celebrar contratas de importancia que comprometan el Tesoro Nacional, sin previa publicación de la propuesta en el periódico oficial, y licitación pública. Exceptuándose las que tengan por objeto proveer a las necesidades de la guerra y a las que por su naturaleza no puedan celebrarse si no es con persona determinada.

Art. 141.-Para fiscalizar la administración del Tesoro Nacional, habrá una Contaduría Mayor o Tribunal Superior de Cuentas, cuyas atribuciones serán: examinar, aprobar o improbar las cuentas de los que administran fondos públicos y devolver al Ejecutivo las órdenes que no estuvieren arregladas a la ley para los efectos que ésta determine.

Art. 142.-Los miembros de este Tribunal, deberán ser mayores de veintiún años, y no ser acreedores ni deudores de la Hacienda Pública ni tener cuentas pendientes con ella. Su número, organización y atribuciones serán determinadas por la ley.

Art. 143.-Habrá un Fiscal General para que represente los intereses de la Hacienda Pública. Sus atribuciones se determinarán por la ley.

TÍTULO XVI
DEL EJÉRCITO

Art. 144.-La fuerza pública está instituida para asegurar los derechos de la Nación, el cumplimiento de la ley y el mantenimiento del orden público.

Art. 145.-Ningún cuerpo armado puede deliberar. La obediencia militar será arreglada a la ley y ordenanzas militares.

Art. 146.-El servicio militar es obligatorio. Todo hondureño de veintiuno a treinta años es soldado del ejército activo, y de treinta a cuarenta años, de la reserva. La ley hará la organización de las milicias, y establecerá las causas de la exención del servicio.
Los militares que tengan grado en el ejército, tienen derecho después de cumplir los cuarenta años, a renunciar sus despachos y quedar separados del servicio.

Art.147.-Se establece el fuero de guerra para los delitos militares.

TÍTULO XVII
DEL GOBIERNO DEPARTAMENTAL

Art. 148.-Para la administración pública se divide el territorio de la Nación, en departamentos, cuyo número y límites fijará la ley. En cada uno de ellos habrá los funcionarios que la misma ley determine.

Art. 149.-En el Gobierno Departamental un mismo individuo no podrá ejercer a la vez funciones políticas, militares y de hacienda, sino es interinamente y por un término que no exceda de tres meses.

TÍTULO XVIII
DEL GOBIERNO MUNICIPAL

Art. 150.-El Municipio es autónomo y será representado por Municipalidades electas directamente por el pueblo.

La ley reglamentará la organización y atribuciones de las Municipalidades. El número de los municipales será proporcional a la población. Las atribuciones de las municipalidades serán puramente económica y administrativas.

Art. 151.-Las Municipalidades decretarán conforme a la ley, las contribuciones locales, y administrarán los fondos y bienes de la comunidad en provecho de la misma, rindiendo cuenta de su administración ante el Tribunal, que establezca la ley. Deberán publicar anualmente un informe detallado de los ingresos y egresos de sus fondos.

Art.152.-Las Municipalidades nombrarán libremente los empleados de su dependencia y los agentes de policía que costeen de sus propios fondos.

Art. 153.-En el ejercicio de sus funciones privativas, serán absolutamente independientes de otros Poderes, sin contrariar en ningún caso las leyes generales del país; y serán responsables por los abusos que cometan, colectiva o individualmente, ante los Tribunales de Justicia.

Art. 154.-Las Municipalidades tienen la facultad de conmutar, conforme a la ley, penas impuestas por faltas.

Las Municipalidades también tienen derecho de emitir acuerdos sobre Policía, Higiene e Instrucción Pública, sin contrariar la Constitución y las leyes generales.

Art. 155.-Ningún miembro de las Municipalidades podrá ser obligado a aceptar otro nombramiento ni ser llamado al servicio militar.

TÍTULO XIX
DE LAS RESPONSABILIDADES DE LOS EMPLEADOS PÚBLICOS

Art. 156.-Todo empleado o funcionario público, al tomar posesión de su destino, hará la siguiente promesa: "Prometo ser fiel a la República, cumplir y hacer cumplir la Constitución y las leyes".

Art. 157.-Todo funcionario público es responsable por sus actos.

Art. 158.-El Presidente de la República, los Diputados, los Magistrados de la Corte Suprema de Justicia, los Secretarios de Estado y los Ministros Diplomáticos, responderán ante el Congreso por los delitos que cometan en el ejercicio de sus funciones. El Congreso previos los trámites que determine su reglamento, declarará si ha lugar a la formación de causa contra ellos, para el efecto de poner el reo a disposición del Tribunal competente. Igual declaratoria será necesaria para proceder contra el Presidente de la República, los Secretarios de Estado y los Magistrados de la Corte Suprema, por delitos comunes.

Art. 159.-No obstante la aprobación que dé el Congreso, a la conducta del Ejecutivo, el Presidente y los Secretarios de Estado podrán ser acusados por delitos oficiales. Esta acción prescribirá hasta cinco años después de haber cesado en sus funciones, permaneciendo en el país.

Art.160.-Los empleados públicos que violaren cualquiera de los derechos y garantías consignadas en esta Constitución, serán responsables civil y criminalmente. Pueden ser acusados sin necesidad de fianza de calumnia. No pueden obtener indulto ni conmuta en el período constitucional, ni en el siguiente. Los delitos y penas en que incurran no prescribirán sino después de dichos períodos.

Art. 161.-Cuando un funcionario público a quien se hubiere declarado con lugar a formación de causa, fuere absuelto volverá al ejercicio de sus funciones.

TÍTULO XX
DE LAS LEYES CONSTITUTIVAS

Art. 162.-Son leyes Constitutivas: la de Imprenta, la de Estado de Sitio, la de Amparo y la de Elecciones.

TÍTULO XXI
DE LAS REFORMAS A LA CONSTITUCIÓN Y LEYES CONSTITUTIVAS

Art. 163.-La reforma de esta Constitución sólo podrá acordarse por dos tercios de votos de los Representantes al Congreso, en sesiones ordinarias, determinando el artículo o artículos que necesiten reformarse, o si la reforma ha de ser absoluta.

Decretada la reforma, el Congreso convocará una Asamblea Constituyente para que lo verifique; debiendo insertarse en el decreto de convocatoria, el que contenga las reformas propuestas.

Art. 164.-La Asamblea Constituyente será electa en la misma forma que el Congreso, y tendrá el mismo número de Representantes, con las mismas inmunidades.

Art, 165.-En ningún caso podrá decretarse la reforma de los artículos constitucionales que prohíben la reelección del Presidente o del que lo sustituye, y que establecen la duración del período presidencial, para que produzca sus efectos en el período en curso o en el siguiente.

Art. 166.-Las leyes constitutivas podrán ser reformadas del mismo modo que la Constitución, o por dos Congresos ordinarios, con dos tercios de votos.

Art. 167.-La Asamblea Nacional Constituyente confía el depósito de esta Constitución y de los derechos que ella consagra, al patriotismo de todos los hondureños.

Art. final. La presente Constitución empezará a regir el 1º. de enero de 1895; quedando derogada en esa fecha la emitida el 1º. de noviembre de 1880.

Dada en Tegucigalpa, en el Salón de Sesiones, a 14 de octubre de 1894, LXXIV de la Independencia.

CARLOS ALBERTO UCLÉS,
Diputado por el departamento de Valle, Presidente

JOAQUÍN SANSÓN,
Diputado por el departamento de Valle, Vicepresidente

SANTOS SOTO,
Diputado por el departamento de Valle

CÉSAR LAGOS,
Diputado por el departamento de Yoro

MARIANO VASQUEZ,
Diputado por el departamento de Copán

TEODORO FUNES,
Diputado por el departamento de Intibucá

GONZALO MEJÍA NOLASCO,
Diputado por el departamento de Santa Bárbara

PEDRO H. BONILLA,
Diputado por el departamento de Comayagua

ROSENDO GÓMEZ,
Diputado por el departamento de Santa Bárbara

RAMÓN M. NOLASCO,
Diputado por el departamento de Intibucá

NICOLÁS OCHOA VELÁSQUEZ,
Diputado por el departamento de La Paz

JULIÁN BAIRES,
Diputado por el departamento de Comayagua

MIGUEL A. RUIZ,
Diputado por el departamento de La Paz

MARCOS FIGUEROA,
Diputado por el departamento de Gracias

ANTONIO S. MARADIAGA
Diputado por el departamento de Cortés

J. TOMÁS IDIÁQUEZ
Diputado por el departamento de El Paraíso

HIPÓLITO MONCADA,
Diputado por el departamento de Colón

E. CONSTANTINO FIALLOS
Diputado por el departamento de Colón

J. SANTOS DEL VALLE
Diputado por el departamento de Gracias

DIONISIO GUTIÉRREZ,
Diputado por el departamento de El Paraíso

CARLOS BULNEZ,
Diputado por el departamento de Colón

DOMINGO ZAMBRANO,
Diputado por el departamento de Choluteca

JULIO CÉSAR DURÓN,
Diputado por el departamento de El Paraíso

FRANCISCO LEIVA,
Diputado por el departamento de Cortés

TERENCIO SIERRA,
Diputado por el departamento de Tegucigalpa

JOSÉ MARÍA OCHOA V.,
Diputado por el departamento de La Paz

ANTONIO MIDENCE,
Diputado por el departamento de Choluteca

R. MEZA,
Diputado por el departamento de Comayagua

SAMUEL GÓMEZ E.
Diputado por el departamento de Yoro

JESÚS B. GUILLÉN,
Diputado por el departamento de Choluteca

PERFECTO ALDANA,
Diputado por el departamento de Copán

L. IRÍAS,
Diputado por el departamento de Las Islas

CARLOS TORRES,
Diputado por el departamento de Yoro

MAXIMILIANO HERNÁNDEZ,
Diputado por el departamento de Gracias

FRANCISCO ARGUETA VARGAS,
Diputado por el departamento de Olancho

ÁNGEL UGARTE,
Diputado por el departamento de Tegucigalpa

F. CÁLIX H.,
Diputado por el departamento de Olancho,

JUAN E. PAREDES,
Diputado por el Departamento de Santa Bárbara, Secretario

R. MALDONADO
Diputado por el departamento de Intibucá, Secretario

GREGORIO REYES,
Diputado por el departamento de Olancho, Vicesecretario

MIGUEL O. BUSTILLO,
Diputado por el departamento de Tegucigalpa, Vicesecretario

Palacio Nacional: Tegucigalpa, 14 de octubre de 1894.
Cúmplase.

POLICARPO BONILLA
El Secretario de Estado en el Despacho de la Gobernación,

JUAN A. ARIAS
El Secretario de Estado en el Despacho de la Guerra.

MANUEL BONILLA
El Secretario de Estado en el Despacho de Hacienda y Crédito
Público

MIGUEL R. DÁVILA
El Secretario de Estado en los Despachos de Relaciones
Exteriores, Fomento, Justicia e Instrucción Pública,

CESAR BONILLA.

GOBIERNO CONSTITUCIONAL DEL DOCTOR POLICARPO BONILLA

Dice el historiador Durón que la Asamblea, por decreto de 15 de diciembre, declaró al doctor Bonilla Presidente Constitucional por haber obtenido 42,667 votos en una base de 43,166 y al General Manuel Bonilla Vicepresidente por haber obtenido 40,621 votos en una base de 43,032. El 24 de diciembre le recibió la promesa al primero, a quien había autorizado para continuar ejerciendo el poder discrecional hasta el 31 y provisionalmente el mes de enero, para que comenzase el período ordinario el 1o. de febrero con arreglo a la Constitución.

El 15 de abril de 1895 lo facultó extraordinaria y transitoria-mente para organizar una comisión que hiciese reformas necesarias a los Códigos Civil, de Comercio, de Minería, de Procedimientos, Penal Común, Penal Militar y Ordenanza Militar. El Ejecutivo, al recibir el trabajo practicado por la comisión, lo pasaría al dictamen de la Corte Suprema de Justicia, y llenado este requisito, podría sancionar las reformas y proceder a la impresión de los Códigos en el menor término posible.

El 20 de junio de 1895, habiendo invitado el doctor Bonilla a los Presidentes de Nicaragua, El Salvador, Costa Rica y Guatemala a una entrevista en el puerto de Amapala, a la que asistieron solamente el General José Santos Zelaya, y el General Rafael Antonio Gutiérrez, se firmó en aquel puerto entre los dos primeros países y Honduras un tratado de unión por el que se convino en que los tres formarían una sola entidad política para el ejercicio de su soberanía transeúnte, con el nombre de República Mayor de Centro América, denominación que subsistiría hasta que Guatemala y Costa Rica aceptasen el convenio, caso en que se adoptaría el nombre de República de Centro América. En él se creó una Dieta que asumió la representación de los tres Estados y estuvo funcionando en San Salvador desde el 15 de septiembre de 1896 y en Managua desde el 15 de septiembre de 1897.

El 27 de agosto de 1898 se decretó en esta última capital la Constitución de los Estados Unidos de Centro América, que creó un Consejo Provisional de Gobierno que debía convocar a elecciones de Presidente y Vicepresidente. Este se organizó en Amapala y sucedió a la Dieta el 1º. de noviembre. Este esfuerzo en favor de la Unión fracasó por el golpe militar que sucedió en San Salvador el 13 del mismo mes. Agrega el historiador Durón:

Entretanto el doctor Bonilla había desarrollado una importante labor gubernativa en el interior, persiguiendo el ideal de un gobierno enérgico, no por el empleo de la fuerza sino por el cumplimiento de la ley sin distinción de clases sociales ni colores políticos.

No obstante, una revuelta se levantó contra él. Los revoltosos acaudillados por el señor Enrique Soto, se apoderaron simultáneamente de la ciudad de La Esperanza y de Puerto Cortés el 13 de abril de 1897. El Presidente Bonilla levantó fuerzas que puso al mando del General Terencio Sierra, y este jefe se dirigió por Comayagua a la Costa Norte mientras otras fuerzas expedicionaban contra los invasores de La Esperanza, que pronto fueron derrotados. Los que entraron por Puerto Cortés habían penetrado hasta Trinidad en el departamento de Santa Bárbara, y a la aproximación de Sierra retrocedieron al punto de partida. El 5 de mayo fue atacada la plaza de Puerto Cortés por tierra y por mar, y el 7 a las nueve de la noche, se arrojó de ella al enemigo, habiéndose tomado más de 30 prisioneros, dos cañones Krupp y otros muchos elementos de guerra. Los derrotados ganaron la frontera de Guatemala, y allí fueron desarmados. El gobierno dictó un decreto de amnistía el 7 de octubre a favor de los comprometidos en la revuelta. Marco Aurelio Soto (que había degenerado en atizador de bochinches infecundos, en Nueva York) negaba la paternidad del movimiento de Enrique Soto con estas palabras: "Como hondureño y patriota, desapruebo en absoluto su ataque contra Honduras".

A esta campaña debió el General Sierra la proclamación de su candidatura a la Presidencia en el siguiente período. Una reunión de amigos celebrada el 14 de enero de 1898 en el Salón de Retratos del Palacio Nacional lo designó para ser recomendado al Partido Liberal como candidato. Hecha la proclamación y convocado el pueblo a elecciones por decreto legislativo de 2 de marzo, se practicaron éstas el 30 de octubre y los demás días siguientes. El Congreso por decreto de 14° de enero de 1899 declaró electo Presidente al General Sierra

por haber obtenido 36,756 votos en una base de 44,756 electores. Fue declarado Vicepresidente el General José María Reina,

El Gobierno del Doctor Bonilla gastó en obras públicas $341,338,94, para completar el programa de la Reforma relacionado con la infraestructura del Estado, a fin de darle la presencia y respetabilidad necesarias. Y es claro que el notable político y estadista creyó que los gobernantes liberales que le siguieran en el poder continuarían en el afán del desarrollo nacional como un mandato del tiempo, persiguiendo que Honduras llegara a ser una república capitalista y burguesa en el siglo, que estaba a punto de empezar. Francamente, el doctor Policarpo Bonilla fue un grande hombre de la patria, con una trayectoria histórica definida y clara. Lo malo del notable hombre público fue que se acercó mucho a sus sucesores con consejos o críticas paternalistas que desagradaron con frecuencia. Su gobierno terminó en febrero del año 99, y sin embargo, siguió influyendo en la política nacional, centroamericana y aun continental con su participación en la conferencia de Versalles, donde pidió una interpretación oficial de la Doctrina de Monroe, a lo largo de los primeros años del centenio actual.

CONSTITUCIÓN POLÍTICA DE LOS ESTADOS UNIDOS DE CENTRO AMÉRICA DE 27 DE AGOSTO DE 1898

NOSOTROS, LOS REPRESENTANTES DEL PUEBLO DE LOS ESTADOS DE HONDURAS, NICARAGUA Y EL SALVADOR, REUNIDOS EN ASAMBLEA GENERAL, DECRETAMOS Y SANCIONAMOS LA SIGUIENTE

CONSTITUCIÓN POLITICA PARA LOS ESTADOS UNIDOS DE CENTRO AMÉRICA

TÍTULO I
DE LA NACIÓN Y DE LAS BASES DE UNIÓN DE LOS ESTADOS

Art. 1°.-Los Estados de Honduras, Nicaragua y El Salvador se constituyen en República Federal, con el nombre de ESTADOS UNIDOS DE CENTRO AMÉRICA.

Art. 2°.-Los Estados son iguales como entidades políticas, y conservan la soberanía no delegada en esta Constitución.

Art. 3°.-Los Estados quedan comprometidos:

I. A dar al Gobierno Nacional los auxilios que éste les pida para repeler toda agresión que dañe la independencia de la República o la integridad de su territorio.

II. A organizar en cada uno de ellos un Gobierno democrático representativo, de acuerdo con los principios y garantías de la Constitución de la República y a hacer efectiva la alternabilidad en el Poder.

III. A no enajenar a otra Nación parte de su territorio, ni a implorar su protección.

IV. A ceder gratuitamente a la Nación el territorio que sea conveniente para el Distrito Federal, lo mismo que para los fuertes, arsenales y demás obras públicas que el Gobierno Federal construya y los edificios del Estado que aquella necesite.

V. A someterse a la decisión que los Poderes Federales dicten dentro de la órbita de sus atribuciones en todas las controversias que se susciten entre ellos.

VI. A no hacerse ni declararse la guerra entre sí, en ningún caso.

VII. A no celebrar alianza, tratado o coalición con otro Estado ni con Nación, y a no separarse de la República.

VIII. A cumplir y hacer que se cumplan la Constitución y las leyes de la República, y los decretos y órdenes que el Ejecutivo Nacional expidiere en uso de sus facultades, y las decisiones de los Tribunales de la Unión.

IX. A no permitir enganches o levas de ninguna especie, ni la introducción o tránsito de fuerzas, de elementos de guerra, y, en general, ningún acto de hostilidad recíproca, o en contra de cualquiera Nación.

X. A no prohibir el consumo de sus productos, salvo en lo que concierne a los artículos estancados.

XI. A no establecer aduanas.

XII. A no tener en ningún tiempo tropa permanente, ni buques de guerra, ni almacenes con elementos o pertrechos.

XIII. A establecer entre sí el libre cambio de sus productos y demás mercaderías, sin gravarlas con impuestos de ninguna clase por la importación y exportación de un Estado a otro, excepto las especies estancadas.

XIV. A entregarse los criminales que, conforme a la ley, reclamen las autoridades respectivas.

Art. 4º. En cada Estado harán fe los documentos públicos y auténticos procedentes de los Estados.

Art. 5º. Los Poderes de la República repelerán toda invasión o violencia exterior, y restablecerán el orden alterado por una sublevación, revolución o rebelión interior.

Art. 6º.-Se establece la perfecta igualdad de derechos políticos y civiles entre los naturales de los diversos Estados de la Unión.

TÍTULO II
DE LA SOBERANÍA, TERRITORIO Y FORMA DE GOBIERNO

Art.7º.-La Nación es soberana e independiente, y la soberanía reside en la universalidad de los ciudadanos.

Art. 8º.-Los funcionarios públicos no tienen más facultad que las que expresamente les da la ley.

Art. 9º.-Los límites de la República y su división territorial serán determinados por una ley.

Art. 10.-Los Estados de Nicaragua, Honduras y El Salvador conservan sus límites actuales, menos en la parte que corresponde al Distrito Federal.

Art. 11.-Además de la división general del territorio en Estados, podrá haber otro dentro de los límites de cada uno de éstos, para el régimen político, administrativo y judicial.

Art. 12.-El territorio nacional comprende el de los Estados y el que éstos cedan para el Distrito Federal.

Art. 13.-El Distrito Federal se forma, por ahora, con los departamentos de La Unión, Valle, Choluteca y Chinandega. El Poder Legislativo, cuando lo crea oportuno, determinará el territorio donde deba establecerse definitivamente, o lo organizará de manera distinta.
El Poder Ejecutivo Provisional se instalará en Amapala, y podrá designar interinamente para capital de la República cualquiera de las poblaciones comprendidas en el Distrito Federal, mientras se reúne el Poder Legislativo.

Art. 14.-El gobierno de la Nación es democrático, representativo, y se divide en tres Poderes: Legislativo, Ejecutivo y Judicial, independientes entre sí.

TÍTULO III
DE LOS DERECHOS CIVILES Y GARANTÍAS SOCIALES

Art. 15.-La Constitución garantiza a los habitantes de la República la seguridad individual, el honor, la libertad, la igualdad y la propiedad.

Art. 16.-Toda persona es libre para disponer de sus propiedades, sin restricción alguna, por venta, donación, testamento, o cualquier otro título legal.

Art. 17.-El esclavo que pise el territorio de la República queda libre.

Art. 18.-Todos tienen derecho de entrar en la República y salir de ella, permanecer en su territorio y transitar por él, con estricta sujeción a las leyes.

Art. 19.-La extradición sólo podrá estipularse para los reos de delitos comunes graves; pero en ningún caso respecto de los nacionales, ni por delitos políticos, aunque a consecuencia de éstos resultare un delito común grave.

Art. 20.-Se garantiza el libre ejercicio de todas las religiones, sin más límite que el trazado por la moral y el orden público. Ningún acto religioso servirá para establecer el estado civil de las personas.

Art. 21.-Se garantiza la libertad de reunión sin armas, y la asociación para cualquier objeto lícito, sea éste religioso, moral, científico, o de cualquier otra naturaleza. La ley no autoriza las asociaciones que obliguen a una obediencia ciega, contraria a los derechos individuales, o que impongan votos de clausura perpetua. Tampoco autoriza convenios en que el hombre pacte su proscripción.

Art.22.-Toda persona goza del derecho de tener y portar armas con arreglo a la ley.

Art. 23.-Toda persona tiene derecho de dirigir sus peticiones a las autoridades legalmente establecidas, y de que se resuelva y se le haga saber la resolución que sobre ellas se dicte.

Art. 24.-Se prohíbe la confiscación, ya como pena o en otro concepto, sea cualquiera la forma en que se haga.
Las autoridades que contravengan a esta disposición responderán en todo tiempo con sus personas y bienes por el daño inferido. Las cosas confiscadas son imprescriptibles.

Art. 25.-La vida humana es inviolable, y la pena de muerte no se impondrá en ningún caso.

Art. 26.-Quedan prohibidas en la República las penas perpetuas, la fustigación y toda especie de tormento.

Art. 27.-Ninguna persona puede ser privada de su libertad, ni de su propiedad, sin ser previamente oída y vencida en juicio, conforme a las leyes; ni puede ser enjuiciada civil ni criminalmente dos veces por la misma causa.

Art. 28.-Nadie puede ser juzgado sino conforme a las leyes preexistentes al acto que se le impute, ante tribunal competente y con las formas propias del juicio respectivo.

Art. 29.-Ninguna autoridad podrá dictar orden de detención ni prisión, sino con arreglo a la ley. El término de la detención para inquirir no podrá pasar de ocho días.

Art. 30.-La correspondencia. epistolar y telegráfica es inviolable. La correspondencia interceptada no hará fe ni podrá figurar en ninguna especie de actuación.

Art. 31.-El domicilio es inviolable, y no podrá decretarse su allanamiento, sino para la averiguación de los delitos, o en persecución de los delincuentes, en la forma y en los casos determinados por la ley.

Art. 32.-Unos mismos jueces no pueden conocer en diversas instancias de una misma causa.

Art. 33.-Todos los hombres son iguales ante la ley.

Art. 34.-Las leyes no pueden tener efecto retroactivo, excepto en materia penal, cuando favorezcan al delincuente.

Art. 35.-Toda persona puede libremente expresar, escribir, imprimir y publicar sus pensamientos, sin previo examen, censura ni caución; pero será responsable ante el Jurado por los delitos que cometiere.

Art. 36.-La propiedad, de cualquiera naturaleza que sea, es inviolable. Ninguna persona puede ser privada de sus bienes, sino por causa de necesidad o utilidad pública legalmente comprobada, y previa una justa indemnización. En caso de expropiación motivada por las necesidades de la guerra, la indemnización puede no ser previa.

Art. 37.-Se garantiza la libre enseñanza. La que se costee con fondos públicos será laica, y se organizará conforme a unos mismos sistemas educativos. La primera será, además, gratuita y obligatoria.
Se prohíbe la inversión de fondos públicos en establecimientos particulares en que se dé determinada enseñanza religiosa.

Art.38.-Toda industria es libre: pero la ley podrá estancar en provecho de la Nación, o de los Estados, los ramos que se estime conveniente.

Art. 39.-No habrá monopolios de ninguna clase, ni prohibiciones a título de protección a la industria. Exceptúase la acuñación de moneda y los privilegios que por tiempo limitado se concedan a los inventores o perfeccionadores de alguna industria.

Art. 40.-Toda persona tiene derecho de pedir y obtener amparo contra cualquiera autoridad o individuo que restrinja el ejercicio de los derechos individuales garantizados por la presente Constitución.

Una ley especial reglamentará la manera de hacer efectivo este derecho.

Art. 41.-Ningún poder ni autoridad tiene facultad para restringir ni alterar las garantías constitucionales, las que sólo podrán suspenderse en los casos de guerra interior, rebelión o sedición.

La Ley de Estado de Sitio determinará las garantías que pueden suspenderse, y el tiempo y forma en que esa suspensión deba tener lugar.

Art. 42.-Los derechos y garantías que declare esta Constitución no excluyen otros derechos y garantías no enumeradas en ella, pero que nacen del principio de la soberanía del pueblo y de la forma republicana de gobierno adoptada.

Art. 43.-Se establece el juicio por Jurados para lo criminal. La ley organizará y reglamentará esta institución.

TÍTULO IV
DE LOS NACIONALES Y EXTRANJEROS

Art. 44.-Son naturales de los Estados Unidos de Centro América:
I. Los nacidos en territorio de la República, excepto los hijos de extranjeros no naturalizados.
II. Los hijos de padre o madre natural de la República, que nacieren en el extranjero, si no optaren por otra nacionalidad.
III. Los hijos de las Repúblicas de Guatemala y Costa Rica que ante la primera autoridad departamental manifiesten su deseo de ser nacionales.
IV. Los hijos legítimos de madre natural y padre extranjero si nacieren en el territorio de la República, y optaren por la nacionalidad de los Estados Unidos de Centro América.

Art. 45.-Son naturalizados en los Estados Unidos de Centro América:
I. Los hispanoamericanos que lo soliciten de la primera autoridad del departamento, comprobando su buena conducta y un año de residencia en el país.

II. Los extranjeros que hagan la misma solicitud, comprobando su buena conducta y la residencia de dos años continuos en la República.

III. Los extranjeros que acepten cualquier empleo público, con goce de sueldo, salvo en el profesorado.

Art. 46.-Los extranjeros están obligados, desde su llegada al territorio, a respetar a las autoridades de la República y a observar las leyes.

Art. 47.-Los extranjeros gozan en la República de los mismos derechos civiles que los hijos del país; en consecuencia, pueden adquirir toda clase de bienes; pero quedan sujetos, en cuanto a estos bienes, a las cargas ordinarias y extraordinarias de carácter general a que están sujetos los nacionales.

Art. 48.-Los extranjeros no podrán hacer reclamaciones, ni exigir indemnización alguna de la República, sino en los casos y en la forma que pudieran hacerlo los naturales.

Art. 49.-Los extranjeros no podrán ocurrir a la vía diplomática, sino en el caso de denegación de justicia. No se entiende por tal, el que un fallo ejecutoriado sea desfavorable al reclamante.

Si contraviniendo a esta disposición, no terminaren amistosamente las reclamaciones que promueven, y por ellas se causaren perjuicios al país perderá el derecho de habitar en él.

Art. 50.-Las leyes podrán establecer la forma y casos en que puede negarse a un extranjero la entrada al territorio de la República, u ordenarse su expulsión por considerarlo pernicioso.

TÍTULO V
DE LOS CIUDADANOS

Art. 51.-Son ciudadanos todos los individuos naturales o naturalizados en los Estados de Centro América, mayores de veintiún años, y los mayores de dieciocho que sean casados, o sepan leer y escribir.

Art. 52.-Son derechos de los ciudadanos, el sufragio y el optar a los cargos públicos, todo con arreglo a la ley.

Art. 53.-Se suspenden los derechos de ciudadano:
I. Por naturalizarse en país extranjero.
II. Por sentencia judicial que traiga consigo la suspensión de la ciudadanía.
III. Por auto de prisión o declaración de haber lugar, a formación de causa.
IV. Por embriaguez habitual.
V. Por vagancia legalmente declarada.
VI. Por notoria enajenación mental.
VII. Por interdicción-judicial.
VIII. Por ser deudor fraudulento declarado.
IX. Por admitir empleo de naciones extranjeras, sin licencia del Poder Legislativo, o del Ejecutivo en receso del Congreso si el que lo admite reside en la República.

Para los efectos de este número, las otras Repúblicas de Centro América no se consideran como extranjeras.

TÍTULO VI
DE LAS ELECCIONES

Art. 54.-El derecho de elegir es irrenunciable, y su ejercicio obligatorio.

Art. 55.-El voto de los ciudadanos será directo y público.

Art. 56.-Sólo los ciudadanos mayores de veintiún años, que se hallen en ejercicio de sus derechos, son elegibles.

Art. 57.-Una ley especial reglamentará la manera de practicar las elecciones.

TÍTULO VII
DEL PODER LEGISLATIVO

Art. 58.-El Congreso Federal se compone de dos Cámaras: la de Senadores y la de Diputados. Esta representa al pueblo de los Estados Unidos de Centro América, y se compondrá de los Diputados que correspondan a cada Estado, en razón de un propietario y un suplente por cada treinta mil habitantes, y uno más por un residuo que no baje de quince mil habitantes.

Mientras se levanta el censo de la República, la elección se practicará a razón de catorce Diputados propietarios y catorce suplentes por cada Estado, y cuatro propietarios y cuatro suplentes por el Distrito Federal.

Art. 59.-El Senado representa a los Estados como entidades políticas de la Unión, y se compondrá de seis senadores propietarios y seis suplentes por cada Estado, nombrados por las respectivas Legislaturas y de tres propietarios y tres suplentes por el Distrito Federal.

Art. 60.-Las Cámaras se reunirán ordinariamente en la capital de la República, sin necesidad de convocatoria, del primero al quince de enero de cada año; y extraordinariamente cuando sean convocadas por el Poder Ejecutivo.

Art. 61.-Las sesiones ordinarias durarán sesenta días, pudiendo prorrogar hasta por cuarenta días más.

Art. 62.-Las cámaras abrirán y cerrarán sus sesiones públicas y simultáneamente, salvo el caso en que el Senado ejerza funciones especiales.

Se necesita que esté reunida la mayoría absoluta de los miembros que las componen, para que puedan abrir sus sesiones.

Art.63.-Con la concurrencia por lo menos de cinco miembros de cada cámara se organizará el Directorio, y podrán dictarse las providencias necesarias para la instalación del Congreso, conforme lo establezcan los respectivos reglamentos.

Art. 64.-La mayoría de los miembros de cada Cámara será suficiente para deliberar; pero cuando haya menos de los dos tercios de los electos, será necesario el consentimiento de los dos tercios de los presentes para toda resolución.

Art. 65.-Cuando el Ejecutivo convoque extraordinariamente al Congreso éste sólo podrá tratar de los negocios que se sometan a su conocimiento, y las sesiones durarán el tiempo que sea necesario.

Art. 66.-Los Senadores durarán en sus funciones seis años, pudiendo ser reelectos: se renovarán por tercios cada dos años, siendo las dos primeras renovaciones por la suerte.

Art. 67.-Los Diputados durarán en sus funciones cuatro años, pudiendo ser reelectos: se renovarán por mitad cada dos años, siendo la primera renovación por la suerte.

Art. 68.-Para ser electo Senador se requiere: estar en ejercicio de los derechos de ciudadano, ser mayor de treinta años, de notoria honradez e ilustración y natural o vecino del Estado que lo nombra, o del Distrito Federal en su caso.

Art. 69.-Para ser Diputado se requiere: estar en el ejercicio de los derechos de ciudadano, ser mayor de veintiún años, de notoria honradez e instrucción, y ser natural o vecino del Estado que lo elige, o del Distrito Federal en su caso.

Art. 70.-Los individuos de una y otra Cámara representan a la Nación.

Art. 71.-No pueden ser electos Senadores ni Diputados:
I. Los empleados del Gobierno Federal con goce de sueldo, sino después de tres meses de haber cesado en sus funciones.
II. Los que hubieren administrado o recaudado fondos públicos, mientras no obtengan el finiquito de sus cuentas.
III. Los militares en servicio; y

IV. Los contratistas de obras o servicios públicos costeados con fondos del Estado, y los que de resultas de tales contratos tengan reclamaciones pendientes.

Art. 72.-Los Senadores y Diputados gozarán de las siguientes prerrogativas:

I. No ser responsable en ningún tiempo por sus opiniones manifestadas en la Cámara de palabra o por escrito.

II. No poder iniciarse contra ellos juicio alguno civil, desde quince días antes de abrirse las sesiones del Congreso hasta quince días después de cerrarse.

III. No poder ser juzgados criminalmente, por los delitos que cometan, sin que se declare previamente que ha lugar a formación de causa.

IV. No ser llamados al servicio militar sin su consentimiento, desde el día de su elección hasta terminar su período.

Art.73.-Los Senadores y Diputados no pueden obtener durante el tiempo para que fueren electos, ningún empleo ni comisión del Poder Ejecutivo Nacional, excepto los de Ministro de Estado, Representante Diplomático, Profesor de enseñanza y cargos sin goce de sueldo.

Si aceptaren empleos de Ministro de Estado o Representante Diplomático, cesarán por ese hecho en su anterior empleo.

TÍTULO VIII
ATRIBUCIONES COMUNES A LAS CÁMARAS

Art. 74.-Corresponde a cada una de las cámaras, sin intervención de la otra:

I. Calificar la elección de sus miembros, aprobando o desaprobando sus credenciales.

II. Llamar a los Suplentes en caso de que los propietarios no puedan concurrir por cualquiera imposibilidad calificada por la Cámara.

III. Admitirles sus renuncias por causas legalmente comprobadas.

IV. Formar su reglamento interior.

V. Exigir la responsabilidad de sus miembros por faltas en el ejercicio de sus funciones, estableciendo el modo como deben ser juzgados.

VI. Crear y proveer los empleos necesarios para el despacho de sus trabajos.

VII. Pedir a los funcionarios públicos los informes que necesite.

VIII. Designar oradores ante la otra Cámara en caso de desacuerdo de opiniones en la formación de la ley.

IX. Nombrar comisiones que la representen en actos oficiales.

TÍTULO IX
ATRIBUCIONES PECULIARES A LA CÁMARA DE DIPUTADOS

Art.75.-Son atribuciones de la Cámara de Diputados:

I. Iniciar la formación de las leyes que establezcan, reformen o supriman contribuciones o impuestos.

II. Admitir o no las acusaciones que se presenten contra el Presidente de la República, Ministros de Estado, Subsecretarios en ejercicio del Ministerio, Magistrados de la Corte Federal, Ministros Diplomáticos y Senadores y Diputados del Congreso Federal por delitos comunes u oficiales.

III. Pasar al senado las acusaciones contra los funcionarios a que se refiere el inciso anterior.

IV. Nombrar los Senadores del Distrito Federal.

TÍTULO X
ATRIBUCIONES PECULIARES A LA CÁMARA DE SENADORES

Art. 76.-Son atribuciones de la Cámara de Senadores:

I. Conocer de las acusaciones que le pase la Cámara de Diputados.

II. Nombrar comisiones demarcadoras de las líneas divisorias dudosas entre los Estados, y decidir definitivamente la contienda.

TÍTULO XI
ATRIBUCIONES DE LAS DOS CÁMARAS REUNIDAS

Art. 77.-Las dos Cámaras reunidas formarán Asamblea General y sus atribuciones son:

I. Abrir y cerrar las sesiones del Poder Legislativo.

II. Abrir los pliegos que contengan los sufragios y escrutinios parciales para la elección de Presidente de la República, y hacer el escrutinio y regulación general de los votos por medio una comisión de su seno.

III. Declara electo al que tenga la mayoría de sufragios, previo el dictamen de la comisión escrutadora.

IV. Dar posesión al Presidente dela República, recibirle la protesta constitucional, conocer de su renuncia, de las licencias que solicite para ausentarse del territorio de la República, y de las nulidades de su elección.

V. Elegir los Magistrados de la Corte Suprema de Justicia Federal y los Contadores del Tribunal Mayor de la República, recibirles la protesta constitucional y conocer de sus renuncias.

VI. Designar anualmente tres personas que deban ejercer el Poder Ejecutivo en los casos determinados por esta Constitución.

Art.78.-El Congreso será presidido por el Presidente del Senado, y hará de Vicepresidente el de la Cámara de Diputados.

TÍTULO XII
ATRIBUCIONES DEL PODER LEGISLATIVO

Art.79.-Corresponde al Poder Legislativo Federal:

I. Admitir nuevos Estados a la Unión Federal, incorporándolos a la Nación.

II. Organizar el Distrito Federal el que en esta Constitución se señala, al lugar que juzgue más conveniente.

El Distrito Federal y cualesquiera porciones de territorio que los Estados cedan al Gobierno General para fortalezas u otros establecimientos, quedan sujetos a las leyes que dicte el Congreso.

III. Organizar todo lo relativo a las Aduanas.

IV. Disponer todo lo relativo a la habilitación y seguridad de los puertos y costas.

V. Crear y organizar las oficinas de correos, telégrafos, teléfonos y ferrocarriles nacionales y dictar las leyes a que deben sujetarse, lo mismo que las relativas a carreteras y canales nacionales y navegación de los ríos y lagos.

VI. Fijar el valor, tipo, ley, peso y acuñación de la moneda Nacional, y resolver sobre la admisión y circulación de la extranjera.

VII. Decretar el Escudo de Armas y el Pabellón de la República.

VIII. Crear y suprimir empleos nacionales.

IX. Determinar lo que convenga en lo relativo a la deuda nacional.

X. Facultar al Poder Ejecutivo para que contrate empréstitos dentro o fuera de la República, cuando una grave y urgente necesidad lo demande. Los contratos deberán someterse a la aprobación del Poder Legislativo.

XI. Dictar las medidas conducentes a la formación del Censo Nacional.

XII. Fijar anualmente la fuerza de mar y tierra que ha de mantenerse en pie, y dictar las ordenanzas del Ejército.

XIII. Decretar la guerra con presencia de los datos que comunique el Poder Ejecutivo, y hacer la paz.

XIV. Aprobar, modificar o desaprobar los tratados que el Gobierno celebre con otras naciones.

XV. Aprobar, modificar o desaprobar los contratos que, para obras públicas nacionales, celebre el Poder Ejecutivo.

XVI. Decretar anualmente el Presupuesto de ingresos y egresos de la Administración Pública.

XVII. Promover la prosperidad del país, pudiendo decretar premios o conceder privilegios temporales a los autores de inventos útiles, o a los perfeccionadores de industrias de utilidad general.

XVIII. Fijar y uniformar las pesas y medidas.

XIX. Conceder amnistías.

XX. Aumentar o disminuir la base de la población para la elección de Diputados.

XXI. Expedir y reformar con arreglo a la presente Constitución las leyes Electoral, de Imprenta, de Amparo y de Extranjería.

XXII. Determinar la manera de conceder grados y ascensos militares.

XXIII. Conceder o negar la entrada de tropas extranjeras al territorio de la República, y consentir la estación de escuadras de otra nación por más de un mes en aguas de la República.

XXIV. Decretar el estado de sitio de conformidad con la Constitución.

XXV. Establecer impuestos y contribuciones generales; y en caso de invasión o guerra exterior, decretar empréstitos forzosos con la debida proporción, si no bastaren las rentas públicas ordinarias, ni se consiguieren empréstitos voluntarios.

XXVI. Aprobar los actos del Ejecutivo o desaprobarlos cuando sean contrarios a la ley.

XXVII. Aprobar o desaprobar la cuenta de los gastos públicos.

XXVIII. Conceder o negar el permiso que soliciten los ciudadanos para aceptar empleos de otra nación.

XXIX. Decretar, interpretar, reformar y derogar las leyes secundarias; y expedir las disposiciones necesarias y propias para hacer efectivas las facultades anteriores y las demás concedidas por esta Constitución a los Poderes de la República.

Art. 80.-El Poder Legislativo no podrá suplir o declarar el estado civil de las personas, ni conceder títulos académicos.

Art. 81.-Las facultades del Poder Legislativo son indelegables, excepto las que se refieren a dar posesión a los altos funcionarios.

TÍTULO XIII
DE LA FORMACIÓN Y PROMULGACIÓN DE LA LEY

Art. 82.-Tiene exclusivamente la iniciativa de la ley:
I. Los Diputados y Senadores.
II. El Poder Ejecutivo Nacional.
III. La Corte Suprema de Justicia Federal.
IV. Las Legislaturas de los Estados.

Art. 83.-Las iniciativas presentadas por el Poder Ejecutivo, Corte Suprema de Justicia y Legislaturas de los Estados, pasarán desde luego a comisión. Las que presenten los Diputados y Senadores se sujetarán a los trámites del reglamento respectivo.

Art. 84.-Todo proyecto de ley que fuere desechado en la Cámara de su origen, no podrá volver a presentarse en las sesiones del año.

Art. 85.-La iniciación de las leyes puede hacerse indistintamente en cualquiera de las Cámaras, excepto las que versen sobre impuestos o contribuciones, que deben discutirse primero en la Cámara de Diputados.

Art. 86.-Todo proyecto de ley se discutirá en ambas Cámaras.

Art. 87.-Aprobado un proyecto en la Cámara de su origen pasará para su discusión a la otra Cámara. Si ésta lo aprobare, se remitirá al Ejecutivo, quien si no tuviere observaciones que hacerle, lo sancionará y publicará inmediatamente como ley: si lo modificare, volverá a la Cámara de su origen en calidad de iniciativa; si no lo aprobare, se observará lo dispuesto en el artículo 84.

Art. 88.-Si el Ejecutivo encontrare inconvenientes para sancionar el proyecto de ley, lo devolverá a la Cámara de su origen dentro de diez días, exponiendo las razones en que funda su desacuerdo. Si en el término expresado no lo objetare, se tendrá por sancionado, y lo promulgará como ley.

Si dentro de los diez días hubieren de cerrarse o suspenderse las sesiones del Congreso, el Ejecutivo le dará aviso inmediatamente para que permanezca reunido hasta diez días después de la fecha en que se le pasó el proyecto. No haciéndole, se tendrá el proyecto por sancionado.

Art. 89.-Devuelto el proyecto de ley con observaciones, deberá ser reconsiderado, y si fuere ratificado por los dos tercios de votos de una y otra Cámara, se pasará al Ejecutivo, quien deberá sancionarlo y promulgarlo.

Exceptúase el caso en que el proyecto fuere objetado por inconstitucional, pues entonces, si las Cámaras insistieren, pasará el proyecto a la Corte Suprema de Justicia Federal, para que ella decida dentro de seis días si es o no constitucional. El fallo afirmativo de la Corte obliga al Poder Ejecutivo a sancionar el proyecto de ley.

Art. 90.-El Ejecutivo no podrá hacer observaciones, ni negar su sanción en los casos siguientes:

1. En las elecciones que el Congreso haga o declare, o en las renuncias que admita o deseche.

II. En las declaraciones de haber o no lugar a formación de causa.

III. En los decretos que se refieren a la aprobación o desaprobación de sus actos.

IV. En los reglamentos que expidan las Cámaras o el Congreso para su régimen interior.

V. En los acuerdos del Congreso para trasladar su residencia a otro lugar para suspender sus sesiones o. prorrogarlas.

VI. En la Ley de Presupuesto General de Gastos de la Federación.

Art. 91.-Si el Ejecutivo no cumpliere con el deber de sancionar los proyectos de ley en los términos establecidos en los artículos anteriores, los sancionará y publicará el Presidente del Congreso.

Art. 92.-Al texto de las leyes precederá esta fórmula: "EL CONGRESO DE LOS ESTADOS UNIDOS DE CENTRO AMERICA, DECRETA...".

TÍTULO XIV
DEL PODER EJECUTIVO

Art. 93.-El Poder Ejecutivo de la Nación será ejercido por un ciudadano que se denominará "Presidente de la República", con los Ministros de Estado.

El Presidente será popularmente electo en la época que señale la ley de la materia. Los pliegos de elecciones se remitirán a la Asamblea. del Estado, la que hará el escrutinio y regulación de votos y en seguida los remitirá a la Asamblea Federal. Esta hará el escrutinio y regulación definitivos y declarará electo al ciudadano que tenga mayoría absoluta de votos. En caso de no haber esta mayoría, la Asamblea hará la elección por votación pública entre los tres ciudadanos que hubieren obtenido mayor número de votos.

Art. 94.-En las faltas temporales del Presidente, entrará a ejercer el Poder Ejecutivo uno de los Designados, por el orden de su nombramiento. Caso de depósito voluntario, el Presidente podrá hacerlo en cualquiera de los Designados.

Por muerte, remoción, renuncia o cualquier otro impedimento del Presidente, ocurrido antes del último año del período de éste, el Congreso convocará a elecciones para el siguiente año.

Art. 95.-Para ser Presidente o Designado se requiere: ser ciudadano en ejercicio, del estado seglar, mayor de treinta años y natural de la República.

Art. 96.-El período presidencial será de cuatro años, y comenzará el día quince de marzo del año de la renovación.

Art. 97.-El ciudadano que hubiere ejercido la Presidencia en propiedad, no podrá ser electo Presidente para el siguiente período.

Tampoco podrá serlo el ciudadano que hubiere ejercido la Presidencia dentro de los últimos seis meses anteriores a la elección.

Art. 98.-El ciudadano que ejerza la Presidencia será el Comandante General del Ejército de la República y Jefe de la Armada Nacional.

Art. 99.-Los decretos, acuerdos, órdenes y providencias del Poder Ejecutivo, deben ser autorizados y comunicados por los Ministros en sus respectivos ramos; y, en su defecto por los Subsecretarios de Estado.

Art. 100.-Los Jefes de los Estados se denominarán "Gobernadores de Estado:" su elección se hará conforme a la Constitución del Estado a que correspondan. Los Gobernadores de Estado no podrán obtener votos para Presidente de la República en el Estado de su respectiva jurisdicción.

TÍTULO XV
DE LOS MINISTROS DE ESTADO

Art. 101.-Para el despacho de los negocios públicos habrá cuatro Ministros de Estado. El Presidente de la República distribuirá entre ellos los diferentes ramos de la Administración.

Art. 102.-Para ser Ministro se requiere: ser natural de la República, mayor de veinticinco años, de notoria moralidad y aptitudes, y estar en el goce de los derechos de ciudadano.

Art. 103.-Habrá asimismo Subsecretarios de Estado, que deberán tener las mismas cualidades que los Ministros.

Art. 104.-No podrán ser Ministros de Estado, ni Subsecretarios, los contratistas de obras o servicios públicos por cuenta de la Nación, los que de resultas de esos contratos tengan reclamaciones de interés propio, los deudores a la Hacienda Pública y los que tengan cuentas pendientes a favor de la misma por administración de fondos.

Art. 105.-Los Ministros de Estado pueden asistir sin voto a las deliberaciones del Poder Legislativo; y deberán concurrir siempre que se les llame y contestar las interpelaciones que les haga cualquier Representante, referentes a los asuntos de Administración ,excepto en los ramos de Guerra y Relaciones Exteriores, cuando juzguen necesaria la reserva, a menos que la Asamblea les ordene contestar.

Art. 106.-Cada Ministro de Estado presentará al Congreso, dentro de los quince días después de su instalación, un Informe documentado o Memoria respecto a los ramos que estén a su cargo.

TÍTULO XVI
DEBERES DEL PODER EJECUTIVO

Art. 107.-Son deberes del Poder Ejecutivo:

I. Cumplir y hacer cumplir la Constitución y las leyes de la República.

II. Mantener ilesos el honor, la soberanía e independencia de la República, y la integridad de su territorio.

III. Conservar la paz y tranquilidad interior, ocurriendo inmediatamente al lugar donde sea necesario para restablecer el orden.

IV. Impedir cualquiera agresión armada de un Estado contra otro, o contra otra Nación; lo mismo que los enganches o levas que tengan o puedan tener por objeto perturbar el orden público de los Estados, o de otra Nación.

V. Sancionar y promulgar las leyes.

VI. Presentar al Congreso, en la apertura de sus sesiones ordinarias, un Mensaje relativo a los actos de la Administración.

VII. Dar a las Cámaras los informes que le pidan.

Si fueren sobre asuntos que exigen reserva, lo expondrá así, y no estará obligado a comunicar los planes de guerra ni las negociaciones de alta política; pero si tales informes fueren precisos para exigirle responsabilidad, no podrá rehusarlos, por ningún motivo, ni reservar los documentos, después de haber sido acusado ante el Senado.

VIII. Dar los funcionarios del Poder Judicial el auxilio de la fuerza que necesiten para hacer efectivas sus providencias.

IX. Hacer levantar durante el primer bienio constitucional el censo de la República, rectificándolo cada cinco años.

TÍTULO XVII
ATRIBUCIONES DEL PODER EJECUTIVO

Art. 108.-Son atribuciones del Poder Ejecutivo:

I. Nombrar los Ministros de Estado, Subsecretarios, Agentes Diplomáticos y Consulares y demás funcionarios federales, cuyo nombramiento no esté reservado a otra autoridad, o sea de elección popular.

II. Admitir las renuncias a los empleados de su nombramiento, o removerlos.

III. Formar su reglamento interior.

IV. Dirigir las relaciones exteriores.

V. Recibir a los Ministros Diplomáticos y admitir Cónsules.

VI. Celebrar tratados y cualesquiera otras negociaciones diplomáticas, las que someterá a la ratificación del Poder Legislativo en su reunión inmediata.

VII. Disponer de la fuerza armada de mar y tierra para la defensa y seguridad de la República, para mantener el orden y tranquilidad de la misma y para los demás objetos que exija el servicio público.

VIII. Conferir grados y ascensos militares, debiendo proceder de acuerdo con el Senado en los que fueren de Coronel arriba.

IX. Levantar la fuerza necesaria sobre la permanente para repeler toda la invasión o sofocar rebeliones.

X. Convocar extraordinariamente, en Consejo de Ministros, al Poder Legislativo, cuando lo demanden los intereses de la Nación.

XI. Declarar, de acuerdo con el Consejo de Ministros en estado de sitio la República o parte de ella, en receso del Congreso, en los casos previstos por la ley.

XII. Habilitar y cerrar puertos y establecer aduanas marítimas y terrestres, dando cuenta al Congreso en su reunión inmediata.

XIII. Matricular y nacionalizar buques.

XIV. Indultar y conmutar, previo informe y dictamen favorable de la Corte Suprema de Justicia Federal, las penas a los reos sentenciados por los delitos de la competencia de los Tribunales Federales.

XV. Devolver con observaciones los proyectos de ley que se le pasen por el Poder Legislativo, de conformidad con lo establecido en el artículo 88.

XVI. Expedir reglamentos, decretos u órdenes para facilitar y asegurar la ejecución de las leyes.

XVII. Dirigir y fomentar la instrucción pública en el Distrito Federal.

XVIII. Establecer y mejorar las vías de comunicación, los correos, telégrafos y teléfonos y otros servicios; pero los contratos para la construcción de caminos de hierro, muelles, puentes, apertura de canales y carreteras, no tendrán efecto mientras no sean aprobadas por el Poder Legislativo.

XIX. Hacer que se recauden las rentas de las repúblicas y reglamentar su inversión conforme a la ley.

XX. Vigilar sobre la exactitud legal de la moneda y la uniformidad de pesas y medidas.

Art. 109.-En caso de guerra, el Presidente de la República dirigirá las operaciones, como Jefe Supremo de los Ejércitos y Marina Nacionales. Si el Presidente de la República no asumiere el mando del Ejército y Marina, el Poder Ejecutivo designará quien deba dirigir y mandar en Jefe dichos Ejércitos y Marina.

Cuando el Presidente de la República asuma el mando militar, depositará el Poder Ejecutivo en uno de los Designados a su elección.

Art. 110.-El Presidente de la República no podrá ausentarse del territorio de la Nación, ni visitar oficialmente los Estados, sin previo permiso del Poder Legislativo, o invitación del Gobernador del Estado, en el segundo caso.

TÍTULO XVIII
DEL PRESUPUESTO

Art. 111.-El Presupuesto será votado por el Congreso, con vista del proyecto que presente el Poder Ejecutivo.

Art. 112.-Cada Ministro formará el Presupuesto de gastos de su ramo, y lo pasará al de Hacienda, quien redactará el Presupuesto General de la Nación. Este será presentado al Congreso dentro de los quince días siguientes a su instalación.

Art. 113.-De todo gasto que se haga fuera de la ley, serán responsables solidariamente por la cantidad gastada, el Presidente y Ministros respectivos, los miembros del Tribunal de Cuentas y los empleados que en él intervinieren, si faltaren a sus respectivos deberes.

Art. 114.-El presupuesto de gastos ordinario de la Administración Pública no podrá exceder de los ingresos probables calculados por el Congreso Federal.

TÍTULO XIX
DEL TESORO NACIONAL

Art. 115.-Forman el Tesoro de la Nación:
I. Todos sus bienes muebles e inmuebles.
II. El producto de los impuestos y contribuciones del Distrito Federal.
III. El de los impuestos y contribuciones que decrete el Congreso.

IV. La mitad del producto de las Aduanas de cada Estado. La otra mitad pertenece a los respectivos Estados.

El Congreso, según las necesidades, podrá aumentar o disminuir estas cuotas.

Para los efectos de este inciso se reputan Aduanas de los Estados las que actualmente le pertenecen y las que en lo sucesivo se establezcan en sus territorios, aunque queden situadas en el Distrito Federal.

Art. 116.-El Poder Ejecutivo Federal no podrá celebrar contratos de importancia que comprometan el Tesoro Nacional, sin previa publicación de la propuesta en el periódico oficial y licitación pública. Exceptúanse los que tengan por objeto proveer a las necesidades de la guerra, y los que por su naturaleza no puedan celebrarse sino es con persona determinada.

Art.117.-Para fiscalizar la administración del Tesoro Nacional, habrá un Tribunal Superior de Cuentas, cuyas atribuciones serán: examinar, aprobar o desaprobar las cuentas de quienes administren fondos de la Nación; y devolver al Ejecutivo las órdenes que no estuvieren arregladas a la ley, para los efectos que ésta determine.

Art. 118.-Los miembros del Tribunal deberán ser mayores de veintiún años, no ser acreedores ni deudores de la Hacienda Pública, ni tener cuentas pendientes con ella. Su número, organización y atribuciones, serán determinadas por la ley.

TÍTULO XX
DEL EJÉRCITO Y DE LA ARMADA

Art. 119.-La fuerza pública está instituida para asegurar los derechos de la Nación, el cumplimiento de las leyes y el mantenimiento del orden público, y dependerá exclusivamente del Poder Ejecutivo Nacional.

Para la seguridad interior de los Estados, además de la policía civil, podrá haber la fuerza militar permanente que fije el Congreso Legislativo Federal.

Art. 120.-La disciplina del Ejército y de la Armada será regida por las leyes y ordenanzas militares.

Art. 121.-La fuerza armada no puede deliberar ni ejercer el derecho de petición.
Ningún militar en actual servicio puede obtener cargo de elección popular.

Art. 122.-El servicio militar es obligatorio. Todo individuo de diez y ocho a cuarenta años es soldado del Ejército. Este será organizado por la ley, la que establecerá las causas de exención.

Art. 123.-Se establece el fuero de guerra para los delitos militares.

TÍTULO XXI
DEL PODER JUDICIAL

Art. 124.-E Poder Judicial será ejercido por la Suprema Corte Federal y los demás Tribunales que establezcan las leyes.

Art. 125.-La Corte Suprema de Justicia Federal se compondrá de cinco Magistrados Propietarios y tres Suplentes, y el primero de los propietarios electos llevará el título de Presidente de la Corte Suprema Federal.

Art. 126.-Para ser Magistrado de la Corte Suprema Federal, se requiere:
I. Ser ciudadano en ejercicio.
II. Tener treinta años de edad.
III. Ser Abogado de la República, o de alguno de los Estados de la Unión.
IV. Haber desempeñado una Judicatura de 1era. Instancia durante cuatro años, o ejercido la profesión durante seis años.

Art. 127.-No podrán ser Magistrados de la Corte Suprema Federal los parientes entre sí dentro del cuarto grado, de consanguinidad, o segundo de afinidad.

Art. 128.-Corresponde a los Tribunales Federales:

I. Conocer de las controversias que se susciten sobre el cumplimiento y aplicación de las leyes federales.

II. Conocer de las que versen sobre el derecho marítimo o causas de presas.

III. Conocer de las controversias por contratos y convenios celebrados por el Gobierno Federal con los Estados, o con los particulares.

IV. Conocer de todos los negocios contenciosos que se refieren a bienes y rentas de la Unión.

V. Decidir sobre las leyes o actos de la Autoridad Federal que vulneren o restrinjan la soberanía de los Estados, y sobre las leyes o actos de las autoridades de éstos que invadan la esfera de la Autoridad Federal.

Art. 129.-Corresponde a la Corte Suprema Federal, exclusivamente:

I. Decidir las cuestiones que se susciten entre los Estados, o entre uno o algunos de los Estados y el Gobierno Federal, sobre competencia de facultades, propiedades, límites y demás objetos contenciosos.

II. Conocer de las causas por delitos comunes y oficiales cometidos por el Presidente de la Unión, Ministros de Estado, Magistrados de la Corte Suprema Federal, Agentes Diplomáticos, Senadores y Diputados a Congreso Federal, previa declaratoria del Senado de haber lugar a formación de causa.

III. Dirimir las competencias que se susciten entre los Tribunales y Juzgados de diferentes Estados; entre los Tribunales y Juzgados de uno o más Estados; entre los Tribunales de la Unión, los de esta última.

IV. Nombrar y remover, conforme a la ley, los funcionarios del orden judicial.

V. Ejercer las demás funciones que la ley determine concernientes al Gobierno Federal.

VI. Conocer del recurso de amparo en el Distrito Federal y en los casos en que se ocurra contra abusos de los empleados federales residentes fuera de dicho Distrito.

Art. 130.-Los Tribunales en sus resoluciones aplicarán de preferencia la Constitución a las leyes, y éstas a cualquiera otra disposición.

Art. 131.-Los Magistrados y Jueces no podrán ser obligados a prestar servicio militar.

Art.132.-Es incompatible la calidad de Magistrado de la Corte Suprema Federal con cualquier otro empleo remunerado, excepto el de Profesor.

Art. 133.-Los Magistrados de la Corte Suprema Federal durarán cuatro años en sus funciones, pudiendo ser reelectos. El período de los Magistrados comenzará el día 15 de marzo de cada cuatrienio.

TÍTULO XXII
DEL MUNICIPIO

Art. 134.-El Municipio es autónomo, y será representado por municipalidades electas directamente por el pueblo.

Art. 135.-Las municipalidades en el ejercicio de sus facultades privativas, serán independientes de los otros poderes, sin contrariar en ningún caso las leyes generales de los Estados o de la República; y serán responsables por los abusos que cometan, colectiva o individualmente, ante los Tribunales de Justicia.

Art. 136.-Habrá en cada departamento una Corporación denominada:

CONCEJO DEPARTAMENTAL.

Art. 137.-Las Legislaturas de los Estados y el Congreso Federal, respectivamente, reglamentarán la organización y atribuciones de las municipalidades y Concejos Departamentales, en cada uno de los Estados y en el Distrito Federal.

TÍTULO XXIII
DE LA RESPONSABILIDAD DE LOS FUNCIONARIOS PÚBLICOS

Art. 138.-Todo funcionario público es responsable por sus actos.

Art. 139.-Todo funcionario público al tomar posesión de su destino, hará la siguiente protesta: "PROMETO SER FIEL A LA REPUBLICA, CUMPLIR Y HACER CUMPLIR LA CONSTITUCION Y LAS LEYES".

Art. 140.-El Presidente de la República, los Designados, los Magistrados de la Corte Suprema Federal, los Diputados y Senadores, los Ministros de Estado y Subsecretarios en ejercicio y los Agentes Diplomáticos, responderán ante el Senado por los delitos oficiales y comunes que cometan durante el período de sus funciones. El Senado, previos los trámites que determine la ley, declarará si ha o no lugar a formación de causa contra ellos, y en el primer caso, los pondrá inmediatamente a disposición del Tribunal competente para su juzgamiento.

Art. 141.-Cuando un funcionario público contra quien se hubiere declarado que ha lugar a formación de causa fuere absuelto, volverá al ejercicio de sus funciones.

Art. 142.-La prescripción de delitos comunes y oficiales de que trata el artículo 140, comenzará a contarse desde que el funcionario culpable hubiere cesado en sus funciones.

Art. 143.-No obstante, la aprobación que dé el Congreso a los actos del Poder Ejecutivo Federal, el Presidente y los Ministros de Estado podrán ser acusados por delitos oficiales, mientras no transcurra el término de la prescripción.

TÍTULO XXIV
DE LA REFORMA DE LA CONSTITUCIÓN Y DE LAS LEYES CONSTITUTIVAS

Art. 144.-La reforma total de esta Constitución podrá hacerse por una Asamblea Constituyente, una vez decretada en dos Legislaturas ordinarias por los dos tercios de votos de cada Cámara.

La reforma o adición de uno o varios artículos, serán propuestas por una Legislatura, con los dos tercios de votos de cada Cámara, indicando el artículo o artículos que deban reformarse o adicionarse. Si la siguiente Legislatura aprobare el proyecto, por dos tercios de votos de cada Cámara, se tendrá la Constitución por reformada o adicionada en los artículos indicados. Pero en ningún caso podrán reformarse los artículos 96 y 97.

Art. 145.-Son leyes constitutivas las de Estado de Sitio, Electoral, Amparo, Imprenta y Extranjería.

Art. 146.-Estas leyes pueden emitirse y reformarse por una Constituyente o por el Congreso Federal, con los dos tercios de votos de cada Cámara.

Esta Asamblea se reserva la emisión de la Ley de Estado de Sitio.

Art. 147-La presente Constitución comenzará a regir el día 1°. de noviembre próximo.

Quedan vigentes las Constituciones de los Estados de El Salvador, Honduras y Nicaragua, en cuanto no se opongan a eta Constitución Federal.

TÍTULO XXV
DISPOSICIONES TRANSITORIAS

Art. 148.-La presente Constitución se pasará a los Poderes Ejecutivos de los Estados para su solemne publicación.

Art. 149.-El primer período constitucional comenzará el 15 de marzo de 1899.

Art. 150.-Tan pronto como esté firmada la presente Constitución, se convocará a los pueblos de la República para que procedan a elegir Presidente y Diputados.

Art. 151.-Mientras toma posesión de su cargo el Presidente electo, ejercerá el poder un Consejo Ejecutivo Provisional, nombrado por esta Asamblea y compuesto de un Delegado por cada uno de los Estados.

Para suplir las faltas de los Delegados se nombrarán también suplentes.

Art. 152.-Los miembros del Consejo Ejecutivo, mientras ejerzan sus funciones, no podrán obtener votos para Presidente de la República. Tampoco podrán obtenerlos para el mismo cargo los Gobernadores de los Estados, en su respectiva jurisdicción.

Art. 153.-El Consejo Ejecutivo Federal tendrá las facultades y los deberes que la presente Constitución confiere e impone al Poder Ejecutivo de la República y dispondrá lo necesario para el establecimiento definitivo del Gobierno Federal.

Art. 154.-El Consejo Ejecutivo Federal se instalará en Amapala el día 1º. de noviembre próximo.

Art. 155.-Los Gobiernos de los Estados proveerán por iguales partes a los gastos de instalación del Consejo Ejecutivo Federal.

Art. 156.-Cada Estado continuará siendo exclusivamente responsable de sus respectivas deudas interiores y exteriores las que seguirán amortizando en la forma establecida o que establezcan sus leyes.

Art. 157.-Mientras se expide la ley constitutiva de Elecciones, los Estados elegirán, en la forma que determinan sus leyes vigentes, al Presidente de la República y a los Diputados al Congreso Federal.

Por cada Diputado Propietario se elegirá también un Suplente.

El primer Congreso Federal se instalará el 1º. de marzo de 1899.

Art. 158.-El Consejo Ejecutivo Federal adoptará provisionalmente las leyes de alguno de los Estados para que rijan en el Distrito Federal, mientras el Congreso emite las definitivas.

Art. 159.-La presente Asamblea queda autorizada para decretar las medidas que juzgue oportunas, con el fin de proveer a la instalación de los Poderes Federales.

Art. 160.-Mientras se instala el Congreso Federal, esta Asamblea compondrá el Poder Legislativo de la Nación.

Art. 161.-Las disposiciones de esta Constitución no obstan para los Tratados que puedan celebrarse con las hermanas Repúblicas de Guatemala y Costa Rica, con el objeto de que se incorporen a los Estados Unidos de Centro América, a fin de completar la reconstrucción de la antigua República Federal.

El Congreso queda ampliamente facultado para ratificar dichos Tratados.

Dado en Managua, Estado de Nicaragua, a los 27 días de agosto de 1898,

M.C. MATUS,
Diputado por el Estado de Nicaragua
Presidente

J.J. SAMAYOA,
Diputado por El Salvador
Vicepresidente

JULIO CÉSAR DURÓN,
Diputado por el Estado de Honduras

JOSÉ D. GÁMEZ,
Diputado por Nicaragua

ÁNGEL UGARTE,
Diputado por Honduras

TIMOTEO MIRALDA,
Diputado por el Estado de Honduras

JULIÁN BAIRES,
Diputado por Honduras

FRANCISCO CASTANEDA,
Diputado por El Salvador

MANUEL ANTONIO BONILLA,
Diputado por Honduras

RÓMULO CALDERÓN,
Diputado por E1 Salvador

LUIS ALONSO BARAHONA,
Diputado por El Salvador

NORBERTO MORÁN,
Diputado por El Salvador

CARLOS A. GARCIA,
Diputado por Honduras

J. SANSÓN,
Diputado por Nicaragua

I. RAMÍREZ MAIRENA,
Diputado por Nicaragua

JOSÉ ROSA PACAS,
Diputado por El Salvador

MANUEL A. REYES
Diputado por El Salvador

ANTONIO R. REINA,
Diputado por Honduras

J. ISAAC REYES,
Diputado por Honduras

ALBERTO MEMBREÑO,
Diputado por Honduras

ALONSO SUAZO,
Diputado por Honduras

MANUEL VILLAR,
Diputado por Honduras

JERÓNIMO ZELAYA,
Diputado por Honduras

JOSÉ PÉREZ,
Diputado por Nicaragua

FÉLIX P. ZELAYA R.,
Diputado por Nicaragua

F. ZAMORA,
Diputado por Nicaragua

S. LETONA H.,
Diputado por El Salvador

FILIBERTO AVILÉS,
Diputado por El Salvador

FRANCISCO GUERRERO M.,
Diputado por Nicaragua

GENARO LUGO,
Diputado por Nicaragua

FRANCISCO MARTÍNEZ SUÁREZ,
Diputado por El Salvador

ALEJANDRO BACA,
Diputado por Nicaragua

CÉSAR SIERRA,
Diputado por El Salvador

T.G. BONILLA,
Diputado por Nicaragua

JOSÉ GUERRERO,
Diputado por El Salvador

GABRIEL RIVAS,
Diputado por Nicaragua

MARCIAL GAMERO,
Diputado por Honduras

BASILIO CHACÓN,
Diputado por Honduras

JESÚS VELASCO,
Diputado por El Salvador

RUBÉN RIVERA,
Diputado por El Salvador

MIGUEL T. MOLINA,
Diputado por El Salvador

ALONSO REYES GUERRA,
Diputado por El Salvador

RICARDO MOREIRA,
Diputado por El Salvador

JOSÉ FRANCISCO AGUILAR,
Diputado por Nicaragua

SANTIAGO LÓPEZ,
Diputado por Nicaragua

J. MANUEL ARCE
Diputado por Nicaragua

MANUEL MALDONADO,
Diputado por Nicaragua

CAYETANO OCHOA,
Diputado por El Salvador, 1er. Secretario

FEDERICO G. UCLÉS,
Diputado por Honduras, 2°. Secretario.

Por tanto: publíquese.
Tegucigalpa, 7 de septiembre de 1898.

P. BONILLA.
El Secretario de Estado en el Despacho de Gobernación.

D. GUTIÉRREZ,
El Secretario de Estado en el Despacho de Guerra.

JOSÉ MARÍA REINA,
El Secretario de Estado en el Despacho de Justicia e Instrucción
Pública, encargado del de Fomento.

CÉSAR BONILLA,
El Secretario de Estado en el Despacho de Hacienda y Crédito
Público, por Ministerio de la Ley.

JOSÉ M. MUÑOZ.

MATERIAL DEL DESARROLLO SOCIAL HONDUREÑO EN LOS ÚLTIMOS 50 AÑOS DEL SIGLO XIX

CORRELACIÓN DE UNA METROPOLI CON UN PAIS DEPENDIENTE

1) LA METROPOLÍ

Una vez firmada el Acta de Independencia de 15 de Septiembre de 1821, la cual fue ratificada por el Acta de 1º. de julio de 1823, Centro América fundó una República libre, soberana, independiente sujeta a los mandatos de la Constitución Federal de 22 de noviembre de 1824.

Al fin, el Reino de Guatemala, como se le decía a la Capitanía General del mismo nombre, se constituyó en República libre de la dominación colonial de España, y se inclinaba a impulsar su desarrollo por la vía capitalista, empezando por el principio, es decir por la acumulación originaria del capital.

Desgraciadamente, se le hacía imposible la acumulación originaria por cuanto la Metrópoli, española la había saqueado en trescientos años, y en los últimos a raíz del arribo de Napoleón a la península, la había abrumado con contribuciones forzosas que se volvieron asoladoras.

Así fue que, apenas había nacido la República, en condiciones de tanta pobreza, tuvo que recurrir a los préstamos ingleses para organizar el Estado; y estos préstamos la obligaron a establecer relaciones comerciales de hecho con Inglaterra, mientras planeaba su propio desarrollo, que empezaría con la construcción del Canal Interoceánico por Nicaragua.

***

Inglaterra, por su parte, había iniciado la revolución industrial desde el último cuarto del siglo XVIII con tal empuje que se había acreditado con el nombre de "el taller del mundo" y ganando mares, conquistando territorios y avasallando pueblos intentaba (lo que logró) establecer el mercado mundial capitalista británico.

Inglaterra o la Gran Bretaña, en todo el siglo XIX, formó un vasto imperio que tenía colonias y territorios en el Mediterráneo, en Asia, en América, en el Atlántico Sur, en el Indico, en Oceanía y en la Antártida. No había región del mundo donde no estuviera el imperio británico.

La relación de la Metrópoli inglesa con los países dependientes de su imperio, tenía en mira en la etapa del capitalismo industrial, que ella misma incrementaba, el intercambio de mercancías por materias primas de las colonias y territorios sojuzgados.

Este intercambio tenía que ser desigual: las mercancías inglesas por las nubes, mientras que las materias primas coloniales por los suelos, tomando en cuenta que se extraían con trabajo no pagado o de escasísima remuneración.

Jamás se olvidaba la expresión lapidaria del economista Thomas Mun: "Cada inglés en su país debe ser alimentado, vestido y confortado por siete esclavos coloniales en las Indias Orientales".

Con esa ideología económica, esa fuerza industrial y ese poder conquistador llegó Inglaterra a Centro América desde antes de la separación de España, participó en favor de la Independencia, quebró la resistencia que le ofreciera Morazán, disolvió la unidad federal y llegó a ser factor dominante de los cinco Estados nuevos.

Así nació Honduras como República independiente, una ficción sólo aceptada por la ingenuidad.

***

En 1776, los Estados Unidos proclamaron su independencia de Inglaterra. Hasta cinco años después, en 1781, la hicieron efectiva con la batalla de Yorktown, en la que hicieron prisioneros a Lord Cornwallis y a su ejército. La independencia de aquel gran país fue la consecuencia de su enorme desarrollo económico que le permitió entrar en conflicto con su Metrópoli. Llegó un día en que el comercio estadounidense ya no toleró más la competencia en su propio territorio de las mercancías inglesas. Y estalló la chispa de la guerra revolucionaria.

La revolución industrial elevada al máximo en los Estados Unidos, cuyos genios inventaron el ferrocarril (Stephenson), el vapor (Fulton), el telégrafo (Morse), el teléfono (Bell), el cable (Field), y aun el revólver (Colt), el fusil (Beecher) y la ametralladora (Gatling), desde que empezó el siglo XIX se dedicaron a ganar mares, a conquistar territorios y a avasallar pueblos, inspirados por la Doctrina Monroe, que posteriormente se vuelve Destino Manifiesto con Buchanan y luego absurdo panamericanismo con Blaine, en el que quedan comprimidos en una sola organización una metrópoli con veinte colonias que ostentan la ficción de repúblicas independientes.

Los Estados Unidos no son lo suficientemente fuertes en 1850. Por eso permiten el equilibrio de fuerzas con la Gran Bretaña en el Tratado Clayton-Bulwer en cuanto al Canal interoceánico por Nicaragua. Pero después de la guerra civil en 1865, el poder económico, político y militar es tan decisivo y convincente que en 1900 en el Tratado Hay-Pauncefote, se declara sin valor el Tratado Clayton-Bulwer y se proclama el derecho exclusivo que tienen los Estados Unidos a construir por sí solos el canal de Nicaragua.

De esa manera Honduras, con ficción de República independiente, pasa de la dominación inglesa a la estadounidense. Y así como en remotos tiempos, los campesinos mayas iban al santuario de Copán a consultar el calendario sagrado del Tzolkín, en igual forma los políticos, los negociantes y los inteligentes en general descubrieron el oráculo de Washington y fueron a él desde la década 70 del siglo pasado en adelante, a hacerle consultas sobre la suerte de sus afanes y pretensiones.

**

2) EL PAÍS DEPENDIENTE

Nadie niega la fuerza creadora de Honduras en los niveles económico, social, político y cultural por ser de verdad una República, soberana, independiente. En efecto, el movimiento popular de superación siempre fue evidente a lo largo del siglo XIX.

Sólo que conviene hacer notar que en la primera mitad del siglo, la política persiguió el clásico objetivo individualista, en el afán de crear una República de capitalistas individuales, lo que por otra parte era una deplorable utopía, como lo demostraron los hechos.

Esta fue, precisamente, la tendencia que en su turno destrozó la Gran Bretaña con su mercancía insuperable y su comercio sin competencia. Así pudo entrar en dominio perfecto del país y obligar a sus Gobiernos que hicieran lo que más le convenía.

En otras palabras, la balanza de comercio y la balanza de pagos estuvieron totalmente dominadas por Inglaterra y sus colonias cercanas del Mar Caribe.

La banca de Londres fue la banca de Honduras aún muy avanzado el siglo.

Ahora bien, en la segunda mitad del siglo, la política atenúa su rancio individualismo para pensar en la existencia de la cooperación que ofrece la novedad de las sociedades civiles y mercantiles, y empieza a tomar esa vía, con una desgracia, que las sociedades que van surgiendo están compuestas por socios extranjeros con aportaciones de capital extranjero, y sólo siendo del país las materias primas y el trabajo humano.

En esta fase histórica entra la influencia creciente de los Estados Unidos, que aceleradamente va desplazando a la Gran Bretaña, hasta que por fin termina el dominio británico.

La llamada Reforma, expresión de un neo-liberalismo complaciente, refleja de manera definitiva la influencia de la política de los Estados Unidos de América.

Las exportaciones y las importaciones en su mayor volumen, lo mismo que la balanza de pagos, toman el rumbo de los Estados Unidos.

La banca de Nueva York es la banca de Honduras.

***

Nos sentiremos complacidos si hemos dado una idea aproximadamente clara de la relación dialéctica de las potencias anglosajonas con la República Federal de Centro América primero y la República de Honduras a la postre.

PARTICULARIDADES DE HONDURAS EN LOS ÚLTIMOS 50 AÑOS DEL SIGLO XIX

1) FERROCARRIL INTEROCEÁNICO:

En la era del progreso, lo fue casi todo el siglo XIX, en Honduras se pretendía pasar de la mula de carga y de la carreta de bueyes al transporte ferrocarrilero. El más ferviente partidario de esta idea fue el señor León Alvarado.

Don León Alvarado nació en Comayagua el 4 de julio de 1819. Según dice el doctor Rómulo E. Durón consagró los mejores años de su vida a trabajar porque se hiciera efectiva la construcción en Honduras de un ferrocarril interoceánico, que partiendo de Puerto Cortés en el Atlántico terminase en San Lorenzo en el Golfo de Fonseca, formado por las aguas del Pacífico.

El señor Alvarado entró en pláticas primero con Mr. E. G. Squier, Encargado de Negocios de los Estados Unidos en Nicaragua, Honduras y El Salvador, en los días que transcurrí el Gobierno del General Cabañas (1852-1855); y luego, hizo gestiones en el Ejecutivo y el Congreso para que se firmara una contrata ferrocarrilera. El señor Squier organizaría una sociedad en su país que reuniría los fondos de la inversión correspondiente.

Como el señor Squier no encontrara inversionistas en Nueva York, pasó entonces a buscarlos en Londres, donde consiguió formar una sociedad compuesta de magnates ingleses que procedieron a la inversión financiera, y luego buscaron entendimientos con el Gobierno del General Guardiola (1856-1862) en Honduras, al que le ofrecieron a cambio del territorio interoceánico por el que pasaría el ferrocarril la devolución de las Islas de la Bahía y la Mosquitia. Lo que se hizo, pero no la vía férrea por estar en guerra en esos años los Estados Unidos y al mismo tiempo México que había sido invadido por los franceses.

No desmayó el señor Alvarado en su propósito de tener ferrocarril en Honduras. Cuando gobernaba constitucionalmente el General Medina (1866-1870), le expuso a éste que se hallaba pendiente el proyecto de tender una vía férrea del Atlántico al Pacífico y que convenía hacer nuevas gestiones. Medina optó por contratar empréstitos en la City para construir el ferrocarril como obra exclusivamente nacional.

Los Ministros hondureños acreditados en Londres, don Carlos Gutiérrez, y en París, don Víctor Herrán, contrataron los empréstitos en 1867, 1868 y 1870, con las consecuencias siguientes:

a) Se hizo un tramo ferroviario de Puerto Cortés a Pimienta.

b) Parte de la deuda se pagaría con madera de la Costa Norte, haciéndose un único embarque que llegó a Londres.

c) Las casas bancarias vendían bonos del Ferrocarril de Honduras a la clientela inglesa y francesa.

ch) Entre las casas bancarias, los agentes vendedores y el señor Gutiérrez en Londres, separaban para sí buena parte de los empréstitos.

d) Otra parte era enviada al Gobierno de Medina para mantener satisfecha la "lista civil, eclesiástica y militar" que había formado.

e) Una última parte se entregaba a la Compañía constructora del ferrocarril, única que actuó honradamente y de buena fe. Esta Compañía, con sede en Londres, mantenía constante relación con los ingenieros que trabajaban en Honduras.

f) Cuando los compradores de bonos se dieron cuenta de la estafa, la denunciaron por la prensa, y el Parlamento británico aprontó la investigación, por medio de un Comité Selecto -así se llamaba- nombrado de su seno.

g) Cuantos tuvieron relación con los empréstitos fueron interrogados, y algunos de ellos fueron a la cárcel.

h) El Ministro Gutiérrez huyó a España y se estableció en Vigo, donde compró propiedades. El Ministro Herrán probó su limpieza.

i) El Parlamento británico, a vista de las pruebas, no consideró que Honduras debía pagar cuanto habían disfrutado personas particulares.

j) A pesar de esta reserva quedó establecido que Honduras debía pagar entonces como 7,000,000.00 de libras esterlinas con sus réditos.

k) De allí nació la llamada Deuda Inglesa, que fue totalmente cancelada hasta en 1953.

El promotor de los ferrocarriles, don León Alvarado, murió en Londres el 10 de marzo de 1870, sin haber visto la realización de su ideal.

Los gobiernos siguientes, el de Céleo Árias, el de Marco Aurelio Soto y el de Policarpo Bonilla, acariciaron proyectos de continuación de la vía, con dólares americanos, pero no pasaron de los proyectos.

2) *MINERÍA*

La Universidad fundada el 19 de septiembre de 1847 con el nombre de Academia en el primer Gobierno constitucional de don Juan Nepomuceno Fernández Lindo y Zelaya, fueron autorizadas las carreras de Teología y Filosofía, Derecho Civil y Canónico, Medicina y, como novedad, a iniciativa del propio Presidente, se sumaron los estudios profesionales de Minería, bajo el criterio que Honduras, antes que todo, "es un país minero".

La ingeniería minera no prosperó entonces, como no ha prosperado después, pero coincidió en aquellos años con la propaganda que se le hacía a Honduras -especialmente a la región de Olancho-en los Estados Unidos, a la que se le consideraba una "segunda California" por su riqueza en metales preciosos.

Los buscadores de minas norteamericanos no se hicieron esperar. El más importante de ellos fue William V. Wells, que vino acompañado de Byron Cole, metido en el negocio filibustero de Nicaragua. Wells llegó justamente en el Gobierno del General Cabañas y se dirigió a Olancho a investigar las posibilidades mineras y a tratar con los Zelaya y los Garay los medios de traer una colonia norteamericana a la región.

Todo se hizo humo por la guerra que hizo Centro América a William Walker, derrotándolo en 1857; y porque poco tiempo después empezaron los fuegos de la guerra' civil en los Estados Unidos (1861-1865).

La idea de Wells era fundar una gran compañía minera en el departamento de Olancho.

***

Adolfo Zúñiga, creyente en la Reforma con inversiones norte-americanas decía:

No dudemos, Nuestra riqueza mineral labrará nuestra prosperidad y grandeza en un porvenir no lejano. Nuestra vecindad con los

Estados Unidos de América casi explica el enigma de nuestro destino. En seguida explica:

"Casi todas las poblaciones que caen del lado del Pacífico se han formado en Honduras en derredor de sus ricos minerales. Díganlo Choluteca, el Corpus, Sabanagrande, Ojojona, Yuscarán, Cantarranas, San Antonio, Santa Lucía, el Valle de Ángeles, Cedros, Minas de Oro, Opoteca y Tegucigalpa mismo, cuya etimología y sus funciones durante el Gobierno colonial, explican suficientemente sus orígenes y las causas a que debe su existencia.

"La plata y el oro de nuestros minerales detuvieron evidentemente a la población conquistadora en las crestas de nuestros cerros, formándose la mayor parte de lo que hoy llamamos República de Honduras.

"Hay que fijarse -sigue diciendo Zúñiga-, y llama mucho la atención, que la parte más árida y más inaccesible del país sea relativamente la más poblada. Y es porque el europeo buscaba el oro con desconocimiento y absoluto desprecio de cualquier otro género de riqueza. Para los conquistadores españoles la agricultura y la industria, casi no tenían significación; creían que el metal era la única riqueza, y los buscaban con avidez. Nosotros estamos recogiendo todavía las consecuencias de ese gravísimo error económico".

No obstante, Zúñiga, pesimista, sostiene que seguirán llegando los emigrantes atraídos por la tentación del oro, y al respecto dice:

"Es una ley histórica que sólo el oro tiene el suficiente halago, el suficiente poder para atraer grandes masas de seres humanos; testigo de ello toda la América de la conquista y en nuestros tiempos California".

Hace referencia a las primeras compañías mineras:

"Si para el caso la empresa del Rosario, la Empresa de Santa Cruz, tienen éxito completo, como es perfectamente seguro, vendrán otras más y más empresas, y con esas empresas, masas de hombres, nuevas industrias e ingentes capitales. Lo que se necesita de toda necesidad es el primer éxito. Las primeras grandes remesas de oro y plata de nuestros minerales, serán los más activos y poderosos agentes de inmigración en Europa y en la América del Norte".

***

La New York and Honduras Rosario Mining Company fue fundada en la ciudad de Nueva York, Estados Unidos de América, el 2 de diciembre de 1879, con un capital de un millón y medio de dólares, dividido en 150 mil acciones de 10 dólares cada una. Varios hondureños adquirieron acciones, pero el que tomó mayor número fue el doctor Marco Aurelio Soto, a la sazón Presidente de la República[3].

Una vez establecida la sociedad minera, la primera concesión le fue dada a la misma mina El Rosario en 1881, con veinte años de duración, eximiéndola por Acuerdo de 18 de noviembre de 1882 del pago de derechos para la exportación de oro, plata, cobre y otros minerales; del pago de derechos y otros impuestos por la importación de maquinaria y equipo, y otorgándosele además, derechos para hacer uso de todas las maderas y aguas existentes en todo el lugar.

Los gobernantes que sucedieron al doctor Soto en el siglo pasado, continuaron su política de condescendencia para la Rosario Mining Co., y así fueron otorgándosele nuevas concesiones, después de vencer la primera en el año de 1900.

De la empresa minera Santa Cruz, casi nada se sabe, y lo más probable es que desapareciera por no haber sido rentable.

3) AGRICULTURA

Honduras pudo haber desarrollado con iniciativa propia la agricultura moderna, que significa fundación de sociedades por acciones para incrementar ciertos cultivos, como el banano. Y pudo hacerlo desde que comenzó la segunda mitad del siglo XIX, pues ya en 1860 se inicia el comercio bananero hacia Nueva Orleáns y Mobile, EE.UU.

El caso tiene explicación. William V. Wells, fino observador de nuestras realidades pudo advertir que la economía doméstica de cada hondureño del campo se acompañaba de un huerto sembrado de plátanos, bananos, guineos de varias clases, caña de azúcar, frutales, etc., que le permitía llevar una vida descansada. Lo expresado, a lo

---

[3] En esta negociación minera aparece por primera vez la firma de Washington Valentine.

largo y a lo ancho del país, fue una de las pocas cosas buenas que dejaron los colonizadores españoles.

Algunos hondureños sembraban grandes "platanares", así se les llamaba a las huertas, y de repente se le ocurrió a alguien o vino del exterior solicitando guineos o bananos para llevarlos al mercado de los Estados Unidos. Los barcos pudieron haber venido de las Islas de la Bahía, donde siempre hubo pequeños astilleros. Y los hombres de mar concertados con los agricultores de la Costa Norte empezaron el negocio bananero.

Los Gobiernos de Céleo Arias (1872-1872) primero y de Domingo Vásquez (1893-1894) después proyectaron que el banano fuera el renglón agrícola más importante del país, pero no los dejaron realizar sus propósitos. Los inversionistas extranjeros que estaban en acecho, vieron la magnitud del negocio y planearon la forma de fundar futuras compañías fruteras.

Entre tanto, en 1871, en Costa Rica se iniciaba el cultivo del banano. En 1875, Minor C. Keith, estadounidense, era contratado por Costa Rica para terminar un ramal ferroviario, de donde arrancó la organización de la Compañía Frutera. Y en 1884, el citado Minor C. Keith obtiene en Costa Rica explotaciones por el término de 99 años. Y nace, con la industria bananera, el principio de anulación de la autonomía del país.

Naturalmente, el esfuerzo de dos gobiernos liberales en el sentido de nacionalizar la industria bananera, retardó en Honduras que aparecieran las compañías fruteras. Pero esto no quitaba que al llegar el siglo XX, este país se convirtiera en el foco del Imperio del Banano.

Fueron felices los hondureños cuando vendieron en la Costa Norte su producto a los compradores extranjeros que venían de los Estados Unidos. Después vieron el rechazo de la fruta que los compradores consideraban mala. Y de pena en pena fueron cayendo en la trampa de las grandes compañías.

En la década de 1860, Álvaro Contreras, director del periódico "La Estrella de Irazú", publicada en San José de Costa Rica, objetó el monocultivo del banano en polémica abierta con el gran Lorenzo Montúfar, quien desestimaba el peligro de una sola producción. Álvaro Contreras abogó por la. variedad de cultivos de exportación, y dejó constancia que el monocultivo generaba la dependencia de los países que lo permitían para venderlo en relación con los países que lo compraban (verbigracia Costa Rica-Estados Unidos) como después resultó cierto. El gran Álvaro Contreras, ciudadano hondureño que expulsado por el arbitrario Medina, nunca más volvió a su tierra, pudo perfectamente hacer conciencia nacional en Honduras sobre la substancia antipatriótica del monocultivismo.

En todo lo demás, la agricultura tradicional siguió siendo lo mismo, es decir, dedicada a satisfacer al modo feudal las necesidades de la población. Se molía la caña para hacer el dulce y el azúcar de pilón que llenaban las exigencias de la casa. Se hacía la milpa para el consumo hogareño, multiplicar las gallinas y engordar los cerdos. Se sembraba el algodón para hilar y tejer la manta que cubría a la familia. Imperaba, pues, la economía doméstica.

4) GANADERÍA

La América Latina en el siglo XIX fue típicamente feudal por la ganadería. Es decir, cuando abundaron los metales preciosos que se ofrecían en los mercados de Europa y por ese motivo los precios de ellos descendieron, los intermediarios dejaron el negocio y los propietarios de minas en América suspendieron la explotación, hecho que determinó además que fuera suspendida la compraventa de esclavos africanos, y a la inversa empezara la liberación de los mismos, por espontánea voluntad de sus dueños o por compra de su libertad que hicieran los interesados.

La ganadería fue entonces el renglón salvador en la mayor parte de los países latinoamericanos. Pero este renglón económico ya no podía ser manejado por los españoles peninsulares sino por los españoles criollos, que ya tenían sus costumbres latinoamericanas, algo desvinculadas del comercio internacional. Una economía de nuevo tipo tenía que generar una política con parecido significado. Y este fue el fermento de la liberación continental.

Dicho lo anterior, en Honduras pasó lo mismo. La economía ganadera en manos de criollos determinó el asalto al poder y su retención, Y cuando los manufactureros y comerciantes lo conquistaron alguna vez, luego lo estuvieron perdiendo, pues no tenían la suficiente fuerza social para guardarlo.

Era tan potente la economía ganadera que no había medio de sobrepasarla. Y francamente, fue ella la base de sustentación de la sociedad hondureña en la segunda mitad del siglo XIX. El Gobierno de la llamada Reforma lo que hizo fue comercializar las haciendas de la Iglesia, que de un modo o de otro hicieron nuevos propietarios ganaderos.

En la época de este estudio, Honduras fue el primer país ganadero de Centro América. Mantenía una constante exportación de reses a los demás Estados centroamericanos. Y sus exportaciones las extendía a Belice, Jamaica y Cuba.

La aspiración suprema de todo buen hondureño era ser un buen hacendado. Y si llegaba a hacerlo, tenía todas las puertas abiertas, y

no había escalera de palacio de mármol, que no subiera y bajara con arrogancia.

La economía ganadera fue la fuente del partido conservador, que se empeñaba en impedir el desarrollo del capitalismo industrial de la manera que hubiera lugar.

Esta actitud concreta la combatió el liberalismo con palabras.

5) CENTROS URBANOS

En un país de tan limitada población como era Honduras en aquellos años, los centros urbanos tenían que ser muy pocos. Podían contarse como tales Tegucigalpa y Comayagua. Otras poblaciones, aunque ostentaran el título de ciudades, apenas llegaban a villas.

De todas maneras, en las poblaciones grandes y pequeñas eran evidentes el afán laboral y la producción que satisfacían las necesidades inmediatas de la época en cada lugar, y habiendo, además, un excedente para el comercio centroamericano.

El panorama de Tegucigalpa y Comayagua era distinto al de hoy en materia artesanal. En ambas ciudades abundaban los talleres con modalidades feudales, en los que siempre se veían el maestro, los compañeros y los aprendices, aunque sin el rigor reglamentario de la Europa medieval, pues para algo había servido la revolución democrática de independencia. Entre ellos existía el respeto de los ciudadanos.

Es claro que los talleres abundaban, y no faltaba uno en cada rama artesanal. Citarlos sería hacer una larga enumeración que todos, con un pequeño esfuerzo de memoria, pueden realizar. Lo único revelable aquí es que no había renglón de los corrientes que no fuera atendido y satisfecho.

Los artesanos, por razones de trabajo, tenían que aprender a leer y escribir. El dominio de la lectura, el conocimiento de los sucesos nacionales y las noticias extranjeras, los mantenían en activo. Formaban la clase media, representaban la opinión pública.

Algunos artesanos aprendían idiomas extranjeros, al menos leían inglés y francés, hecho que les permitía estar al tanto de lo que pasaba en Europa. Fue en los talleres donde se leyó el Manifiesto Comunista, según las referencias que hacen de él los periódicos de entonces. Fue en los talleres donde se tuvieron informaciones de la Comuna de París, 1871. También fue en los talleres donde se hicieron conjeturas sobre la impresionante personalidad de Miguel Bakunin, gran teórico del anarquismo, doctrina que proponía la supresión del Estado, y que se compaginaba con espíritu inestable de los artesanos, siempre amenazados por la industria mecanizada.

De las ideas y de los acontecimientos de Europa se sabía muy poco en los despachos profesionales, en los círculos políticos adocenados y en los salones elegantes. En las altas esferas del Gobierno se sabía algo para condenar las "doctrinas malsanas". Por ejemplo, el movimiento antifeudal de Olancho de 1865, llamado faccioso, en la "Gaceta Oficial" perseguía la "implantación del comunismo".

Las mercancías artesanales excedentes se dedicaban al comercio centroamericano y servían además para tipificar este comercio.

Y fue ya en los finales del siglo, en el Gobierno del general Luis Bográn, que se fundó una Escuela de Artes y Oficios en Tegucigalpa.

No se oponían los artesanos al desarrollo industrial de abajo arriba, como una consecuencia de su propio esfuerzo. Sí se oponían a la industrialización del país por medio de la inversión extranjera, en lo que andaban mejor encaminados que los conductores de la cosa pública.

6) COMERCIO CENTROAMERICANO

El comercio que hacían entre sí las Provincias de la Capitanía General de Guatemala, pasó sin interrupción a la República Federal de Centro América y de ésta a los Estados centroamericanos separados.

Honduras tenía como principal renglón exportable a los Estados hermanos el ganado. Grandes y sucesivas partidas de novillos salían para Guatemala, El Salvador, Nicaragua y Costa Rica. La Feria de Jocotenango absorbía las partidas que oportunamente distribuía en los departamentos del país y despachaba a la parte sur de México. El tiangue de San Miguel y el de San Salvador (tiangue es una voz tolteca que quiere decir mercado) consumía las partidas que se le enviaban. Nicaragua aún no era un país de mucho ganado y tenía que importarlo de Honduras. Y algo parecido sucedía en Costa Rica.

También exportaba cueros, quesos y mantequilla a los Estados vecinos.

Los excedentes de las artesanías estaban a la orden del comercio centroamericano.

En compensación, de Guatemala venían a Honduras ropa y abrigos de lana; de El Salvador, varias manufacturas que no se elaboraban en el país, Y de los, demás países otros productos necesarios.

No se dan números, porque al decir de W.V. Wells "cualquier tentativa de obtener una información exacta en cuanto al monto de las exportaciones e importaciones en Honduras se estrella ante la falta absoluta de datos estadísticos, lo que deja al investigador en la obscuridad y hace muy dudoso el resultado de su labor".

7) COMERCIO EXTERIOR

El mismo Wells -quejoso de la falta de. estadísticas en Honduras- agrega:

"En ausencia de fuentes de información, tuvimos que apelar a la Aduana de los Estados Unidos en Boston, lugar por el cual la mayor parte, si no todo, el comercio de Honduras con el Norte ha tenido lugar a través de dos firmas importantes muy bien conocidas, que durante muchos años han tenido un comercio lucrativo con los establecimientos de Belice, Omoa y Trujillo. El comercio inglés parece estar administrado por varias casas londinenses que tienen grandes agencias en Belice. Sus operaciones sin embargo, están principalmente limitadas al corte y exportación de la caoba.

"La frecuencia en los cambios de la organización política de la América Central ha hecho casi imposible que el Gobierno de los Estados Unidos vayan al mismo ritmo con ellos y, desde la ratificación del Tratado de 1826 entre la República de Centro América y los Estados Unidos, nuestro Gobierno ha continuado sus relaciones comerciales con aquel país basándose en las estipulaciones ahí contenidas, desatendiendo las nuevas modalidades políticas producidas a cortos intervalos durante los últimos treinta años, y hasta hoy no tiene motivo para deplorar esta floja y descuidada base para su intercambio comercial.

"Las estadísticas del comercio durante el último cuarto del siglo han sido consolidadas en la Aduana de los Estados Unidos, bajo el rubro general de Centro América (inclusive Belice u Honduras Británica) y este procedimiento se ha observado a través de ocho administraciones, aunque en aquel tiempo la federación centroamericana había sido ya disuelta, y cada Estado se había proclamado república independiente, con plenos poderes para "'declarar la guerra y suscribir tratados".

La firma Nickerson y Co., que absorbe el comercio entre Boston y el Norte de Honduras, bondadosamente me facilitó una lista de la cantidad y descripción de los artículos recibidos por ellos de los puertos de Omoa y Trujillo durante los cuatro viajes anuales de 1855 y parte de 1856, a cambio de productos de pacotilla y de otras mercaderías adaptadas a las necesidades de ese pueblo de hábitos sencillos. Y aunque el interior del país es conocido desde hace muchos años como un lugar rico y fértil, abundante en recursos, han evitado extender sus relaciones de negocios, fuera de los artículos más conocidos del comercio.

La relación de los cuatro viajes referidos, y que se extienden al año de 1855, contiene los siguientes datos:

PRIMER VIAJE. 1855-1856

De Trujillo: 2,445 cueros de res; 20 bultos de pieles de venado (238 docenas; 104 bultos de zarzaparrilla 130 lbs. por bulto); 2,878 arrobas de madera de brasilete; 2,359 pies de caoba y 72 libras de carey.

De. Omoa: 26 bultos de zarzaparrilla; 98 docenas de pieles de venado; 23 bultos de añil (2,749 libras); 2,785 cueros de res y 50 onzas de oro en polvo.

SEGUNDO VIAJE

De Trujillo: 326 cueros de res; 319 docenas de pieles de venado; 58 bultos de zarzaparrilla; 1,584 arrobas de madera de brasilete; 137 libras de carey y 375 libras de hule.

De Omoa: 9 bultos de zarzaparrilla; 217 docenas de pieles de venado y 2,400 cueros de res.

TERCER VIAJE

De Trujillo: 660 cueros de res; 122 bultos de zarzaparrilla; 147 docenas de pieles de venado; 3,608 arrobas de madera de brasilete; 50 libras de carey; 42 libras de hule; 5 onzas de oro en polvo y 79 marcos de plata.

De Omoa: 40 bultos de zarzaparrilla; 337 docenas de pieles de venado; 2,412 cueros de res y 477 cuernos.

CUARTO VIAJE

De Trujillo: 3,302 cueros de res; 169 docenas de pieles de venado; 109 bultos de zarzaparrilla; 598 arrobas de brasilete y 19 libras de carey.

De Omoa: 1,964 cueros de res; 111 docenas de pieles de venado; 18 bultos de zarzaparrilla; 6 libras de carey y 15 zurrones de añil.

Los cueros mencionados fueron traídos a lomo de mula del interior de Olancho y de Yoro. Tienen en Boston un precio alrededor de un 20% menos que el de los de Buenos Aires.

De las exportaciones de la Costa Norte y del Este de Honduras, el señor Nickerson estima que a La Habana se lleva más o menos la misma cantidad de cueros de res que llega a Boston. De las pieles de venado, los mercados de Belice y Boston al presente consumen casi todo el producto, por partes iguales. Los que llegan a Belice se exportan a Inglaterra y Nueva York. El oro y la plata se envían exclusivamente a Inglaterra. Boston, Belice y La Habana se dividen entre ellos las exportaciones de zarzaparrilla de Trujillo y Omoa. De las demás exportaciones, probablemente llegan más a La Habana y a Belice que a Boston.

Agrega Wells:

Sólo en el renglón de la caoba y de otras maderas preciosas puede establecerse un comercio vasto (de la Costa Norte) con los Estados Unidos, suficiente para enriquecer muchas firmas comerciales. Se han hecho grandes fortunas en Londres en estos negocios los que, continuados exclusivamente por los ingleses, todavía son la base de grandes transacciones. Los ingresos del Erario se aumentan considerablemente con el gravamen impuesto al corte y exportación de la caoba. Estos impuestos, sin embargo, son parcialmente eludidos por la corrupción de los empleados del Gobierno, así que sólo una pequeña parte de ellos es percibida por el Estado.

Del lado del Pacífico, las exportaciones de caoba y de productos varios a California todavía no han tomado auge. Una empresa de norteamericanos se ha propuesto últimamente montar un aserradero en El Salvador, cerca del puerto de Acajutla.

Estoy convencido de que un comercio valioso está llamado a desarrollarse entre California y la América Central, no sólo en brozas de plata y cobre, sino también de vainilla, maderas tintóreas, caoba, los numerosos productos típicos del trópico y una variedad de preciosas plantas medicinales y resinas, todo lo cual podría ser monopolizado por los comerciantes de San Francisco.

VIAJE DE LA GOLETA "JULIUS PRINGLE" (1855)

El cargamento de la goleta "Julius Pringle", traído de El Realejo (Nicaragua) y Amapala (Honduras) a California en 1855, consistía, en parte, en lo siguiente:

122 tablones de caoba de cuatro pulgadas de grueso y de doce a quince pulgadas de ancho; 178 tablones de cedro de 14 a 22 pulgadas de ancho, 4 pulgadas de espesor y de 10 a 24 pies de largo; 363 tablones de cedro de 20 a 36 pulgadas de ancho y una pulgada de espesor. 1.233 tablas de 14 a 22 pulgadas de ancho y 1 pulgada de grueso.

Doy estas dimensiones y número para que se vea la clase de madera que se produce en los aserraderos de Amapala y Chichigalpa.

Una considerable cantidad de madera aserrada va de ambos lugares al Perú y Bolivia.

8) *TRATADO DE COMERCIO CON LOS ESTADOS UNIDOS*

El cambio comercial entre Honduras y los Estados Unidos se funda en el Tratado ratificado en Washington en julio de 1826 por don Antonio José Cañas, Ministro Plenipotenciario de la República centroamericana y los Estados Unidos. Este tratado fue celebrado en la administración del Presidente Manuel José Arce, dos años después de la caída de Iturbide.

Al disolverse la federación en 1838, los diferentes Estados, tácitamente, adoptaron este tratado sin modificaciones de importancia. Los Puertos de Amapala y de La Brea en el Golfo de Fonseca, y los de Trujillo y Omoa en el Mar Caribe, fueron declarados puertos de entrada, en adición a los de La Unión y Omoa, especificados como factorajes en el último tratado. El puerto de Concordia cerca de Acajutla, en la costa del Pacífico de El Salvador, fue también abierto al comercio en 1853. Todos los puertos habilitados por la ley están abiertos a los vapores de cualquier nación que se halle en paz con la república y no dé muestra de atentar contra su independencia.

La ley protege todas las mercaderías que lleguen a estos puertos, siempre que los reglamentos arancelarios se cumplan y que se paguen los derechos estipulados. Los artículos que se especifican como libres de derecho son: los libros, impresos o manuscritos, empastados o cosidos; los instrumentos científicos; la música, impresa o manuscrita; los implementos agrícolas, mineros y de artes y oficios; las semillas de plantas que no se cultivan en la república; el oro y la plata, en barras o amonedadas. El comerciante que introduzca dinero en efectivo y mercadería en el mismo barco, tiene derecho a que se le deduzca el 2% sobre un valor de mercadería equivalente al de la cantidad de moneda importada.

Honduras últimamente ha hecho patente su deseo de cultivar relaciones comerciales con los Estados Unidos. El objeto de la misión encomendada al señor José Francisco Barrundia en 1854 era el de abrir de par en par los recursos naturales del país al espíritu de empresa del pueblo norteamericano. De no ocurrir su inesperada muerte, es indudable que su misión hubiera resultado en beneficio de ambos países. Desgraciadamente la administración de Cabañas, tan altamente progresista y de tendencias tan liberales, fue derrocada por la influencia foránea y ha sido sustituida por una política reaccionaria, que pareciera destinada a repetir los viejos sistemas del partidarismo y la anarquía.

9) COMERCIO CON EUROPA

En el Boletín Oficial de Costa Rica aparece la exportación de Centro América a Francia en 1853, valorada en 1,252,565 francos y el valor de la importación de aquel país en 86,902 francos. En 1854 las exportaciones de la misma fueron por valor de 982,871 francos y la importación por 1,166,741 francos. La disparidad, no obstante, no es tan grande con el comercio de la Gran Bretaña.

Pueden enumerarse entre los artículos de exportación por ambas costas de Centro América pero en cantidades irregulares y a menudo extremadamente limitadas: ganado, metal en barras, zarzaparrilla, madera aserrada, cueros, pieles de venado, brozas de plata, drogas, oro en polvo, hule, madera para muebles y tintóreas, arroz, vainilla, carey, bálsamos, café, cochinilla, añil, algodón, cacao, frutas, azúcar y tabaco, pero todos los diez primeros artículos mencionados son llevados de los puertos marítimos de Honduras. Además de estos renglones podrían agregarse, si hubiera una empresa comercial que los tomara: cuernos, pezuñas, sebo, cera de abejas, caballos y mulas (de Olancho), carne salada (del mismo departamento), etc. Grandes cantidades de queso se envían en patachos de mulas desde Olancho, (principal lugar de su producción) a los otros departamentos y El Salvador. El queso de los valles de Agalta y Ulúa (en Olancho) se considera como el mejor de Centro América y así lo estiman Juarros y Banley; es grueso, salado y duro, pero se aprecia mucho.

A cambio de las exportaciones mencionadas, en Omoa y Trujillo se reciben de Inglaterra, Jamaica, La Habana, Belice y de los Estados Unido: velas de esperma, jabón, zapatos, botas, artículos de ferretería, jarcia, algodones, ropa, artículos manufacturados baratos, utensilios agrícolas y artículos caseros.

Cuando estuve en la Isla del Tigre —habla W. V. Wells— conocí un norteamericano perspicaz que por diez años había estado comerciando en El Salvador, Honduras y Nicaragua. Le rogué que me diera por escrito los resultados de su experiencia, que aquí inserto y que dan luz sobre los asuntos comerciales del país. En relación con el tráfico en los cinco Estados centroamericanos, dice él que el comercio sólo se ha extendido al litoral del Pacífico en los últimos ocho años; que antes de ese tiempo los grandes almacenes de depósitos estaban en Belice y Jamaica, de donde procedía la mayor parte de las mercancías que se importaban.

El crédito concedido a los comerciantes de esos dos lugares era grande pero con el establecimiento de California el curso del comercio gradualmente cambió y ahora se hacen importaciones directas de Europa, aunque los comerciantes ingleses han restringido últimamente su sistema crediticio al aumentar los precios de flete de $20.00 a $25.00 y $30.00 por tonelada, debido probablemente, a los altos costos de flete a Australia.

Por medio siglo los ingleses, franceses e italianos han gozado del monopolio del comercio lucrativo con los Estados de Centro América. De Inglaterra se recibían telas para camisas, mantas, estampados y todos los artículos manufacturados baratos (muchos fabricados especialmente para complacer al comercio), cuchillería, cervezas, lanas, casimires y utensilios de barro y de madera. Los artículos manufacturados son usualmente de la clase más ordinaria. De Italia se importaban aceitunas, aceite de olivas, fideos, sardinas, macarrones, queso, salchichas, artículos de seda y muchos otros menores que, con los anteriores, suman un gran volumen de importación. De Francia se suplían los vinos ordinarios, coñac, sedas, estampados, calicó, plantillas, mostaza, guantes, zapatos, casimires, licores, etc. De California se importaba el azogue (libre de derechos), pólvora, herramientas agrícolas, maquinaria, harina, patatas, carnes enlatadas, encurtidos, vino, licores, muebles, joyería, vestidos, armas de fuego, botes, aceite, etc.

10) INGRESOS DEL ERARIO Y MONOPOLIOS

La misma deplorable falta de datos impide hacer un cálculo veraz de los ingresos al Erario de Honduras, Con cada cambio político las cantidades se alteran para complacer las miras de los gobernantes de turno. Entre los artículos estancados o monopolios del Estado que se otorgan al mejor postor, están la manufactura y venta de tabaco, el aguardiente y el derecho a abrir "canchas de gallos" durante las funciones; hay también impuestos por la exportación de ganado, mulas y caballos y los tributos comerciales a que nos hemos referido en este capítulo. Otra fuente de ingresos para el gobierno colonial español, como lo es todavía en los Estados republicanos, era la emisión del papel sellado, Ninguna transferencia de propiedad, concesión, hipoteca o contrato es válida sí no está en esta clase de papel, que se vende en las Oficinas de los Intendentes de Hacienda de cada departamento a los precios siguientes:

Sello Primero,	1ª. Clase 16.00 pesos	
"	2ª.	12.00
"	3ª. "	8.00 "
"	4ª.	4.00 "
" Segundo		3.00"
" Tercero		4 reales
Cuarto	1a.	1 real
Cuarto	2a.	1 medio 2ª.

El peso a que nos referimos es de cobre,- es Wells el que habla- y se cotiza desde 15 hasta 17 con respecto al "duro", o peso de plata. Algunas veces, sin embargo, aquellos suben hasta 12 y en ocasiones bajan hasta 25 por duro, según sea la abundancia o la escasez del dinero en cobre al tiempo del cambio. Estas estampillas o sellos eran renovados cada dos años bajo el gobierno colonial, y ahora, anualmente; pero en la actualidad simplemente se les pone la fecha sin ningún ornamento. En tiempos de peligro público, o cuando el Gobierno necesita fondos para propósitos militares, los precios se elevan mediante Decreto del Congreso. Las finanzas nacionales también se aumentan en tales ocasiones mediante contribuciones forzosas que se imponen a los ciudadanos más ricos, pero nunca con la exageración ruinosa que se practica en Nicaragua.

11) DINERO EN CIRCULACIÓN

Durante la colonia, el poco comercio de Centro América se manejaba a base de una moneda provincial y de las monedas emitidas por el reino de España. Las primeras son muy raras actualmente y sólo pude ver dos de ellas durante mi permanencia en aquel país. (W. V. Wells hablaba de 1853). Después de la independencia, la primera republicana se acuñó en 1822 en Guatemala, y todas las subsiguientes emisiones de los otros Estados, hasta la disolución de la federación en 1838, parecen haber sido hechas bajo la República. A partir de aquel año, cada Estado adoptó su propia moneda, pero conservando, con pocas excepciones, el emblema de la federación: cinco picos volcánicos coronados por un sol naciente.

Había también la moneda provisional tosca, llamada "macaco", o moneda cortada, que parecía haber sido cortada de planchas delgadas de plata vernácula, sin importar el tamaño y la forma, y después reducida a un peso uniforme. Una gran cantidad de esta moneda se hallaba en circulación todavía. Los doblones españoles, mexicanos y de toda la América del Sur están valorados en $16.00 y las monedas de plata de ambos continentes circulan sin dificultad en cuanto a su valor relativo, pero todas tienen su valor comercial en las aduanas.

La principal moneda de Honduras es de cobre rebajado, que se emite en el Cuño de Tegucigalpa; la primera emisión fue hecha bajo el gobierno del Estado, inmediatamente después de disgregarse la República Federal. Esta contenía originalmente un porcentaje de plata y era aceptada sin obstáculo por el pueblo como medio circulante; llevaba la leyenda: "Moneda Provisional del Estado de Honduras", estampada alrededor. Pero cuando las necesidades de los gobiernos posteriores se volvieron más perentorias, las emisiones se fueron viciando, hasta que, al presente, no son sino de puro cobre. Estas, aunque al principio pasaban en la proporción de dieciséis por peso de plata, con el nombre de "pesos de cobre", se han depreciado a la mitad de aquel valor nominal, y en varios lugares del Estado se rehúsan totalmente.

Veinte o treinta libras de esta moneda pasan a menudo diariamente de mano en mano en el comercio local. Resulta de esto que el viajero debe proveerse de suficiente cambio en plata para poder cubrir todas sus necesidades cuando viaja de las costas a las ciudades más importantes del interior.

En los últimos años, varios especuladores extranjeros han comprado las emisiones originales, por la plata contenida en ellas, y durante las administraciones de don Juan Lindo el general Cabañas se propusieron varios proyectos para retirar todo el dinero depreciado y emitir un nuevo medio circulante. La pobreza del Estado y la situación agitada de los asuntos políticos han impedido este laudable propósito. Todo el numerario habría sido retirado por una compañía alemana, que estaba lista a pagar al Estado un razonable porcentaje por este privilegio. El curso de la plata en barras que se ha exportado de Centro América, ha sido, según los pocos datos que existen, hacia. España, Inglaterra y Alemania. No se puede calcular la cantidad producida debido, como antes he dicho, a la falta total de estadísticas sobre qué basarse.

Un documento publicado en México en 1855 asevera que fueron acuñadas en México en 1690 monedas con un valor de cinco millones de piastras; de 1700 a 1800, es decir durante un siglo, la cantidad aumentó cada año y, por último, alcanzó la suma de veinticinco millones de piastras. Esto fue, no obstante, el punto culminante de la fabricación anual. En 1801, se redujo a diecisiete millones; en 1817 declinó a solo medio millón; luego se levantó en 1838 a millón y medio; en 1850, a dos millones; en 1852 a dos millones y medio; y en 1854 a cerca de cuatro millones, o sea un millón menos que en 1690.

Que esas enormes sumas debieron haber salido de las minas, podemos inferirlo del número de trabajadores indígenas que durante el virreinato de Guatemala eran obligados a trabajar como esclavos en las minas. Juarros, citando a Fuentes, dice que en el valle de Sensenti, Honduras, fue nombrado un Alcalde Mayor para recibir el quinto del rey de producto de minas increíblemente ricas, en las que fueron enganchados esclavos, y que este funcionario tenía facultades para compeler a una cuarta parte de la población de indios en un circuito de doce leguas, a que trabajaran forzadamente en ellas. También afirma el Rev. G. W. Bridges, que escribió sobre la historia de Jamaica y de la tierra firme adyacente, que "un millón de nativos murieron al servicio de los conquistadores en el trabajo de las minas de Honduras. Así es evidente que, durante el período referido en relación con México, una rama no muy inferior debió haber sido extraída de las minas del Virreinato de Guatemala. La negligencia de los españoles en cuanto a llevar registros y estadísticas se ilustra con más fuerza en el cálculo hecho por Humboldy del oro y de la plata producida en Centro Amé-rica, cuando anota: "nada".

Comparativamente poca porción del oro y de la plata extraída de las minas fue acuñada en el país, si juzgamos por la cantidad limitada de dinero colonial hoy en circulación, Mucha mayor cantidad, debido a los primitivos hábitos del pueblo, se empleó en joyería, en el engaste de sillas de montar y con propósitos de adorno. Grandes cantidades de oro del Guayape se cambiaban anualmente por artículos manufacturados extranjeros en la feria de San Miguel, El Salvador.

El oro norteamericano se recibe sin vacilación en las ciudades principales, pero se acepta con cautela en las aldeas, a lo largo de los caminos, porque generalmente desconfían de su pureza. El oro y la plata inglesa y de toda Europa es más corriente. Los doblones u onzas españolas, mexicanas y suramericanas son más familiares, pero es difícil cambiar cualquier moneda de oro de alto valor en las cabeceras departamentales y centros comerciales importantes.

La Academia Literaria de Tegucigalpa editó en 1853, un folleto titulado "Conocimientos Utiles" que, en relación con el valor de las monedas circulantes en Honduras, contiene lo siguiente:

La onza se divide en 4 doblones y vale	$16.00
El doblón se divide en 2 escudos y vale	4.00
El escudo (de a real)	2.00
El escudo (de a medio)	1.00
El tostón se divide en 2 pesetas o 4 reales	
La peseta se divide en 2 reales o 4 medios	
El real 2 medios o 4 cuartillos	
El cuartillo 2 octavos.	

Para el pago de las obligaciones comerciales, el dólar y sus fracciones se reciben como en los Estados Unidos. El franco está valorado y es recibido a 19 centavos, o 1 1/2 reales y 1/4 octavos. La libra esterlina vale 37 reales; el chelín inglés 1 1/8 real.

Una onza de plata pura divide en 12 dineros y un dinero en 24 granos. Una onza de plata acuñada debe contener 10 dineros y 20 granos de plata pura y 28 granos de cobre. Esta es la "ley de la moneda".

12) PESAS Y MEDIDAS

Se fundan en el sistema español como sucede en la mayoría de los países hispanoamericanos. El peso comercial es el que sigue:

1 quintal	4 arrobas
1 arroba	25 libras
1 libra	16 onzas
1 onza	16 adarmes
1 adarme	16 granos
1 libra también vale	2 marcos
1 marco	8 onzas
1 onza	4 cuartos
1 cuarto	4 artienzos
1 artienzo	39 granos

Hay también para el oro, así:

1 libra es igual a	2 marcos
1 marco	8 onzas
1 onza	6 castellanos y 2 tomines
1 tomín	12 granos

Así, una onza de oro está dividida en 50 tomines o 600 granos. El peso Troy se usa invariablemente para la plata.

La "caballería, como se entiende en la América Central, tiene 645,816 1/2 varas. La palabra, se dice, tiene su origen en los primeros pobladores que, a falta de agrimensores titulados, designaban como "caballería" la porción de tierra que podía cubrirse por un caballo veloz, en un tiempo determinado.

En las medidas de longitud, la legua está dividida en tres millas o cuartos, 06.666 varas y 2/3 y la milla en 2.222 varas y 6 dedos.

Una manzana tiene 400 varas de circunferencia.

La vara o yarda está dividida en medias, tercias, cuartas, sextas, octavas pulgadas y dedos. Tiene 4 palmos, o 33,384 pulgadas; el palmo tiene 9 pulgadas españolas, o sea 8 1/3 pulgadas inglesas; la pulgada consta de 12 líneas; 4 dedos son iguales a 3 pulgadas; el pie tiene 11.128 pulgadas inglesas; 21/2 varas son iguales a 1 toesa o yarda francesa y 1 vara y 12 dedos son iguales a la ana francesa.

En medidas secas, el cáliz tiene 12 fanegas o 144 celemines; la fanega, 1599 bushels; el celemín está dividido en medias, cuartos, etc.

En medidas líquidas está la bota, que es igual a 30 arrobas; el moyo, igual a 16 arrobas, y el azumbre, 8 de los cuales (o sean 32 cuartillos) son iguales a 1 arroba. La arroba de vino es de 4.245 galones ingleses; la arroba de aceite, es igual a 3 1/3 galones, idem. Estas, principalmente obtenidas en las tablas españolas, están alteradas en varias partes del Estado, pues cada departamento tiene nombres locales para ellos, algunos de los cuales están mezclados con el de los dialectos indígenas, así que los habitantes de una región apenas sí pueden entender los términos usados en otra.

13) ALGUNAS NOTICIAS DE LA REFORMA (1876-1883)

Cuanto concreto se sabe hoy de aquellos años se debe a la inteligencia, dinamia, pericia y buena voluntad del Doctor Antonio R. Vallejo, quien fundó el Archivo Nacional, la Biblioteca de la Nación, escribió libros sobre los derechos territoriales de Honduras y, además, reunió los datos precisos contenidos en su monumental "Anuario Estadístico", monumento científico, hecho a mano, que nadie ha repetido, aun contando con máquinas modernas.

Para impedir la longura de este estudio, sólo nos permitiremos ofrecer algunos cuadros del "Anuario" y de las Memorias gubernamentales del período que corresponde a la llamada Reforma.

a) INDUSTRIA AGRÍCOLA

Decía el Doctor Ramón Rosa, Ministro General del Gobierno, en la Memoria de Agricultura, de 1879:

"Por largo tiempo, Honduras no podrá ser un país manufacturero; tiene que ser, por sus elementos y por las aptitudes de sus habitantes, un país esencialmente agrícola. Se necesita, pues, a todo trance, proteger y desarrollar la agricultura".

No sabríamos decir si Ramón Rosa pensaba en aquel momento en la agricultura desarrollada con impulso propio o ya en las grandes compañías del monocultivo.

Porque no se puede negar que la propaganda de la inmigración blanca y la inversión extranjeras, era un viento fuerte que soplaba desde el sur, desde los libros del argentino Juan Bautista Alberdi.

b) ÍNDICE GENERAL DE LOS TÍTULOS DE TIERRAS

DEPARTAMENTOS	1800-1849	1850-1899
Atlántida	1	6
Colón	25	41
Comayagua	17	141
Copán	28	61
Choluteca	6	49
Cortés	9	41
El Paraíso	21	48
Tegucigalpa	42	84
Intibucá	10	54
La Paz	5	42
Gracias	35	62
Ocotepeque	25	47
Olancho	41	35

Índice General de los títulos de tierras:

DEPARTAMENTOS	1800-1849	1850-1899
Santa Bárbara	59	35
Valle	2	11
Yoro	51	117
TOTALES	377	1,020

En un siglo, Honduras tuvo 1397 propietarios de tierras que podían exhibir sus respectivos títulos para ser anotados en el Registro de la Propiedad. El informe es elemental, no dice cuántas caballerías contaba cada propietario. Lo cierto es que Honduras era un territorio vacío con una población de cien mil habitantes, y de ahí nacía el reclamo de sus estadistas de las inmigraciones y las inversiones extranjeras.

Corrientemente los campesinos antes de la Reforma y después de la Reforma estaban ligados a las haciendas ganaderas y a las fincas agrícolas en calidad de campistas y de jornaleros.

Las tierras nacionales abundaban, y había naturalmente abundancia de labradores con fincas y hatos propios.

c) EL CAFÉ COMO CULTIVO NACIONAL PARA EL CONSUMO Y LA EXPORTACIÓN

Los países de Centro América influidos por la política de la Reforma Liberal, consideraron que para ofrecer algo al mercado mundial, debían producir y exportar café. El esfuerzo agrícola espontáneo había sido general en el Istmo. En efecto, se cultivaba el arbusto del cafeto desde Costa Rica hasta Guatemala, y Ramón Rosa, informaba en 1880 que había en el país un total de 7,280,986 cafetos; y la cantidad fue creciendo al grado que en 1885 había en el país 10,384,366 palos de café que producían 207,687 quintales con un valor de 2,076,877.20, calculando el quintal vendido a diez pesos. Desde luego, su venta en las grandes plazas mercantiles extranjeras llegaría al doble.

Rosa, que en el empeño de la Reforma hacía desde pensador hasta amanuense, hecho que determinó su pronto agotamiento, quizás soñaba con la independencia económica de Honduras a través de la exportación del café, que en sus Memorias ministeriales y dándose a la ensoñación elevaba a cantidades fantásticas. Desgraciadamente, no sucedió así por aquello del refrán popular que "el hombre pone y Dios dispone". Vientos contrarios empezaron a torcer el rumbo económico en dirección del monocultivo del banano.

ch) EL BANANO COMO PRODUCTO NACIONAL AL PRINCIPIO

En su obra "Estado liberal y desarrollo capitalista de Honduras", Guillermo Molina Chocano, publica:

"Junto al café se encuentran otros productos capaces de generar divisas como es el caso del banano. Para 1880 en la costa norte del país, la más rica en extensas y feraces tierras, se explotan ya en gran escala el plátano, coco, coyol, cacao, corozo y otras frutas. En manos de una creciente capa de finqueros nacionales, las plantaciones se ensanchan paulatinamente y los productos se exportan por medio de los vapores subvencionados por el gobierno, que continuamente recorren la ruta comercial entre los puertos atlánticos de Honduras y los mercados de los Estados Unidos. Ramón Rosa calcula el valor de ese próspero tráfico en aproximadamente 400,000 pesos (Rosa, 1880: Situación de la Agricultura)".

Agrega Molina Chocano, siempre basándose en las Memorias de Rosa: "El desarrollo de la agricultura comercial y de las exportaciones, se ve impulsado por la facilidad relativa de las comunicaciones fluviales y marítimas de la Costa Norte y por la proximidad de los mercados externos. Tratando de satisfacer la mayor demanda de medios de transporte, proveniente tanto de las exportaciones como del intenso movimiento de importación de mercaderías que registran las aduanas del país, el gobierno subvenciona con la suma de 2,000 pesos anuales al vapor norteamericano "E. B. Ward" que tiene la obligación de arribar a las costas del norte, a los puertos de Trujillo, Roatán e Iriona, y a los embarcaderos de Balfate y La Ceiba, y que además está comprometido a prestar servicios al Gobierno en el transporte de correspondencia, empleados, colonos y efectos destinados al servicio público".

Además del "Ward" —sigue diciendo Molina Chocano— que realizaba el transporte entre Honduras y Estados Unidos, que proporcionaban considerables utilidades a los empresarios agrícolas de la zona que usaban ese medio sin duda más seguro y ventajoso que el acostumbrado buque de velas, se concedió exención del pago de derechos portuarios a la Compañía Anglo-francesa cuyos vapores tocan Puerto Cortés, buscándose que extienda sus escalas a los demás puertos de la costa Atlántica del país. La medida era una manera de estimular el cada vez más importante comercio de Puerto Cortés. (Informe de la Secretaría de Comercio)".

"La más importante obra de vialidad del Gobierno de la Reforma, la carretera del Sur, cuya apertura fue decretada en julio de 1881, demandaba también durante todo el proceso de construcción un considerable volumen de herramientas y enseres para equipar a cerca de un millar de trabajadores. En general, un importante sector de comerciantes, muchos de ellos inmigrantes, desde y por Amapala y San Lorenzo los artículos y mercaderías importados que requieren la capital y los departamentos vecinos de la región centro sur oriental. El puerto más importante del país es Amapala. La significación del movimiento comercial del Pacífico se refleja en la recaudación fiscal obtenida por ese puerto en el último semestre de 1882: representa el 58 por ciento del total de derechos recaudados por concepto de exportación e importación en los principales puertos de la República (ESTADO LIBERAL Y DESARROLLO CAPITALISTA DE HONDURAS, por Guillermo Molina Chocano).

d) CUADRO DEL COMERCIO EXTERIOR Y DERECHOS FISCALES, RECAUDADOS EN LOS PUERTOS PRINCIPALES DE HONDURAS, 1882.

PUERTOS	EXPORT	%	IMPORT.	%
Amapala	162,964.65	17.12	401,452.00	42.63
Trujillo	245,755.00	25.83	118,211.57	12.55
Puerto Cortés				
Omoa	542,751.83	57.05	422,247.46	44.82
Total	951,471	100.00	941,912.03	100.00

DERECHOS FISCALES POR EXPORT. E IMPORT. TOTAL %

Amapala	1,691.01	182.660.37	184,351.38	57.82
Trujillo	31,379.16	8,390.33	39,769.49	12.48
Puerto Cortés.				
Omoa	42,130.82	85,620.05	94,680.49	29.70
TOTAL	(13.22%)	276,670.75	218,801.57	100.00

e) COMPOSICIÓN Y VALOR DE LAS EXPORTACIONES DE HONDURAS, 1887-1888.

Añil	78,645. pesos	2.3%-del total de la export.
Bananas	866,714.	25.9 "
Café	16,322."	0.5 "
Cocos	110,231."	3.3 ,
Animales vacunos	367,374."	10.9 "
Minerales plata en barras y pasta	1,673,449.32	49.9 , "
Oro y plata acuñada	78,853.90	2.4 "
Otros productos	159,070.17	4.8 "
TOTAL	3,350,659.91	100.0

f) COMPOSICIÓN Y VALOR DE LAS EXPORTACIONES DE HONDURAS, 1888-1889

Añil	85,677.00 pesos	2.1% del total de lo exportable
Bananas	979,498.00 "	22.8 "
Café	110,843.00 "	2.7 "
Cocos	145,680.00 "	3.5 "
Animales vacunos	241,848.00 "	5.8 "
Minerales plata en barra y pasta	1,739,783.00	42.3 "
Oro y plata acuñada	465,823.00 "	11.3 "
TOTAL	4,028,453.00 pesos	100.0% del total de lo exportable.

g) VALOR TOTAL DE LAS EXPORTACIONES DE HONDURAS (AÑOS SELECCIONADOS)

1882	2,265,651.00 pesos	- % de aumento
1887-88	3,350,664.91	47.88
1888-89	4,108,453.00	22.61

Con los datos ofrecidos, cualquier ciudadano nacional o extranjero puede darse una idea de lo que fue Honduras en las condiciones del nuevo liberalismo, adaptado a la política y el comercio de los Estados Unidos. (El liberalismo anterior, mil veces lo hemos dicho, luchó por cimentar una base económica puramente nacional, lo que le fue imposible por el acoso de la Gran Bretaña que terminó venciéndolo con la destrucción de la República Federal de Centro América). El nuevo liberalismo, que venía de la línea de Justo Rufino Barrios y que cuajó en la llamada Reforma, alentó, indudablemente, la producción y el comercio exterior. El café y el banano que parecieron ser los productos destinados a la reivindicación nacional, luego sucedió que el primero detuvo su impulso y el segundo pasó a manos extranjeras. Pero lo que llegó a tipificar la dependencia fue la empresa minera de San Juancito, a la que en seguida nos referiremos con palabras del analista Guillermo Molina Chocano.

h) EXPLOTACIÓN MINERA AL MODO CAPITALISTA. LA ROSARIO MINING COMPANY.

Hacia principios de 1883 un balance indicaba que se habían constituido en los Estados Unidos y Francia seis grandes compañías con un capital en acciones de $21,300,000, para efectuar inversiones en explotaciones mineras de Tegucigalpa, Yuscarán, Santa Bárbara y Juticalpa, muchas de las cuales a esa fecha ya habían iniciado formalmente los trabajos de perforación y extracción. En Santa Bárbara, en la zona noroccidental fronteriza con Guatemala, se produjeron inversiones importantes tendentes a operar una mina con energía hidráulica y al sur este de San Pedro Sula, una compañía francesa introdujo maquinaria apropiada para la explotación de las minas de oro de Santa Cruz (Mensaje al Congreso Nacional del Presidente Soto,1883).

Las minas de plata de la Rosario Mining Company, ubicada a 30 km. de Tegucigalpa y con una elevación de unos cinco mil a siete mil pies sobre el nivel del mar, llegaron a constituir, probablemente, los yacimientos más ricos del país. La producción de oro y plata obtenida por la Rosario Mining Company, exportada a los Estados Unidos, alcanzó ya en 1885 un valor de $244,444.70. (Estudio de la Rosario por Julio Lozano). En el período 1887-1888 la compañía realizó exportaciones por un valor de $1,516,887.50, que representaban el 87 por ciento del total de los minerales exportados y que significaba el 45.3 por ciento del valor total de las exportaciones hondureñas.

Por los años 1888-89 la producción minera, integrada fundamentalmente por la plata, broza mineral y oro, representa alrededor del 55 por ciento de las exportaciones nacionales, según los datos del Primer Anuario Estadístico del doctor Vallejo. Las medidas fundamentales de Fomento y el arribo del capital extranjero, dentro de un marco capitalista liberal, configuraron condiciones propicias para la recuperación de la minería como renglón principal de producción para la exportación. Por esa época se encontraban registradas cerca de 300 minas de oro, plata, plomo y cobre y el Gobierno había instalado una oficina especializada para orientar a los inversionistas potenciales. Honduras volvía a ser el productor más importante de la región.

***

Sin embargo, el lugar central lo ocupó la poderosa corporación norteamericana que se instala en el país en el período de transición definitiva de la economía de libre competencia al capitalismo monopolista, en el cual las empresas más dinámicas tienden a aglutinarse y a concentrarse en grandes unidades integradas en forma vertical, es decir, desde la producción de sus materias primas hasta prácticamente la venta de productos finales en el mercado. Conforme ese proceso de reorganización registrado en las economías maduras se proyecta sobre el plano internacional, da lugar a la formación de empresas subsidiarias o filiales en los países subdesarrollados que incluyen la fase de producción (Muñoz, 1888), tal como ocurrirá más adelante, con más claridad y amplitud, con las compañías bananeras.

Los privilegios otorgados a la Rosario Mining Company en materia de exoneración de impuestos sobre el capital, las rentas y propiedades, franquicias aduaneras por importación y equipo, y de libre exportación de productos y utilidades, le permiten una rápida capitalización, recuperación de inversiones y considerables ganancias. En los diez años siguientes a la obtención de su primera concesión, aproximadamente logró un valor acumulado de $3,000,000.00 en la producción de oro y plata, especialmente de esta última, representando los dividendos distribuidos alrededor de un diez por ciento del valor total de la producción.

El consorcio aprovechó eficazmente la ventajosa ubicación de los yacimientos en relación al agua incorporando tecnología moderna en la generación de fuerza hidráulica imprescindible para la obtención de un alto rendimiento. En otras zonas, la dificultad para solucionar este problema limita las posibilidades de éxito de muchas explotaciones.

A pesar de su constitución como una empresa capitalista típica, el que en su funcionamiento adoptara la modalidad de un enclave, restringió sensiblemente su impacto en la estructura productiva del país, en la medida que no ofreció una contribución significativa a la dinámica interna de la economía como sí lo hicieron en términos relativos o al menos particularmente otras explotaciones menores, ni tampoco desempeñó un papel equivalente al alcanzado por la minería colonial. Su efecto principal se expresó más bien en un cierto grado de generación de empleo al incorporar fuerza de trabajo bajo relaciones capitalistas de producción. Las exenciones fiscales concedidas impidieron que el Estado participara razonablemente de las utilidades generadas, restringiendo con ello la expansión del Tesoro Público y la ampliación del escaso nivel de capitalización de la Economía nacional (Estado liberal y desarrollo capitalista de Honduras, Molina Chocano,1976).

i) EL ESTADO

Simplemente, se pretende cambiar el Estado conservador por el Estado liberal. Y apenas se logra darle un repello al viejo aparato, porque la operación de los reformadores es de gabinete, de arriba abajo, sin contar con cooperación de las milicias populares del liberalismo. Soto apoyándose en una conciliación de bajo calibre, despreciaba el apoyo de hombres de verdadero mérito, a la vez que congeniaba con individuos de reconocida y pública delincuencia. Y el gran Ramón Rosa andaba buscando un Partido Progresista en las nubes, quién sabe para qué, sabiendo como sabía que "su" Reforma era la puerta de entrada al país del capital financiero internacional, como lo prueba el siguiente cuadro:

COMERCIO EXTERIOR, VALOR Y ORIGEN DE LAS IMPORTACIONES DE HONDURAS,1888-1889, (ANUARIO ESTADISTICO DE VALLEJO)

Estados Unidos	944,335.25pesos	57 %
Inglaterra y Belice	515,712.81 "	31.33%
Francia	101,594.77 ",	6.17%
Otros	84,553.91	3.14 %
TOTAL	1,646,196.74 pesos	

Además, el Estado hondureño estaba atado al poste del conservatismo por una Deuda externa proveniente "DEL FERROCARRIL MAS CARO DEL MUNDO". A este respecto, Molina Chocano dice: Además de una hacienda pública extinguida, el Gobierno de la Reforma recibió la ominosa herencia de la deuda del ferrocarril que sin proporcionar ningún beneficio al país lo ataría por cerca de un siglo a una pesada e injustificada carga. Esta situación representó para el Estado liberal su más grande obstáculo, junto con la accidentada geografía y la incomunicación, al reducir drásticamente su capacidad financiera y bloquear el crédito externo para los proyectos de desarrollo que se proponía impulsar.

Conclusión: día a día iba aumentando el comercio internacional, con el alto precio de las mercancías importadas y el bajo precio de las materias primas exportadas, que iban gradualmente determinando lo que los economistas del eufemismo llaman el "centro y la periferia", que en palabras nuestras quiere decir país (o grupo) metropolitano y país dependiente, colonial o semicolonial, según el caso.

De otra parte, la Deuda externa provocada por el Ferrocarril más caro del mundo, se iba capitalizando en su principal y en sus intereses, llegándose a decir en los días del arreglo de dicha deuda (año de 1926) que "iba a toda vela hacia los treinta millones de libras esterlinas", deuda que por otra parte no inquietaba a la nueva Metrópoli, que pensaba pagar por medio de uno de sus bancos, porque a mayor aumento, mayores serían sus acciones sobre Honduras.

Todo lo anterior queda claramente establecido. Así es que seguiremos hablando de menudencias.

j) INGRESOS FISCALES

Para aumentar los ingresos públicos precisa la reorganización del sistema financiero sin gravar con exceso la riqueza privada que se busca promover. En una situación de crónico desequilibrio las rentas del Estado hondureño habían sido más que exiguas, al extremo de verse obligado a solicitar "donativos voluntarios" por mucho tiempo para cubrir sus gastos más elementales. Estos aportes más las subvenciones que pesaban directamente sobre el capital, los empréstitos forzosos y los servicios gratuitos que se exigían a la población, fueron suprimidos por el Gobierno, de manera absoluta, desde sus inicios mediante el Decreto del 28 de agosto de 1876.

Siguiendo una política fiscal moderada, el gobierno se limitó a reajustar los aranceles aduaneros y a regular el impuesto relativamente bajo, sobre la exportación de plata, tratando de dinamizar los requerimientos del Erario nacional con la necesidad de no perturbar los flujos del comercio exterior que se encontraban en expansión y que podrían verse afectados si se producía una elevación muy drástica en los derechos de importación y exportación.

Más bien se buscó y logró, mediante medidas de reforma administrativa, como se vio para el caso de las ventas provenientes del aguardiente, tabaco y ganadería, un mayor nivel de recaudación fiscal que alcanzó notoria eficacia. En el año 1877, en que empezó a restablecerse el movimiento económico, los derechos de importación y bodegaje produjeron 199,653 pesos, que pasaron en 1878 a 289,237 (Memoria de Hacienda, 1879). Un progreso más substantivo en la materia se veía obstaculizado no sólo por las defectuosas leyes arancelarias de 1875, que seguían vigentes aunque gradualmente se buscaba su sustitución, sino por el tradicional impacto del contrabando que se comete particularmente en los puertos y desembarcaderos de la extensa costa Atlántica del país y que se remonta a la época colonial con el tráfico ilegal de los ingleses. (De el "Estado liberal y desarrollo capitalista de Honduras", por G. Molina Chocano).

k) MODERNIZACIÓN DEL APARATO HACENDARIO

Al hacer una revisión de los ingresos fiscales, derogando aquellos que habían tenido infundada validez y actualizando otros que estaban a la vista con el desarrollo del comercio nacional e internacional, lógicamente el aparato del Estado que tenía relación con la administración y control de la hacienda pública tenía que ser otro.

En efecto, fue buscada la modernización del Ministerio de Hacienda hasta donde podían permitirlo las posibilidades de la época. El Gobierno reformó la Ley de Hacienda, introduciendo un sistema de contabilidad que impusiera la unidad en la dirección superior de todas las rentas y uniformidad de las mismas en todas las dependencias. Apareció la Dirección General de Rentas con un sistema unitario y centralizado a que se sujetaban los administradores especiales. Y se añadió una Oficina de Contabilidad Central dividida en secciones convenientes para llevar la cuenta general de todas las operaciones del Tesoro, evitando nomenclaturas y procedimientos de contabilidad desiguales en cada oficina que entorpecen los propósitos del Gobierno. (Memoria de Hacienda,1879).

l) SISTEMA MONETARIO NACIONAL

Mediante el Decreto 3 de abril de 1879 el gobierno organiza el sistema monetario de la Nación que no existía o se encontraba en una situación caótica al iniciarse la Reforma, pues las transacciones comerciales se realizaban con las monedas más disímiles de diversas épocas y países. Siendo Honduras un país minero por excelencia que tiene a su alcance los metales con que se hace la acuñación, resultaba un contrasentido que no existiera un cuño nacional. La acuñación trae además la ventaja de impulsar la explotación de las minas, como ocurrió antes con las monedas de cobre y de níquel.

La adopción del patrón plata permitió estabilizar la moneda y moderar la inflación; las monedas de cobre y níquel se cotizaban a un valor inferior al nominal. Se estableció el peso de plata de 25 gramos y 900 milésimas de ley como unidad monetaria nacional.

1 peso	100 cts.	25.C0	900 milésimas
	50"	12.50	" "
	25"	6.25	" "
	10"	2.50	" "
	5"	1.25	" "

La Casa de Moneda estuvo bajo la dirección de Juan Connor, con quien el gobierno celebró un contrato por el cual se comprometía a proporcionar la moneda acuñada requerida, corriendo de su cuenta los gastos de la acuñación. Connor ganaba 500 pesos mensuales. El gobierno propuso acuñar una moneda superior ni inferior a la que corrientemente circulaba en los mercados nacionales o de Centro América con el objeto de evitar su salida inmoderada al exterior o su depreciación con respecto a las demás.

II) BANCOS PRIVADOS

Además de la moneda de plata, a partir de 1888, cuando se crearon los bancos privados, circularon billetes emitidos por ellos por delegación del Estado.

Ciertamente, la organización bancaria de Honduras tuvo realización en el año citado. En el segundo período del Presidente Bográn se crearon el Banco Nacional Hondureño y el Banco Centroamericano, instituciones que fueron disueltas al año siguiente; pero en su lugar se fundó en 1889, con capital nacional, el Banco de Honduras.

m) POBLACION DE HONDURAS SEGUN LA EDAD 1881-1887.

CLASES DE EDAD	1881	1887
0 a 12 meses	13,288	10,784
De 1a 6 años	68,876	67,315
De 7 a 14 años	63,344	74,322
De 15 a 17 años	18,720	34,209
De 18 a 34 años	76,042	47,769
De 35 a 39 años	19,269	41,772
De 40 a 49 años	25,477	28,165
De 50 a 59 años	12,820	15,640
De 60 a 69 años	7,768	8,472
De 70 a 79 años	2,334	2,291
De 80 a 89 años	923	866
De 90 a 99 años	318	232
De más de 100 años	100	80
TOTAL:	309,279	331,917

Tomado de Censos de 1881 y de 1887.

LAS LEYES NUEVAS

a) Legislación española

Prácticamente, la Legislación española estuvo vigente hasta 1880. Los intentos del Dr. Juan Lindo y otros gobernantes en el sentido de dar nuevos códigos al país, resultaron fallidos. El sistema conservador de vida ofrecía terca resistencia. Y había una razón de peso. Se había vencido a la República Federal y anulado los Derechos del hombre y del ciudadano, no había por qué dar leyes que rehabilitaran esos derechos con carácter general.

Así es que las partes litigantes, los procuradores, escribanos, jueces y magistrados siguieron en uso, muy cómodamente, de las Siete Partidas y de las Recopilaciones de Indias.

Pero el viraje dado a comienzos de la segunda mitad del siglo XIX a que nos hemos referido impulsó a que fueran adoptados los códigos modernos de Bonaparte.

b) La Constitución de 1880

Dice el Presidente Marco Aurelio Soto en su Mensaje de 28 de enero de 1881:

"La nueva Constitución ha dado el golpe de gracia al espíritu colonial que aún estaba vivo y robusto, oponiendo fuertes resistencias al progreso de nuestra sociedad. La nueva Constitución garantiza todas las libertades que reclama el derecho político moderno: robustece el principio de autoridad haciéndolo incontrastable en las épocas excepcionales en el trastorno: encamina la Administración pública al desarrollo de los intereses económicos del país, y al fomento efectivo de la instrucción popular: da a la inmigración extranjera todas las facilidades y ventajas que requiere, para establecerse en nuestro suelo: sanciona el planteamiento de una legislación secundaria coherente con las instituciones republicanas, y con los peculiares intereses del país, y asegura los fueros de la conciencia y del pensamiento, manantiales de donde fluyen las ideas benéficas de la ciencia que transforman y engrandecen las modernas sociedades. Creo que la nueva Constitución está a la altura de los principios políticos del siglo, y si bien tiene algunos defectos, estos dependen, no de falta de estudio y de previsión, sino de la necesidad de poner de acuerdo la ley fundamental con el estado social de Honduras. Creo además que, por mucho tiempo, cualquier Gobierno bien intencionado puede hacer progresar a la República y servir a sus más grandes intereses, bajo los auspicios de la Constitución de 1880".

***

En el mismo Mensaje dijo el Presidente Soto:

"Desde el 27 de agosto próximo pasado se promulgaron solemnemente los Códigos Civil, Penal, de Procedimientos Civiles y Criminales, de Minería y de Comercio. En diciembre último se promulgó la Ley de Organización y Atribuciones de los Tribunales.

La Ley de Tribunales y los nuevos Códigos están en práctica en toda la República, desde el día primero del mes en curso. Se han establecido y funcionan regularmente la Corte Suprema de Justicia, que tiene la facultad de Tribunal de Casación, las Cortes de Apelaciones, y los Juzgados de Letras correspondientes a los departamentos y a las Secciones Judiciales.

La Administración de Justicia es en la actualidad pronta y gratuita, está sujeta a responsabilidad efectiva en sus agentes; y subordinadas a reglas tan claras y precisas como conforme con los intereses de los particulares y con las exigencias del derecho.

Abrigo la confianza en que la legislación que hoy rige será un nuevo elemento de orden, una nueva garantía para los ciudadanos, y un firme sostén para nuestras instituciones libres. La nueva legislación ha venido a completar la efectiva independencia de Honduras, antes regida por leyes extrañas, ha venido a imprimir por completo el sello de nuestra nación".

* * *

c) La Constitución de 1894

Parco en sus palabras como era el Doctor Policarpo Bonilla, sólo dijo a la Asamblea Nacional Constituyente:

"Os encontráis aquí reunidos para consolidar la obra de la Revolución que el pueblo hondureño ha realizado a costa de torrentes de sangre y de numerosos sacrificios.

Estáis llamados a reorganizar el país, dándole, entre otras, la ley que ha de servir de fundamento a sus instituciones.

Difícil es vuestra tarea, porque la nueva Constitución de Honduras debe condensar las aspiraciones de un pueblo que, por asegurar su libertad, la paz, la tranquilidad y el progreso de la patria, no vacila en sacrificar su vida en el patíbulo y en los campos de batalla, y en abandonar intereses, familia y hogar".

* * *

Y en el Mensaje al Congreso ordinario de 1895, el Dr. Bonilla dijo:

"Vengo a dar cuenta de mis actos como Gobernante constitucional de Honduras hasta el 31 de julio último, ante el primer Congreso ordinario que funciona bajo el imperio de nuestra nueva Carta Fundamental, después de haberlo hecho ante la Asamblea Nacional Constituyente, de mis actos como Presidente Provisional de la República hasta el 31 de diciembre de 1894.

ch) Primer ensayo del sufragio secreto.

Agregó el Presidente Bonilla:

"Vuestra presencia en el Congreso es el fruto del primer en-sayo que se ha hecho del sufragio secreto, grande y trascendental reforma sancionada en nuestra Carta Fundamental, que garantiza más fácilmente la libertad del ciudadano hondureño, de la cual ha hecho uso sin restricción de ningún género. La conciencia de cada uno de vosotros ratifica mi afirmación, pues habéis sido testigos en vuestros respectivos departamentos de que ningún funcionario público ha tratado de imponer candidatura alguna del partido que apoya al actual Gobierno, ni cometido abuso que favoreciera su triunfo. La presencia entre vosotros de Diputados electos por oposición a las candidaturas de aquel partido, es otra confirmación, la más expresiva, de lo que he afirmado, y del más profundo respeto a la voluntad popular.

d) Reforma de los Códigos.

El 15 de abril de 1825, la Asamblea Nacional Constituyente dio el decreto No. 30, facultando al Poder Ejecutivo para que nombrara una comisión competente con el objeto de hacer reformas necesarias a los Códigos Civil, Comercio, Minería, Procedimientos, Penal Común, Penal Militar y Ordenanza Militar, tomando por base su armonía con la Constitución y los defectos que se han hecho notar en su práctica.

LA CULTURA HONDUREÑA EN LOS ÚLTIMOS CINCUENTA AÑOS DEL SIGLO XIX

1) Escuela primaria.

Decía el Licenciado Juan Nepomuceno Fernández Lindo, más conocido con el nombre de Juan Lindo: "Si deseas el recuerdo de la posteridad, abre escuelas de primeras letras en tal número que llenen de conocimientos a los niños del país, futuros productores entendidos y ciudadanos de la Nación".

Don Juan Lindo en aquellos años iniciales de la segunda mitad del siglo XIX, solía abandonar sus ocupaciones presidenciales para trasladarse a otra pieza de la Casa de Gobierno, donde lo esperaban varios maestros rurales que debían recibir instrucciones pedagógicas para desempeñar a satisfacción sus cargos escolares en los pueblos del confín de Honduras.

Allí llegaba al extremo de darles lecciones de esto, de aquello, con paciencia de maestro, y cuando los había instruido en tales temas, pasaba a informarles de la conveniencia política de instruir al pueblo hondureño, constantemente amenazado de volver a la esclavitud de nuevos grandes poderes extranjeros.

El Gobierno de don Juan 'Lindo siempre estuvo en guerra con los ingleses, cuyos invasores vivía arrojando del territorio nacional.

William V. Wells escribe en su libro "Exploraciones de Honduras" que el Gobierno del Presidente Lindo dejó establecidas en el país 250 escuelas primarias.

***

En el Gobierno del General Cabañas hubo un florecimiento cultural que no se había visto antes, pues la Academia Literaria, que así empezó a llamarse la Universidad Nacional, era un foco de atracción de las inteligencias del país, ávidas de saber, y las que a su vez al ser alimentadas, volvían los ojos a las regiones nacionales y hacia allá se encaminaban a conjurar las tinieblas.

No hay documentos precisos; pero esto hace suponer que en el citado período de Cabañas, las escuelas primarias aumentaron en número.

***

El Gobierno del General Guardiola no detuvo el impulso liberal en favor de la cultura. Los mismos conservadores veían con claridad que para seguir adelante, tenían que cambiar sus procedimientos, y casi adoptar los que eran propios de sus adversarios. Por ejemplo, si el Gobierno de Guardiola también pensaba, como Cabañas, en la construcción del ferrocarril interoceánico, éste lo obligaba a alfabetizar al pueblo hondureño, para ponerlo a la altura de la civilización.

Las escuelas primarias siguieron aumentando en número.

***

En el Gobierno del General. Medina el impulso cultural siguió adelante, y con tal fuerza, que aquel gobernante se sentía como cogido en una trampa, decidiéndose a veces por la barbarie, demostrada con la ahorcancina de Olancho, o volviéndose a la civilización con la construcción de unos cuantos kilómetros del Ferrocarril Nacional.

De todas maneras, las escuelas primarias siguieron sosteniéndose en el número prefijado.

***

El bochinche permanente que dio origen a los "gobiernos relámpagos" de la década 70 (Medina-Crescencio Gómez-Juan López-Francisco Cruz-Florencio Xatruch-Céleo Arias-Ponciano Leiva-José María Zelaya-José María Medina, por última vez) y en cuya década los con-servadores derrotados y los liberales triunfantes en Centro América, convirtieron a Honduras en un campo de batalla por tierra y por mar en ambos océanos, las escuelas primarias fueron cerradas en el país.

***

El 27 de agosto de 1876 empieza la llamada Reforma en Honduras, que como se ha dicho en otro lugar es el resultado del triunfo de la revolución liberal en los cinco países del Istmo, pero que tuvo su mayor poder en Guatemala con la jefatura de líderes armados como los generales Miguel García Granados y Justo Rufino Barrios, desde el 30 de junio de 1871.

El doctor Ramón Rosa, Ministro General, dice en su Memoria de Instrucción Pública de 1879:

La mano cruel de la anarquía, que nada respeta, que todo lo destruye en 1876 dio en tierra con las escuelas primarias y demás establecimientos de enseñanza. Los maestros de escuela, obreros pacíficos de la civilización, sólo pueden cumplir su alto ministerio bajo los auspicios de la tranquilidad pública. No es, pues, extraño que, en la época a que me he referido, las escuelas hayan estado desiertas.

Constituido el Gobierno en la Capital, una de sus primeras medidas fue la de prevenir, por medio de una circular, a los Gobernadores Políticos de los Departamentos, que tomaran todo empeño en restablecer las escuelas de primera enseñanza.

Debido a la acción administrativa y al interés de los particulares, se logró en el año de 77 abrir 274 escuelas primarias de niños, con 9,123 alumnos. Para el sostenimiento de las escuelas los Municipios erogaron la suma de $30,178-3 -3/4 centavos, y el Gobierno, en subvenciones, la suma de $4,441.52-3/4 centavos.

***

Sigue diciendo el Ministro Rosa en la misma Memoria:

El estado de la enseñanza primaria en el año próximo anterior es satisfactorio, comparado con la situación del 77. El número de escuelas de niños ha ascendido a 309, con 10,978 alumnos; el de escuelas de niñas se ha elevado a 55, con 2,098 alumnas. Los Municipios han gastado en sostener estos establecimientos la suma de $39,560.78 3/4 centavos, y el Gobierno, en subvenciones, ha ero-gado la suma de $5,841.2 -3/4 centavos. Comparada esta situación con la del año 77 se nota un aumento considerable en el número de escuelas y en los gastos invertidos en la instrucción primaria.

***

En la siguiente Memoria dice el Ministro Rosa:

El sistema de Enseñanza, en todos los ramos, ha tenido un cambio radical, merced a la misión y planteamiento del Código de Instrucción Pública, decretado en 31 de diciembre de 1871. La reforma está definida en los artículos del Código y motivada en el discurso preliminar que le sirve de antecedente y de explicación.

En 1881 hubo abiertas 356 escuelas de varones, con 13,463 alumnos, y 116 escuelas de niñas, con 3,852 alumnas. En 1882, hubo abiertas 400 escuelas de varones, con 15,720 alumnos y 133 escuelas de niñas con 4,430 alumnas. Se ha gastado en sostener las escuelas primarias de ambos sexos, en 1881, $63,946-11 3/4, y en 1882, 73,646-07 1/2. Importan, pues, los gastos del bienio, $137,592.19-1/4.

El Gobierno de Marco Aurelio Soto terminó definitivamente el 19 de octubre de 1883.

***

El Gobierno del General Luis Bográn, con dos períodos de 4 años cada uno, fue del 30 de noviembre de 1883 al 30 de noviembre de 1891, puso especial atención en la enseñanza primaria, para mejo-rar lo más posible, haciendo venir de Guatemala maestros graduados para que se pusieran al frente de las principales escuelas de la Capital y de las cabeceras departamentales.

***

Los primeros cinco años de la década noventa fueron de guerra civil. Los Gobiernos de Ponciano Leiva-Rosendo Agüero-Domingo Vásquez, que van del 30 de noviembre de 1891 al 22 de febrero de 1894, cerraron las escuelas de la República. "No había para comprar papel a los escolares porque faltaba para abastecer de balas a los fusiles".

***

El doctor Policarpo Bonilla en su primer Mensaje de Presidente de la República de Honduras a la Asamblea Nacional Constituyente de 1894, dejó dicho sobre Instrucción Pública:

Este ramo, al triunfar la revolución, se encontraba en el más completo abandono. En pocas poblaciones estuvieron abiertas las escuelas primarias y con mucha irregularidad. Ningún dato ha sido posible obtener sobre este período para hacer comparaciones con el del Gobierno Provisional.

El Doctor Bonilla en su Mensaje presidencial de 1895, dice:

"Como la instrucción primaria está a cargo de las Municipalidades, y debido al nuevo sistema introducido, se ha aflojado mucho el vínculo entre ellas y el Poder Ejecutivo, difícil se ha hecho obtener datos tan detallados y exactos como sería de desearse. En la Memoria respectiva hallaréis los que se han recibido.

Pero en el quinto y último mensaje presidencial de 1898, el doctor Bonilla hace una relación satisfactoria de la enseñanza primaria. Dice:

"Como no ha podido remediarse el mal de la carencia de maestros, porque no se han creado las escuelas normales, pasará mucho tiempo sin que la instrucción primaria progrese en nuestra patria.

El número total de escuelas primarias que se abrieron en principios de este año civil, fue de 768, tres más que en el anterior, distribuidas así:

De Varones	444, con	17,203 alumnos
Mujeres	290-	10,181
Mixtas	34, cuyos alumnos están ya incluidos en los otros.	
Suma	768 escuelas	27,384 alumnos.

Estas cifras acusan un aumento de 4,445 alumnos asistentes; si bien es poco satisfactorio, pues debieron recibir instrucción 44,109, y dejaron por lo mismo de recibirla 16,720 niños de ambos sexos, según el censo escolar, todavía incompleto.

2) Segunda enseñanza

Es, justamente, hasta en la segunda mitad del siglo XIX que empieza la fundación de los centros de enseñanza media, y de 1874 en adelante, en medio del torbellino de la guerra civil. Son centros que ya responden a la técnica de la pedagogía moderna, como lo vamos a ver.

En el Gobierno de Leiva, el 8 de octubre de 1874 fue creado el Instituto Científico de San Carlos en Santa Rosa de Copán, con el siguiente Plan de Estudios.

Para optar al grado de Bachiller en Ciencias y Letras, se hará en cinco años distribuidos en la forma siguiente:

PRIMER CURSO
Gramática Castellana, Lectura, Caligrafía y Declamación.

Geografía Física y Geografía Política, con especial instrucción sobre la Geografía de Centro América, Cosmografía.

Latinidad, los tres primeros libros de Nebrija.

Elementos de Historia y Cronología.

Aritmética elemental

SEGUNDO CURSO

Latinidad, los dos últimos libros de Nebrija, traducción de autores clásicos y composición latina.

Complemento de Geografía en sus tres partes.

Aritmética superior.

TERCER CURSO

Lógica, Algebra, Francés, primer año; Retórica, primer año Cronología e historia.

CUARTO CURSO

Metafísica

Segundo año de Francés; segundo año de Retórica.

Cronología e Historia.

Geometría Plana, Topografía, Nivelación, con nociones de Agrimensura.

QUINTO CURSO

Física General y Especial, Química con elementos de Historia Natural.

Historia de la Iglesia, de la Filosofía y de la Civilización.

Elementos de Literatura.

***

En el mismo año (1874) el (ya) General Luis Bográn, Gobernador Político del departamento de Santa Bárbara, fundó en la cabecera departamental el Colegio de la Independencia.

***

Dando un salto a la Reforma, el Ministro Rosa, en la Memoria de Instrucción Pública de 1879, dice:

SEGUNDA ENSEÑANZA

La segunda enseñanza, que debe ocupar un puesto muy importante en la instrucción pública, era casi nula bajo el régimen que encontró planteado el actual Gobierno. Algunas nociones de latín y metafísica, de inglés o francés, y de matemáticas puras, he aquí lo que constituía la segunda enseñanza. Como esta era muy limitada en sus materias, y muy teórica debido al sistema adoptado, la consecuencia legítima ha sido la de que los jóvenes obtenían sus títulos de bachilleres en ciencias sin poseer una instrucción sólida y variada, y sin que esta pudiese serles útil en los distintos usos de la vida práctica.

El Gobierno ha juzgado la segunda enseñanza bajo otro punto de vista positivo y útil. Sobre esta base, en el año anterior, fundó un Colegio de enseñanza secundaria, previniendo el aprendizaje de ciencias y artes de utilidad práctica, ampliando notablemente las materias de enseñanza, y fijando estrictas reglas para el buen régimen del establecimiento y para la concesión de grados literarios. El Colegio Nacional (que debiendo llamarse Ramón Rosa, lleva el nombre de Vicente Cáceres, nota del autor) tiene un cuerpo completo de profesores: estos proporcionan la enseñanza de las materias del primer curso a 76 alumnos.

El Colegio de San Carlos, que en la ciudad de Santa Rosa proporciona la segunda enseñanza, continúa dando satisfactorios resultados. Cada día toma más proporciones y promete mayores beneficios. En 1877 el Gobierno gastó en ese establecimiento la suma de $3,405.23 1/4.

El Gobierno tiene la idea de promover el establecimiento de Colegios de segunda enseñanza en las principales poblaciones de los Departamentos, y de sujetar a un mismo plan de estudios los Colegios establecidos y que en lo sucesivo se establezcan".

***

En la Memoria de febrero de 1883, el Ministro Rosa puntualizó:

El Colegio Nacional de 2ª. enseñanza de esta Capital, tuvo en 1881, 95 alumnos, y en 1882, 125; el Colegio Nacional de 2ª. Enseñanza de Copán tuvo en 1881, 32 alumnos, y en 1882, 34; el Colegio Nacional de Santa Bárbara, tuvo en 1881, 53 alumnos, y en

1882, 87; el Instituto de Gracias, tuvo en 1881, 45 alumnos, y en 1882, 41.

El Gobierno ha acordado últimamente, el establecimiento de Colegios Nacionales de 2ª. Enseñanza en las ciudades de Gracias, Juticalpa y La Paz, capitales de sus respectivos Departamentos.

Aún no ha sido dado a establecer escuelas normales que son de absoluta necesidad para el progreso de la instrucción; pero su falta, aunque imperfectamente, se suple con la sección de enseñanza normal que hay organizada en los Colegios de 2ª. Enseñanza.

***

El Doctor Policarpo Bonilla, en su Mensaje último de enero de 1899, y en el ramo de Instrucción Pública, dice:

SEGUNDA ENSENANZA

A los nueve establecimientos públicos de esta clase que había en el año anterior, se ha agregado el de Choluteca y el de La Paz, Hoy está en proyecto la fundación de otro en Yuscarán.

En el Instituto Nacional de esta ciudad hubo 146 alumnos. De esos obtuvieron el grado de bachiller en aquel año nuevo, de los cuales tres eran bequistas.

Los alumnos que se han graduado de Bachiller, durante mi Administración, en todos los colegios, son 162, así:

Instituto Nacional, Tegucigalpa	17
Espíritu del Siglo	10
El Porvenir	12
Colegio Eclesiástico	39
La Fraternidad, Olancho	4
León Alvarado, Comayagua	39
de Copán	11
de Gracias	7
de Intibucá	5
de Santa Bárbara	3
de Marcala	15
SUMA	162

El número de alumnos que en Honduras recibe la segunda enseñanza es de 602.

3) Universidad Nacional.

Cuantos han pretendido entretener a sus lectores con noticias descriptivas sobre la Máxima Casa de Estudios del país, han ocultado la significación de ésta, no se sabe si con intención sana o malévola. Si ha sido sana, rogamos perdonar el segundo supuesto.

¿Por qué surgió la idea de fundar un centro de estudios superiores en Tegucigalpa? ¿Por la simple ocurrencia de unos jóvenes distinguidos de esta ciudad, todos bachillerados en el Colegio Tridentino de León, que bañándose un domingo en las entonces caudalosas y límpidas aguas del Río Grande, decidieron fundar una institución que se llamaría Sociedad del Genio Emprendedor y del Buen Gusto, a imitación de otras y más grandes sociedades culturales fundadas en Europa y particularmente en París?

No más historietas salomónicas. Aquellos jóvenes que respondían a los nombres de Alejandro Flores, Hipólito Matute, Máximo Soto, Yanuario Jirón, más otros, eran unos jóvenes de su siglo, del siglo XIX, del siglo del progreso, de los grandes descubrimientos científicos, de la civilización en una palabra, que aunque estuvieran aislados en el pueblito de Tegucigalpa, incomunicado con el mundo, sentían la gran marcha universal de los pueblos hacia un futuro imprevisto.

Y sintiendo que en su cuerpo les hervía la sangre joven, quisieron hacer algo en favor de la sociedad y para que los ameritara a la vez. Con ese objeto buscaron al de más años y más caracterizado, a José Trinidad Reyes, no por sacerdote y teólogo, (atrás con eso) sino por hombre "que no siendo del mundo" era del mundo, y tanto que escribía "pastorelas" para estar con el pueblo y alegrarlo; componía sátiras para hacer reír a mandíbula batiente a los muchachos y muchachas que iban de paseo a la Laguna, y hacía periodismo con pseudónimo para abordar los temas candentes de la época mundial, como el del feminismo que con tanto arrojo abordaba la revolucionaria Luisa Michel en la prensa de París.

¿Han entendido los lectores?

Era el hombre indicado para dirigir la Sociedad del Genio Emprendedor y de Buen Gusto. Y él aceptó el cargo y lo desempeñó bien. Mayor razón para estar allí cuando su amigo de otros tiempos Francisco Ferrera, Jefe de Estado de Honduras, hizo llegar la noticia a Roma que el Presbítero Reyes había muerto, para que no le dieran el Obispado de Comayagua, y mayor razón cuando el habilísimo don Juan Lindo lo había traído a su seno político al nombrarlo Rector de la Academia Literaria (que así se llamaba la Universidad entonces) y luego le hablaba del dolor que le daba como centroamericano y hondureño el Tratado Clayton-Bulwer de 1850, tratado infame que sin respetar a los pueblos del Istmo contenía en sus cláusulas el convenio de construir en común las partes contratantes un canal interoceánico por Nicaragua.

Con esta doctrina política, José Trinidad Reyes volvió al mundo, y en la Academia Literaria se puso a preparar los muchachos que necesitaba y reclamaba la hora tremenda de la Patria. Y de Rector de la Academia Literaria lo encontró el Gobierno liberal del General Trinidad Cabañas con quien se unió en el esfuerzo de querer reconstruir la República Federal de Centro América, y fue de los hombres más diligentes en los arduos trabajos de la Dieta.

El Doctor José Trinidad Reyes murió en 1854, conciliado con el movimiento liberal que era el torrente histórico del progreso de los pueblos indoamericanos en el siglo XIX.

***

Como las Academias Literarias y las Universidades son centros sociales abatidos por el oleaje de los acontecimientos, por muy alejados quieran estar de ese fluir constante, no les es posible evitarlo. Ni los monasterios medievales lograron conseguirlo; siempre estuvieron en medio de la vida.

Pues bien; lo mismo se puede decir de la Academia Literaria en la década 50. Aunque fingiera ocuparse de silogismos y latines, su pensamiento central estaba en el significado y las consecuencias del Tratado Clayton-Bulwer. Se puede ver esto en la correspondencia privada de los hombres más importantes de aquel tiempo. A tales conjeturas se les llamaban "política secreta" y "secretos de Estado", que determinaban la vida pública de las Naciones. En efecto, se hablaba en voz baja, muy baja, y en determinados lugares, muy seguros, de las "intenciones británicas" y de la "expansión de los rubios del Norte".

Por corta providencia, la tentativa unionista en la Administración de Cabañas fracasó; y en 1855, para frustrar el proyecto del ferrocarril interoceánico, fue derribado por fuerzas militares provenientes de Guatemala.

En la Academia Literaria, estas cosas no podían pasar como una suave brisa refrescante.

Quien diga lo contrario es un imbécil.

En el segundo lustro, profesores y alumnos de la Academia Literaria vieron la colonización de Nicaragua por el filibustero William Walker; la concurrencia de ejércitos centroamericanos en la parte sur de Nicaragua para echar al invasor; y la victoria final de estos ejércitos patriotas en Rivas. También vio en la llamada "política secreta" como los grandes poderes extranjeros balancearon sus intereses en la zona afectada por la guerra, pero de esto no dijo una palabra porque, a pesar de la objetividad de los acontecimientos, se trataba de un "secreto de Estado".

**

En medio de su teología, su escolástica y sus cánones y un poquito de Derecho civil y otro poquito de Historia Universal, la Academia Literaria, constituida por el grupo intelectual del país, vio en la década 60 muchos acontecimientos interesantes.

Vio fusilar al filibustero William Walker en el puerto de Trujillo el 12 de septiembre de 1860.

Vio que estallaba la guerra civil en los Estados Unidos, en 1861, pretendiendo los Estados del sur mantener el régimen esclavista de los negros y los Estados del norte abolir ese estigma en una república democrática. Abraham Lincoln, con su barba negra recortada de patriarca joven, se ganaba la simpatía de los pueblos americanos.

Le sorprende la muerte del Presidente Guardiola acaecida en Comayagua el 11 de enero de 1862. De este magnicidio conoció a sus ejecutores, pero no a sus inspiradores.

La Academia ve que en 1863, el general José María Medina entra de lleno en la escena pública al arrebatarle el poder a don Francisco Montes y constituir su propio Gobierno.

Ve que en el año de 1864 se vuelven insoportables los restos del régimen colonial para los pueblos que se insurreccionan en varios lugares del país. En el departamento de Olancho el alzamiento popular toma los perfiles de una revolución armada, bajo la dirección de Bernabé Antúnez, Francisco Zavala, Manuel Barahona y otros, con un programa de reivindicaciones liberales.

Recibe la inesperada noticia que el 14 de abril de 1865 muere el general Rafael Carrera, dictador vitalicio de Guatemala, de "fiebre pútrida".

A mediados de ese mismo año, el general Medina, al frente de un poderoso ejército, sale para Olancho a reprimir por medio del terror la sublevación popular, creando así el capítulo de nuestra historia que se conoce con el nombre de "La Ahorcancina", hecho jamás visto en Centro América.

La Academia ve que en México son derrotados los franceses y capturado el emperador Maximiliano, es fusilado en el cerro de Las Campanas en 1867.

En 1868, el campesino Serapio Romero con su gente se toma por sorpresa la ciudad de Juticalpa para enterrar las cabezas de Antúnez y Zavala que habían sido expuestas en jaulas de hierro en el cerro del Vigía y para continuar el movimiento revolucionario liberal contra el conservador Medina.

En ese mismo año, y en 1869, y en 1870, el Presidente Medina se entrega al regocijo de los empréstitos ingleses para construir el ferrocarril interoceánico de Puerto Cortés al Golfo de Fonseca, en que ya no se interesaban las grandes potencias, pues los Estados Unidos habían construido el ferrocarril de Panamá y la Gran Bretaña disponía ya del Canal de Suez.

***

Los hombres de la Academia Literaria vieron en la década del 70 que los Estados Unidos que agigantaban su poder y su influencia en América Central y en América Latina desplazaban sin remedio a la Gran Bretaña, y esto determinaba que el Partido Liberal fuera en ascenso y el Partido Conservador declinara y se marchitara. Pero esto, naturalmente, se anotaba en el libro invisible de la "política secreta" por considerársele un "secreto de Estado".

En 1871, los liberales hondureños con Arias a la cabeza acuerdan apoyar al Gobierno de Medina, constantemente amenazado por el Gobierno del Doctor Francisco Dueñas de El Salvador. Ambos gobiernos eran conservadores, y por tanto convenía que se destruyeran. La guerra fue declarada por Honduras, y en un ataque de sorpresa en Santa Ana el ejército hondureño venció al salvadoreño en la acción del cementerio de Santa Ana el 10 de abril de 1871. Esta victoria derrumbó el Gobierno de Dueñas; debilitó a los conservadores de Guatemala, y aceleró el triunfo de los liberales comandados por Miguel García Granados y Justo Rufino Barrios, que entraron triunfantes a la capital de la República el 30 de junio de 1871.

En los años siguientes, Arias tomó el poder, pero Centro América había entrado en una fase de verdadera anarquía. Los gobiernos liberales de El Salvador y Guatemala combatían unidos al Gobierno liberal de Honduras; y a su vez, el Gobierno liberal de Honduras, cumpliendo con su deber, combatía las invasiones por tierra y mar de los conservadores, apoyados por Inglaterra para que reconquistaran las posiciones perdidas. Todos sabían que Santiago González de El Salvador era un malvado; pero hasta allí nadie creía que Justo Rufino Barrios de Guatemala fuera tan estúpido.

Arias fue derribado para ocupar su lugar el comodín de Ponciano Leiva, a la vez que los conservadores revanchistas por el arismo en la costa norte y en la costa sur.

Del 74 al 76 la lucha de los partidos liberal y conservador se volvió un torbellino anárquico. En Choluteca -dice el Doctor Rómulo E. Durón en su Biografía del Doctor Marco Aurelio Soto-el General José María Barahona, apoyado por el Gobierno de Nicaragua, esperaba el ataque de emigrados nicaragüenses que en Nacaome se aprestaba a invadir a aquella República.

Yoro y Trujillo estaban a merced de jefes militares que los oprimían. En Olancho habían hecho pronunciamientos los Generales Andrés García y Albino C. Cruz (alias) Maizón y otros jefes. En Gracias e Intibucá habían fuerzas dispuestas a sostener aún al General Medina. Fuerzas de éste, que ocupaban Tegucigalpa, hicieron un motín el 4 de septiembre. Y en Comayagua, la capital, el 30 de agosto se había proclamado Presidente el coronel Salvador Cruz. El Gobierno de Cruz fue reconocido solamente en la ciudad de

Comayagua, y según dice un autor, "este seudo Gobierno o este escándalo, hijo de una orgía clerical, duró solamente cinco días".

Qué pensaba la Academia Literaria de semejante anarquía, porque un centro escolar superior no sólo piensa en los textos y en las lecciones; también tiene que pensar en el ambiente que le rodea, y, como según Aristóteles "el hombre es un animal político", y "el hombre que se aparta de la vida pública (la plaza de Atenas) sólo puede ser una de dos cosas: o es un dios o es una bestia".

***

El 27 de agosto de 1876, en el puerto de Amapala, fue inaugurado el Gobierno de la Reforma. La Academia Literaria se llamó tal hasta el 31 de diciembre de 1881 que fue aprobado el Código de Instrucción Pública que contenía la reforma de la enseñanza, y que el 26 de febrero de 1882, fue puesto en vigencia al inaugurarse el año académico de la que en adelante se llamaría Universidad Nacional de Honduras.

Correspondió al Doctor Ramón Rosa en su condición de Ministro de Instrucción Pública pronunciar el discurso de apertura académica en el paraninfo de la Universidad Nacional. Se trata de un gran discurso, de uno de los más grandes discursos de aquel estadista inagotable. En él traza la línea cultural a seguir en el centro universitario y en los demás centros de parecidas metas. Ante todo y sobre todo es un discurso que explica la naturaleza íntima del Código de Instrucción Pública, de la filosofía que lo inspira y del objeto que se propone. No nos extenderemos, pues, en explicaciones de importancia menor.

Sólo repetiremos que el 26 de febrero de 1882 quedó inaugurada la Universidad Nacional de Honduras, inspirada en la filosofía positiva de Augusto Comte, con cátedras modernas, y con carreras profesionales nuevas.

***

En el informe del año siguiente, el Doctor Rosa estaba informando:

El estado de la enseñanza profesional ha sido el que le sigue: La Universidad Central, recientemente fundada, ha tenido 34 alumnos que han cursado en las facultades de Jurisprudencia y Medicina.

Últimamente se ha decretado la construcción de un edificio destinado especialmente al estudio de la Medicina y la Cirugía y de las Ciencias naturales. El edificio está construyéndose: en él hay departamentos para museos, jardines botánicos y zoológicos, que hagan posible un práctico aprendizaje.

***

Dando un salto al último mensaje presidencial del Doctor Policarpo Bonilla, encontramos:

"Universidad. Han continuado abiertas las Facultades de Ciencias Políticas y Sociales y la de Medicina y Cirugía.

En la primera hubo 52 alumnos matriculados; habiendo obtenido 10 alumnos el título de Licenciado, y durante mi Administración han coronado esa carrera 18.

En la segunda cursaron 21 alumnos, sin haber terminado ninguno su carrera por falta de tiempo; pero habrá algunos preparados para el año entrante, que llevarán el 50 curso.

Con el ensanche y reorganización del Hospital se habrá llenado la necesidad a que aludí en mí anterior Mensaje, para que la carrera de Medicina y Cirugía pueda seguirse en Honduras con provecho positivo.

Escuela de Derecho de Comayagua. -Cursaron durante el año 25 alumnos; y durante mi Administración han obtenido en ella el título de Licenciado 11, que con 5 más que pronto se recibirán, serán 16.

En el estilo seco del Doctor Policarpo Bonilla advertimos cierto desdén para la Universidad. La actitud exige explicaciones, y son las siguientes: La juventud hondureña en masa y los estudiantes de la Universidad en mayoría, eran liberales. Liberales cansados del abuso de poder de los gobernantes últimos: Bográn, Leiva, Agüero y Vásquez. Tales gobernantes juntamente con sus asistentes habían llegado al irrespeto total de la persona humana y de las instituciones de la República. Entonces, los jóvenes, llenos de ira, tomaron un fusil y, como se decía entonces, "se fueron a los cerros" a pelear contra las huestes arbitrarias. Y pelearon en verdaderas batallas en 1823 y 1824, hasta que pusieron fin al desorden entronizado en el poder político.

¿Quiénes quedaron en la Universidad con los brazos cruzados o se fueron a sus casas a disfrutar la vida hogareña? Los jóvenes conservadores con los bogranistas, los leivistas y los vasquistas. Esos, y no otros. Pues precisamente por esa causa, la Universidad Nacional quedó como arrinconada, y la juventud revolucionaria del 93 y el 94, que sabía "a qué huele la pólvora" como no había empezado sus estudios universitarios, o los había interrumpido, pensó en un centro cuyas ideas fueran más acordes con los tiempos, y el Gobierno de la Revolución atendió sus reclamos.

***

El Espíritu del Siglo. -En 1895 el Licenciado Miguel R. Dávila fue escogido por el Gobierno liberal para que fundara un Colegio que llenara los deseos de los jóvenes. Dávila fundó y dirigió el Espíritu del Siglo que enseñaba desde el alfabeto del español a los soldados que deseaban aprender a leer y escribir; Español, Inglés y Francés; Gramática, Retórica, Literatura General; Historia de la Revolución Francesa, e Historia de la Revolución de Independencia Americana; Filosofía con el sistema materialista de Vogt, Molechost y Buchner, y luego Matemáticas, Física, Química y Ciencias Naturales. La dificultad con que tropezó el director Dávila fue la carencia de profesores capaces. Pero de todas maneras, los bachilleres que salían del Espíritu del Siglo estaban más preparados para hacer una revolución que para seguir una carrera profesional.

Del mismo tipo debía ser el Colegio La Fraternidad fundado en Juticalpa en 1897 por el Gobernador Político Licenciado Francisco Cálix h., muerto un año después como Presidente de la Asamblea Constituyente de la República Mayor de Centro América, a la edad de 29 años. La casa del Colegio la dio el General Manuel Bonilla, jefe del Partido Liberal entonces, en lugar del Doctor Policarpo. Bonilla, que había renunciado la jefatura del Partido para hacerse cargo de la Presidencia de la República en 1895. El Colegio La Fraternidad ha dado, en sus mejores tiempos, verdaderas personalidades a la República.

4) Otras instituciones culturales.

Escuelas y Colegios de Señoritas. Para atender la enseñanza elemental del bello sexo, el 13 de diciembre del 77, creó en esta ciudad, una escuela destinada a ese objeto, la que cuenta con 79 alumnas; con igual fin, en la Villa de Concepción, tiene 38 alumnas.

Para la enseñanza en grado superior, se ha establecido un Colegio Nacional de Señoritas regulado por el sistema americano, y en la actualidad se enseñan las materias correspondientes al segundo curso (Ramón Rosa, Memoria de Instrucción Pública, marzo 20 de 1879).

Escuela de Bellas Artes. Por acuerdo del 15 de abril de 1878 se estableció una escuela de Bellas Artes, en las que se dan actualmente las clases de dibujo y pintura. Durante el día concurren a la escuela 32 alumnos, y 35 por la noche; entre los alumnos figuran algunos artesanos, que es indudable perfeccionarán sus oficios con el aprendizaje que hagan del dibujo lineal. (Ramón Rosa Memoria de Instrucción Pública, marzo 20 de 1879).

Escuela de Artes y Oficios. Desde que el General Luis Bográn fue y vino de la Exposición Universal de París en 1878, por nombramiento y representación del Gobierno de la Reforma, trajo de allá la idea de la clase nueva del proletariado, que aunque aplastada en su primer Gobierno, la Comuna de París, por los gendarmes del capitalismo francés, en 1871, la clase proletaria seguía desarrollándose vigorosamente, leyendo el Manifiesto Comunista y cantando la Inter nacional, a la vez que se preparaba para dar otros asaltos.

Nadie niegue la clara inteligencia y buena preparación de Bográn. Pero a su regreso de Europa; no buscó a la clase nueva en los mineros de la Rosario Mining Company, verdaderos representantes del proletariado, aunque fueran pocos, sino en los artesanos de Tegucigalpa, y a estos que habían organizado una Sociedad de Socorros y Auxilios Mutuos, les dio la personería jurídica, más una Escuela de Artes y Oficios, en 1884, fundación cálidamente elogiada por José Martí, quien residía en Nueva York entonces en la publicación "América".

Importación de maestros. Bográn seguía actuando en la Reforma y por tanto se veía obligado a seguir impulsando todos los ramos administrativos, y entre ellos el de instrucción pública. En este campo, notó que el impedimento mayor de la enseñanza estaba en la falta de maestros.

Con este criterio, trajo de Guatemala los siguientes profesionales de la enseñanza: Carlos Alberto Velásquez (jefe), José Clemente y Víctor Chavarría, Ángel Ignacio Jordán, Tomás Escoto, Rodrigo Castañeda, Joaquín Tejeda, José María Pérez y J. Inocente Orellana.

Y de España trajo la siguiente misión cultural: Arturo Morgado y Calvo, Teniente de Ingenieros; Francisco Cañizales Moreno y Juan Ruiz, Instrucción Militar; Manuel Fatuarte González e Italo Chizzone, Profesores de Litografía; Doctor Andrés López Benite, catedrático de Medicina y Ciencias Naturales; doña Antonia Garbó Montardo y doña Juana Lamas Basó, Profesoras de Labores.

Perito Mecánico Salvador Rodríguez y Sánchez, Maestros de Mecánica; Tomás Mur, Profesor de Dibujo y Escultura; Ciriaco Garcillán Cabujo, Profesor de Modelado; Dr. Manuel Montario Pérez, de Ciencias Físicas y Químicas; Lic. Robustiano Rodríguez, Filosofía y Letras, y Lic. Francisco Martus de la Fuente, Derecho Civil.

Academia Científico-Literaria. En el segundo período de Bográn fue fundada la Academia Científico-Literaria, el domingo 8 de abril de 1888, preestablecida en el Código de Instrucción Pública de 1881.Su fundación fue un acontecimiento cultural de alta estirpe. El Rector de la Universidad, Doctor Antonio Ramírez Fontecha, en cumplimiento de los artículos que van del 295 al 301 del Código de Instrucción Pública, declaró constituida e instalada la Academia Científico-Literaria de Honduras, con el siguiente Consejo Académico:

Presidente, el mismo Rector Ramírez Fontecha; Vocales, el Vicerrector y los Decanos de las Facultades, Licenciado Adán Matute Brito, Doctor Carlos E. Bernhard, Licenciado Trinidad Ferrari e Ingeniero José E. Lazo. Además, quedaron como Académicos el General Luis Bográn, Doctor Rafael Alvarado Manzano, Doctor Carlos Alberto Uclés, Lic. Crescencio Gómez, Lic. Carlos Membreño, Lic. Rafael Padilla, Lic. Jesús Inestroza, Lic. Simeón Martínez, y Secretario el mismo de la Universidad, Lic. Rafael Alvarado Guerrero.

Debe entenderse que este Consejo Académico fue provisional, simplemente para llenar los requisitos de la fundación.

En el curso del año y de los siguientes se incorporaron como Académicos, el Lic. Policarpo Bonilla, el Ing. Constantino Fiallos, el Lic. José Antonio López, el Lic. José Vicente Martínez, el Doctor Manuel Montorio, don Tomás Mur, el Ingeniero Francisco Cañizares y Moyano, el Teniente de Marina Arturo Morgado y Calvo, el Lic. Robustiano Rodríguez y el Doctor Andrés López Martínez. Su incorporación la hicieron con discursos que contenían estudios de gran valía, y eran recibidos con discursos de igual género por los Académicos designados para el acto.

Rectores de la Academia Literaria y de la Universidad Nacional, Fueron los siguientes en 50 años del siglo XIX: Presbítero José Trinidad Reyes, Doctor Hipólito Matute (médico), Lic. Trinidad Ferrari (abogado), Lic. Valentín Durón (abogado), Presbítero Yanuario Jirón, Lic. Adolo Zúñiga (abogado), Doctor Esteban Ferrari (médico),Doctor Antonio Ramírez Fontecha (médico español), Doctor Rafael Alvarado Manzano (abogado), Doctor José Leonard (abogado polaco, capaz de impartir cátedras en 10 idiomas, un sabio).

5) Periodismo.

No podemos hacer referencia de empresas periodísticas si no es por excepción, en la segunda mitad del siglo XIX. Es mejor hablar de los periodistas hondureños, pero de los que brillan con fundadas razones en aquella época.

El primero que se perfila es Alvaro Contreras (1839-1882). Luego de graduarse en Filosofía en la Academia Literaria de Tegucigalpa (Universidad Nacional), pasó a Comayagua a colaborar en un periódico liberal de oposición, que había fundado el Licenciado Céleo Arias. Medina lo expulsó del país. Pasó a El Salvador, donde fue secretario del General Cabañas, que preparaba un movimiento revolucionario contra Dueñas. Vencida la revolución, secretario y jefe navegaron a Panamá. Se trasladó a Costa Rica donde redactó el "Diario Oficial", con| un cambio de viento pasó a dirigir "La Estrella de Irazú", que fue suprimido, y fundó en su lugar "El Debate".

Regresó a El Salvador cuando Dueñas acababa de caer, debido, a la victoria de las armas hondureñas en Santa Ana el 10 de abril de 1871. Allí redactó "El Boletín Oficial", fundó después "La Opinión", y en 1875 apareció con un periódico de más aliento "La América

Central" para hacerle propaganda a la unión. Al caer el Gobierno de Valle (1876), se trasladó a León, en donde fundó "La Libertad" en el que trató con tanta rudeza a los gobiernos centroamericanos, que el Presidente Pedro Joaquín Chamorro lo invitó a salir del país. Se dirigió a Panamá, desde donde, escribiendo en los periódicos, hizo contacto con las personalidades de la América del Sur y comentó los acontecimientos de aquella zona como la guerra del Perú y Bolivia con Chile.

Regresó a El Salvador, enfermo. El Presidente Zaldívar lo comisionó para que pronunciara el discurso de inauguración del monumento erigido al General Francisco Morazán. Murió en 1882. Fue, según el decir de Ramón Rosa "El tribuno y el periodista más brillante de la América Central".

El mérito de Álvaro Contreras consiste en que presintió el vasallaje financiero que amenazaba a Centro América en la segunda mitad del siglo, y lo combatió con energía, por ejemplo, el monocultivismo bananero con el que Minor C. Keith estaba deformando la economía de Costa Rica.

***

Adolfo Zúñiga fundó en Comayagua "El Amigo del Pueblo" en 1857 para combatir la reelección del General Santos Guardiola y hacerle propaganda a la candidatura de José María Lazo.

Se le hizo imposible la vida en aquella Honduras conservadora y se trasladó a El Salvador, en donde fundó con los compatriotas José María Aguirre "El Gaucho", Domingo Vásquez y Rafael Meza, un periódico titulado "El Hondureño" para combatir el Gobierno de José María Medina que había llegado a los excesos del despotismo.

Motivo central de aquella propaganda fue La Ahorcancina de Olancho en 1865, por lo cual se dijo, falsamente, que el Gobierno salvadoreño había alentado a los olanchanos para que se levantaran contra el Gobierno de Medina.

"El 13 de enero de 1874, derrocada la Administración del Lic. Céleo Arias por los Gobiernos (liberales: nota nuestra) de El Salvador y Guatemala cuyos ejércitos ocuparon a Comayagua, subió al poder, elevado por éstos, don Ponciano Leiva. Este nombró en la misma fecha Ministro de Relaciones Exteriores al Dr. Zúñiga".

Y el Dr. Zúñiga, para defender el régimen recién establecido, fundó un periódico llamado "El Nacional".

Decimos nosotros: Zúñiga era muy inteligente; pero no comprendió que Barrios y González combatieron a Arias hasta derrotarlo porque vieron que no era un material manejable. Y ambos andaban buscando un comodín.

"El Gobierno de Guatemala —agrega el Dr. Durón— que había cooperado a que Leiva subiera al poder, incitó a pronunciarse al General José María Medina"... que volvió a instalarse hasta que el 13 de junio nuevamente lo obligaron a separarse.

¡Quede constancia de que no hay sabio que no eche su borrón!

Durante la Administración del Doctor Soto estuvo redactando el Dr. Zúñiga el periódico "La Paz" en el cual escribió sobre temas de política, jurisprudencia, economía, literatura, y cuanto aborda el periodismo moderno.

El Dr. Zúñiga fue político, estadista, rector de la Universidad Nacional y miembro de la comisión redactora de los Códigos del 98.

Fue un hombre ilustre.

José María Aguirre (el Gaucho) fue, se puede decir, un diplomático de carrera que siempre estuvo representando a Honduras, no importa que los gobiernos fueran conservadores o liberales, ante las naciones amigas. A los gobiernos se les hacía inevitable valerse de sus servicios por sus cualidades relevantes: buena presencia, esmerada cultura, dominio de varios idiomas extranjeros, hombre de mundo, y a esto agregaba su prestigiada ascendencia, pues fue su padre don Francisco Aguirre, jefe de las fuerzas militares de Tegucigalpa en los días de la Independencia, y más tarde diputado a la Asamblea Constituyente Federal de Centro América. El Gaucho podía jactarse de su "aristocracia republicana" como decían en Olancho en aquel tiempo.

Enemigo de los conservadores y de los regímenes despóticos, redactó "El Hondureño" en San Salvador en los últimos años del 70 con Adolfo Zúñiga, Rafael Meza y Domingo Vásquez. Aquel periódico desorientó al Presidente Dueñas; creyendo él que iba solamente contra Medina de Honduras, no se percató que estaba minando el régimen conservador de Centro América.

Amparado en la Constitución de 1880, José María Aguirre, el Gaucho, fue el primero en fundar un semanario de carácter político de oposición liberal. En mayo de 1889 apareció "El Tren", periódico de combate, que la emprendió contra el Presidente Bográn y sus más cercanos y prominentes colaboradores. Sus artículos fueron candentes y apasionados. Los amigos del Presidente le aconsejaron que parara el Tren, pero el gobernante les contestó que estaba cultivando la libertad de pensamiento y de prensa.

"El Tren" quedó en manos de Miguel R. Dávila, al hacer el Gaucho un viaje al exterior.

José Antonio López "no adquirió título profesional ninguno; pero había obtenido variados y profundos conocimientos en diferentes ramos del saber con sus repetidos viajes a los Estados Unidos de América, Inglaterra, Francia y España. En una de sus temporadas en este último país, allá por 1880, fue colaborador de "El Globo", periódico de Emilio Castelar".

"El señor López se consagró al comercio que fue su ocupación principal. Con todo, no descuidó el cultivo de las letras, y muchos artículos dé gran interés salieron de su pluma. (R. E. Durón).

Ahora, si el escritor José Antonio López fue colaborador de "El Globo" de Castelar en Madrid, no hay motivo para excusar que no aparecieran sus ensayos en las principales publicaciones de América Latina, como en efecto así fue.

Vivió largos años, instalado en Santa Tecla, El Salvador, lugar de su predilección, dedicado a leer y escribir. Desde allí hizo un enjuiciamiento crítico de Salatiel Rosales, a quien consideró el mejor prosista de Centro América.

***

Ángel Ugarte fue abogado con largo ejercicio en Honduras, El Salvador, Guatemala y Cuba. Viajó por Estados Unidos y Europa, empapándose en civilización. Al saber que había empezado la revolución de 1894, regresó al país a prestar su ayuda. Fue diputado a la Asamblea Constituyente de la República Mayor de Centro América y fue miembro del Consejo Ejecutivo de aquella República nueva.

No fundó periódicos, pero colaboró en los que existían. Y colaboró con estilo volteriano para exterminar los prejuicios coloniales del medio. El Doctor Ugarte profesó el ateísmo con tanta franqueza como los creyentes en las religiones positivas.

***

Fue el Licenciado Policarpo Bonilla quien concibió con miras políticas el proyecto de organizar en la Capital una sociedad anónima con el propósito de fundar una editorial.

Así surgió, a fines de 1889, la editorial "La Prensa Popular" en la cual fue Presidente el Licenciado Bonilla. La Sociedad se fundó ante los oficios del Notario Público Pedro José Bustillo, compareciendo los socios Luis Bográn, Policarpo Bonilla, Rafael Padilla, F. Ariza, Julio Lozano, José Antonio López, Carlos F. Alvarado, Dionisio Gutiérrez, Rafael Alvarado Guerrero, Enrique Lozano, Leandro Valladares, Santos Soto, J. Santos del Valle, José María Villafranca, R. López, E. Streber, Saturnino Medal, Julio César Durón, Domingo Zambrano, Mariano Lagos y Máximo Membreño. Se suscribió un capital social de $3,700 pesos.

La primera imprenta de esta Editorial se pidió a Nueva York; fue despachado el pedido por la fábrica The Liberty Machine Works, con intervención de don Tomás Estrada Palma y del ingeniero Enrique Constantino Fiallos, quienes se hallaban en aquel puerto; llegó a Tegucigalpa a mediados de 1890, y fue inaugurada el día 10 de agosto, a la 1 en punto, en acto realizado en el Salón de Sesiones de la Corporación Municipal. Cada acción de la "Prensa Popular" costaba diez pesos y sólo era permitido tomar 30 acciones como máximo.

En "La Prensa Popular" se publicaron unos en pos de otros, "El Demócrata", dirigido por Francisco Argueta Vargas; "La Prensa", por José Antonio López y Carlos Alberto Uclés; y "El Bien Público", cuyo nombre se le dio quizás, a imitación de su homónimo dirigido en Quezaltenango por el eminente político liberal ecuatoriano don Antonio Grimaldi, fue fundado por el Lic. Policarpo Bonilla para exponer sus ideas liberales y sus aspiraciones políticas.

***

El notable escritor Rafael Heliodoro Valle dejó esta nota en uno de sus libros:

"Para que se iniciara el movimiento de la prensa libre en Honduras, fueron necesarios: un Presidente que la fundara y garantizara (Bográn) y unos periodistas que estuvieran dispuestos a hacer uso de tal libertad: José María Aguirre, Policarpo Bonila, Miguel R. Dávila, Francisco Argueta Vargas, Carlos Alberto Uclés, José Antonio López Gutiérrez. Todos ellos, cual más, cuál menos, son los fundadores de la prensa libre de Honduras".

6) Literatura

Hay una obra de mucho valor publicada por el Dr. Rómulo E. Durón que se titula "Honduras Literaria". Como laurel para este autor debemos decir, que no es lo mismo publicar una obra que refleja una larga época histórica como la suya y desempeña un papel concreto en la enseñanza, que publicar antologías por puro antojo para satisfacer gustos muy personales, despreciando la realidad objetiva. Toda persona que escribe, y lo hace bien o medianamente bien, en prosa o verso, tiene derecho a que se le inscriba en la república de las letras. Además, hay algo que parece maldición, y es que las celebridades de una época terminan en nulidades en la siguiente, y las nulidades de la anterior resultan celebridades después. Dictados de la evolución y cambios de cristal.

La obra de don Rómulo fue publicada en 1896 y dedicada al doctor Policarpo Bonilla, es de siete tomos; cuatro dedicados a la prosa y tres al verso. Esto hace comprender que una obra tan extensa, es difícil sintetizarla. Por eso, nos valdremos del resumen que hace de ella el escritor Jorge Fidel Durón, en el que dice:

"La visión del autor al escribirla (Honduras Literaria) fue demostrar el innegable reclamo que tiene nuestro país a parangonarse con otras tierras quizá más afortunadas. Bastaría en mi concepto, con los escritos de José Cecilio del Valle, el Sabio por antonomasia, para darle brillo a la colección en prosa. Creo que bastaría con los versos de Juan Ramón Molina para enaltecer la colección poética. No obstante, a nombres tan ilustres se agregan, en el tomo de prosa, los de Dionisio de Herrera, padre de la Patria y gran hondureño que en nuestros días federales fue jefe de Estado de tres países hermanos; el de Francisco Morazán, más conocido como héroe y como guerrero invicto; el de Juan Lindo, político y estadista; los de Francisco Ferrera y José María Cacho, hombres adelantados a su tiempo. . ."

Lo escrito por el Lic. Durón (Jorge Fidel) atañe a la primera mitad del siglo XIX.

***

Los autores hondureños que corresponden a la segunda mitad del mismo siglo, son los siguientes:

"Los escritos de José Trinidad Reyes el inmortal autor de las "PASTORELAS": los de Máximo Soto y León Alvarado, humanista el primero, visionario el segundo; el de Francisco Cruz, autor de nuestra primera "FLORA"; el de Carlos Gutiérrez, nuestro primer novelista; el de Álvaro Contreras, el orador que avasallaba; los de Crescencio Gómez y Valentín Durón, legisladores y educadores; el de Adolfo Zúñiga, orador y Político (y periodista); el de Céleo Arias, autor de "MIS IDEAS"; el de Marco Aurelio Soto, el reformador, y el de Ramón Rosa, su insigne lugarteniente (el alma cultural de la Reforma); el de Rafael Alvarado Manzano y el de Jerónimo Zelaya, ambos jurisconsultos e internacionalistas; los de Carlos Madrid y Jeremías Cisneros, trabajadores de las letras; los de José Estéban Lazo y Liberato Moncada, investigadores e intelectuales; el de Policarpo Bonilla, cuyo nombre llena una época de nuestra historia política; el de Carlos Alberto Uclés, literato y erudito; el de José Antonio López, uno de nuestros primeros ensayistas; los de Ángel Ugarte y Constantino Fiallos, ambos científicos; los de Trinidad Ferrari y Alberto Membreño, escritores castizos, animadores del idioma; los de Ramón Reyes y Eduardo Martínez López, esteta el primero e historiador el segundo".

***

"El tomo de los poetas-sigue diciendo el escritor Durón (Jorge Fidel) se inicia con José Trinidad Reyes, el vate bucólico que cantó las cosas sencillas y, como Campoamor, "picó en el corazón"; siguen Carlos Gutiérrez, Justo Pérez, Teodoro Aguiluz, Francisco Vaquero, Jeremías Cisneros, Joaquín Díaz, Juan Ramón Reyes, Ramón Rosa, Guadalupe Gallardo, Manuel Molina Vijil, Josefa Carrasco, Carlos

Alberto Uclés, Gonzalo Guardiola, José Santos del Valle, Carlos F. Gutiérrez, Adán Cuevas, Lucila Estrada de Pérez, Miguel Rico Guardiola, Ramón Reyes, Miguel Ángel Fortín, Rómulo E. Durón, Juan María Cuéllar, José Antonio Domínguez, Jesús Torres Colindres, Julio César Fortín, Valentín Durón, Félix A. Tejeda, Juan Ramón Valladares, Carlos Cáceres Bustillo, Doroteo Fonseca, Juan Ramón Molina, Froylán Turcios y Jerónimo J. Reina. Desafortunadamente, de esta lista representativa, fueron muy pocos aquellos que lograron que su nombre traspasara las fronteras en alas de la fama.

Era en los tiempos en que las comunicaciones estaban bastante atrasadas y era muy difícil viajar, trasplantarse, cosas que son esenciales para los cultivadores de las Musas. José Antonio Domínguez después de Reyes (José Trinidad) como el poeta filósofo y su HIMNO A LA MATERIA es considerado como su mejor poema. Ya hablé de Molina, el de TIERRAS, MARES Y CIELOS (su obra definitiva) y quien dejara en ella acabadas composiciones demostrativas, de su admirable inspiración. Froylán Turcios fue el representativo más brillante del buen gusto literario en el país y su poesía y sus cuentos, así como sus publicaciones antológicas, le imprimieron un ritmo de decisivo progreso a nuestras letras".

Así termina el escritor Jorge Fidel Durón su resumen de HONDURAS LITERARIA, obra de indiscutible importancia permanente en las letras nacionales, y que es muy seguro se desconoce en la Escuela respectiva de la Universidad Nacional Autónoma y en los institutos y colegios de la República.

***

Pasando a otro tema, la literatura hondureña de la segunda mitad del siglo XIX pasó por tres influencias: el neoclasicismo, el romanticismo y el modernismo.

El neoclasicismo influye en los escritores preponderantes desde el Gobierno del General Cabañas hasta el Gobierno de la Reforma.

El romanticismo ejerce su influencia en los años de la Reforma.

El modernismo empieza a imponer su escuela en los años últimos del siglo XIX.

Se ofrece, no obstante, una particularidad, José Antonio Domínguez con el HIMNO A LA MATERIA, EL CÓNDOR CIEGO (símbolo de la América Latina avasallada por, el imperio anglo-sajón) y la MUSA HEROICA (Soneto) parece abrir. la brecha de la POESÍA SOCIAL.

Esto empezó a advertirse hasta después de la primera guerra mundial, y a considerarse que Domínguez quizás fuera el único poeta hondureño que tuviera los relampagueos del genio por sus anticipaciones.

***

En la primera época los grandes escritores influyentes fueron Voltaire y Rousseau; en la segunda Lord Byron y Víctor Hugo; y en la última, los parnasianos y simbolistas franceses.

***

Hay, además, algo sorprendente. Rubén Darío, tan conocido en América y Europa, no tuvo discípulos en Honduras. Mientras él cantaba lo exótico en el espacio y en el tiempo, Molina se aferraba en decir: "Nací en el fondo azul de las montañas hondureñas". Y para Turcios el dios de la poesía era Gabriel D'Annunzio.

***

7) Religión

Separada la Iglesia del Estado, también se delimitaron los campos del clero ignorante, fanático y guerrillero y el clero ilustrado y civilizado.

El primero fue concienzudamente denunciado por el doctor Antonio R. Vallejo en su obra titulada "Necrología del Presbítero Miguel Angel Bustillo", en la cual refiere el conflicto que suscitó el Tratado Wycke-Cruz entre la Iglesia y el Estado porque el Gobierno incorporaba habitantes al país de religión protestante, lo que estaba expresamente prohibido por la Constitución; refiere la excomunión del Presbítero Miguel del Cid, jefe de la curia de Comayagua, para el

Presidente Guardiola, y el revuelo que se produjo en la jerarquía eclesiástica y en el pueblo; refiere la famosa "Guerra de los Padres", en la que los curas seguidos de los fanáticos de sus parroquias se lanzaban a la acción guerrillera, librando escaramuzas en distintos lugares del país, pero el pueblo sensato no se dejó sorprender y sometió a los revoltosos; refiere la intervención del Papa para suspender la excomunión que cayó en Guardiola, por medio del Arzobispo de Guatemala; refiere el asesinato del Presidente Guardiola y la persecución de su hermano el Presbítero Miguel Ángel Bustillo; refiere, en fin, la ignorancia, el desaseo, la vida crapulosa y lasciva de aquellos sacerdotes, que con las manos "saturadas de sexo" elevan el cáliz en la misa matinal".

El Doctor Vallejo fue sacerdote, pero la muerte de su tío el general Guardiola y la persecución de su otro tío el Pbro. Bustillo, lo hizo arrojar los hábitos, y de este modo "volvió al mundo".

**

Después de los escándalos narrados en que los "curas macheteros" metieron a la Iglesia, el Pontífice Romano designó a Fray Juan de Jesús Zepeda, Obispo de Honduras, con sede en Comayagua. Fray Juan dejó que las aguas corrieran tranquilamente, a pesar de las constantes sugerencias que le hacían algunos buenos feligreses en el sentido que removiera aquel clero aldeano, ignorante y lleno de vicios. Poco o nada hizo el Obispo Zepeda, y murió cristianamente el 20 de abril de 1885.

Fue nombrado para sustituirlo el Doctor Francisco Vélez, guatemalteco, en mayo de 1887, habiendo venido a la Diócesis en marzo de 1888. El nuevo Obispo fue un sacerdote ilustrado y libre de prejuicios y beaterías. Fue profesor de Lógica en la Universidad San Carlos Borromeo de Guatemala. Dejó un bello tratado de esa materia con el título de "Ideología". Como al llegar a Honduras, su conducta moderna no armonizaba con la tradición de Comayagua, luego hubo malentendidos y choques, decidiendo el Obispo trasladar su residencia a Siguatepeque, en donde hizo levantar su palacio episcopal.

Amigo personal del joven José María Martínez y Cabañas, lo sacó de las ligerezas del mundo, lo llevó al sacerdocio, lo hizo su compañero de viaje a Roma, y aún más allá, a la Tierra Santa para dejarlo en su lugar el día que desapareciera. En efecto, el Obispo Vélez murió en Yarumela en 1901. Le sucedió el Presbítero José María Martínez y Cabañas, quien trasladó la silla episcopal de Comayagua a Tegucigalpa.

Quienes conocieron de cerca al Presbítero Martínez y Cabañas, más tarde Arzobispo de Honduras, afirman que fue instruido, comunicativo, agradable, un poco volteriano, y sobre todo, un tanto descreído en medio de la creencia.

DOCTOR POLICARPO BONILLA

(Rasgos biográficos escritos y publicados por el Doctor Rómulo E. Durón el 17 de febrero de 1899)

Nació Policarpo Bonilla en Tegucigalpa, el 17 de marzo de 1858. Fueron sus padres el licenciado don Inocente Bonilla, honor del foro hondureño, y doña Juana Vásquez de Bonilla, distinguida matrona, de cuyas preclaras virtudes se conservará indeleble el recuerdo en nuestra sociedad[4].

La niñez del señor Bonilla se deslizó en medio de las privaciones y penalidades de la pobreza. Había perdido a su padre a los siete años, y le habían quedado únicamente los tiernos afectos de su buena madre, quien, a pesar de delicada salud, atendió a su educación con las dificultades que se presentan a quien sólo cuenta con los escasos recursos de su trabajo personal para la subsistencia.

Hechos los estudios iniciales, el señor Bonilla ingresó a la Universidad, en donde recibió las enseñanzas del notable humanista don Julio Contreras y de otros profesores que supieron poner muy alto su nombre en aquellos tiempos. A la edad de catorce años obtuvo el grado de Bachiller en Filosofía; a los dieciséis, por suficiencia, los de Bachiller en Derecho Civil y Canónico; y apenas cumplidos veinte

---

[4] El estilo de la época era así, lleno de reverencias para los progenitores de los personajes.

años, cuando después de brillante examen sostenido ante la Corte Suprema de Justicia, alcanzó el título de Abogado.

Comenzó desde luego a ejercer su difícil profesión, y se distinguió en ella de tal manera, que pronto contó con una clientela numerosa.

Por esa misma época estuvo desempeñando con aplauso el cargo de Contador del Tribunal Superior de Cuentas, y dirigía a la vez al Juez de Letras Militar de este departamento.

Posteriormente hizo un viaje a los Estados Unidos de Norte América, y se dedicó al comercio, fundando la sociedad "Fortín y Bonilla", que giró durante ocho años en esta capital, y cuyos negocios dirigió con acierto y con éxito.

No obstante, las tareas comerciales, continuó dedicado al ejercicio de la Abogacía. En estas últimas fue donde el señor Bonilla dio a conocer su carácter y tendencias. Cuando comenzó sus labores profesionales, había la costumbre de acatar como leyes toda clase de disposiciones emitidas por el Poder Ejecutivo. El inauguró, luchando rudamente, la práctica contraria, sosteniendo en diferentes ocasiones que sólo debía respetarse como ley la que emanara del poder que tuviera facultades para dictarla y revistiese las formalidades prescritas por la Constitución. En comprobación de esto puede recordarse que nunca reconoció como ley el decreto de Reformas al Código de Procedimientos y a la Ley de Tribunales que el Poder Ejecutivo dictó, mediante una indebida autorización del Congreso, el 17 de marzo de 1883, y que, en sus gestiones como Abogado, siempre se atuvo a las prescripciones del Código y ley citadas, considerándolas, en toda su extensión, en su vigor y fuerza.

Cuando estaba para expirar el primer período presidencial del General don Luis Bográn, se trató de la reelección de éste. Con tal motivo, el 6 de enero de 1887 hubo en el Palacio de Gobierno una junta de notables que debía decidir sobre el particular. El señor Bonilla fue convocado a ella, y asistió. La mayor parte de los concurrentes eran empleados de aquel Gobierno, y expusieron terminantemente sus deseos en favor de la reelección, a pesar de que se había manifestado opuesto a ella el mismo General Bográn, en el discurso que dirigió a la junta. El señor Bonilla, aunque conociendo que todo aquello era una farsa, trató de aprovechar las declaraciones del Presidente, y comprometerlo a que formalmente desistiera de su candidatura; pero nada consiguió. Sometido el punto a votación, le siguieron unos pocos, y tuvo en contra una enorme mayoría que votó por la reelección.

El señor Bonilla entonces inició trabajos en favor de la elección del distinguido ciudadano señor don Céleo Arias. Publicó una exposición excitando a éste a que diese a conocer al pueblo hondureño si aceptaba o no la candidatura, y, en el primer caso, a que presentara su programa administrativo. El señor Arias aceptó: publicó su hermoso manifiesto intitulado Mis Ideas, y con esto quedó empezada la campaña electoral.

El resultado de la lucha fue el que debió esperarse. El poder contaba con todo: la oposición no contaba más que con su inquebrantable decisión y energía, y necesariamente había de quedar vencida, aun cuando equivalga a una victoria moral una derrota debida a la imposición y la violencia. Recuerdo que entonces uno de los Ministros más atendidos por el General Bográn me dijo, en tono de satisfacción estas palabras: "Sí, amigo: es muy difícil ganarle las elecciones a un Gobierno", lo que fue una espontánea y valiosa confesión.

Reelecto el General Bográn, comprendió el señor Bonilla la necesidad que el Partido Liberal tenía de una imprenta independiente para defender su causa, y proyectó establecerla. Al efecto, promovió la formación de una sociedad anónima con personas de todos los departamentos de la República. La sociedad se fundó y se estableció "La Prensa Popular".

Habiendo fallecido el señor Arias en mayo de 1890, era indispensable procurar que el Partido Liberal, que sólo tenía su nombre y su programa por enseña, tuviese unidad y fuerza por medio de la disciplina, obedeciendo a un plan de acción fijo, organizándose sin consideración a persona alguna, v sometiéndose a una Constitución. El señor Bonilla tomó sobre sí esta tarea, echando las bases para la organización del Partido en octubre siguiente.

El 8 de noviembre de ese año dio el señor Bonilla una prueba de civismo y de respeto a las instituciones, muy rara en países que, como el nuestro, no han alcanzado su completo desarrollo, y en que no es el verdadero republicanismo la base de la vida política y social. Ese día se sublevó en Tegucigalpa el General don Longino Sánchez, Comandante de Armas del departamento, contra el Gobierno del General Bográn. El señor Bonilla, que hacía la oposición a este

Gobierno y que, a haber querido manchar su nombre, hubiera podido aprovechar el pronunciamiento de Sánchez para adueñarse del poder, se puso al servicio del Gobierno constituido, y con el pronto auxilio que con sus correligionarios le prestó, afirmó en el poder al General Bográn, dándole fuerza material y moral desde el primer momento, desde muy antes que pudieran venir en su socorro las divisiones de los departamentos, y decidiendo así, desde luego, el fracaso de la intentona de Sánchez. Fue entonces la primera vez que el Doctor Bonilla jugó su vida en los combates[5].

Debelada la sublevación, influyó en el ánimo del General Bográn a efecto de que no aplicase la pena de muerte a ninguno de los comprometidos, aunque fuese muy grave su responsabilidad, y consiguió su objeto.

El 5 de febrero de 1891 dictó en Tegucigalpa la Convención Liberal, con representantes de seis departamentos, la Constitución del Partido, habiendo acogido en ella las ideas fundamentales del programa del señor Arias y las bases provisionales de organización de octubre de 1890. La Convención declaró electo al señor Bonilla jefe del Partido y candidato a la Presidencia de la República, en el nuevo Período. Así quedó inaugurada la campaña electoral. La lucha fue vigorosa.

El Partido tenía imprenta, y con ella tuvo bastante para enfrentarse con el poder, que apoyaba la candidatura del General Ponciano Leiva.

Pero en esta campaña, como en la anterior, habían de resultar triunfantes la imposición y el fraude. En mayo de ese año fue asaltado y tomado el cuartel de Amapala por unos pocos emigrados, habiendo muerto en la refriega el Comandante del puerto, General Santos Bardales. Pronto el puerto fue recuperado, y el movimiento no tuvo más trascendencia, pues era absolutamente aislado. Sin embargo, él sirvió de pretexto al General Bográn para declarar en estado de sitio toda la República, y de este modo impidió los progresos de la propaganda que la prensa le hacía a la candidatura liberal. El estado

---

[5] El General Bográn con su fraude electoral impidió la Presidencia del Doctor Arias. Como su Gobierno era ilegítimo convenía abandonarlo a su suerte. Históricamente, el General Longino Sánchez aparecía como vengador y había que dejarlo que realizara su venganza. Cometió un error el señor Bonilla al convocar a los liberales para salvar a Bográn. Sin esta participación, se habrían evitado Leiva, Agüero, Vásquez, más los millares de muertos y mutilados del 92, 93 y 94, y el proceso habría tomado otro rumbo.

de sitio se levantó el 15 de agosto, cuando ya el poder tenía seguridad de hacer triunfar su candidatura y cuando el Partido Liberal no tenía tiempo de reanudar completamente sus trabajos, pues las elecciones debían comenzar el 5 de septiembre.

Las elecciones se practicaron como era de esperarse; y a pesar de que no hubo libertad en ellas, obtuvo el señor Bonilla más de 15,000 votos en una base falseada de 49,662 sufragantes. En consecuencia, fue declarado electo Presidente de la República el General Leiva. Si hubiera habido libertad, y probablemente aun faltando, sin haberse cometido fraude, puede asegurarse que el resultado habría sido contrario.

A pesar de las irregularidades incalificables de esta elección, el Partido Liberal se habría sometido si se hubiera abierto una nueva era administrativa. El señor Bonilla, deseoso de que volviera la tranquilidad a todos los hogares y seguro del triunfo en una nueva campaña electoral, propuso al Gobierno del señor Leiva la organización de un Gabinete formado por hombres respetables que no tuviesen compromisos con ninguna agrupación y que dieran al pueblo garantías de que se llevaría al Poder la moralidad política y de que serían castigados con arreglo a la ley los que, durante la administración anterior, la habían violado cometiendo atentados contra los derechos individuales y dilapidando los bienes del Tesoro Público.

El señor Leiva no supo apreciar esto en lo que valía, y no sólo desoyó esa voz amiga, sino que hizo lujo de mantener en sus puestos a la mayor parte de los empleados culpables de la Administración Bográn, y exigió que el señor Bonilla disolviera la agrupación liberal. Esto era inaguantable, y el señor Bonilla rechazó indignado semejante exigencia. Entonces comenzó contra él y los suyos la más implacable persecución. Se les molestó por todos los medios imaginables, y por fin, el 8 de mayo de 1892 fueron expulsados del país el señor Bonilla, los Generales José María Reina, Erasmo Velásquez, Dionisio Gutiérrez y Miguel R. Dávila, y los Licenciados Miguel Oquelí Bustillo y Enrique Lozano.

En estas circunstancias, sólo la revolución podía salvar al país, y la revolución comenzó.

El 22 de junio, el Coronel Leonardo Nuila asaltó y tomó el cuartel de La Ceiba, proclamando Presidente al señor Bonilla, y el 5 de julio se dirigieron a la frontera de Nicaragua los liberales de Tegucigalpa y Comayagüela, a cuyo frente se pusieron allá los Generales Reina, Velásquez, Dávila y Laínez. Estos y otros movimientos simultáneos en la frontera salvadoreña, fueron desgraciados. El ejército de Nuila, que se formaba de 700 hombres bien armados se desbandó en Quiebra-Botija, y el ejército del sur, que contaba con muy pocos rifles y tuvo que batirse con arma blanca hasta con piedras, sucumbió ante el numeroso y bien equipado ejército del Gobierno en Las Anonas, primero, y después en El Corpus, en donde seguido del General Dionisio Gutiérrez, de los Licenciados Lozano y Oquelí y de otros ardientes revolucionarios, se había fortificado el General Sierra.

La acción de El Corpus, librada poco después del combate en que el General Sierra con unos pocos soldados derrotó en El Carrizal a las fuerzas que mandaba el entonces Coronel Antonio Tercero, fue de las más reñidas. El General Sierra defendió la plaza durante tres días, teniendo apenas como 125 hombres, habiendo sido atacado con 1,500 por los Generales Vásquez, Williams y López, quienes contaban además con dos piezas de artillería. La acción de El Corpus fue el último esfuerzo de la campaña liberal de 1892.

Pero el señor Bonilla, que se hallaba entonces en Guatemala y no había podido reunirse con los revolucionarios, se preparó para el año siguiente. Burlando la vigilancia de las autoridades nicaragüenses, y viniendo por tierra desde Costa Rica, logró penetrar hasta Somoto, donde permaneció de incógnito, hasta que en febrero de 1893 se presentó en la frontera seguido de gran número de sus partidarios, habiendo luego ocupado el pueblo de Güinope.

Una vez allí, se iniciaron conferencias en favor de la paz por parte del Gobierno, que presidía a la sazón el Licenciado Rosendo Agüero por depósito que en él hiciera el General Leiva. Las conferencias no dieron el resultado apetecido, y el ejército liberal pasó a ocupar Tatumbla, a cuatro leguas al sudeste de la capital. En Tatumbla hicieron prodigios de valor los revolucionarios, no habiendo podido desalojarlos de allí en treinta días el General Vásquez, jefe de las fuerzas del Gobierno. El señor Bonilla dispuso por fin levantar el campo y venir a atacar Tegucigalpa. El 28 de marzo amanecieron las huestes liberales en El Picacho, y como a las once de la mañana tomaron La Leona y gran parte de la ciudad, habiendo tenido que replegarse hacia el cerro como a la una de la tarde al entrar en combate las fuerzas superiores en número y equipo del General Vásquez que habían quedado burladas en Tatumbla. Una fuerte columna de éstas había sido destacada del camino sobre el cerro de Las Crucitas y allí fue completamente derrotada por el ejército liberal, después de un reñidísimo y terrible combate, que duró desde las cuatro de la tarde hasta las once de la noche. El ejército liberal continuó cinco días más en El Picacho, de donde destacó una columna al mando del General Bonilla, para capturar un convoy de cartuchos y dinero que venía de Comayagua, lo cual por un desgraciado accidente no se logró.

Por falta de dinero, principalmente, el resto de la fuerza liberal abandonó la posición, dirigiéndose a Cedros con el objeto de ponerse en comunicación con Olancho, y proveerse de allí de los recursos necesarios.

En el camino, en el Río Hondo, quedó el General Sierra con una columna encargado de amenazar la capital, y de detener al enemigo o seguirlo para atacarlo por retaguardia si a su vez atacaba la plaza de Cedros. Cumpliendo con la primera parte de su misión el General Sierra libró en Coa un combate con una fuerza que mandaba el General Vásquez en persona, obligándole a regresar a la capital; pero ya no pudo concurrir a la reñida acción que se libró en Cedros, desde el 8 de abril, en donde el General Manuel Bonilla fue gravemente herido. Después de seis días de estar enfrentando al enemigo, el Doctor Bonilla con sus fuerzas marchó a Guaimaca, a donde se replegó el General Sierra.

Descuidado por el exceso de fatigas y privaciones estaba allí el ejército liberal el 15 del mismo mes cuando se presentaron las fuerzas de Villela. A pesar de la sorpresa, los revolucionarios hicieron brillantes cargas; y la victoria habría coronado sus esfuerzos, en vez de ser una acción más bien indecisa, si el señor Bonilla no hubiera sido herido; y al sacarlo del campo de batalla no se hubiera perdido gran número de tropas, por cierto de las mejor equipadas. Acompañado del General Sierra iba a visitar el puesto del cementerio, caminando a paso trote de las mulas por un llano limpio, a distancia de menos de cien pasos de una guerrilla enemiga, que hacía fuego parapetada en un barranco, cuando una bala les atravesó el brazo derecho y el pecho de tetilla a tetilla. La arteria principal había sido rota en el brazo, y se creyó que la herida era mortal. El herido fue trasladado en camilla a Juticalpa, donde permaneció en cama trece días, al cabo de los cuales sobrevino la hemorragia por la rotura de la arteria, que hizo necesaria una operación de ligadura. Se practicó ésta sin éxito, al mismo tiempo que el ejército liberal se batía otra vez a las órdenes del General Sierra en El Salto, logrando contener al enemigo y asegurar, sin persecución ya la marcha hacia la frontera de Nicaragua.

El Doctor Bonilla, conducido en hamaca, custodiado por ochenta de sus más leales amigos, y cargado por ellos en sus hombros, por la gravedad de su estado no quiso pasar de Las Cañadas, hato de Félix Medina en donde resolvió esperar la llegada del Doctor Julián Baires para que en unión del Doctor Alejo S. Lara h., que le acompañaba, practicase una nueva operación. Crítica era en verdad la situación, porque el Doctor declaraba que por justos motivos no podía practicar él sólo la ligadura de la arteria; y dentro de pocas horas la enfermedad del enfermo no lo permitiría. Felizmente llegó Baires, y juntos practicaron el 3 de mayo una feliz operación. El mismo día el Doctor Bonilla continuó la marcha y el siete traspasó la frontera de Nicaragua. Con eso quedó terminada la segunda campaña de la revolución liberal.

Por entonces en Nicaragua una revolución se sucedió a otra quedando definitivamente el Partido Liberal en el poder, y aliviada la difícil situación de los emigrados hondureños. El señor Bonilla fue electo Diputado a la Asamblea Constituyente por el departamento de Carazo; y en su puesto hizo honra a su credo y a su país.

A fines de 1893 se inició la tercera y última campaña. El 24 de diciembre de aquel año inauguró el señor Bonilla su Gobierno en Los Amates. A este acto sucedieron la ocupación de la plaza del Corpus y la de Choluteca, y finalmente la de Tegucigalpa, a donde entró el ejército vencedor, auxiliado por el ejército nicaragüense el 22 de febrero de 1894. Pronto quedó pacificado el país y se entró en una era de reparación, de progreso y de justicia.

Lo primero que hizo el señor Bonilla fue convocar la Asamblea Constituyente que dictó la que siempre se ha llamado Constitución liberal por excelencia. Electo Presidente Constitucional, ha consagrado sus energías a promover el adelanto en los diferentes ramos del Gobierno. Su labor administrativa aparece justificada en sus Mensajes que formarán el tomo final de esta colección. (Tres tomos que llevan el título de "Colección de escritos del Doctor Policarpo Bonilla").

Dedicó atención especial a dos importantes problemas: el de la reconstrucción de la República de Centro América, que se hubiera logrado al no acaecer el movimiento golpista (del General Tomás Regalado. M/M) el 13 de noviembre de 1898 en San Salvador: y la construcción del ferrocarril interoceánico, acerca de la que nada puede afirmarse como seguro por ahora entre el Gobierno y el Sindicado[6].

El señor Bonilla ha concluido su período presidencial en paz, y ha tenido la satisfacción de entregar el Poder al sucesor que el pueblo le designó, cumpliendo así sus deberes de ciudadano y sus compromisos como individuo y jefe del Partido Liberal.

Su conducta en el Poder ha merecido con justicia el aplauso de propios y extraños.

Pocas vidas podrán presentarse tan brillantes y fecundas a los cuarenta años de edad. Y el haber sido el señor Bonilla lo que ha sido, le valdrá un gran porvenir, que al desarrollarse, hará ver lo que ha conseguido hasta hoy como el comienzo de la obra que está llamado a realizar.

RÓMULO E. DURÓN

17 de febrero de 1899.

---

[6] Aquí, seguramente, la palabra sindicado equivale a Compañía, y debe referirse el Doctor Durón a una Compañía constructora de ferrocarriles.

LA POLÍTICA

Por el Doctor: *POLICARPO BONILLA*

NOTA:

Consideramos que el programa MIS IDEAS del Doctor Céleo Arias, y el artículo editorial titulado LA POLÍ TICA del doctor Policarpo Bonilla, forman la síntesis más completa del pensamiento liberal de los finales del siglo XIX, con el objeto de mejorar el sistema político de la Reforma primero de Soto y después de Bográn, que degeneró en la politiquería y el bochinche. Pero tampoco los ideólogos finiseculares fueron más favorecidos porque las correntadas del capital financiero inundaban el país y la República iba hundiéndose en sus abismos para siempre.

Es esta una de las más útiles entre las ciencias sociales; pero no es de ella en abstracto, sino de sus aplicaciones, y, sobre todo, de las que pueden hacerse en Honduras, de lo que vamos a ocuparnos.

Entre nosotros se ha querido hacer de la política el patrimonio exclusivo de los hombres del Gobierno, a la manera que entre los egipcios la ciencia y la religión eran el monopolio de los sacerdotes. En la prensa oficial y asalariada, en discursos, y por todos los medios posibles, se ha hecho propaganda de tan perniciosa doctrina; procurando infundir la creencia de que se dirige un cargo vergonzoso a aquel de quien se dice que de la política se ocupa, inventando a ese propósito los calificativos de politiqueros, bochincheros de oficio y otros semejantes, que nuestros lectores, de seguro, recordarán haber visto en la mayor parte de los periódicos que antes de ahora se han editado en el país, aplicados a todos los que de los asuntos públicos han hablado o sobre ellos han escrito, o de quien se ha sospechado que hablar o escribir pudiera.

Así se explica que la mayor parte de los hondureños dicen con la mayor naturalidad, y sin comprender que abjuran de su dignidad de hombres, no digamos ya de ciudadanos, "yo no me ocupo de política, sino de lo que me interesa"; y tal dicen, quizá, cuando está suspendido el látigo sobre sus hombros, o los de sus hijos, hermanos o amigos; cuando se están forjando los grillos que han de aprisionar sus pies; cuando se está fraguando contra ellos una calumniosa acusación, que ha de privarles de su libertad y de reducirlos a la miseria; cuando el fruto del sudor de su frente, convertido en contribuciones, ha de distraerse de las arcas públicas para enriquecer a los privilegiados que de política se ocupan, los mismos que tanto empeño tienen en convertirlo en monopolio suyo.

Según esa doctrina, los que rodeando al Gobernante, espían su menor gesto, su más leve movimiento para traducirlos en órdenes y apresurarse a ejecutarlas; los que se acercan a él arrastrándose a sus plantas, le dicen que, como hombre de Estado es un Bismarck, como militar un Napoleón, como hacendista un Colbert, como orador un Castelar, como poeta un Lamartine, como hombre de ciencia y literato, en fin, un genio, una lumbre, y llegan a hacérselo creer; los que aparentando ser modestos ciudadanos, exentos de ambición de ningún género, explotan su lado flaco, honrado o criminal, para lograr grandes especulaciones, que empobrecen el tesoro público y acrecientan el suyo propio, o se dedican al grande o pequeño agiotaje, con mengua del crédito nacional, y privando, tal vez, del pan que debiera llevarse a la boca el infeliz empleado; los que se mezclan en intrigas y manipulaciones electorales, o ponen su pluma o su persona a discreción, para conservar o adquirir un empleo, y lograr así ver coronada la gran aspiración de todo el que no tiene aliento para vivir de su trabajo independiente; esos son los grandes políticos, los únicos privilegiados para serlo; esos, los grandes patriotas.

Por el contrario, aquellos que viviendo de su trabajo o de sus rentas estiman en poco el favor del Gobernante, y sólo quieren de él recibir justicia; que se creen suficientemente independientes para verlo sin el prisma o el lente de aumento que emplean sus aduladores, reconociendo sus cualidades, pero también sus defectos, y tratándolo como a hombre, no como a una divinidad; que se permiten censurar su conducta administrativa, cuando no la creen encaminada al bien común, ya por medio de la palabra, ya por la prensa; que trabajan porque se coloquen en los puestos públicos de elección popular, hombres independientes, capaces de contrarrestar la maléfica influencia cortesana, de detener los ímpetus de una voluntad acostumbrada a no tener contradicción, de mantenerle dentro del derecho; que se ocupan no sólo de su provecho propio, sino también del interés general, por creer que allí encontrarán su propio bien, esos son los politiqueros, los bochincheros, los hombres perniciosos a la sociedad; esos, los traidores a la patria.

Aunque los proclamadores de la doctrina no se atrevan a confesar que a esa extremidad llevan sus consecuencias, no pueden ser otras las del monopolio de la política; y en verdad, el hecho, por desgracia, confirma nuestras apreciaciones. De los hombres a que nos hemos referido, son los primeros y no los segundos; son los de arriba y no los de abajo; son los participantes del poder y no los independientes, los que han logrado imponerse sobre las masas y hacerlas sus cómplices, ya empleando la violencia, ya el halago, ya la astucia para que los sostengan en su ventajosa posición. Ahora, felizmente, parece que el pueblo hondureño abre ya los ojos y comienza a distinguir quiénes le engañan y quiénes le sirven, y a percibir sus verdaderos intereses.

Por eso creemos oportuna la ocasión para ayudarle a avanzar en esa senda, y arrancarle la falsa idea de la política que se le ha inculcado, y de la cual no se han librado hasta hombres de ilustración y recto criterio, honrados y patriotas, que, coadyuvando en nuestra empresa, la harían de pronta y fácil realización.

La política es útil, tanto para los Gobiernos como para los ciudadanos. Debe ser considerada bajo dos aspectos: en el exterior y en el interior.

La política hondureña en el exterior, debe ser: cultivar amistosas relaciones con los demás países, especialmente las que al comercio se refieren, y estrechar los vínculos de fraternidad con los otros Estados de Centro América, abriendo el camino para que lleguen a ser una sola nación; pero esos vínculos deben crearse sobre pie de igualdad, sin consentir el predominio ni imposición alguna de parte de cualquiera de esos Estados, ni contraer alianzas de los unos en perjuicio de los otros, porque eso engendra odios y rencores que alejan la realización de aquel ideal, y a la larga pueden atraer la guerra sobre nuestro territorio. Honduras, por su posición central, puede mantener más difícilmente el equilibrio, pero consiguiéndolo, puede pesar mucho en la balanza para mantener la paz en toda la América del Centro. Para conseguirlo, necesita lealtad en sus relaciones, y fuerza para hacerse respetar; preparándose para la guerra, a fin de sostener la paz. Para hacerse fuerte, necesita crear un ejército, instruirlo, disciplinarlo, y tener listo el armamento y equipo necesarios para cuando llegue el momento de llamarlo al servicio: necesita estimular el proverbial valor del soldado hondureño, dejando vivir en él al ciudadano;

enseñándole como ideal que defender, la libertad individual de que disfrute, instituciones que le sean queridas y el honor nacional no mancillado; y mostrándole como altar en que ha de sacrificar su vida, el de la patria, y no el levantado a un hombre endiosado, ya que en una República no se puede ordenar, como un autócrata a sus esclavos, ir a la muerte sin preguntar por qué.

La política interior debe ser fiel cumplimiento de la Constitución y de las leyes: el respeto a la vida, la libertad y la propiedad de los habitantes; la honrada administración de los caudales públicos, y el ahorro que hace un buen padre de familia, preparándose para cuando llegar puedan los malos tiempos; el impulso a todo progreso, con la debida prudencia, de manera que, por demasiada precipitación, no haya de secarse la fuente de la vida del país; la elección de un sistema determinado de administración como un credo bien definido, que permita a los ciudadanos saber lo que deben esperar del Gobernante en una situación dada; la elección de los hombres que han de secundar sus proyectos, entre aquellos que, no sólo por sus antecedentes políticos sino también por su honradez en la vida privada, ofrezcan garantía de integridad y rectitud en sus procedimientos; la educación del pueblo, aprovechando toda ocasión para hacerle comprender sus derechos como ciudadano y sus deberes para con la patria; la difusión de la enseñanza siquiera la más elemental, para poner al pueblo en posición de leer y apreciar por sí mismo las discusiones que en la prensa se suscitan entre aquellos que, ya en el poder, ya lejos de él, pretenden trabajar sólo por su bien.

Tal política es la que nosotros consideramos sana, ya la practique el Gobierno, ya la pida la oposición; y creemos que nadie puede disputar el derecho y el deber que tiene todo hondureño de averiguar si esa es la que sigue, o el de proponer otra que juzgue mejor, pues pretendemos nosotros que nada hay más allá de lo que pensamos. Mas, en todo caso, pedimos franqueza, y que no se trate de extraviar la opinión pública, haciendo creer que se sigue determinado sistema, precisamente en el momento en que se está practicando lo contrario.

Consideramos la política como la ciencia de aplicación de todas las ciencias sociales; y por eso, con razón, se la ha definido "la ciencia del Gobierno, que enseña a los que ejercen el poder público la manera de gobernar bien a los pueblos, y a éstos la manera de ser gobernados".

Creemos, pues; que ocuparse de política es ocuparse del bien público, sin que quien lo haga deje de ser patriota, porque a la vez persigue su propia honra y gloria y hasta un provecho personal bien entendido. Los perjuicios que a nombre de la política se causan a la sociedad, ya por los que estando en el poder la ponen al servicio de mezquinos intereses, ya por los que invocándola tratan de escalarlo con torpe ambición, no deben ser tomados en cuenta para condenarla, porque en tales casos se abusa de ella, como se abusa también de las cosas más santas. Al buen criterio del pueblo toca discernir quiénes lo engañan y quiénes quieren su bien; y para distinguir sus amigos de sus enemigos, debe atender más que a sus palabras a sus hechos, y a la vez que a su conducta pública, a su conducta privada.

(Tomado de EL BIEN PUBLICO, órgano de propaganda del Partido Liberal, Tegucigalpa, 7 de noviembre de 1890).

PROCLAMAS QUE DIRIGEN A SUS CORRELIGIONARIOS EL JEFE Y VICEJEFE DEL PARTIDO LIBERAL AL ENTRAR ESTE EN EL EJERCICIO DE SU ENCARGO

POLICARPO BONILLA,
Jefe del Partido Liberal,

A sus correligionarios:

Durante cerca de cuatro años me ha cabido la honra de dirigiros en las luchas sostenidas contra la tiranía. De mis actos he dado cuenta a vuestros Representantes a la Convención que hoy termina sus sesiones; y tengo el legítimo orgullo de que hayan merecido su aprobación:

Considero el mayor timbre de gloria para miel poder decir que tanto en las luchas políticas como en los campos de batalla, he sido el Jefe de hombres valientes, abnegados y patriotas, distinguidos entre tantos que ha producido el suelo hondureño; el poder decir que con ellos he compartido a la vez que el escaso rancho del pobre y honrado revolucionario, todas sus fatigas y peligros; y el haber mezclado mi sangre con la de tantos mártires que con la suya han fecundado el hermoso árbol de la libertad. Y será también mi mayor gloria permanecer digno del afecto y aprecio que esos hombres me han demostrado en las más difíciles circunstancias.

Hoy, en cumplimiento del deber, dejo la dirección del Partido en manos del Vicejefe de vuestra elección, General Manuel Bonilla, absolutamente confiado en que él sabrá mantenerlo en la senda que se ha trazado; y más dichoso que yo, durante la paz que tenemos derecho a esperar, aprovechará vuestro patriotismo para hacer que se consoliden las liberales instituciones, encarnadas en la nueva Carta Fundamental que acaba de emitirse, que habéis sabido conquistar para el pueblo hondureño y de las cuales seréis sus más fieles guardianes.

Prestadle vuestra decidida cooperación para que los constantes esfuerzos del Partido se encaminen al progreso del país y a la reparación de los estragos de la guerra.

Por mi parte, como Gobernante, corresponderé a esos propósitos y en general al programa del Partido, dentro de los límites de la ley escrita, cuyo fiel cumplimiento, sin consideraciones personales ni políticas, es la primera de nuestras aspiraciones, y será la regla de mi conducta; pero siempre tendré como punto de apoyo al Partido Liberal, que ha probado y probando está que quiere y puede hacer el bien de la patria. Mientras con él cuente mi Gobierno, contará con el favor de la opinión pública, y será por lo mismo suficientemente fuerte para no preocuparse por ningún peligro interior ni exterior; para huir de la guerra, como de una calamidad nacional, pero hacerla o aceptarla siempre que la honra y dignidad de Honduras y la salvación de sus más caros intereses e instituciones la exijan.

No sin pesar me he resuelto a dejar, aunque sea temporalmente, el modesto pero honrosísimo título de Jefe vuestro, y aceptar el de Presidente de la República, por más que éste haya sido objeto de tantas nobles y de tantas bastardas ambiciones. Mas tengo la convicción de que, conocedor de las necesidades creadas por la revolución y justo apreciador de vuestros sufrimientos, podré con más facilidad atender a la satisfacción de las primeras y corresponder a vuestros heroicos sacrificios. Así tendréis energía bastante para persistir en vuestros nobles propósitos, y tendrán aquellos de vuestros conciudadanos que no os han acompañado, suficiente estímulo para imitaros.

Vuestro correligionario y amigo.

P. BONILLA.

Tegucigalpa, 10 de noviembre de 1894.

MANUEL BONILLA,
VICEJEFE DEL PARTIDO LIBERAL

A sus correligionarios:

Compañeros. Apareció nuestro partido el día glorioso de nuestra emancipación política. Las masas populares encabezadas por insignes patricios obligaron a nuestros próceres a escribir y firmar la inmortal Acta de Independencia.

Luchó y venció desde su origen: irresistible es en la acometida; pero sin tener jefes reconocidos ni disciplinadas sus capacidades, no era un partido gubernamental, y por esto, su triunfo fue, como debía ser, muy breve.

El partido conservador, su antagonista siempre y en todas partes, heredó las tradiciones coloniales: sus hombres ya estaban versados en los negocios públicos, fueron diestros en el disimulo y pronto se adueñaron de la situación.

Esto que sucedió al principio de nuestra vida política, se ha repetido por años y años.

Hombres muy grandes han figurado en nuestro partido: acaso los más y mejores que ha producido el país, en letras, armas y administración, pero ha sido sólo por ligerísimos intervalos que los liberales han llegado a las regiones del poder.

Ruda ha sido la batalla. Nuestros regidores, de suyo ilustres, se han glorificado por el martirio. Si quisiera nominarlos, larga sería la lista, y por larga la suprimo. Al sellar como buenos con su preciosa sangre sus doctrinas, los pueblos en su consciente y buena parte, las han recogido y acariciado en su corazón, y a su calor ha podido vivir el Partido Liberal. Sin embargo, hubo un período de nuestra historia en que el desaliento cundiera aún entre los más denodados. Los Jefes, el Estado Mayor y hasta los guías de nuestro benemérito partido habían sucumbido; unos, víctimas del plomo homicida, y otros en los campos de batalla.

Fue una época esa tristísima. Había liberales, pero no partido liberal.

Los conservadores dominaban del uno al otro confín de Centro-América: nada se movía; la obra del quietismo estaba consumada.

Pero es ley invariable de la política, que cuando un partido desaparece de la escena pública, el que queda como triunfante se divide. Esto sucede, como es fatalmente necesario. Los Presidentes conservadores de Honduras y de El Salvador, contrariando sus intereses, se hicieron la guerra, y ambos rodaron por el suelo. Vino lo que no se esperaba.

A raíz de esta revolución y como un fruto bendito, surgió el egregio Licenciado don Céleo Arias, gran carácter y preclara inteligencia; leal y sincero; todo abnegación y patriotismo, tenía la suma de las dotes de Jefe y hombre de Estado: ¡honremos su memoria! más su Gobierno, que Gobierno fue, pasó con la rapidez con que pasan las excelentes cosas en este mundo.

Terrible apareció entonces el naufragio: se perdió el poder: se salvó, sí, lo más caro y de mayor interés: el honor y el Jefe. Y para un hombre de las aptitudes del Señor Arias, semejante descalabro implicaba. una lección que no era para desaprovecharla. Conoció la causa verdadera y oculta de su derrota y la necesidad que había de poner el remedio, que no era otro que organizar, disciplinar y compactar a su partido, para fundar algo estable y que si no él, otro labrara el bien de la patria. Desde esa fecha esquivó los destinos públicos para no distraerse y concentró su actividad y energías a crear un cuerpo político sano y capaz de contrarrestar con su formidable adversario, ya fuera dentro de la legalidad o con las armas en la mano.

Muy adelantada estaba la obra; más está escrito que no es dado a ningún hombre grande coronar sus ideales. El Señor Arias no fue la excepción: la muerte le sorprendió en su altísima labor; pero de su vigorosa mano no cayó la excelsa bandera. Con decisión y elevados propósitos la tomó un valiente y hábil batallador, nuestro ilustre y digno Jefe don Policarpo Bonilla, que ha sabido arrostrar peligros innumerables y sacrificios increíbles e indescriptibles hasta dar cima a la hermosa empresa de organizarnos. Hoy el partido liberal se presenta, como nunca ha estado en Centro-América: unido y listo; es un ejército en formación que para moverse sólo espera las voces de mando de sus jefes.

En esta situación prometedora del partido, el Jefe que nos ha conducido no puede continuar. Obedeciendo a la voz del pueblo y a sus generosos sentimientos, combatió la tiranía que altanera y osada se había adueñado de los destinos de la República, hasta que dio con ella en tierra, -y contrajo, por este mismo hecho-, la obligación de sacar triunfante el sistema de Gobierno que le sirvió de bandera en la lucha. La esfera, pues, de su acción, se ha ensanchado. El jefe de nuestro partido, sin dejar de serlo, ya no puede consagrarse sólo a su servicio, pues se ha convertido en Gobernante del Estado; y su misión hoy es procurar el bien y la felicidad de todos los hondureños, enaltecer los destinos de la patria, y sin limitaciones y exclusivismos, aunque con el Partido Liberal por base, hacer una política nacional.

Comprendiéndose, como no se puede menos, que sin cabeza luego viene la desorganización en todo cuerpo, se me ha electo por vosotros, mis amigos, Vicejefe del Partido, Sé que mis tareas serán fáciles y sencillas, puesto que cuento, como debo contar, con las inspiraciones, consejos y atinadas medidas de nuestro experto Jefe y la cooperación y ayuda de todos y cada uno de los liberales.

He aceptado el honor; enseño con el ejemplo a obedecer. Miembro de un partido no busco ni rehúyo puesto por elevado, peligroso o humilde que sea: en todos sirvo con gusto igual: me olvido de mí y atiendo únicamente al cumplimiento del deber.

Con el puesto que se me señala, he aceptado también todas las responsabilidades y trabajos que le acompañan, graves y delicados. La historia del partido mártir, que así se puede llamar con propiedad al de los liberales, marca con precisión y claridad cuáles son a la vez mis deberes y los del Partido. No son ociosas, no, las reminiscencias, aunque breves, que he hecho. Ellas bastan para que no nos sea dado desconocerlos.

Compañeros: Al empezar, pues, mi cometido, con sinceridad pido vuestro concurso de luces y buena voluntad: inteligentes y patriotas, no me lo podéis negar.

Nuestro objetivo es meritorio. Hemos buscado el poder, no por el poder, que a más nos obliga nuestra propia dignidad. Lo buscamos como condición necesaria para cumplir con nuestra misión social. Amamos los medios legales, y nuestras aspiraciones son honestas. Así, en resumen, deseamos:

Paz en el orden, como que así la patria se engrandecerá.

Libertad en la justicia, para que los hondureños vivamos como hermanos.

Igualdad en la ley, para que todo derecho sea respetado.

Ahora bien: estos principios o aspiraciones del Partido Liberal, junto con los medios legales para realizarlos, están condensados y garantidos en la novísima Constitución Política de Honduras.

Debemos verla, pues, como nuestra propia obra, y unidos y compactos y dispuestos a todo sacrificio formar a su alrededor y con ella salvarnos o perecer. Aprendamos de una vez a ser esclavos de la ley y seremos libres, a respetar a las autoridades, y seremos hombres, a amar la justicia y el derecho, y seremos buenos ciudadanos.

Fuera de estas primordiales verdades, el patriotismo es mentira, y la civilización y cultura grosera farsa. No hay que engañarnos: o inauguramos el reinado del orden, de la paz y de la libertad, ahora que el partido liberal ejerce el Poder Público, o renunciamos a nuestra misión gloriosa. Esta es nuestra obligada posición.

Liberales: Nada nos falta para acometer la noble y grandiosa empresa de regenerar a esta amada Patria. Sus destinos están en las manos de los más conspicuos de nuestros hombres; y las principales doctrinas de nuestro credo político se hallan consignadas como leyes en nuestras modernas instituciones. Deber es, pues, velar por la consolidación de tanto bien adquirido, y trabajar, a la vez, por la reforma y engrandecimiento de Honduras.

Para lograr estos elevados fines, tenemos forzosamente la obligación de permanecer unidos y disciplinados, vigilantes y celosos como en los días de prueba porque acabamos de atravesar. El enemigo nos acecha; ¡evitemos las sorpresas…armas al hombro!

Si el triunfo que hemos alcanzado nos ha de dividir; si con él han de nacer las malas pasiones e invaden a nuestras filas las ambiciones desatentadas, el descrédito nos espera y luego vendrá la catástrofe. No hay que hacerse ilusiones. Familia dividida va a la ruina; y nosotros no somos más que una familia agrandada. Estrechemos hileras; seamos columna cerrada.

Compañeros: Ya se ha dicho: El Partido Liberal es una bella esperanza para el porvenir de Honduras; y para empezar bien, debe honrar la memoria de los mártires, no con pomposas frases o palabras elocuentes, sino con algo de más subido precio, sacrificándoles las susceptibilidades del amor propio, que es tan fácil de sentirse herido, los delirios de la soberbia y el orgullo, y hasta los humos de la vanidad y presunción. Este será un homenaje digno de los varones raros y célebres patriotas que nos han precedido, legándonos el caudal de sus virtudes y nobles pensamientos.

Si así procedemos, estamos salvados: somos la fuerza en el presente y la pujanza en el futuro; si nos dividimos, como en otros tiempos ha sucedido, seremos otra vez arrollados y escarnecidos, y lo que es peor y más doloroso con aplauso de nuestros enemigos.

No permitamos, pues, que tanto mal nos venga por nuestra culpa: para evitarlo seamos moderados, en nuestra ventajosa posición, y la disciplina, que da en todo la victoria, sea nuestra consigna. Mas en todo caso tendré como un honor ser vuestro Vicejefe, y en particular, vuestro compañero y amigo,

MANUEL BONILLA,

Tegucigalpa, 10 de noviembre de 1894.

RUPTURA DE LA REPÚBLICA MAYOR DE CENTRO AMÉRICA

Por el Doctor ALFREDO TREJO CASTILLO

NOTA:

La verdad es que la gran reivindicación política de la Reforma liberal en los países del Istmo consistía en reconstruir la República de Centro-América, en forma federal o unitaria. Pero como el principal agente de ella, Justo Rufino Barrios, pereció intentándola por la vía de la violencia en la batalla de Chalchuapa, en 1885, todo lo demás quedó mediatizado. Y los nuevos intentos unionistas que hubo en los años siguientes, resultaron fallidos. A esto se refiere el Doctor Alfredo Trejo Castillo en su artículo, que aquí se convierte en una página histórica.

Desde 1889 hubo un intento unionista, no tripartito, sino abarcando las cinco Repúblicas. Estaban gobernadas así. En Costa Rica dejó el Poder Ejecutivo don Bernardo Soto Alfaro, en 1889, había comenzado a ejercerlo en 1885. En aquel año, es decir el 89, figuraron tres Presidentes. Asunción Esquivel Ibarra, el mismo don Bernardo Soto Alfaro y don Carlos Durán Cartín. En Guatemala, don Manuel Lisandro Barillas, que había principiado sus funciones en 1886. En Honduras, el General Luis Bográn, que asumió el Poder en 1883. En Nicaragua, Evaristo Carazo, que escaló el mando en 1887, y Roberto Sacaza, que comenzó en 1889, y lo dejó el 93 a José Santos Zelaya. Y en El Salvador, el General Francisco Menéndez. Mencionados los Gobernantes, diremos que el 15 de octubre de 1889, se firmó en San Salvador, un Pacto de Unión Provisional, que en síntesis disponía que el 15 de septiembre del siguiente año se reuniría en la capital de Honduras una Dieta Centroamericana, integrada por veinticinco delegados, es decir cinco por cada Estado, y que en la misma capital tendría su asiento el Ejecutivo Federal, debiendo ser rotatorio anualmente en cada capital de los cinco países, lo mismo que la Dieta alcanzó las aprobaciones del caso, siendo postergada la de Costa Rica. No se llevó adelante porque estalló la guerra entre El Salvador y Guatemala, debido al golpe de cuartel dado en El Salvador el 22 de junio de 1890, que comentó hasta Rubén Darío. Las tres

Repúblicas restantes firmaron un pacto con Guatemala para apoyarla a fin de que en El Salvador se estableciera un régimen legal.

Más tarde en 1892, por un Tratado de Paz procuraron mejorar sus relaciones, habiendo acordado solicitar la adhesión de Costa Rica.

Luego, en 1894, se firmó en San Salvador un Protocolo sobre la Unión de las cinco Repúblicas. No prosperó.

A fines del propio año de 1894, Guatemala y Nicaragua acordaron insistir en llevar a cabo lo dispuesto en el Protocolo anterior, pero por inconvenientes que tenía Costa Rica, resolvieron aplazar tal propósito hasta 1896.

Tal era el ambiente en aquellos seis años. El ideal unionista existía. La hora era favorable.

Ahora, ya explicado esto, pasemos a la República Mayor de Centro América. Eran por entonces Presidentes, es decir, en 1895, en tres de estos países, los siguientes ciudadanos. En Honduras, el prestigiado Doctor Policarpo Bonilla. En Nicaragua, el General José Santos Zelaya. Y en El Salvador, el de igual grado Rafael Antonio Gutiérrez. Esos tres Gobernantes firmaron en el puerto de Amapala el 20 de junio de aquel año un Pacto para organizar dicha República. Canjearon las ratificaciones el 15 de septiembre de 1896. Acordaron mantener la vigencia de sus Tratados, la independencia de las Partes, con las limitaciones establecidas en el Pacto, principalmente en lo relativo a la soberanía transeúnte, se organizaba una Dieta para el ejercicio de aquélla, integrada por cinco Delegados, uno por cada República, con asiento rotativo anualmente en cada capital, siendo su primera la de San Salvador. El 15 de septiembre quedó inaugurada.

La Asamblea Constituyente que debía redactar la Constitución Política de la nueva República, se instaló el 24 de junio de 1898 en la capital nicaragüense. Sesenta y tres días después decretó aquella Asamblea la Carta Fundamental de los Estados Unidos de Centro América. Fue inspirada en las Constituciones Federales de Centro América.

En el puerto de Amapala, el 2 de noviembre de 1898, inició sus funciones el Poder Ejecutivo de la República Mayor, que rompió el General Tomás Regalado, doce días después, dando un golpe de cuartel en El Salvador. Triste desenlace para tantos preparativos, tantos esfuerzos y tantas esperanzas.

Todas las Constituciones Políticas de los cinco países han acostumbrado consignar la necesidad de ir a la Unión Centroamericana. Allí está el principio, pero al llevarlo a la práctica queda muerto, por las maniobras que se desarrollan contra él. El relato de que hablamos lo enseña. Es interesante y muy de veras.

(Se refiere el Doctor Trejo Castillo a la documentación que ofrece en libro de la organización, desarrollo y ruptura de la República Mayor de Centro América, publicada en 1961; y así se explican los párrafos que van en seguida).

Nosotros en esta ocasión repetimos lo que dijo una vez don Andrés Bello al publicar uno de sus libros: "yo sólo soy un compilador".

(A continuación, va el relato que hace el Doctor Policarpo Bonilla sobre la República Mayor de Centro América, que tiene importancia por ser el último esfuerzo unionista que se hizo en los últimos años del siglo XIX; además de ser legítima historia nuestra).

EL FRACASO DE LA REPÚBLICA MAYOR DE CENTRO AMÉRICA

Por el Doctor POLICARPO BONILLA

Hay que confesar que un enemigo invisible de la Unión Nacional la persigue ensañado y feroz[7]. Jamás, como en este último ensayo, después de vencerse obstáculos que parecían insuperables se había llegado tan adelante. La nueva entidad política estaba constituida y su Gobierno se había inaugurado. Sin embargo, ha muerto; y con ella ha muerto, quizá por toda una generación las más bellas esperanzas del patriotismo.

He sido factor importante a nombre del pueblo hondureño en esa obra que se ha derrumbado; y creo de mi deber justificar mi conducta ante mis contemporáneos y ante la Historia. Para ello tendré necesidad de referirme a los antecedentes no conocidos todavía en interés de la gran causa, y de otros muchos hasta tanto que puedan publicarse como datos para la Historia.

En junio de 1895 me dirigí a los señores Presidentes de Guatemala, El Salvador y Nicaragua, Generales José María Reina Barrios, Rafael Antonio Gutiérrez y José Santos Zelaya, respectivamente, invitándoles para una conferencia en Amapala, con el objeto de tratar asuntos de interés común para estos países, y en especial de los

---

[7] La primera frase del Informe del Doctor Policarpo Bonilla: "Hay que confesar que un enemigo invisible de la Unión Nacional la persigue ensañado y feroz", hace que venga al recuerdo "El Fausto", del gran poeta alemán Goethe, de difícil interpretación, hasta que los últimos investigadores han encontrado la luz del poema maravilloso. Desde el siglo XVI hasta el actual, Alemania no ha podido llegar a donde aspira, porque todos los movimientos progresistas que ha tenido y han buscado la costa feliz, matemáticamente han sido frustrados o han sido torcidos o desviados de su objetivo, bien por jefes o guías malintencionados o incapaces, bien por aliados o asistentes que llevan armas de mala fe y sentimientos perversos. Eso significa Mefistófeles en la historia y en la política de Alemania, según Goethe. Y ese mismo diablo -nosotros sabemos quién es ese diablo- ha impedido la unidad de Centro América, no importa la vía que se busque, la guerra o la paz, la política centroamericana o el abrazo de hermanos, y nada.

Precisamente, ese demonio que el Doctor Bonilla llama "enemigo invisible de la Unión nacional" es, ni más ni menos, el imperialismo anglo-norteamericano y sus desdichados agentes.

medios de asegurar la paz en Centro América. No hice lo mismo con el Presidente de Costa Rica, porque no era posible la conexión de los vapores para que pudiera concurrir en la misma fecha. El Presidente de Guatemala se excusó, y los de El Salvador y Nicaragua aceptaron la invitación. Al reunirnos, nuestra primera palabra fue para expresar la idea que llevábamos los tres Presidentes, de que esa reunión tendría por objeto tratar de la Unión de Centro América, Tanta espontaneidad debía considerarse como un presagio favorable a la realización de cualquier proyecto en que se conviniese para reconstruir la antigua Patria. Es oportunidad de hacer constar, sin embargo, que varios miembros importantes de la comitiva del señor Presidente Gutiérrez hacían objeciones a la unión con Nicaragua, aunque la aceptaban de muy buena voluntad con Honduras. Yo procuré y logré demostrarles que la unión de sólo dos Estados no daría ningún fruto, porque no tendría fuerza bastante para mantener su existencia ni para atraer a las otras Secciones del Istmo; y les observé, además, que estando Honduras y Nicaragua íntimamente aliadas, no podrá entrar la primera, sola, a la Unión con El Salvador.

Al fin todos los salvadoreños, nicaragüenses y hondureños allí presentes, acogieron con aplauso el Pacto que se firmó en Amapala el 20 de junio; y es de notarse que algunos de aquellos que hicieron las objeciones antedichas, fueron después los más entusiastas y celosos defensores del Tratado de la Unión.

Hubo, pocos meses después, un momento en que el Presidente Gutiérrez me manifestó que, en vista de los recelos y desconfianzas que había provocado en Guatemala y Costa Rica, el Pacto de Amapala, debíamos prescindir de nuestro propósito y esperar mejor oportunidad para la Unión. En mi contestación para él, y en carta al Doctor Jacinto Castellanos, me empeñé en demostrarles que esas razones más bien podían obligarnos a apresurar la aprobación del Pacto, para que fuese ley, y en su nombre pudieran los tres países confederados defenderse contra los trabajos de disolución o trastorno que los enemigos de la causa emprendiesen por la fuerza o por la intriga.

Felizmente, en esos días llegó a conocimiento del Presidente Gutiérrez un proyecto atribuido al Gobernante de Guatemala, de trastornar el orden de los tres países signatarios de Pacto. La noticia de tal proyecto se hizo pública en El Salvador, y provocó una reacción favorable que facilitó la aprobación del Pacto en el Congreso de la República, y el nombramiento de los respectivos delegados a la Dieta, lo que antes había sido hecho en Honduras y algún tiempo después se hizo en Nicaragua[8].

Sobrevino, en febrero de 1896, la revolución de Occidente en Nicaragua, quizás fomentada por los enemigos de la Unión, que también saben explotar con oportunidad las ambiciones personales, o el localismo de los pueblos, para combatir tan noble causa.

Honduras, en nombre de ese hermoso ideal, ayudó a sostener el Gobierno de Zelaya, quien tan decidido se mostraba por llevarlo a debida realización; y lo hizo, además, por la alianza íntima que de hecho había resultado, desde que aquel Gobierno ayudó a derrotar la tiranía que en este suelo imperaba.

El Gobierno de El Salvador también le prestó su apoyo moral en aquella emergencia.

Restablecida la paz en Nicaragua, la Asamblea Constituyente que convocó aquel Gobierno con el objeto de reorganizar el país, designó al General Zelaya para ejercer la Presidencia en el siguiente período. Con este motivo se creó en El Salvador, especialmente de parte del Presidente Gutiérrez, manifiesta animosidad contra el Presidente Zelaya: comenzaron a encontrar eco los revolucionarios vencidos en León y los demás emigrados nicaragüenses residentes en aquella República; y desde entonces se vinieron formando proyectos de invasión a Nicaragua, tolerados, si no fomentados todavía, por las autoridades.

Bajo tan malos auspicios se instaló en San Salvador la Dieta de la República Mayor de Centro América, el 15 de septiembre de 1896.

Por tal razón y habiéndome hecho el General Zelaya declaraciones terminantes de que su reelección presidencial sólo obedecía al propósito de llevar a cabo la Unión proyectada, le telegrafié manifestándole la conveniencia de que hiciese iguales declaraciones al Presidente Gutiérrez, con el objeto de restablecer la armonía y la confianza, al quedar todos convencidos de que la continuación del General Zelaya en el Poder, era una ventaja y no un

---

[8] Fue la Gran Bretaña la autora del caos centroamericano en las primeras décadas de la independencia de Centro América. La revolución industrial inglesa conmovió al mundo, produciendo trastornos políticos, sociales, económicos con su comercio, sus préstamos, su diplomacia y sus barcos de guerra.

peligro, para llegar a la reconstrucción de la Patria. El señor Zelaya accedió a mis deseos y dirigió al General Gutiérrez una comunicación expresiva y terminante en ese sentido, quien le contestó satisfactoriamente; y pareció que después de eso reinaría entre los tres Gobernantes la inteligencia más perfecta para llegar al fin deseado.

Mas, por desgracia, no fue así; pues continuó el señor Gutiérrez manifestando casi en público los mismos cargos contra el Presidente Zelaya, por la reelección de éste, de los cuales hacía eco la prensa de aquel país, que podía considerarse inspirada por el Gobierno, y aunque oficialmente no alegó este motivo, lo ostentó en lo particular a los miembros de la Dieta y a quienquiera que con él tratase el asunto, para fundar su negativa, al ser excitado por el Presidente Zelaya y por mí para que se interesase, como lo haríamos nosotros, porque los Congresos de los tres Estados eligiesen sus representantes a la Asamblea Constituyente, a fin de que en aquel año de 1897, quedase consumada la Unión; si bien debo hacer constar que hasta entonces el General Zelaya no conocía aún en toda su extensión la actitud hostil hacia él de parte del Gobernante salvadoreño, quien ya hacía halagadoras promesas a los enemigos del Gobierno de Nicaragua.

En abril del mismo año fue invadido el territorio hondureño por algunos descontentos de mi administración, residentes en El Salvador, que encontraron en el mío un Gobierno débil y sin acción, que se prometían connivencias en el interior, y que contaban con la política, en lo general poco correcta, del Gobierno salvadoreño para con sus vecinos. Pudieron sorprender el Cuartel de La Esperanza, entre otras causas, porque contaba mi Gobierno con la antigua promesa del Presidente Gutiérrez, muchas veces reiterada, aunque no fue cumplida, de no tolerar que se organizasen en territorio salvadoreño los enemigos de la paz de Honduras; y de darme aviso si llegaban éstos a traspasar la frontera en son de guerra, que era todo lo que yo le había pedido, aunque él ofreció mucho más, para el caso en que ellos burlasen su vigilancia. Por ese motivo la guarnición de La Esperanza, el 13 de abril de dicho año, era la ordinaria y no había ninguna fuerza de observación en la frontera.

El Presidente Zelaya, al recibir la noticia de la invasión, me ofreció auxilio de tropas; pero habiéndole manifestado que tenía ejército suficiente para vencer, y que prefería en calidad de préstamo el dinero que había de invertir en el sostenimiento de las fuerzas que me prometía, lo que contribuiría a hacer innecesario un decreto de empréstito forzoso; me envió mil libras esterlinas, que le fueron devueltas a fines del mismo año.

Además, necesitando de un vapor que cerrase la salida a los facciosos de Puerto Cortés, e impidiese la llegada de filibusteros que

se estaban enganchando, el cual se me dificultaba conseguir entre los que tocaban en Honduras, pedí al señor Zelaya que procurase contratarlo él. Lo hizo en efecto, fletando el "Lucy B", que envió a Trujillo al mando del General Juan Pablo Reyes, de donde sacó, lo mismo que de La Ceiba, fuerzas de desembarco que contribuyeron, así como el vapor con su artillería, a asegurar la captura de la mayor parte de los enemigos.

De parte del Gobierno de El Salvador me fueron hechos varios ofrecimientos, que yo reduje al préstamo de cerca de quinientos rifles y de cien mil cartuchos, que se situaron en dos puntos de la frontera de Occidente, y que destinaba a armar las fuerzas que estaban allá reunidas. Acepté el préstamo aludido en la creencia que llegarían más pronto que las armas enviadas de esta capital con el mismo objeto; y principalmente acepté los elementos para poder darme por satisfecho, en interés de la causa de la unión de la conducta de aquel Gobierno. Las armas y municiones llegaron a la frontera cuando ya el enemigo estaba reducido a Puerto Cortés, pero creí deber de cortesía recibirlas.

El 15 de septiembre del mismo año de 1897, la Dieta trasladó su residencia a Managua; y tal vez su ausencia de la capital salvadoreña haya influido mucho para que se afirmase en el Presidente Gutiérrez la idea de contribuir a derrocar al Presidente Zelaya; pues en seguida y a la vez que ocurría una sublevación en Granada, dos expediciones sucesivas salieron del puerto de La Unión, despachadas sin misterio por las autoridades del mismo; expediciones que fracasaron sin disparar un tiro. Una de ellas penetró armada al territorio hondureño, y provocó una ligera escaramuza con la fuerza de observación que en la frontera nicaragüense tenía este Gobierno. Por ese motivo, los agresores fueron sometidos a juicio en Choluteca; pero los Tribunales dieron por buena su excusa de haber creído que eran fuerzas nicaragüenses las con que se encontraron, y fueron puestos en libertad poco tiempo después.

Entre tanto, el Presidente de Nicaragua pidió la entrega de los prisioneros, a lo que no se pudo acceder, porque habiendo también delinquido en territorio hondureño, debían ser juzgados por las autoridades locales; y porque, aunque eran enemigos comunes de ambos Gobiernos (en gran número emigrados hondureños) siempre tenían que ser tratados como reos políticos.

En noviembre siguiente se acentuaron las dificultades diplomáticas que el anterior movimiento revolucionario ocurrido en Nicaragua creó entre dicho Estado y la República de Costa Rica, principalmente por la permanencia cerca de la frontera de aquél, de los emigrados nicaragüenses en actitud amenazante. Por ese motivo llegó a esta capital el señor don Justo A. Facio, Agente Confidencial del Presidente de Costa Rica, que había estado antes en El Salvador, y que vino con el objeto ostensible de patentizar a este Gobierno la buena amistad de parte del de Costa Rica. Como era lógico, traté con el señor Facio sobre la tirantez de relaciones entre su Gobierno y el de Nicaragua, y de los motivos que había para creer que el Presidente de Costa Rica señor don Rafael Iglesias, protegía a los emigrados nicaragüenses en sus planes de invasión a Nicaragua, lo que aquél negó en absoluto, confesando, sin embargo, que había peligro de guerra entre ambos países.

El señor Facio me excitó para que enviase un Agente Confidencial a Costa Rica, como mediador, para lo que también me habían excitado, en lo particular, lo mismo que al Presidente de El Salvador, los miembros de la Dieta, Doctores Castellanos y Soriano.

Designé para ese fin a don E. Constantino Fiallos prometiendo el General Gutiérrez, primero, nombrar un Agente por su parte, y después dar sus credenciales al mismo señor Fiallos, lo que no verificó. Mi Agente partió en unión del señor Facio, con instrucciones de procurar el restablecimiento de las buenas relaciones entre los Gobiernos de aquellos dos países hermanos; y de repetir al señor Iglesias, si era necesario, la declaración que había hecho a su Agente, de que Honduras haría causa común con Nicaragua, si la guerra era provocada por Costa Rica, fuera que invadiese el territorio nicaragüense o que lanzase sobre él a los emigrados. También me empeñé en demostrar al señor Facio y encarecí al señor Fiallos hacerlo con el señor Iglesias, que no debía éste confiar para la contienda, en la promesa de cooperación que sabía le había hecho el Gobernante de El Salvador, y que el señor Facio negaba, porque esa promesa no podría cumplirla aquél, ya que Honduras, por su posición geográfica y por otras muchas razones fáciles de comprender, estaba en condiciones de impedirlo. Los hechos se encargaron más tarde de comprobar esa verdad.

La misión del señor Fiallos tuvo en parte éxito aparente, porque, aunque el señor Presidente Iglesias no tuvo la atención de contestar ni de recibo la carta credencial que llevó mi Agente, éste me trajo la declaración que verbalmente le hizo de no permitir que los emigrados nicaragüenses saliesen del territorio costarricense en son de guerra; y digo que el éxito fue aparente, porque un mes después la invasión se había verificado, sin causarme sorpresa, ya que ni el señor Fiallos ni yo habíamos quedado satisfechos. En efecto, el 5 de febrero último atacaron aquellos con ventaja el pequeño resguardo que el Gobierno de Nicaragua tenía en Sapoá; y pocas horas después sorprendieron la guarnición que había en San Juan del Sur, logrando apoderarse fácilmente de dicho puerto.

Algunos días antes había tenido yo noticia cierta de que ese hecho se verificaría con la cooperación del señor Gutiérrez, y lo avisé al señor Zelaya.

El mismo día en que la invasión se verificó, aunque sin saberlo yo todavía, me dirigí al Presidente de El Salvador, requiriendo de él la verdad, porque la noticia contenía también una amenaza para Honduras. Obtuve una contestación franca por demás, la cual sin duda me dio el señor Gutiérrez, impulsado por el éxito obtenido por los emigrados nicaragüenses en San Juan del Sur; respuesta que habría yo desde luego tomado como ofensiva y humillante para Honduras y para mi Gobierno, a no haber sido irrealizable la amenaza, y haber tenido presente, por otra parte, mi propósito de hacer todo sacrificio de amor propio para salvar la obra de la Unión, lo que sólo podía conseguirse logrando que el Gobernante salvadoreño desistiese de sus planes y volviese a la consecuencia y lealtad que le imponía para con sus hermanos el Pacto de Amapala. Esos sentimientos inspiraron la réplica que provisionalmente le dirigí en mi telegrama del 8 de febrero y dominaron en los demás que nos cruzamos. Nunca le di la respuesta definitiva que le anunciaba, porque en aquellos momentos estaba para zarpar de La Unión el vapor "Cuscatlán", con fuerzas y elementos bélicos; si bien no lo hizo por la costa nicaragüense, a donde estaba destinado, sino para Puntarenas, a donde fue despachado por las autoridades de aquel puerto. Ese cambio de destino de la expedición permitió llegar a la paz y salvar por entonces la República Mayor.

En interés de la causa de la Unión, el Presidente Zelaya y yo convinimos en enviar nuestros Agentes confidenciales a El Salvador, tanto para procurar hacer desistir de sus propósitos al Gobernante de aquel Estado, como para provocar una reacción en el pueblo salvadoreño, demostrándole que la política que seguía su Presidente era contraria a sus legítimos intereses en Centro América. La misión fue confiada por Nicaragua al Doctor Leopoldo Ramírez Mairena, y por Honduras, al Doctor Ángel Ugarte, quien ya antes había desempeñado el mismo encargo, y llevó para el señor Presidente Gutiérrez carta mía en las dos ocasiones.

Esa misión fue infructuosa; porque hombres importantes de El Salvador, y la opinión pública en general, se mostraron adversos a la aventura en que se quería comprometer a aquel pueblo; y yo llegué a estar completamente seguro de que el Presidente Gutiérrez no podría lanzar su ejército contra Honduras, con probabilidades de éxito, porque el pueblo salvadoreño, antes y después pero especialmente entonces, comprobó su simpatía por el de Honduras, y su repugnancia para entrar en lucha con él; sentimientos que nuestro pueblo tiene la buena suerte de inspirar a todos sus vecinos en el Istmo.

Por otra parte me dirigí al Dr. Baltazar Estupiñián, Ministro de la República Mayor de Centro América en Guatemala, y a don E. Constantino Fiallos, quien se encontraba allá por accidente, indicándoles que pidiesen al señor Estrada Cabrera, que acababa de suceder al General Reina Barrios en la Presidencia de aquella República, su mediación en la contienda entre Nicaragua y Costa Rica, que envolvería a Honduras y El Salvador, no como era lógico y natural bajo la bandera de la República que formaban, sino en campos enteramente opuestos.

El Presidente de Guatemala accedió enviando inmediatamente al Dr. Francisco Lainfiesta, quien conferenció primero con el Presidente de El Salvador, después con la Dieta y el Presidente de Nicaragua y en seguida pasó a hacerlo con el Presidente Iglesias. El curso de esa mediación que al fin tuvo el mejor resultado, puede verse en los telegramas que entonces se cruzaron y fueron publicados en el periódico ministerial "La Unión".

La Dieta de la República Mayor de Centro América, en las difíciles circunstancias a que me he venido refiriendo, se colocó a la altura de su deber, procediendo con. acierto y discreción tales, que debían dar por resultado la paz, o hacer la guerra absolutamente injustificable a Costa Rica.

Quiero aprovechar esta ocasión para hacer público el testimonio de gratitud que estos países deben al mediador señor Lainfiesta, por el tino y patriotismo con que desempeñó la delicada misión que el Gobierno guatemalteco le encomendara, y que tan eficazmente contribuyó a evitar el conflicto armado que de otro modo hubiera surgido y que tan funestas consecuencias habría acarreado a Centro América.

Por su parte el Presidente Zelaya prefería la guerra, para acabar definitivamente con aquella situación anómala, y no parecía satisfecho de mi empeño por la paz y de mi actitud hacia él, como se desprende de los telegramas cruzados desde octubre a febrero; y, justamente indignado por la conducta del Gobierno salvadoreño, llegó a creer necesaria la disolución de la República Mayor, por cuya creación y sostenimiento había hecho tantos esfuerzos. También me fue necesario en esa vez prescindir de todo amor propio por mantener la armonía necesaria para llegar a la Unión.

Llamo vuestra atención sobre aquellos incidentes, porque quizás sirvan para explicar sucesos posteriores que han causado la ruina de la nueva Patria que se había logrado construir; y porque servirán a la Historia para emitir su juicio más o menos severo al declinar la responsabilidad a quien corresponda.

Arreglada la paz, el Gobierno salvadoreño no tuvo ya inconveniente para excitar al Congreso a fin de que nombrase los diputados a la Asamblea Constituyente que debía reunirse en Managua; resolución que ya nadie esperaba, porque la misma prensa salvadoreña a que me he referido se había encargado de asegurar que ese caso no se presentaría. Mas, llegó al fin, porque los representantes fueron nombrados, y pocos meses después partieron a desempeñar su cometido.

La Asamblea General Constitucional se instaló el 24 de junio de 1898.

No fueron la armonía y la cordialidad entre la representación de los tres Estados tan completas, como era preciso, al inaugurar las sesiones. Iban los ánimos de los representantes salvadoreños prevenidos con la idea de que los cuarenta votos de los hondureños y nicaragüenses estarían compactos en cierto sentido de antemano determinado por lo cual harían ellos un papel desairado sirviendo meramente de instrumento. Así lo había publicado en todos los tonos la prensa semioficial de El Salvador.

Nada era, sin embargo, más injusto. Ni el Presidente Zelaya ni yo pensamos nunca en imprimir dirección, y menos en provecho personal de ninguno de los dos, a los trabajos de la Asamblea. Los Diputados hondureños, identificados con mis propósitos, sirvieron constantemente de mediadores entre nicaragüenses y salvadoreños llegando al fin a convencerse los últimos de que los representantes de todos los Estados se hallaban inspirados sólo en el patriotismo.

Por eso la Asamblea dio su fruto: la Constitución Federal del 27 de agosto, que os es bien conocida, y que contenía todos los medios de vida para el Gobierno nacional que creó.

No dejaré, al referirme a aquella Asamblea, de tributar un recuerdo a la memoria de las ilustres víctimas que sucumbieron entonces en servicio de la Patria: los Doctores Jacinto Castellanos, Diputado por El Salvador, y Francisco Cálix h. y Julio César Durón, diputados por Honduras. Fueron esas grandes pérdidas para los respectivos Estados; pérdidas que sólo habría podido consolarnos la realización de la magna empresa a que aquellos patriotas sacrificaron su existencia.

Antes de disolverse, la Asamblea organizó el Consejo Ejecutivo Federal de los Estados Unidos de Centro América, nombrando Delegados para ejercer el mismo a los Doctores Manuel Coronel Matus, por Nicaragua; Salvador Gallegos, por El Salvador, y Ángel Ugarte, por Honduras; quienes el 1o. de noviembre instalaron en Amapala el Gobierno Provisional de la República.

Era natural y lógico que los Delegados hondureños y nicaragüenses, que representaban a los Estados y Gobiernos más decididos por la Unión, marchasen de acuerdo en todo para llevarla a feliz término. En esa disposición me había anunciado el Presidente Zelaya que vendría el Delegado nicaragüense, y no tuve inconveniente en ofrecerle que así iría el de Honduras.

Por ese mismo tiempo se había comenzado a tratar sobre convenir en un candidato para la Presidencia Federal en el primer período. El

Presidente de Nicaragua tomó la iniciativa a ese respecto, excitando a los de Honduras y El Salvador, para procurar un acuerdo. Yo accedí y a mi vez excité al de El Salvador, anunciando a ambos que en Honduras sería satisfactorio el candidato en que ellos conviniesen; ofrecimiento que no tuve inconveniente en hacer, conociendo la ausencia de todo localismo y de miras personales en el pueblo hondureño, tratándose de realizar el gran ideal; y porque, con los antecedentes de poca amistad entre los otros dos mandatarios, tenía que ser su candidato un hombre superior, de mérito indiscutible.

Sin embargo, ese caso no llegó en la forma indicada, porque en El Salvador se anticiparon los partidos a proclamar la candidatura del Dr. José Rosa Pacas, sin tomar en cuenta a los otros dos Estados, ni esperar a hacer un ensayo siquiera de inteligencias para evitar una lucha electoral de Estado, que podría ser funesta a la República. Así lo manifesté desde el primer momento al Agente confidencial Dr. Rafael Meza, a quien envió el Presidente Gutiérrez con el objeto de procurar el acuerdo, si bien en el fondo sin instrucciones de proponer varios candidatos para elegir, sino sólo de procurar la aceptación de la candidatura del señor Pacas. No obstante, el aspecto de una imposición de pueblo a pueblo que eso tenía, por el buen concepto que del candidato propuesto había llegado a adquirir, le manifesté al Dr. Meza que en Honduras no se haría dificultad para proclamarlo, si en Nicaragua era aceptado; y mantuve este propósito a pesar de que en nombre de esa candidatura se iniciaron arreglos con los enemigos de mi Gobierno.

El señor Presidente Zelaya me había manifestado su justo temor de que un salvadoreño fuera el Presidente, siendo iniciada la candidatura con acuerdo con el Gobierno de aquel Estado, por lo cual la del señor Pacas no le parecía aceptable, pero llegamos a convenir, en principio, en que sería salvadoreño el candidato propuesto por nosotros y hasta que lo fuese el Dr. Baltazar Estupinián, escogido principalmente por las razones expresadas en los telegramas que con él se cruzaron, quien sería proclamado en Honduras y en Nicaragua en el caso de que no se hubiera llegado a un acuerdo entre los tres Estados, procurando obtener para el señor Estupinián la mayor votación posible en El Salvador.

Después el señor Zelaya rectificó su juicio respecto de la candidatura del Dr. Pacas, dándose por satisfecho con el Manifiesto y aclaraciones que éste dio; por cuya razón la acepté yo también en nombre del Partido Liberal hondureño, limitándome a pedir al señor Pacas una declaración de que se hallaba libre de todo compromiso con los enemigos de mi Gobierno, a lo que respondió satisfactoriamente.

Sobre este particular sostuve correspondencia telegráfica no sólo con el señor Presidente Gutiérrez, sino también con los señores General Indalecio Miranda y Dr. Jesús Villa (hondureño) personas ambas de reconocida importancia en El Salvador.

Parecía que con el acuerdo sobre candidaturas todas las dificultades quedaban anuladas y que el Gobierno Provisional de la Federación marcharía tranquilamente hasta entregar el Poder, el 15 de marzo de este año, al elegido de los pueblos; más para ello faltaba algo esencial: que el armamento de los tres Estados estuviese positivamente a la orden del Consejo Ejecutivo. De parte de Honduras no hubo obstáculo alguno: todos los empleados militares y los elementos bélicos fueron puestos a la disposición del Consejo, en orden general del 31 de octubre.

Di una proclama al pueblo hondureño hablándole con la franqueza que él necesitaba, de los males que por el momento ocasionaría al Estado la Federación, y de las positivas e inapreciables ventajas que la Unión traería a los tres Estados federados, principalmente a Honduras, en el porvenir.

El Presidente y Vicepresidente del Estado quedaron por decreto del 1º. de noviembre con el nombre de Gobernador y Vicegobernador del mismo, reservándole al Gobernador sólo el mandato civil, y suprimiéndose, en consecuencia, la Cartera de Guerra. Se envió una situación de los elementos bélicos, de los cuales pudo el Consejo disponer a voluntad desde el primer momento, porque en Honduras, donde la subordinación y lealtad son virtudes características del militar, no habría habido jefe alguno que se negase a obedecer las órdenes de aquél. También se pusieron efectivamente a disposición del Consejo las Aduanas y todos los ramos cuya administración correspondía al Gobierno Federal.

En El Salvador es cierto que algo muy semejante se decretó; pero en el hecho los Comandantes de Armas en General no obedecían al Consejo sino a sus respectivos caudillos políticos. Estoy seguro de que, en conciencia, aquel Alto Cuerpo nunca creyó que podía sacar un sólo rifle de los principales almacenes de guerra de aquel Estado.

El mando militar, en la mayor parte del país, no estaba de hecho últimamente en manos del Presidente Gutiérrez, sino del General Tomás Regalado, a satisfacción de quien habían sido nombrados los Comandantes, jefes y oficialidad de los cuarteles, con pocas excepciones; y casi todos los elementos de guerra habían sido concentrados a San Salvador. En tales circunstancias, no pudo traspasar el Presidente Gutiérrez mando efectivo alguno al Consejo; y éste que tomarlos por sí mismo, si podía.

Lo primero que hizo el Consejo Ejecutivo Federal fue confirmar interinamente los nombramientos militares en las personas que desempeñaban esos puestos, y algunos días después comenzó a hacer los nuevos para varios departamentos de El Salvador y de Inspectores de zonas militares. Pocos de los nombrados pudieron tomar posesión de su empleo porque llegó el 13 de noviembre, que debía ser la fecha funesta para la República.

Mientras tanto, es justo hacer constar que en el seno del Consejo de Honduras nada pasaba; porque contra lo anunciado por el Presidente Zelaya, el Delegado nicaragüense desde el primer momento se puso de acuerdo para todo con el salvadoreño, valiendo muy poco, y en la generalidad de los casos, la opinión del Delegado hondureño. Sobre este punto y en relación con lo convenido, nos cruzamos varios telegramas con el Presidente Zelaya, quien concluyó por declararme que había rectificado su juicio respecto a la política del Gobierno de El Salvador, y a eso obedecía la conducta del Delegado Matus. Confieso que habría experimentado placer completo con esa noticia que significaba la armonía restablecida, si hubiese conocido en concreto las causas a que obedecía esa rectificación.

Por mi parte di mi opinión al Delegado Ugarte sobre la conveniencia de tratar con absoluta igualdad a sus colegas, y no hacer dificultad alguna sino en casos de grave trascendencia para el Estado o para la República, en los cuales debía procurar que constase su voto.

El 14 de noviembre recibí, al mismo tiempo que del Consejo, la noticia del pronunciamiento de los cuarteles de la capital, y de casi todos los departamentos del Estado de El Salvador; y de que el General Tomás Regalado había asumido la Presidencia, declarando rota la Federación y separando de ella aquel Estado. El Gobernador, General Gutiérrez, salió de la capital y llegó acompañado de varios jefes y oficiales a La Virtud, pueblo del departamento de Gracias, poniéndose en el acto a las órdenes del Consejo Federal. Desde entonces se encuentra el General Gutiérrez en nuestro territorio.

Cuando ocurrieron sucesos de tanta gravedad, el Delegado de Honduras iba de regreso de esta capital, a donde había venido en viaje ligero, por motivo de familia; y, como el Consejo se trasladó a La Unión, hasta allá volvió a ocupar su puesto, tres días después.

Mientras tanto, la mayoría del Consejo había decretado la suspensión de garantías, primero para San Salvador y después para toda la República, y dictando órdenes directas a los Comandantes de Honduras y Nicaragua sobre levantamiento y movilización de fuerzas, órdenes que, por falta de conocimiento de los países respectivos de parte del Consejo, no podía dar el resultado apetecido, principalmente en Honduras, cuyo Delegado estaba ausente. Así lo hice presente al Consejo, manifestándole a la vez mi deseo de ayudar en cuanto a mi dependiese al éxito de sus propósitos; pero al mismo tiempo la imposibilidad legal en que me hallaba para intervenir directamente en su realización, concluyendo al fin por proponerle que confiriese el mando en Jefe de las Fuerzas de cada uno de los dos Estados al respectivo Gobernador, sin perjuicio del mando en Jefe del Ejército Federal entero, confiado ya al General Terencio Sierra. Encarecí, además, con insistencia, la necesidad de asegurarse previamente de si el Gobernador del Estado de Nicaragua entraba de lleno a apoyar la Federación.

El Consejo se limitó a dar a los Comandantes de Armas orden de obedecer las de los Gobernadores de Estado, en lo referente a alistamiento y movilización de fuerzas; declarando que consideraba inconstitucional conferir a los Gobernadores el mando de las de su Estado, mientras no depositasen el Poder en el designado por la ley. Yo acaté la resolución explicando los fundamentos que habían tenido para proponer aquella medida. Se cambiaron algunas otras comunicaciones entre el Consejo y yo, las cuales someto a vuestra apreciación.

Al recibir la noticia del pronunciamiento, la comuniqué al Gobernador General Zelaya, pidiéndole su opinión, que yo a mi vez le di, declarando el deber y el derecho en que estábamos de sostener la Federación y aplazando sólo mi parecer definitivo sobre la posibilidad de hacerlo, para cuando hubiésemos verificado el recuento de elementos y medios de acción de que disponíamos; bajo la inteligencia de que el General Zelaya, comprendiendo que la responsabilidad y las consecuencias pesaban sobre sus dos Estados y sus Gobiernos, volvería a convenir en la necesidad de que, estableciendo las debidas inteligencias con los respectivos delegados, formásemos la opinión del Consejo, haciendo mayoría. El Gobernador de Nicaragua en sus primeras contestaciones pareció decidido a apoyar al Gobierno Federal; pero después comprendí que, o me había yo equivocado, o desde el principio estuvo decidido a lo contrario. Así se desprende de la correspondencia que nos cruzamos.

No entraré a relatar el origen y curso de la sublevación salvadoreña, limitándome a establecer el hecho de que de más de veinte Jefes militares con mando, sólo quedaron leales unos cinco. Entre ellos figuraba el General Salvador Avila, Comandante de Sonsonate; quien, haciendo empuñar las armas que tenía, se puso a las órdenes del Vicegobernador Doctor don Prudencio Alfaro. Con esas fuerzas marcharon sobre la capital, pero al acercarse supieron que el cuartel de El Zapote, único que había resistido, estaba ya tomado, y se dirigieron a Sensuntepeque, donde fueron atacados, quedando la plaza en poder del enemigo después de varias horas de combate.

Al ser abandonadas las plazas que en el Oriente de El Salvador permanecían fieles al Consejo, sin haberse librado ningún combate por las fuerzas federales, aquel Alto Cuerpo, que se había trasladado a Amapala, me pidió una conferencia por telégrafo, que se verificó en la noche del 24 de noviembre, en la cual expuse mi juicio acerca de la situación, dando mi parecer sobre la imposibilidad de hacer la guerra Honduras sola, porque significaría la imposición de un Estado, ya que entonces positivamente estaba todo El Salvador a la orden del Jefe separatista. En conclusión declaré al Consejo en aquella conferencia, que creía que la necesidad de la disolución de hecho del Gobierno Federal se imponía, aunque yo estaba dispuesto a aceptar cualquiera otra solución honrosa que se encontrase.

El Consejo se sostuvo aún durante algunos días hasta que el 29 de octubre se declaró disuelto de hecho en un acta que suscribieron los tres Delegados; acta que se hizo cumplida justicia al centroamericanismo y lealtad del pueblo y ejército hondureños.

En los pocos días que tuvo el Consejo Ejecutivo Federal, emitió varios decretos y acuerdos, algunos de ellos importantes y que por lo mismo he deseado comprender en este Mensaje.

Disuelto el Consejo, emití un decreto declarando que Honduras recobraba de hecho su autonomía y que estaba vigente la Constitución de 1894, ratificando el Estado de Sitio decretado por el Consejo Federal y reorganizando mi Gobierno. También creí conveniente dictar una orden general reasumiendo el mando del Ejército, y dar un manifiesto al pueblo hondureño explicando brevemente los sucesos.

Para atender la defensa de la causa federal se levantaron en Honduras 6,748 soldados, fuera de la fuerza permanente, que representaba 1,922; formando un total de 8,670.

No bastaban los recursos ordinarios del Estado para el sostenimiento de esas fuerzas y su liquidación al disolverlas; y no habiendo autorizado el Consejo un empréstito forzoso, para evitarlo después, se recurrió a los préstamos voluntarios, con los cuales se salvó la dificultad del momento.

Aún no me es posible consignar la cifra a que montan esos préstamos, ni la de los gastos de guerra, y en general los ocasionados por la Federación, porque no ha habido tiempo de centralizar las cuentas de las Administraciones departamentales y de las Aduanas. Procuraré dar la estimación siquiera aproximada del monto de esos préstamos y gastos al tratar del Ramo de Hacienda.

Antes de romperse la Federación, el Secretario General del Gobierno de hecho que se había organizado en El Salvador se dirigió al de Relaciones Interiores de Honduras, en dos ocasiones, protestando contra la actitud que el Gobierno y pueblo hondureños habían asumido en defensa del Gobierno Federal, y exigiendo la expulsión del Consejo de nuestro territorio, con amenaza de invadirlo su ejército en caso de negativa. Se contestó declarando que este Gobierno estaba a la orden del Gobierno Ejecutivo, y no podía por lo mismo acceder a sus demandas.

Una nueva comunicación del mismo Gobierno dando explicaciones referentes a los emigrados hondureños, que en el intermedio se recibió, fue contestada hasta después de disuelto el Consejo, aceptando la paz que se había ofrecido, por considerar la guerra sin objeto, faltando ya la noble causa que antes la motivaba; y se cruzaron otras comunicaciones tendientes a reanudar las relaciones entre Honduras y El Salvador, que han seguido cultivándose.

***

Al hacer relación de los sucesos referentes a la creación, existencia y fin de la República Mayor, después Estados Unidos de Centro América, contenida en las precedentes páginas, he procurado limitarme a la exposición de los hechos, sin comentarios; y acompaño como anexos los documentos que comprueban mis aciertos. Repito que son muchos los que dejo de publicar, por razones de conveniencia del momento, o por no creerlos necesarios para el objeto que me he propuesto: hacer luz sobre mi conducta oficial en asunto de tanta importancia y trascendencia.

Para lograr ese objeto ha sido preciso que me refiriera a los Gobernantes de otros dos Estados, pero sin la pretensión de constituirme en Juez de su conducta. No quiero ni puedo; y creo que no pueden serlo tampoco, imparciales y justicieros nuestros contemporáneos. Sólo la Historia podrá juzgarnos con criterio sereno.

En el corto tiempo que me queda de Gobierno, poco habrá de variar mi política exterior, que será como ha sido, la de lealtad y consecuencia con todas las naciones, y en especial con las vecinas de Centro América, a las que trataré siempre con absoluta igualdad, mientras la conducta de sus gobernantes no obligue a hacer distinciones.

Al volver a la vida privada, decepcionado por la ruina del ideal a cuya realización he consagrado mis mayores esfuerzos, quedaré sin objeto en política; y sólo los grandes intereses de Honduras, que se viesen amenazados, podrán obligarme a intervenir en los negocios públicos. Sin embargo, querré y procuraré siempre ser útil a mi patria, trabajando por su progreso y prosperidad en todo sentido, tratando de no salirme de la esfera privada.

(Tomado de "Retazo de Historia documental, organización, desarrollo y ruptura de la República Mayor de Centro América". Edición a cargo del Doctor Alfredo Trejo Castillo, en Tegucigalpa, Honduras, 1961. Primera edición, No.700. Imprenta Atenea, Comayagüela, D.C.).

CINCUENTA AÑOS DE INTERVENCIÓN ANGLO-NORTEAMERICANA

Debemos al Doctor Raúl Osegueda la información histórica que va en seguida, publicada en su obra "Operación Centroamérica", información que, a manera de prontuario, no debe faltar en ningún libro de historia, hondureña o centroamericana, que se precie de serlo.

***

1850: Estados Unidos e Inglaterra por medio del Tratado Clayton-Bulwer, se distribuyen la propiedad de una comunicación interoceánica en Nicaragua y se comprometen a no invadir más territorio centroamericano.

1850: Cornelius Vanderbilt establece en Nicaragua la Compañía de Tránsito.

1852: Dentro del espíritu del Destino Manifiesto se organiza en Estados Unidos "La Joven América", facción expansionista.

1852: Inglaterra vuelve a invadir las Islas de la Bahía en Honduras.

1852: Con las islas de Honduras, Inglaterra forma la colonia británica de las Islas de la Bahía.

1853: Stephens Douglas sostiene en el Senado de Estados Unidos que su país está destinado a "la hegemonía de los países del continente, por el arbitrio de acorazados y cañones".

1853: John M. Clayton, Secretario de Estado de Estados Unidos, afirmó: "En ningún caso Inglaterra mantuvo el dominio de Belice" de Guatemala "...Jamás podríamos ni querríamos reconocer jamás título alguno al eminente dominio, como existente para Gran Bretaña, en lo que se llamaba British Honduras o Belice". (Informe de Clayton al Senado de Estados Unidos).

1853: El Ministro de Estados Unidos en Londres, Buchanan, contra la pretensión inglesa sobre Belice de Guatemala, afirmaba la absoluta soberanía de los Estados centroamericanos en todo su territorio.

1853: Por la construcción de una línea ferroviaria, Honduras hace, por el término de 70 años, concesiones onerosas sobre su territorio, su autonomía y su soberanía, El ferrocarril no se hizo, pero este hecho no anuló la concesión.

1854: Estados Unidos e Inglaterra, por disputas territoriales, tienen choques armados en Puntarenas, Nicaragua,

1855: Financiada por compañías privadas y con la ayuda de autoridades de California, se hace a la vela en el "Vesta", la "Falange de Inmortales", filibusteros estadounidenses capitaneados por William Walker, e invaden Nicaragua, Antonio José de Irisarri, Ministro de Guatemala en Washington, elevó fuerte protesta.

1855: Pedro Joaquín Chamorro, subprefecto de Managua, enfrentó a William Walker y, como Presidente de Nicaragua, a Bismarck.

1855: William Walker es derrotado al asaltar la ciudad de Rivas, Nicaragua.

1855: Los coroneles Kinney y Fabens en servicio activo de EE.UU. proclaman la independencia de San Juan del Norte, Nicaragua. Kinney se autonombra Presidente de esta entrada atlántica al Canal. La invasión fue repelida.

1856: Por el Tratado Dallas-Clarendon (1850), Estados Unidos conviene que Inglaterra se quede con Belice (no con seis mil kilómetros en disputa, sino con tres veces más territorio de Guatemala).

1856; William L. Marcy, Secretario de Estado de Estados Unidos, reconoce que: "todos los temas en disputa entre Estados Unidos y Gran Bretaña son esencialmente asuntos de los derechos soberanos de alguna de las Repúblicas de Centroamérica".

1856: William Walker anuló la concesión hecha por Nicaragua a Vanderbilt y la traspasó a los banqueros Morgan y Garrison. Walker se proclamó presidente de Nicaragua.

1856: Wheeler, diplomático de EE.UU., contra las instrucciones del Secretario de Estado William L. Marcy, reconoció a William Walker como Presidente de Nicaragua.

1856: Walker es derrotado nuevamente en Rivas, Nicaragua. Juan Santamaría (El Erizo) vuela junto con un polvorín del invasor.

1856: Filibusteros estadounidenses son derrotados en la Hacienda de San Jacinto.

1856: Walker se proclama Presidente de la República de El Salvador.

1856:Walker se proclama Presidente de la República de Honduras.

1856: William Walker, filibustero estadounidense, implanta en Centroamérica la esclavitud. Había sido abolida por el Congreso Federal, a petición de Simeón Cañas en 1823.

1856: William Walker incendió la ciudad de Granada, Nicaragua. Sobre sus escombros escribió: "Aquí estuvo Granada".

1856: El Presidente de Estados Unidos, Franklin Pierce, recibió oficialmente al Presbítero Andrés Vigil, enviado del gobierno filibustero implantado en Nicaragua. El Cuerpo diplomático Latinoamericano acreditado en Washington, protestó contra Walker y desconoció a Vigil.

1856: Centroamérica pidió en vano a Francia e Inglaterra ayuda contra la invasión: "No estamos luchando sólo contra un grupo de aventureros, porque es el pueblo norteamericano el que está tras Walker. Nuestra defensa será inútil y todo será yanqui si no se nos ayuda". "Estados Unidos se convertirán en los dueños de América". (J. de Francisco Martín, Ministro de Guatemala ante Francia e Inglaterra).

1856: Centroamérica se une para rechazar la invasión de Estados Unidos a su territorio.

1856: Los esclavistas sureños de Estados Unidos atacan a los abolicionistas norteños, denunciándolos "atados al socialismo y al comunismo".

1856: Varias repúblicas americanas sesionan en Chile con motivo de la invasión estadounidense a Nicaragua.

1856: El Presidente de Estados Unidos, Franklin Pierce, condena la aventura de Walker contra Centroamérica.

1856: Antonio José de Irisarri, Ministro de Guatemala, propone a sus colegas hispanoamericanos acreditados en Washington, organizar una Dieca (conferencia) con los plenipotenciarios de México a Buenos Aires, que tendría asiento en Río de Janeiro, con el objeto de organizar una Conferencia Americana Defensiva. En caso contrario afirmó-, "seremos siempre oprimidos tanto por Gran Bretaña como por Estados Unidos". "Puede ser que en las repúblicas hispanoamericanas que se hallan más distantes de Estados Unidos se crean muchos que están libres de todo riesgo y que por eso no tienen necesidad de aliarse contra un enemigo común...,". "Los ingleses y los norteamericanos son los fenicios de los tiempos modernos".

1856: Convocados por el guatemalteco Antonio José de Irisarri, firman en Washington (18 de noviembre) un Pacto Defensivo hispano-americano los Ministros acreditados de la Nueva Granada, Guatemala y El Salvador, México y Perú y los Encargados de Negocios de Costa Rica y Venezuela, designando a Lima como sede de un gran Congreso de plenipotenciarios para la ratificación. Irisarri —ante la llegada de James Buchanan como Presidente de Estados Unidos— decía: "ESTE ES EL HOMBRE QUE NO HA TENIDO VERGUENZA DE DECIR A LA FAZ DEL MUNDO QUE ES LICITO QUITAR A LAS NACIONES LO QUE ES CONVENIENTE AL USURPADOR".

1856: En Estados Unidos se rebelan contra la Federación algunos Estados (Texas, Florida, Lousiana, y cuatro más; se consideran soberanos para abandonar la Unión y mantener la esclavitud.

1857: El Perú denuncia la agresión de Estados Unidos a Centroamérica.

1857: La Cancillería guatemalteca aprueba el Pacto iniciado por su Embajador en Washington de un Congreso de Repúblicas Americanas a reunirse en Lima para este año, con estas palabras: "Sería curioso que del seno mismo de Estados Unidos, de donde nos viene el mal, naciese también el remedio".

1857: Inglaterra dispuso que las Islas de la Bahía de Honduras pasaran a ser colonias británicas.

1857: El Presidente de Estados Unidos, James Buchanan, impuso a Nicaragua veinte mil dólares de indemnización por lesiones leves a un estadounidense.

1857: Un barco de guerra de Estados Unidos bombardeó San Juan del Norte, Nicaragua, y desembarcó marinos que incendiaron la ciudad.

1857: En vista de la invasión filibustera estadounidense a Centro América, Chile, Ecuador y Perú firman un tratado de confederación contra ese intervencionismo.

1857: William Walker, filibustero estadounidense, es echado (mayo) de Centro América por patriotas de las cinco repúblicas coligadas.

1857: J. de San Martín, Ministro de Guatemala, vuelve a pedir ayuda a Inglaterra "contra filibusteros que son oprobio de este siglo". Guatemala accede en la emergencia a tratar sobre Belice, "en holocausto, para salvar a la patria del peligro yanqui".

1857: William Walker parte de Nueva Orleáns, invade Roatán, Honduras, y luego Puerto Trujillo. Estados Unidos lo había juzgado y absuelto por sus crímenes en Centro América. (Informe equivocado: A donde se dirigió Walker fue a Nicaragua por la costa atlántica, llegando al Río San Juan, siendo rechazado, capturado y llevado preso a los Estados Unidos).

1858: Estados Unidos impuso a Nicaragua el Tratado Cass-Iri-sarri, de propiedad de tránsito por cualquier parte del territorio, sin costo alguno, y se aseguró una permanente intervención civil, armada y económica en el país.

1858: James Buchanan, Presidente de EE. UU., declaró: "Centroamérica caerá por gravitación natural de las cosas, en un día no lejano, bajo la jurisdicción de EE.UU.

1858: Se suscribe el Tratado de Límites Cañas-Jerez entre Nicaragua y Costa Rica, en que se garantiza a esta última su derecho sobre el Canal de Nicaragua.

1858: El Presidente Buchanan señala al Congreso de Estados Unidos "la necesidad de ocupar los tres istmos americanos (Tehuantepec, Nicaragua y Colombia).

1858: Centro América intenta nueva y vanamente reconstruir la Unión.

1859: Inglaterra se apoderó de más territorio guatemalteco para ampliar el de Belice.

1859: Guatemala es obligada a firmar con Inglaterra un Tratado presuntivamente compensatorio del despojo de Belice. Inglaterra no cumplió su compromiso (Tratado Aycinena-Lenox) de construir un camino hasta la Costa Atlántica o pagar 150,000 libras (Cláusula VII).

1859: Beberly L. Clark, Ministro de Estados Unidos en Guatemala, protestó por el arreglo de límites de este país con Inglaterra.

1859: El Subsecretario del Foreign Office, Hammond, considera que el Tratado Aycinena-Lenox negociando Belice por la fuerza, es ventajoso para Centro América porque quedaría protegida contra nuevas ocupaciones inglesas,

1859: El Presidente de Estados Unidos, Abraham Lincoln, el Departamento de Estado y algunas compañías, planean colonizar Centro América con hombres de color libertos. El embajador de EE.UU. en Guatemala, Crosby, informó sobre la viabilidad del proyecto:"...se puede ejercer influencia directa de nuestro gobierno sobre el país (Guatemala),y mantenerla para moldear su política y futuro destino".

1860: EE.UU. intervino otra vez en Honduras.

1860: Militares veteranos de la Confederación de EE.UU. organizan el Ku Kux Klan para restablecer la primacía blanca (anticatólicos, antinegros, antijudíos).

1860: Inicia Honduras el Comercio de banano hacia Nueva Orleáns y Mobile, EE UU.

1860: William Walker (con ayuda inglesa) es capturado y fusilado en Honduras. Los invasores estadounidenses son arrojados de Centro América.

1861: Como nueva concreción del Destino Manifiesto se organiza en EE.UU. la facción los Caballeros del Círculo Dorado, de finalidad expansionista.

1862: Costa Rica propone limitar al intervencionismo estadounidense mediante un convenio de respeto mutuo, anti agresivo y anti anexionista.

1862: Inglaterra llama por primera vez a Belice "British Honduras.

1862: Fitz Gerald interpela en la Cámara de los Comunes, advirtiendo que si Inglaterra no paga a Guatemala la compensación de 150 mil libras esterlinas sobre Belice, "caducará la Convención".

1862: G. W. Mathews reduce a 25 mil libras la compensación inglesa por arrebatarle Belice, fijada antes en 150 mil.

1863: El Convenio Adicional Martin-Wyke sobre la compensación de Inglaterra a Guatemala por el territorio de Belice, libera a Inglaterra de esa obligación.

1863: España reconoce a Guatemala como República.

1864: Contrarrestando la permanente intervención de EE.UU., en Lima se echan las bases de una Organización de Repúblicas americanas (sin EE. UU., que es el interventor).

1867: Inglaterra desconoce su obligación de compensar a Guatemala por quitarle Belice. Así lo declara Lord Stanley en nombre de Su Majestad Británica.

1867-1870: Honduras se ve constreñida a contratar con Inglaterra cuatro empréstitos ruinosos por ser millones de libras, para hacer un ferrocarril que no fue concluido.

1867: EE.UU. afianzó su propiedad sobre Nicaragua (Tratado Dickinson-Ayón) ratificando la entrega del Canal y el dominio sobre el país.

1869: Se reelige Vicente Cerna como Presidente de Guatemala y hay víctimas entre los opositores a la prolongación del período.

1869: Lord Stanley reduce a 50 mil libras la obligación de 150 mil fijada por Inglaterra a Guatemala para compensarle el despojo de Belice.

1871: En Costa Rica se inicia el cultivo del banano.

1871-72: Costa Rica recibe de Inglaterra 600 mil libras y se le cargan 3,400.000.

1872: El General Ulises S. Grant, Presidente de Estados Unidos, ayuda a Guatemala en su reclamo por Belice ante Inglaterra.

1875: Minor C. Keit, estadounidense, es contratado por Costa Rica para terminar un ramal ferroviario (de aquí arranca la organización de la Compañía Frutera).

1875: El Gobierno de Guatemala es la primera República Americana que reconoce la independencia de Cuba.

1877-1880: Guatemala contrata la construcción de sus ferrocarriles nacionales.

1878: Alemania amenaza con barcos de guerra a Corinto, de Nicaragua.

1879: Inglaterra se niega a someter a arbitraje los reclamos de Guatemala sobre el territorio de Belice.

1880: Rutherford B. Hayes, Presidente de Estados Unidos, afirmó: "La política de este país requiere un canal del Atlántico al Pacífico bajo nuestro control, no siendo posible que consintamos en su abandono y lo dejemos al dominio de potencias europeas".

1880: El Ministro de Guatemala en Londres pide a Inglaterra llevar el caso de Belice al arbitraje. Granville no acepta.

1881: El Presidente de EE.UU., Rutherford B. Hayes, afirma que un canal en Centro América debe ser parte litoral de EE.UU.

1881: El Secretario de Estado de EE.UU., James G. Blaine, convoca a las Repúblicas Americanas para una Conferencia Panamericana a reunirse en Washington en 1882, que no pudo llevarse a efecto. Su Departamento era diligente -afirmaba- para buscar en todo el Hemisferio lugares para el establecimiento de empresas estadounidenses.

1882: Contra los convenios de 1854 y 1882, México ocupa el Partido de San Antonio, en Belice de Guatemala.

1882: EE. UU. declara caducado el Tratado Clayton-Bulwer con Inglaterra y la acusa de la posesión ilegal de Belice y de incumplimiento hacia Guatemala de la compensación de 1859.

1883: Inglaterra firma con Guatemala un tratado amistad, comercio y navegación. Belice queda a salvo.

1884: Guatemala reabre ante Inglaterra el caso de Belice. Los Consejeros de la Corona se expiden a favor de Guatemala.

1884: Minor C. Keith obtiene en Costa Rica explotaciones por el término de 99 años. Nace con la industria bananera, el principio de anulación de autonomía del país.

1884: El padre del Panamericanismo -James Gillepsie Blaine- ("El Tatuado") candidato republicano a la Presidencia, "es descartado por ser representante de hombres, métodos y conducta que la conciencia pública condena": The New York Times, 23 de julio de 1884.

1884: Justo Rufino Barrios, Presidente de Guatemala, contribuyó económicamente a la campaña Presidencial de Blaine.

1884. El Presidente Chester A. Arthur, de EE. UU., anuncia la suscripción de un tratado canalero con Nicaragua.

1885: Justo Rufino Barrios, Reformador de Guatemala, proclama la Unión Centroamericana y desconoce negociaciones territoriales, tratados y empréstitos onerosos a la Patria Grande.

1885: El senado de EE.UU. se opuso a la Unión Centroamericana porque "vulneraba sus derechos canaleros en Nicaragua y Costa Rica".

1888: El Laudo Cleveland reconoce el Tratado de Límites entre Nicaragua y Costa Rica, en que ésta hace reserva por sus derechos sobre el Canal de Nicaragua.

1889: El Presidente Rutherford B. Hayes reiteró que un canal interoceánico en Centro América debía estar "bajo control estadounidense, por -constituir virtualmente una parte de la costa de los Estados Unidos".

***

1889: Con la fundación del Panamericanismo, EE.UU, ofreció paz, amistad, comercio y. "acción moral". Desconoció que Centro América y el Continente tuvieran facultad de acción política. James G. Blaine, Secretario de Estado de EE, UU., patrocinador de esta conferencia Panamericana desde 1881, logró la fundación de la Oficina Internacional de las Repúblicas Americanas con sede en Washington.

1890: En la Primera Conferencia Panamericana (Washington)se proclamó la obligación de arbitraje, como había ocurrido y ocurriría en las Reuniones de Panamá (1826), Lima (1848 y 1864), Washington (1856), Caracas (1883), Montevideo (1901), etc.

1891: Inglaterra rechazó someterse al arbitraje pedido por Guatemala para el caso de la delimitación de fronteras entre la Guayana Británica y Venezuela.

1894: Nicaragua se rebela contra la pretensión inglesa de disponer de su costa atlántica.

1894: Nueva concesión hondureña a capitalistas estadounidenses ferroviarios no logra su objeto, pero no caduca.

1895: Inglaterra exigió a Nicaragua quince mil libras esterlinas como compensación a daños hechos a conspiradores ingleses. A tal efecto, desembarcó tropas en Corinto.

1895: Inglaterra desembarcó tropas en Corinto, Nicaragua. Por retirarlas exigió un tributo de quince mil libras esterlinas, El Salvador garantizó el pago.

1895: El Secretario de Estado de EE. UU., Richard Olney, afirmó que su país era soberano en el continente y que sus deseos eran órdenes (Corolario Olney). Monroeísmo equivalía a hegemonía continental.

1895: EE.UU. interviene ante Nicaragua, oponiéndose al establecimiento de una estación carbonera inglesa en una isla centroamericana.

1898. Las Repúblicas de Centro América se unen en una sola nación, fracasando en su intento por intervención de EE.UU. (El golpe de cuartel de Tomás Regalado tuvo inspiración en Washington, lo que no dijo el doctor Policarpo Bonilla en su Informe sobre el fracaso de la República Mayor).

1898: William Mc Kinley, Presidente de Estados Unidos, refiriéndose a una comunicación interoceánica en Centro América, afirmó: "La seguridad nacional de Estados Unidos exige que esta obra sea dominada por nosotros".

1898: El escocés Oscar Sollinger asesinó al Presidente de Guatemala, José María Reina Barrios.

1899: En La Haya (sin participación de las Repúblicas Americanas) se crea una Corte Permanente de Arbitraje para la solución pacífica de las controversias internacionales.

1899: Robert Hutcheson declara en EE. UU. "Los Gobiernos débiles y la civilización incipiente de la América Central deberán desaparecer con el tiempo. Con la terminación del Canal del Istmo entraremos en inmediato contacto con aquellos pueblos... y tendremos más que decir sobre su destino futuro que cualquier otra potencia".

1899-1900: Woodrow Wilson (futuro Presidente "idealista" de EE.UU. escribió que las Repúblicas Americanas no eran aptas para el gobierno democrático, por la falta de carácter y experiencia.

1900: EE.UU. afianzó sus pretensiones canaleras sobre Nicaragua, involucrando Costa Rica. Impuso el Tratado Hay-Corea.

1900: EE.UU. impuso a Costa Rica el Tratado Hay-Calvo sobre el Canal de Nicaragua.

1900: EE.UU. rechazó la pretensión británica de condominio sobre Nicaragua. Firman el Tratado Hay-Pauncefote en el cual Inglaterra renuncia a sus pretensiones canaleras en Nicaragua.

(Tomado de "Operación Centro América", Autor: Dr. Raúl Osegueda, guatemalteco, Prensa Latinoamericana, S.A. Santiago de Chile, 23 de mayo de 1958).

TRATADO HAY-PAUNCEFOTE

Para que el lector de esta historia de la primera mitad del siglo veinte, vaya desde el comienzo con una orientación segura, hemos insertado un documento importante, que es como la clave que permite interpretar la política internacional de Centro América y por tanto de Honduras.

Alguien dijo que la historia de Honduras se podía escribir en una lágrima. Esa es una imagen de poeta que no lleva a nada. La historia de este país debe escribirse para que los hondureños luchen contra el coloniaje.

El doctor Paulino Valladares, periodista notable del primer cuarto del siglo en el país, fue de repente el único hondureño que reparó en la importancia del Tratado Hay-Pauncefote, firmado en Washington el 18 de noviembre de 1901, en un comentario editorial de su rotativo en aquella época. Señaló que dicho Tratado disolvía la sociedad colonialista anglo-norteamericana en Centro América y a la vez iniciaba en firme la dependencia de estas naciones al imperialismo de los Estados Unidos (sic.).

El Tratado Hay-Pauncefote es el siguiente.

***

Los Estados Unidos de América y Su Majestad Eduardo VII, Rey del Reino Unido de la Gran Bretaña e Irlanda, etc., etc., deseando facilitar la construcción de un canal para buques que una los Océanos Atlántico y Pacífico por la vía que considere más conveniente, y a ese fin remover cualquier obstáculo que pudiera surgir del Convenio de 19de abril de 1850,comúnmente llamado Tratado Clayton-Bulwer para la construcción de dicho Canal, bajo los auspicios del Gobierno de los Estados Unidos, sin menoscabo del "principio general" de neutralización establecido en el artículo 89 de aquel Convenio, han nombrado como plenipotenciarios al efecto:

El Presidente de los Estados Unidos a John Hay, Secretario de Estado y Su Majestad Eduardo VII al muy honorable Lord Julián Pauncefote G.C.B. G.C.M.G., Embajador Extraordinario y Plenipotenciario de Su Majestad en los Estados Unidos, quienes, habiéndose comunicado mutuamente sus plenos poderes y hallándose en propia y debida forma, han convenido en los siguientes artículos:

ARTÍCULO I

Las Altas Partes contratantes convienen en que el presente Tratado abrogue el mencionado Convenio de 19 de abril de 1890.

ARTÍCULO II

Se conviene en que el Canal puede ser construido bajo los auspicios del Gobierno de los Estados Unidos ya directamente y a sus propias expensas o por donación o empréstito de dinero a individuos o corporaciones o por suscripción o compra de bonos o acciones, y en que con arreglo a las prescripciones del presente Tratado, dicho Gobierno tendrá y disfrutará todos los derechos incidentales a dicha construcción, así como el derecho exclusivo de proveer a la reglamentación y administración del Canal,

ARTÍCULO III

Los Estados Unidos adoptan como base para la neutralización de dicho Canal, las siguientes reglas que en substancias son las mismas incorporadas en la Convención de Constantinopla, firmada el 28 de octubre de 1888 para la libre navegación del Canal de Suez, es decir:

I.-El Canal será libre y abierto a la navegación de buques mercantes y de guerra de todas las naciones que observen estas reglas, en condiciones de entera igualdad, de modo que no habrá distinción en perjuicio de ninguna nación ni de sus ciudadanos o súbditos por lo que respecta a condiciones o tarifas de tráfico ni de otra clase. Estas condiciones o tarifas serán justas y equitativas.

II.-Jamás será bloqueado el Canal, ni dentro de él se ejercerá ningún acto de guerra ni se cometerá ningún acto de hostilidad. Los Estados Unidos, sin embargo, estarán en libertad de mantener a lo largo del Canal la policía militar que sea necesaria para protegerlo contra desordenes y actos fuera de la ley.

III.-Ningún buque de guerra perteneciente a nación beligerante se aprovisionará ni pertrechará en el Canal excepto en caso y cantidad estrictamente necesario, y el tránsito de dichos barcos de guerra por el Canal se efectuará con la menor dilación posible de acuerdo con los reglamentos vigentes, y con sólo aquellas intermisiones que pudieran resultar de las necesidades del servicio. Las presas quedarán sujetas en todo a las mismas reglas que los buques de guerra beligerantes.

IV.-Ningún beligerante podrá embarcar ni desembarcar tropas, municiones y materiales de guerra en el Canal, excepto en caso de obstáculo accidental en el tráfico, y en tal caso el tránsito se reasumirá con la mayor prontitud posible.

V.-Las disposiciones de este artículo se aplicarán a aguas adyacentes al Canal, por un radio de tres millas marítimas en cada extremo. Los buques de los beligerantes no podrán permanecer en dichas aguas más de 24 horas seguidas cada vez, excepto en caso de situación precaria, en cuyo caso deberán partir con la prontitud posible; pero un buque beligerante no podrá partir hasta pasadas veinticuatro horas de la partida del buque contrario.

VI.-El establecimiento, edificios, talleres y todas las obras necesarias para la construcción, mantenimiento y operación del Canal serán consideradas como parte del mismo para los propósitos de este Tratado y en tiempo de guerra, como en tiempo de paz, gozarán completa inmunidad de ataque o daño por parte de beligerantes y de actos que pudieran dañar su utilidad como parte del Canal.

ARTÍCULO IV

Queda acordado que ningún cambio de soberanía territorial o relación internacional en el país o países por donde haya de atravesar el Canal, afectará al principio general de neutralización o de obligación de las Altas Partes contratantes bajo el presente Tratado.

ARTÍCULO V

El presente Tratado será ratificado por el Presidente de los Estados Unidos, por y con el consejo y consentimiento del Senado de los mismos, y por Su Majestad Británica, y las ratificaciones serán canjeadas en Washington o en Londres, a la mayor brevedad posible, dentro de tres meses, a contar desde esta fecha.

En fe de lo cual los Plenipotenciarios respectivos han firmado este Tratado y sellándolo con sus sellos.

Dado por duplicado en Washington, el 18 de noviembre de 1901.

(fdo.) John Hay

(fdo.) Pauncefote

(Canjeado en Washington el 18 de diciembre de 1901)

***

No sólo se trataba del cambio del Tratado Clayton Bulwer de 19de abril de 1850 que contenía el condominio canalero y colonial de la Gran Bretaña y los Estados Unidos en Centro América por el Tratado Hay-Pauncefote de 18 de noviembre de 1901, que excluía a la gran Bretaña del objeto del Tratado y dejaba todo en posesión de los Estados Unidos.

Se trataba, además, de hacer saber a las naciones europeas y asiáticas que la Doctrina Monroe de 1823 seguía en vigencia, con la interpretación de Buchanan del Destino Manifiesto de 1845, y que las naciones que habían sido excluidas de la Doctrina, por razones de sangre, como la Gran Bretaña, en esta ocasión quedaban totalmente excluidas.

Sirva de prólogo de esta tentativa de Historia de Honduras en la primera mitad del siglo XX, el Tratado Hay-Pauncefote, que será como la Estrella Polar que guiará tanto a los que gustan por diversión llevar minuciosamente los anales de la República como a los que manejan el Estado.

DATOS DE HONDURAS

GEOGRAFÍA

El territorio de Honduras está comprendido entre los Océanos Atlántico y Pacífico y las Repúblicas de Guatemala, El Salvador y Nicaragua.

Sus límites con la República de Guatemala, son los establecidos por la sentencia arbitral emitida en Washington, Estados Unidos de América; el veintitrés de enero de mil novecientos treinta y tres; con la República de Nicaragua, los establecidos por la Comisión Mixta de límites hondureña-nicaragüense, en los años de mil novecientos y mil novecientos uno, según descripción de la primera de la línea divisoria, que figura en el acta segunda de doce de junio de mil novecientos y en las posteriores, hasta el Portillo de Teotecacinte, y de este lugar hasta el Océano Atlántico, conforme al Laudo Arbitral dictado por Su Majestad el Rey de España, el veintitrés de diciembre de mil novecientos seis, cuya validez fue declarada por la Corte Internacional de Justicia, en sentencia de dieciocho de noviembre de mil novecientos sesenta.

Con la República de El Salvador, la línea fronteriza se determinará por arreglo directo de las Partes o por cualquiera de los procedimientos establecidos en el Tratado Americano de Soluciones Pacíficas, "Pacto de Bogotá", y en el Derecho Internacional, que sea más apropiado a la solución definitiva del problema limítrofe, sirviendo de base la documentación colonial existente hasta el quince de septiembre de mil ochocientos veintiuno, y la posterior relacionada con la remedida de los terrenos fronterizos, que aclara los linderos de los terrenos a que se refiere los títulos coloniales.

Pertenecen a Honduras:

1°.-Los territorios situados en tierra firme dentro de sus límites territoriales y las islas, islotes y cayos en el Golfo de Fonseca, cuya posesión está respaldada con títulos expedidos durante el Régimen Colonial Español.

2°.-Las Islas de la Bahía, Islas del Cisne (Swan-Island) llama-da también Santanilla o Santillana, Viciosas, Misteriosas y los Cayos; Gorda, Vivorillos, Cajones, Becerro, Cocorocuma, Caratasca, Falso, Gracias a Dios, Los Bajos, Pichones, Palo de Campeche y los demás situados en el Atlántico que histórica, geográfica y jurídicamente le corresponden.

3º.-También pertenecen al Estado de Honduras y están sujetos a su jurisdicción y control, el subsuelo, el espacio aéreo, el mar territorial en una extensión de doce millas náuticas y el lecho y el subsuelo de la plataforma submarina, zócalo continental e insular, y otras áreas submarinas adyacentes a su territorio fuera de la zona del mar territorial y hasta una profundidad de doscientos metros o hasta donde la profundidad de las aguas subyacentes, más allá de este límite, permita la explotación de los recursos naturales del lecho y del subsuelo.

En los casos a que se refieren los tres párrafos anteriores, el dominio de la nación es inalienable e imprescriptible y sólo podrán otorgarse concesiones por el Gobierno de la República a particulares o sociedades civiles o mercantiles constituidas o incorporadas conforme a las leyes hondureñas, con la condición de que se establezcan trabajos regulares para la exploración de los elementos de que se trata y se cumpla con los requisitos que provengan de las leyes. Tratándose del petróleo y de otros hidrocarburos, una ley especial determinará la forma en que podrá llevarse a cabo la explotación de esos productos, y de otros similares.

4º.-Como consecuencia de las declaraciones anteriores, el Estado se reserva el derecho de establecer la demarcación de las zonas de control y protección de los recursos naturales en los mares continentales e insulares que queden bajo control del Gobierno de Honduras, y de modificar dicha demarcación de acuerdo con las circunstancias sobrevinientes por razón de los nuevos descubrimientos, estudios e intereses nacionales que fueren advertidos en el futuro.

5º.-La presente declaración de soberanía no desconoce legítimos derechos similares de otros Estados sobre la base de reciprocidad, ni afecta los derechos de libre navegación de las naciones, conforme al Derecho Internacional.

***

Ninguna autoridad puede celebrar pactos, tratados o convenciones u otorgar concesiones que lesionen la soberanía e independencia de la República. Quien lo haga será juzgado por traición a la Patria. En cualquier tiempo podrá deducirse la responsabilidad consiguiente a quienes los hayan celebrado o contribuido a su ejecución.

Cualquier tratado o convención que celebre el Poder Ejecutivo referente al territorio nacional o a la organización política del país requerirá la aprobación del Congreso Nacional, por votación no menor de tres cuartas partes de sus miembros.

Los Estados extranjeros sólo podrán adquirir en el territorio de la República, sobre bases de reciprocidad, los inmuebles necesarios para sede de sus representaciones diplomáticas, sin perjuicio de lo que establezcan los convenios internacionales.

Honduras es un Estado disgregado de la República Federal de Centro América. En consecuencia, reconoce como una necesidad primordial volver a la unión con uno o más Estados de la antigua Federación. A este respecto, queda facultado el Poder Legislativo para ratificar los tratados que tiendan a realizarla parcial o totalmente, siempre que se propongan de manera justa y democrática.

Honduras hace suyos los principios y prácticas del Derecho Internacional que propendan a la solidaridad humana; al respeto de la soberanía de los pueblos y al afianzamiento de la paz y la democracia universales.

**

La Bandera de Honduras es un Símbolo Nacional. Constará de tres franjas iguales y horizontales, la superior y la inferior, de color azul turquesa y la del centro blanca. Llevará en medio cinco estrellas de cinco ángulos salientes del mismo color azul, formando con cuatro de ellas un cuadrilongo paralelo a las franjas, en el centro del cual estará colocada la restante. El ancho del conjunto de las tres franjas deberá ser contenido dos veces en la longitud.

El Escudo es un Símbolo Nacional. Está compuesto de un triángulo equilátero, en cuya base hay un volcán entre dos castillos, sobre los cuales está un arco iris y debajo de éste, tras el volcán un sol esparciendo luz. El triángulo está colocado sobre un terreno que se figura bañado por ambos mares. En torno de él hay un óvalo que contiene en letras doradas la leyenda: "REPUBLICA DE HONDURAS, LIBRE, SOBERANA, INDEPENDIENTE. 15 DE SEPTIEMBRE DE 1821. En la parte superior del óvalo, aparece una aljaba llena de flechas, de la que penden cuernos de abundancia unidos por un lazo, y descansando sobre una cordillera de montañas, en la que descuellan tres árboles de roble a la derecha y tres pinos a la izquierda y en distribución conveniente: dos bocaminas, una barra, un barreno una cuña, una almádana y un martillo.

El Himno Nacional es un Símbolo conceptuado en tal carácter por Decreto No. 42, de trece de noviembre de mil novecientos quince.

El idioma oficial de la República es el español[9].

Toda la riqueza artística, histórica y arqueológica del país, constituye el tesoro cultural de la Nación; estará bajo la salvaguardia del Estado, y la ley establecerá lo que estime oportuno para su defensa y conservación. (Tomado de la Constitución de la República de 3 de junio de 1965. Tiene el mérito de ser una descripción legal).

La extensión territorial del país es de 112,088 kilómetros cuadrados, según la Comisión Geográfica Especial de febrero de 1952.

El 63 por 100 del territorio hondureño es montañoso, rico en minerales, cubierto de interminables pinares, pero con escasa capa agrícola.

Algo más de la tercera parte de Honduras -unos 40,000 kilómetros cuadrados- está constituida por valles de rica tierra agrícola, agua abundante y clima óptimo, aunque insuficientemente explotadas. De dicha extensión la constituyen las grandes llanuras de la Mosquitia, en el noreste, y los valles de Aguán y Olancho, regiones de escasa población, con partes, aún hoy, poco conocidas y en las que apenas se explota el suelo en su forma más rudimentaria.

---

[9] El Código Civil en su Art. 45 establece que "el idioma legal es el castellano".

La Constitución de la República manda que "el idioma legal es el español". Muchos latinoamericanos de categoría literaria son de parecer que "los países que se independizaron de España hablan no el idioma español SINO EL IDIOMA HISPANO.

Nosotros estamos de acuerdo con esta idea y le damos nuestro voto; el habla hispana se nutre del castellano de los siglos coloniales y de las grandes lenguas americanas, como el maya, el nahuatl, el aymará, el quechua y de otras lenguas menores. Además, tiene más horizonte que el idioma español.

El resto del territorio llano lo constituyen el gran valle de la Costa Sur, la región con mayor densidad de población del país; la faja costera del departamento de Atlántida, con sus extensas plantaciones bananeras, y los fértiles valles del interior, donde se concentra la población y que se dedican al cultivo. Ellos son Sensenti, Cucuyagua, Quimistán, Sula, Otoro, Comayagua, Talanga, Siria, Guarabuquí, Guaimaca, Yoro, Sulaco, Olanchito, Agalta, Jamastrán, San Lucas, etc. Regiones naturales con rasgos propios todas ellas.

La población que habita el altiplano hondureño vive en perpetua primavera; la temperatura media es, en Tegucigalpa, de 21 grados; las tierras bajas son, por el contrario, calurosas; en Amapala, puerto del Pacífico, la media es de 28 grados; de 26 grados en San Pedro Sula y de 27 grados en las Islas de la Bahía.

Las variaciones de temperatura en el curso del año son reducidas, y las estaciones, como en toda la zona de la América Insular, pueden reducirse a dos: una seca de noviembre a mayo y otra húmeda que comienza en este mes y finaliza en octubre.

La pluviosidad es muy elevada. En el altiplano central, considerado seco por los hondureños, la precipitación no baja en ningún punto de 1,000 por año, oscilando entre esta cantidad y los 1,500 mm. En las regiones costeras rebasa los 2,000mm. (2,195 mm. en Guanaja, 2,500mm. en Amapala y 2,700mm. en Tela) y llega cerca de 4,000 mm en las proximidades del Lago de Yojoa, donde se recogieron 3,122mm en 1954, El lago de Yojoa es el único interior de Honduras; tiene 275 kilómetros cuadrados.

La elevada pluviosidad de que se habla, unida al calor del trópico, a la tierra fértil de los valles y a los ríos que los cruzan, dan a aquellas posibilidades ilimitadas de cultivo que permitirían alimentar a una población muchas veces superior a la que Honduras tiene en el presente.

***

Rodeando el territorio continental de Honduras se extiende un amplio y disperso dominio insular que fue en el pasado, refugio de piratas, objeto de litigios internacionales, teatro de batallas encarnizadas y, en ocasiones, asiento de auténticos reyezuelos independientes.

Comprendidos en el territorio insular hondureño, hay islas y cayos tan alejados de sus costas como el Cayo Misteriosa o Banco Alboni, descubierto en 1787 por el marino español Tomás Nicolás de Villa, situado más de 400 kilómetros al norte del Litoral Atlántico de Honduras; Cayo Nasa, a 200 kilómetros al este del Cabo Gracias a Dios, o los Cayos Zapotillos, frente a las playas de Belice.

En la costa del Pacífico están las islas del Golfo de Fonseca, en una de las cuales -Isla del Tigre- se encuentra el puerto de Amapala, el principal de la costa sur de Honduras.

En el Caribe las islas más importantes son las Islas de la Bahía (tal es su nombre) que constituyen uno de los 18 departamentos del país, y poseen una fisonomía cultural muy distinta a la del continente, debido a lo accidentado de su historia.

Hasta 1643 estuvieron habitadas por indios, que en aquel año, ya totalmente españolizados, fueron evacuados al continente ante las continuas invasiones de los piratas, estableciéndose en número de 700 en la zona de Comayagua.

Pobladas en los siglos XVII y XVIII por piratas, primero, y por negros e ingleses procedentes de Jamaica y de las islas de Caimanes, después; ocupadas por Inglaterra y separadas de España varias veces durante este período. Su población afroantillana fue trasladada en dos ocasiones a la región de Trujillo, donde se incorporó rápidamente a la población hondureña, adoptando la religión católica y la lengua castellana.

Al llegar la independencia eran administradas como parte de la intendencia de Comayagua y pocos años después, en 1788, un español, Miguel Martínez, había construido un faro en la isla de Utila.

El caos centroamericano en las primeras décadas que sucedieron a la independencia constituyó campo abonado para las aspiraciones de Inglaterra, entonces en pleno proceso expansivo, e incluso de aventureros aislados.

Un inglés, MacGregor, creó en 1825, el "Reino de los Poyas", que aspiraba a incluir las zonas alógenas delas Islas de la Bahía y costa del nordeste de Honduras. Poco después, en 1830, el Superintendente de Belice, Coronel MacDonald, ocupó las islas por no haberle querido entregar las autoridades centroamericanas unos esclavos fugitivos.

Se hablaba cada vez más del canal interoceánico, que se consideraba de fácil construcción, e Inglaterra trataba de asegurarse todas las posibles entradas al mismo; siguiendo esta política ocupaba la Isla del Tigre en la costa hondureña del Pacífico.

Ambas ocupaciones fueron efímeras, sin embargo; en 1838, liberados los esclavos de las posesiones británicas, un número importante de libertos procedentes de la isla del Gran Caimán y protegidos por MacDonald, el superintendente beliceño, se establecieron en las Company a establecer en las islas una estación telegráfica que aún subsiste.

En 1916 vendió las islas a un aventurero de Boston, William Brooks, quien hasta su muerte, la gobernó a su voluntad y no permitió la entrada de mujeres[10].

***

Desde la independencia, Honduras ha sido organizada administrativamente en departamentos; siete inicialmente en la primera división por el Congreso en 1825; los de Comayagua, Choluteca, Tegucigalpa (hoy Francisco Morazán) Gracias (hoy Lempira), Olancho, Santa Bárbara y Yoro, ampliándose progresivamente hasta los dieciocho que son en la actualidad, conforme nuevas regiones del país iban creciendo en importancia política y económicamente. Fueron creados Copán, La Paz y El Paraíso en 1869; Islas de la Bahía en 1872; Intibucá en 1883; Colón en 1891; Cortés y Valle en 1893; (Valle ya había existido fugazmente con el nombre de Victoria); Atlántida (que formaba parte de Yoro) en 1902; Ocotepeque en 1906, y por último, Gracias a Dios, departamento fundado en el viejo territorio de la Mosquitia, razón de más para no quitarle su nombre que es histórico, mientras que el otro sólo recuerda una expresión de dudosa certeza y ofensiva para el país, pues se le atribuye a Colón el haber dicho después del peligro a que lo sometió una tempestad en la costa hondureña: *GRACIAS A DIOS QUE HEMOS SALIDO DE ESAS HONDURAS.*

Los departamentos a su vez se dividen en municipios, siendo en la actualidad 280 en total. Los municipios se gobiernan localmente conforme a la Ley de Municipalidades y del Régimen Político.

---

[10] Los Estados Unidos devolvieron las Islas Santanilla (o del Cisne), a Honduras el día lunes 22 de noviembre de 1971. Representó al Presidente Nixon en el acto de entrega el señor Roberto Finch.

Bajo las ideas exóticas de la era hitleriana el municipio en que se asienta la capital de la República, Tegucigalpa perdió su autonomía municipal y se le dio el título bastardo de Distrito, cuyo jefe es nombrado por el Presidente de la República y depende del Poder Ejecutivo.

No ha podido recuperar su categoría de Ayuntamiento elegido por el pueblo.

BIBLIOGRAFÍA

Constitución de la República de 1865. "Honduras", Luis Mariñas Otero, Madrid, 1963. "Geografía de Honduras", Ulises Meza Cálix, Tipografía Nacional, Tegucigalpa,1919.

POBLACIÓN

La población de Honduras ha sido poca y ha aumentado con lentitud, según establece la estadística del presente siglo:

1901	489,317
1905	500,135
1910	553,446
1916	605,997
1926	700,811
1930	854,184
1935	962,000
1940	1,107,859
1945	1,200,542
1950	1,368,605
1954	1,472,365

Esta historia se empeña a llegar hasta 1954 y hace esfuerzos por no pasar de allí; pero algunas veces tendrá que pasar del límite prefijado bien para dar una idea global del tema, bien para satisfacer la curiosidad de los lectores sobre algunos hechos que quedarían sin sentido al suspenderlos en el año prefijado.

Por estas explicaciones diremos que lo que se llama la "explosión demográfica" de Honduras empezó en 1954 y que a la altura de 1975 año en que estamos escribiendo estas notas, la población ha llegado a 3,040,000.

Si Honduras estuviera unida a sus hermanas de Centro América, el conjunto geográfico-político tendría una población de 17,840,000, según el censo de 1975.

Existe la hipótesis de que la población de Honduras en tiempos precolombinos fue tres veces mayor que la de 1954, es decir que su población sería a la que llegó en 1975.

Se funda el supuesto en que la propiedad comunal facilitaba un mayor desarrollo demográfico, no importa que los instrumentos de trabajo fueran neolíticos.

La explotación minera destruyó tres cuartos de la población precolombina, quedando ésta reducida a las tribus errantes que se hallaban en el estadio inferior de la barbarie y en el salvajismo.

Cuando esto sucedió fueron importados negros de África.

Cuando empezó el enclave bananero a principios del siglo, quedó convenido en los círculos financieros, que El Salvador, país pequeño y sobre poblado, sería una bolsa de trabajo destinada a ofrecer brazos a las empresas fruteras de la Costa Norte de Honduras. Con esta medida se aflojaría la presión laboral sobre los cafetaleros salvadoreños y se mantendría una constante reserva de trabajadores lista para entrar en las faenas de las fincas fruteras de la Costa Norte, con el atractivo de los salarios en dólares, que en esa moneda se pagaban entonces.

De los demás países centroamericanos también llegaban trabajadores, aunque en menor proporción, según el cuadro siguiente:

Salvadoreños	20,285
Guatemaltecos	6,081
Nicaragüenses	2,760
Costarricenses	275

La estadística de los salvadoreños registrados por voluntad propia es la que se da. Falta la otra por ser imposible, es decir la que se refiere a los que pasan de un país a otro, en forma natural, sin papeles, adquieren cédula de vecindad en los pueblos occidentales y en la misma Costa Norte. Con el tiempo se sienten hondureños naturales, participan en casi todas las actividades económicas y sociales y llegan a ser alcaldes y a desempeñar otras funciones importantes. De esta manera se puede decir que la población salvadoreña en Honduras no ha sido calculada y se supone que es enorme.

En el censo de 1950 los inmigrantes de Europa eran de 1,217, formando los españoles el grupo mayor y siguiéndoles los italianos que fundaron a principios del siglo en el departamento de Atlántida la Vaccaro Bros., compañía bananera que de venta en venta llegó a manos de la Standard Fruit Company, miembro de la poderosa Castle Coke.

En el mismo censo, los inmigrantes de Asia, los chinos eran calificados de indeseables, y se alimentaba este prejuicio racial, no porque los chinos trajeran pestes desconocidas sino porque había suficiente mano de obra. Como los habitantes del Asia Menor fueron súbditos en su mayoría del Imperio turco antes de la primera guerra mundial, al empezar a venir a Honduras en 1910, con pasaporte turco, se les dio ese nombre y se les sigue llamando así. Hoy se sabe que son árabes, palestinos, sirio-libaneses, que han llegado al país con ánimo de quedarse, aunque no de nacionalizarse. Sus hijos desconocen el idioma de sus padres, sólo el hispano; se dedican al comercio, a la industria suplementaria y al trabajo técnico y profesional. En sus relaciones familiares y en sus costumbres dan señales de no querer ser hondureños, actitud que observan y notan los naturales de este país. Los originarios del Asia Menor y sus descendientes pasan del millar. Los norteamericanos en 1950 eran 849; en 1926 se contaban 2,110. Más en aquel año por ser la época de las grandes inversiones bananeras, que requerirían la presencia de muchos gringos técnicos y altos funcionarios, siendo su estancia en el país de carácter personal y fue escaso el número que se estableció definitivamente.

Pero de 1950 hacia acá ha aumentado la población norteamericana en Honduras porque establecidas las grandes compañías bananeras, hubo necesidad de traer otras en cumplimiento de un vasto plan de inversiones convenido y trazado en Bretton Woods, de donde salieron el Fondo Monetario Internacional y el Banco Mundial de Reconstrucción y Fomento, aparte de otros organismos auxiliares.

Poco tiempo después empezaron a llegar las inversiones de Alianza para el Progreso (ALPRO), que fueron comunes para los países de la América Latina, y que iniciaron la llamada era del Neocolonialismo. En esta etapa aumentaron los inmigrantes norteamericanos, en especial técnicos industriales y bancarios y a la vez ingenieros buscadores de petróleo, minerales estratégicos y gran variedad de materias primas.

A esta población calificada acompañaron los llamados "cuerpos de paz", grupos de jóvenes norteamericanos, en gran parte hijos de ricos, que muy ingeniosamente evitaban prestar sus servicios militares en Vietnam.

La población de Honduras es más de la indicada en el último censo. A los hondureños no les gusta censarse porque esperan de ese registro algún daño. Por ejemplo, le temen al servicio militar, a los impuestos y a otros servicios y cargas que afectan, en principal, a los campesinos.

RAZAS QUE CONCURREN EN LA POBLACION HONDUREÑA

La mayoría de la población de Honduras es mestiza, abarcando este concepto a las distintas mezclas de razas que existen y vinieron al país. Razón demás para decir que en este país tuvieron muy buena aceptación las teorías de José Vasconcelos expuestas en sus libros titulados "Indología" y "Raza cósmica". En 1929, el "Grupo Renovación" divulgó las ideas vasconcelianas, y el escritor Arturo Martínez Galindo casi estuvo a punto de fundar el "Diario Indígena" que haría saber que la sangre india era la mejor del mundo y que con una sola gota de sangre autóctona que llevara un blanco ya era un hombre superior, pues ese hecho ya era indio.

Las razas aborígenes de las que aún quedan restos, son la maya, la tolteca y la care o caribe.

Hasta el momento, no ha sido posible averiguar, si los mayas nacieron en suelo centroamericano, como afirma don Rafael Girard, antropólogo suizo que vive en el pueblo de Corquín, o vinieron de Asia, como suponen muchos etnólogos, en una época remota. De lo que sí hay certeza, es que en varios siglos de trabajo y perfección crearon una hermosa cultura neolítica, con base en el cultivo del maíz. Las ruinas de Copán en Honduras, Tikal en Guatemala y Nachán (ruinas de Palenque) en el sur de México, ofrecen testimonio de aquella cultura. Empezaron a declinar en el siglo IX y de ellos no quedaron más que unos descendientes sometidos a tribus conquistadoras que arribaron del norte.

Los toltecas llegaron al país de los mayas, celebrando alianzas con unas tribus y sometiendo por la fuerza a otras. En el siglo XI se establecieron desde Yucatán hasta Panamá, según recientes investigadores. Estos grupos tribales vinieron del frío Norte, quizá del continente asiático, habiendo atravesado el congelado Estrecho de Behring. Se establecieron por mucho tiempo en la parte central de México, donde edificaron ciudades maravillosas. Más tarde, empujados por tribus feroces, como los chichimecas, huyeron hasta el sur, llegando a los lugares ya señalados. Los toltecas rompieron el cerco neolítico, crearon una cultura metalífera iniciaron la edad del bronce y se hicieron dueños de la parte central del continente, al que llamaron Ixachilan (tierra firme muy grande en nahoa). Eran los dueños de la tierra cuando llegaron los españoles.

Los cares, también llamados caribes, fueron dueños de las costas y las islas del mar que lleva su nombre. Fueron navegantes, pescadores, cazadores y caníbales. Hicieron frecuentes recorridos desde las costas del Brasil hasta las Bahamas. Situaron en Puerto Rico su principal centro de operaciones y establecieron colonias en otras regiones. Así fue que se radicaron en la costa de Honduras, desde la laguna Guaymoreto hasta la de Caratasca, haciendo penetraciones profundas en el interior del país. Los cares o caribes asolaron los territorios que visitaron con sus canoas. Los lingüistas los hacen venir de Oceanía, donde han encontrado grupos de palabras que se hallan en el idioma de los cares. Una, por ejemplo: "guara", que significa sangre; nombre de un ave del país de color rojo, y que parece encontrarse en Guarizama, Lepaguare, Yaguacire, Guarita,etc.

Los españoles llegaron a Honduras en son de descubridores, conquistadores, evangelizadores y colonizadores en el siglo XVI, tiempo en que los mayas habían pasado a segundo orden y predominaban los toltecas en los valles centrales y en la región andina del país y los cares en la costa atlántica. Los españoles impulsados por el mercantilismo, pensaron en la creación de una colonia de tipo mercantil para lo cual sometieron a los nativos y los redujeron a esclavitud en su mayor parte, quedando algunos grupos de indios fuera de su control que llamaron cimarrones. Los conquistadores pensaron que hubiera otra España en cada zona de América. No lo lograron porque el medio les impuso sus condiciones, y de la combinación de los elementos hispánicos y americanos resultó una sociedad notablemente diferenciada, que fue el antecedente para que al cabo de 300 años pensaran sus hijos en sacudirse el yugo de la dominación social y nacional de los españoles, lo que consiguieron en un esfuerzo que empezó en el siglo XVIII y culminó en el siglo XIX.

De la independencia surgió la República democrática adornada con los grandes principios de la Revolución Francesa de libertad, igualdad y fraternidad, que no significaron lo que realmente significan, pero que significaron algo, y a este algo se debió que fuera abolida la esclavitud, aunque quedara viva en el hecho. Pero la guerra civil de Centro América de 1826 a 1829 fue a la vez una gran sacudida social en favor de los derechos del hombre y del ciudadano, que mejoró las condiciones de los oprimidos tradicionales. Los movimientos políticos posteriores de 1853-1857 contra el filibustero esclavista William Walker, de 1871-1876 contra la reacción semifeudal y la influencia inglesa y de 1894 contra la restauración conservadora, también entre otras miras atendieron la superación de las masas campesinas, en su mayoría mestizas.

Los negros de Honduras fueron importados directamente de África por compañías esclavistas o vinieron de las Antillas huyendo de sus propietarios. Los primeros fueron conducidos a los minerales de la región andina y a los lavaderos de oro de los ríos orientales. Con el tiempo estos negros se unieron con indias e indios y aparecieron los zambos. También los españoles sintieron deseos de carne negra, se abrazaron con las jóvenes africanas y surgieron los mulatos. Los negros que huyeron de sus amos de las Antillas, formaron grupos independientes en las Islas de la Bahía y a lo largo de la costa atlántica desde la Mosquitia hasta Belice. Estos negros no se mezclaron con nadie, por excepción tal vez con los cares. Conservaron su dialecto y sus costumbres. Son libres, alegres y buenas personas.

Son una fuerza importante para el presente y el futuro de Honduras.

Los negros empezaron a venir esporádicamente desde el siglo XVI. Afluyeron en la época de la gran colonia de la mitad del siglo XVII a la mitad del siglo XVIII. De la segunda mitad del siglo XVIII en adelante, con la depreciación de los metales preciosos en los mercados europeos, se suspende la importación de negros de África. En Honduras empieza a reducirse el trabajo minero. Se cierran muchas minas famosas. Los propietarios esclavistas venden a bajo precio los -negros mineros, porque ahora tienen que alimentarlos y cuidarlos sin ningún provecho ni beneficio. Y de esto nació en alguna medida el decreto de la Asamblea Nacional Constituyente de 1823 que dio la libertad a los esclavos. Como el Estado debía pagar en efectivo la libertad de los esclavos y carecía de fondos, muchos propietarios de holgada fortuna los dedicaron a otras actividades como decir la agricultura y la ganadería.

De la población precolombina han quedado grupos en Honduras, que aún no han sido absorbidos por el mestizaje ni se han dejado absorber. Estos grupos son los siguientes:

1) Los LEMPAS, y no lencas como ha sido corriente llamarles, siguiendo el modo de hablar de los españoles, de prisa y sin fijarse en la exactitud de los vocablos, hecho que después ha dado grandes dolores de cabeza a los lingüistas que no hallan con tales equívocas las verdaderas raíces y desinencias de las palabras americanas. En la "Conquista de Nueva España" de Bernal Díaz del Castillo al dios de la guerra de los aztecas Huitzilopostli aparece con el nombre de Huichilobos. Con un ejemplo hasta para comprender el caso tan generalizado en la América que ocuparon los españoles.

La palabra lempa, en forma apocopada, de la lengua náhuatl, significa "camino movedizo de agua rosada". Lo de camino movedizo está claro. Lo de agua rosada, no. Tal vez se refiere al color distinto que toman las aguas claras en épocas de lluvias torrenciales. Los lempas agrupados en tribus guerreras vivían desde la margen derecha del río que lleva ese nombre hacia los departamentos de Ocotepeque, Lempira, Intibucá, La Paz y la parte Sur de Francisco Morazán. Se dedicaban a la agricultura y su centro ceremonial se, hallaba en Tzerkín. Estas tribus pusieron en aprietos a Pedro de Alvarado cuando pasó por su zona y posteriormente surgió de ellas el valiente Lempira que resistió durante seis meses a las fuerzas del gobernador de la provincia de Honduras Francisco de Montejo.

De los lempas quedan grupos de poca población en los departamentos hondureños anteriormente citados.

2). Los CHORTIS son una postrera expresión maya que en número aproximado de diez mil personas se reparten en aldeas situadas en Copán y en el departamento de Chiquimula, República de Guatemala. Los chortis conservan su lengua maya, muy diferenciada de la primitiva, sus costumbres, su sicología. El antropólogo Rafael Girard ha pasado años entre ellos con el objeto de estudiarlos y sus observaciones se pueden ver en varios gruesos volúmenes.

Los chortis están a punto de extinguirse.

3) Los XICAQUES todavía se reúnen en grupos tribales en el departamento de Yoro, donde llegan aproximadamente a unos 8,000, y en la Montaña de La Flor, departamento de Francisco Morazán,

donde acaso se cuentan unos 200. En Yoro tienden a identificarse con el resto de la población y a sumarse a las ligas campesinas para defender sus tierras siempre amenazadas por los terratenientes.

Los xicaques de la Montaña de La Flor en cambio viven retraídos y aceptan de mal modo la visita de las misiones protestantes que les predican el Evangelio y les ofrecen medicinas y otros regalos. Antes morirán que fundirse con la mayoría mestiza del país a la que desprecian por su moral corrompida y sus malas costumbres. Eso piensan ellos.

Aventureros de mala ley que vinieron a enriquecerse con el sudor de los humildes, obligaron a los xicaques en general en el siglo pasado a labores de poca paga o de ninguna. Al efecto, los obligaron a trabajar en los benques de madera, a recoger zarzaparrilla en las montañas inhóspitas, a cazar animales selváticos de valiosas pieles y a otras actividades que quedaban a nivel de la servidumbre. Las autoridades legalmente establecidas nunca procuraron una defensa favorable a los xicaques. Todo lo contrario, los alcaldes, los gobernadores, los comandantes de armas, los expedicionarios, siempre favorecieron los intereses de los aventureros que tenían capacidad de sobornarlos.

A este veneno debía atacarle con eficacia el contraveneno de un misionero católico llamado Manuel Subirana, de origen español, quien vino a Honduras en 1856 y permaneció en ella hasta el día de su muerte el 27 de noviembre de 1864. El Padre Subirana llegó a Honduras en días de enconadas luchas en que se debatían los campesinos-que se resistían a pagar los tributos eclesiásticos de los diezmos y las primicias y un sector clerical malquistado con el Gobierno de Guardiola que había celebrado con Inglaterra el tratado Wyke-Cruz por el cual Londres devolvía las Islas de la Bahía a Honduras, pero a condición de respetar la religión de sus habitantes que era la protestante luterana, hecho que según los sacerdotes violaba la Constitución que mandaba que la religión católica fuera la religión oficial, con exclusión de cualquiera otra.

El resultado de aquello fue la excomunión que hizo el Padre Miguel del Cid al Presidente de la República General Guardiola, la "Guerra de los Padres" o sea una revuelta encabezada por los curas párrocos y finalmente el asesinato del General Guardiola que no se supo quién fue el verdadero responsable, aunque se conocieran y fusilaran a sus ejecutores.

El Padre Subirana no tomó parte en la contienda del país. Se dedicó a catequizar a los indios cimarrones, a defender sus derechos de tierras y a liberarlos de sus explotadores extranjeros, haciendo que el Gobierno dictara disposiciones favorables a los nativos que fueron como una anticipación de un Código de trabajo. El Padre Subirana, a quien llegó a llamársele "El Santo Misionero", y así le llamaba la gente humilde, recorrió todo el país, de occidente a oriente y de sur a norte, predicando el Evangelio, bautizando, casando, agrandando la población cristiana y defendiendo los derechos naturales y sociales de los verdaderos dueños de esta América.

Con las vueltas del tiempo, con la sucesión de gobiernos arbitrarios, con las montoneras y con la geofagia de los terratenientes, las conquistas económicas y sociales del Padre Subirana en favor de los indios en general y de los xicaques en particular se fueron borrando hasta que desaparecieron por completo. Los nativos volvieron a quedar en el estado que se hallaban antes, totalmente desamparados en sus aldeas y acosados por los explotadores y los bandidos oficialmente armados con armas de gobierno.

5) Los PAYAS. Los payas ocupaban todo el valle de Agalta con crecida población. Seguramente la "M" de maya la volvieron "P" para hacer la palabra paya. Es de suponer que los payas fueron una tribu de los mayas instalada en Agalta. Además, el idioma de ellos no tiene ninguna relación con la lengua náhuatl de los mexicanos, aztecas o toltecas.

Pocos años antes de la independencia fue visitado el valle de Agalta por el notable humanista Fray José Antonio de Liendo y Goicoechea, quien acababa de regresar de Madrid a Guatemala con el encargo de reunir el mayor número de plantas de cualidades medicinales para enriquecer el Jardín Bótanico de Madrid. El Padre Goicoechea fundó en Agalta el pueblo de San Estéban en recuerdo del religioso Esteban Verdelete, devorado por los caníbales en las vegas del caudaloso Patuca.

Fue bien recibido por los payas de la región, y llevado a donde quiso ir. Al tomar un camino, numerosos indios lo acompañaban, adelantándose unos cuantos a construir la choza en que dormiría Goicoechea. Al día siguiente, al proseguir la marcha, le daban fuego a la choza, y sorprendido Goicoechea de esta costumbre y hecha la pregunta le contestaron que los blancos llevaban consigo tantas enfermedades que llenaban de ellas el ambiente, por lo que le pegaban fuego a las chozas donde dormía el padre.

Los ganaderos españoles del valle de Agalta fueron posesionándose de las tierras de los payas, los que tuvieron que reducirse a dos pequeños poblados llamados Dulce Nombre de Culmí y Santa María del Carbón. Últimamente, los payas de Santa María de Culmí se han trasladado a Santa María del Carbón, pues los madereros del país y extranjeros, contando con la venia del gobernante, los han echado del pueblo, les han tomado sus tierras comunales y les están aprovechando sus maderas. Los payas tienden a extinguirse por el desamparo en que viven y por el acoso de la injusticia.

6) LOS MOSQUITOS. La Mosquitia fue un país que se extendía desde el Cabo Camarón en el departamento de Colón hasta el Río San Juan del Norte y buscando tierra adentro cubría las Segovias de Nicaragua. Por el descuido del Gobierno español, y más tarde del Gobierno Federal de Centroamérica, ahí establecieron los ingleses un reino que tuvo una larga dinastía y que fue reconocido por el Gobierno hondureño del General Francisco Ferrera, una vez rota la Fede-ración. La Reina Victoria de Inglaterra se cruzaba cartas con el negro que hacía las veces de rey en la Mosquitia, y lo llamaba "Querido primo". En el comienzo del siglo XX y por el Laudo del Rey de España la gran Mosquitia quedó dividida en dos secciones: la hondureña y la nicaragüense.

Mosquitia es el nombre oficial de la zona hondureña si se consulta el Tratado Wyke-Cruz. Sus habitantes llevan el patronímico de mosquitos, y no misquitos como les dice la majadería. Los mosquitos seguramente descienden de los antiguos cares o caribes. Por lo común son navegantes, se relacionan con las Antillas mayores y menores y se dedican al comercio. Con los siglos transcurridos se han mezclado con otras razas. Físicamente los mosquitos son altos, atléticos por el continuo ejercicio con los remos, piel oscura, cabello liso, medio azulado. Les gusta el canto y la poesía, y por su origen primitivo tienen una literatura más original que la hondureña, mezcla de amor, nostalgia, vida desdichada, río, laguna y mar.

LA FAMILIA HONDUREÑA Y SU DESARROLLO

Cuando los españoles llegaron a América por la parte de Honduras encontraron una familia que se desplazaba del grupo gentilicio al patriarcal, que no entendieron y le dieron el nombre de promiscuidad pagana. Como al indio, en realidad, le dieron tratamiento de vencido, aunque las reales órdenes dispusieron algo distinto, le impusieron a viva fuerza, allí donde quedó en relativa libertad la familia monogámica, es decir la familia española compuesta de un hombre (marido y padre) y una mujer (esposa y madre) y unos hijos. Desde el comienzo se le enseñó al hombre a ser el jefe de familia. A la mujer, a desempeñar la jefatura cuando faltaba el hombre. Y a los hijos se les enseñaba la ciega obediencia.

El matrimonio lo realizaba la Iglesia de acuerdo con lo que establecía el derecho canónico. Los religiosos cuidaban que contrajeran matrimonio todos los nativos, sin exceptuar a los esclavos. Lo hacían en interés de la religión y también en interés de los encomenderos que debían acrecentar sus fuerzas de trabajo. No obstante lo establecido y la vigilancia de los religiosos, las relaciones extramatrimoniales fueron iguales o mayores que las sujetas a la ley. Los hijos naturales fueron más que los legítimos y los hijos sin padre todavía más que los anteriores, por una razón sencilla: se estaba imponiendo el patriarcado en las tribus indígenas que seguían sujetas al imperio del matriarcado.

De otra parte, los padres de familia arrancados a la fuerza de la organización gentilicia pasaban a la nueva vida totalmente desprovistos de bienes familiares. La propiedad colectiva de los indios había pasado a los encomenderos, quienes ahora eran los dueños de los medios de producción y los indios eran simples trabajadores con una paga misérrima o con ninguna. Pero la familia monogámica se había establecido de acuerdo con las leyes españolas y de Indias, aunque en la realidad sólo fuera una ficción. La desorganización de la familia gentilicia y la desaparición de la propiedad colectiva, produjo un caos en la socie-dad americana sujeta al rigor de la costumbre.

En cuanto a los españoles que trasladaron las leyes de su tierra a América y dieron otras complementarias, no tuvieron inconvenientes en aplicarlas como en la metrópoli. Ellos, insistimos, decidieron trasladar de España a esta América bárbaras fórmulas y costumbres. Sólo que la barbarie americana les obligó a modificar un tanto las instituciones jurídicas, entre ellas la institución familiar. Al venir los españoles en son de guerreros y conquistadores se hallaron de pronto en medio de pueblos desconocidos y de costumbres distintas. Las costumbres eran leyes sociales que los invasores no podían abolir de un soplo, como quien apaga una candela. Al contrario, el imperativo del medio empezó a imponerse sobre los españoles, y estos empezaron a hacer concesiones.

Muchos fueron los peninsulares que con el tiempo terminaron creyéndose americanos. Ejemplo, el famoso cronista Bernal Díaz del Castillo. Muchos fueron los capitanes que contrajeron matrimonio con hermosas mujeres americanas, Verbigracia, Hernán Cortés que contrajo matrimonio con la joven maya Malintzín en Yucatán, y Sebastián Garcilaso de la Vega Vargas que se unió en matrimonio con la princesa inca Isabel Chimpu Ocllo, de donde procedió Gómez Suárez de Figueroa, que más tarde cambió su nombre por el de Inca Garcilaso de la Vega, notable autor de la Historia General del Perú.

COMENTARIOS REALES

Si lo dicho se refiere a los caballeros, los matrimonios españoles-americanos fueron más abundantes entre los peones, que nada tenían que hacer en España, salvo pagar algunas delincuencias en los presidios y en las galeras. Estos peones iberos con sus mujeres indias se dedicaron a producir hijos en abundancia y a cuidar y mejorar sus encomiendas. Y los hijos de estos matrimonios, claro está, eran americanos, no eran españoles, aunque estuvieran sujetos a la ley y la dominación de la lejana España. Para los peones América era el Paraíso Terrenal. Eran libres, eran señores de su casa, de su tierra, y de sus indios encomendados. Y todas las noches en sus oratorios le daban gracias a Dios por haberlos favorecido con el maná del cielo.

Cuando se produjo la revolución de independencia, ya estaba firmemente establecida la familia hispanoamericana con sus orígenes, sus costumbres y sus mirajes. Era una familia que, como dice Rubén Darío en uno de sus poemas, "rezaba a Jesuscristo y hablaba en español"; tenía una base económica que la hacía poderosa y sólo le faltaba manejar el Gobierno con sus manos, para lo cual -diferencia con la familia española- buscaba medios de lograrlo en la doctrina revolucionaria de Francia. Y logró lo que deseaba en el primer cuarto del siglo XIX. La revolución americana alcanzó la primera parte de su plan, la separación de España o sea la Independencia; no logró la segunda parte consistente en el desarrollo económico-burgués-capitalista para llegar a ser una gran nación continental como la soñara el Sabio Valle o como la pretendiera el Libertador Bolívar.

Lo anterior indica que en el traslado de la Colonia a la Independencia, la familia no tuvo ninguna modificación. Siguió siendo lo que dicen las Siete Partidas: "Por familia se entiende el señor de ella, su mujer, hijos, sirvientes y demás criados que viven con él sujetos a sus mandatos. Se dice Padre de familias el señor de la casa aunque no tenga hijos, y madre de familias la mujer que vive en su casa honesta-mente o es de buenas costumbres (Ley 6, tit. 33, Part. 7)".

Las citadas leyes definían el matrimonio así: "Es la sociedad legítima del hombre y de la mujer, que se unen con vínculo indisoluble, para perpetuar su especie, ayudarse a llevar el peso de la vida, y participar de una misma suerte" (Ley 1, Tit. 2, Part. 4).

A la vez, hijo legítimo se dice del nacido de matrimonio legítimo, esto es, de matrimonio celebrado con arreglo a las leyes y cánones y por consiguiente válido y verdadero. (Ley 1, Tít. 13, Part.4).

Como la familia se acompañaba de bienes, existía la institución del mayorazgo, palabra que viene de las latinas major natu, mayor de nacimiento, primogénito, porque el derecho de suceder pasaba de primogénito a primogénito. Y así mayorazgo era el derecho de suceder en los bienes vinculados, esto es, en los bienes sujetos al perpetuo dominio en alguna familia con prohibición de enajenación. Naturalmente, la sucesión por mayorazgo se acompañaba de asignaciones forzosas.

La institución del mayorazgo desapareció en España en 1789; pero quedó en América entre los descendientes de los antiguos encomenderos como una costumbre.

El derecho familiar fue intocable en el período de la República Federal y con mayor razón durante los treinta años como se le llama al largo período de influencia del campesino Rafael Carrera. Fue hasta que empezó la década 70 del siglo XIX que se impuso la conveniencia de modernizar la institución de la familia. La revolución de Reforma, así llamada, trajo a Centro América, y por consiguiente a Honduras la separación de la Iglesia y el Estado, la confiscación de los bienes de la Iglesia, la comercialización de los mismos, la exclaustración de monjes y monjas y cierre definitivo de conventos, ineficacia de las leyes, sentencias y condenas del Derecho canónico, abolición de los tribunales del Santo Oficio, escuela laica, libertad de cultos, etc.

La Revolución de Reforma de dimensión continental fue una engañifa que aniquiló a la Iglesia para fortalecer el poder de los terratenientes, feudales. Los terratenientes que venían de la Colonia y resistieron las sacudidas de la revolución democrática, con la Reforma se vieron fortalecidos por nuevos terratenientes que habían comprado los bienes que se llamaban antes de manos muertas. Si es verdad que la Reforma introdujo el mercantilismo en el campo, por el cual los terratenientes empezaron a salir de la economía doméstica y los campesinos siervos a percibir salarios de poca monta, lo que debió esperarse de ella fue una reforma agraria que beneficiara a los pobres con las tierras de la Iglesia y las tierras sobrantes de los terratenientes laicos. Con esta base hubiera empezado a desarrollarse desde entonces el capitalismo nacional. No sucedió así por lo apuntado.

La revolución de reforma empezó en Honduras en 1871, pero estableció gobierno sólido hasta en 1876. Dictó los códigos modernos en 1882: El Código fundamental o sea la Constitución del Estado; el Código Civil, la colección de leyes que establecen o fijan los derechos de que gozan los hombres entre sí mismos y la forma y efectos de sus convenciones civiles; el Código de Comercio, la colección de leyes relativas a los negocios mercantiles; el Código de Minería, colección de leyes reguladoras de la propiedad minera y su comercio; Código Penal, leyes que fijan los delitos y las penas que deben aplicarse a los que los cometen; Código de Procedimientos Civiles, la reunión de las leyes que determinan la forma o los trámites que deben seguirse judicialmente para obligar a los hombres a ejecutar sus contratos y a dar a cada uno lo que es suyo o se le debe; Código de Procedimientos Penales, el conjunto de leyes en que se expresan los trámites que debe seguirse para lograr en justicia el castigo de los delitos. Hemos seguido el orden establecido por don Joaquín Escriche para referirnos a la legislación hondureña de 1882. Sólo agregamos de nuestra cuenta el Código de Minería, y omitimos numerosas leyes secundarias y reglamentos.

La familia quedaba así modificada en dirección moderna. Se atenuó la concepción romanista que había sido seguida por la tradición cristiana. El padre ya no era el jefe absoluto de la familia; la madre ya no era una simple sirvienta de la cocina, y los hijos dejaron de ser siervos potenciales. Se quiere decir que la familia que surgió de la Reforma fue favorecida con la libertad. Hubo habilitación de edad para casarse antes de los veintiún años. Se estableció el divorcio. Y hubo más cosas nuevas de larga enumeración.

Como la legislación de 1882 fue, se puede decir, el comienzo de la vida moderna en Honduras en lo que hace a la familia, con la práctica en el ejercicio diario fueron aflorando fallas que convenía omitir en beneficio de la comunidad. La revolución liberal de 1894, dio una nueva legislación que se conoce con el nombre de Legislación de 1898. Comisiones de notables juristas nacionales redactaron los códigos del país, teniendo a la vista los de España y los de Chile. La familia alcanzó puntos de mayor libertad para ponerse a tono con la época y con la corriente liberal imperante.

Pero la legislación de 1898 también tuvo fallas, y fue objeto de amarga crítica con ribetes de sátira por el Licenciado Mariano Vásquez, quien valiéndose de un sobrenombre fue desmenuzando los capítulos del Código Civil. La crítica de Vásquez fue suficiente para que el Gobierno que presidía el General Manuel Bonilla nombrara comisiones para que redactara la Legislación de 1906, que es la que está vigente.

LA PROPIEDAD PRIVADA HONDUREÑA

Según los especialistas de la prehistoria que a la América llaman precolombina, han tenido que alejar el horizonte de los mayas a una época todavía más remota para explicar el florecimiento urbano que tuvieron en el año 353 antes de Cristo, tiempo en que reunieron un consejo de astrónomos y matemáticos en la Antigua Copán para rectificar fechas equivocadas por malos cálculos realizados anteriormente, para determinar el año de Venus (Zur Ek) y para elaborar el calendario del Tzolkín (calendario sagrado). Desde el año 353 que marca la era de la Antigua Copán, el esplendor maya se prolongó hasta el siglo V cristiano, y de ese siglo en adelante empezó su declinación hasta llegar al siglo VIII cristiano, siglo en que el poder teocrático de los sacerdotes (ankines) por descubrimientos esotéricos convinieron en que la famosa urbe fuera abandonada.

Los mayas vivieron en el tiempo indicado la etapa del comunismo primitivo desarrollado. Se desenvolvieron en la propiedad colectiva. Fueron agricultores maiceros y cultivaron otros granos alimenticios. Bajo la norma de "todos para uno y uno para todos" trabajaron en común y se repartieron en común. Los trabajadores de artes y oficios y los trabajadores intelectuales (sacerdotes) por ser activistas de la comunidad recibieron la porción que les correspondía. También hubo almacenes en que guardaron parte de las cosechas, en previsión de malos tiempos futuros.

El norteamericano Sylvanus Morley en su famoso libro "La civilización Maya", que ha sido tan útil para investigadores posteriores, llama al tiempo de mayor fulguración de los mayas EL VIEJO IMPERIO.

Falta decir que los mayas en materia religiosa adoraron el Sol como ser supremo y creador de todas las cosas.

También adoraron los planetas del sistema solar a los que consideraron dioses en su astronomía.

La Antigua Copán, en su centro, fue un conjunto de templos planetarios, siendo el principal de ellos el del Sol.

Los antropólogos no hallarán una explicación válida del Viejo Imperio, mientras no se resignen a aceptar ésta.

***

Los toltecas que habían creado una cultura portentosa en la parte central de México, se desplazaron de aquella zona y llegaron a Yucatán y Centro América en torno al año mil. Se ha dicho infinidad de veces que los toltecas huyeron de las tribus feroces de los chichimecas que venían aullando en coro infernal desde el helado norte. Lo más probable es que los toltecas con su poder civilizador extendieran su influencia en dirección del sur. Aunque se ponga en duda que la grandiosa Teotihuacán, fuera un centro ceremonial de los toltecas, con una pirámide destinada al Sol y otra a la Luna, está allí el símbolo indiscutible de ellos, que no deja lugar a dudas, el de Quetzalcoatl, con un templo soberbio.

Si tienen una diferencia con los mayas. Los toltecas vivieron la etapa del comunismo primitivo desarrollado y después pasaron a la etapa en que empezó la descomposición del sistema primitivo. Pasaron, pues, los toltecas a la familia patriarcal y a los inicios de la propiedad privada. Había una razón para que fuera así: los toltecas habían roto el cerco neolítico, y habían iniciado la edad del bronce. Eran mineros. Vivían en el lomo de los Andes para extraer metales. Eran joyeros. Hacían joyas insuperables de oro y plata. Y ya usaban instrumentos de trabajo hechos de bronce.

El investigador norteamericano Sylvanus Morley en su libro "La Civilización Maya" llama a cuanto hicieron los toltecas en Yucatán y Centro América EL NUEVO IMPERIO.

Los toltecas también habían alcanzado grandes conocimientos matemáticos y astronómicos. Medían con exactitud el año solar y tenían su calendario. Su religión era solar y planetaria. Teotihuacán con sus pirámides demuestra esta afirmación.

Cuando los españoles llegaron a Honduras en el siglo XVI encontraron a unos toltecas metalíferos, con marcada tendencia patriarcal.

**

Los súbditos de Carlos V. después de haber vencido a los americanos por la ventaja de sus instrumentos de guerra y después de haber saqueado sus poblaciones, acordaron en constituirse en dueños y señores de las gentes y los territorios conquistados. Para ello transformaron la familia gentilicia en monogámica al estilo español y la propiedad colectiva en propiedad privada. En materia religiosa, los agentes de la Iglesia católica substituyeron el culto solar por la creencia del Dios vivo, Jesucristo.

Como los conquistadores estaban en los finales del feudalismo y entrando en las primeras fases del capitalismo, muchos han considerado la conquista de América como un proceso revolucionario y una etapa de la revolución mundial en el siglo XVI.

El mundo se estaba capitalizando con todas las formas concebibles de la brutalidad y necesitaba imperiosamente aniquilar totalmente el feudalismo más las supervivencias de las sociedades anteriores donde se hallaran organizadas.

Y una vez que el capitalismo triunfaba, para impulsar su desarrollo, se valía de aquellas mismas formas atrasadas que en la espiral histórica había llegado a suplantar.

En tal sentido, en la época de la acumulación primitiva del capitalismo, se impuso la conveniencia de restablecer la esclavitud.

Así los indios americanos fueron arrancados de sus comunas y convertidos en esclavos y sus propiedades colectivas fueron parceladas.

De esa manera aparecieron los esclavistas y colonialistas de los "repartimientos", las "encomiendas" y las "mitas", de significación ampliamente conocida.

La acumulación primitiva del capital tenía estrecha relación con la explotación minera de nuestra América. De ahí que las primeras generaciones de americanos perecieran en los socavones de las minas.

Y cuando los indios se agotaron, aparecieron compañías importadoras de negros de África que vinieron a continuar en el trabajo minero en el que también perecieron por millares y millones.

Dos hechos empezaron a disminuir y aun anular la esclavitud de los indios que quedaban y de los negros:

1) Las naciones europeas que con el oro americano habían llegado a un desarrollo máximo, ya eran naciones capitalistas de verdad, que habían incrementado su propio coloniaje en África, Asia y Oceanía y se habían dedicado a la explotación minera con técnicas modernas que habían bajado los precios de los metales preciosos en los mercados de Europa.

La minería había dejado de ser el gran negocio. Muchas compañías importadoras de negros de África habían quebrado. Los propietarios de negros en América no hallando que hacer con ellos los vendían a "precio de gallo muerto". Los mineros americanos cerraban minas. España del rango de gran potencia había descendido al nivel de nación de segundo orden.

2) Las rebeliones de los esclavos fueron frecuentes. Desde los comuneros del Paraguay en 1717 hasta la rebelión de Tupac Amaru en el Perú en 1780, azuzaron el fuego revolucionario que había en las masas americanas sometidas a explotación y esclavitud, las cuales estaban dispuestas a alcanzar su libertad a cualquier precio.

3) La situación apuntada hizo crisis en el reinado de Carlos III, quien ayudado del Conde de Aranda, el hombre más eminente de

España en aquel tiempo, inició la reforma colonial para ver si podía impedir la revolución, pero ya era tarde.

***

Justamente, en el reinado de aquel monarca inscripto en la lista del "despotismo ilustrado", que privaba entonces en buena parte de las testas coronadas de Europa, empezó a pensarse menos en la minería y en los metales preciosos y más en la agricultura y sus productos en América.

El mercantilismo como teoría y como práctica había desempeñado su papel revolucionario desde el siglo XV y había llegado a su ocaso a mediados del siglo XVIII. Se había probado que el oro y la plata no eran la riqueza. Era entonces inútil el afán de seguirlo produciendo.

Se estaba en la época de los fisiócratas y del "cuadro económico" de Francois Quesnay que demostraban que la tierra era la madre de la riqueza, la agricultura el instrumento de producirla y los agricultores la clase principal de la sociedad porque reunía en sí el ingenio y el poder de la producción.

Para los fisiócratas la riqueza se hallaba en la producción, y las clases sociales se dividían en productoras y ociosas, siendo las primeras las que le daban significado al modo de producción, que en el caso era el capitalista.

Los ilustrados Carlos III, el conde de Aranda y el conde de Florida-blanca, pensando como los fisiócratas acordaron que América dejara de ser una mina de oro, y plata para convertirla en un gran campo agrícola.

Para ello debían empezar por abolir la vieja política de la tierra, así:

1) Las tierras reales debían ser devueltas a su majestad por quienes las hubieran tomado.

2) Los pueblos debían contar con ejidos, y se les debía proveer con las tierras usurpadas por los particulares.

3) Las comunidades indígenas debían recuperar sus tierras comunales:

4) Los encomenderos debían sujetarse a los límites de sus tierras que constaran en los repartimientos.

5) El trabajo debía recibir alivio y ser remunerado.

6) Todas las reformas apuntaban también a mejorar la condición del "común americano".

7) Las autoridades de su Majestad en América debían cumplir al pie de la letra las órdenes reales provenientes de Madrid.

8) Se fundarían Sociedades Económicas de Amigos del País" para que proveyeran enseñanzas, procedimientos de cultivo, semillas, granos, estacas, instrumentos de labranza, oficios, artes y ciencias a los campesinos, a los jóvenes y a los artesanos de pueblos y ciudades americanas.

9) La enseñanza de los Colegios y las Universidades ya no seguiría las indicaciones del Concilio de Trento. Le daría preferencia al estudio de la Física y las Ciencias Naturales, en razón de convenir ponerle más atención a la vida y a las urgencias prácticas.

10) Las Universidades ya no serían tomistas sino cartesianas.

En suma, Carlos III, proyectaba para tranquilizar los ánimos americanos:

a) Una reforma agraria;

b) Una reforma política;

c) Una reforma cultural.

***

Después de Carlos III no cuentan en España ni en América los Reyes Carlos IV y Fernando VII porque fueron barridos por Napoleón en Bayona en 1808. José Bonaparte, hermano mayor de Napoleón, fue Rey de España y sus colonias con el nombre de José I. Permaneció en el trono desde 1808 a 1813.

Hombre inteligente como todos los del clan Bonaparte, por más esfuerzo que hizo no halló medio de fraternizar con el pueblo español.

José debe haber comprendido que no lograba su deseo porque no había en España una burguesía desarrollada con espíritu revolucionario. Menos podía España resistir en sus espaldas las instituciones burguesas como las establecidas en la legislación napoleónica.

Nada se supo del Código Civil, el Código Penal y el Código de Procedimientos Civiles y Penales redactados por una comisión presidida por Juan Jacobo Cambaceres.

Al desaparecer Napoleón de la escena mundial en 1815, Fernando VII, un infeliz que se pasó el tiempo bordando encajes en el palacio de Talleyrand que le había destinado como prisión, fue puesto en libertad y regresó a España donde estableció una monarquía despótica, que no hizo otra cosa que acelerar la revolución en América.

La guerra americana en general empezó en 1810 y tuvo fin con la batalla de Ayacucho en 1824. Se puede decir que duró 14 años de encarnizada lucha. La libertad -dijo un héroe americano- se conquista con las armas en la mano.

Así fue conquistada la independencia del Nuevo Mundo.

No fue conquistada del todo porque quedó colonizada la América Insular, que nuevos héroes liberaron a fines del siglo XIX.

***

Después de la Independencia de 1821, la propiedad de la tierra estuvo sujeta a varias condiciones, así:

En el primer Gobierno Federal (Manuel José Arce), los propietarios criollos, herederos de los antiguos encomenderos, siguieron disfrutando de sus grandes extensiones territoriales, con perjuicio de las comunidades indígenas y los pueblos de mestizos y blancos pobres.

Según ellos la servidumbre debía prevalecer a toda costa.

En el segundo Gobierno Federal (Francisco Morazán), los Estados separadamente fueron dictando leyes que se acercaban a la función capitalista de la tierra.

No tocaron las propiedades de los terratenientes feudales, sabidos de su poca fuerza política para beneficiar con los sobrantes a los pueblos y las comunidades.

Tampoco tocaron las propiedades de la Iglesia por las mismas razones.

Acaso se atrevieron a expropiar algunas haciendas de la Costa del Bálsamo en El Salvador en provecho de los campesinos.

Pero entiéndase la estrategia de los morazanistas. Como se daban cuenta de la casi insignificante población del país en número, y su objetivo máximo era abrir un canal interoceánico que aviniera el comercio del mundo a esta zona, entonces había que traer inmigrantes lo más posible, siguiendo el ejemplo de los Estados Unidos, y venderles las tierras del Estado a bajo precio para constituir nuevos propietarios con mentalidad y técnicas modernas.

Los inmigrantes, escogidos en países que sufrieran de exceso de población, debían adoptar. la nacionalidad centroamericana y trabajar como centroamericanos.

La palabra civilización tenía en aquel tiempo un significado progresista.

***

Las legislaciones de 1882, 1898 y 1906, desde la segunda mitad del siglo XIX al siglo XX en que estamos le dieron personalidad al llamado propietario civil de la tierra, al que con propiedad se le llama terrateniente. Vengan algunas explicaciones:

El latifundista es aquel personaje que pertenece a una edad anterior, pero que sobrevive, y que no tiene más método de producción que el trabajo de servidumbre, que aprovecha en beneficio de su grupo familiar, en una economía doméstica cerrada.

Por el contrario, el terrateniente es aquel propietario de nuestro tiempo, que hace producir sus tierras con trabajo asalariado, y ofrece sus productos en mercado abierto con fines capitalistas.

Desde 1950 al momento en que escribimos la arraigada concepción romanista de la propiedad privada de la tierra y en general de todos los bienes de producción, ha ido cediendo su lugar a la concepción de la propiedad privada con función social.

APARECE LA IDEA DE LA REFORMA AGRARIA EN 1906.
LOTES DE FAMILIA

(Carta del Doctor Marco Aurelio Soto al Doctor Rómulo E. Durón)

Al hablar del advenimiento del Código Civil de Honduras, se da por seguro que ha llegado al país la propiedad privada de bienes de producción bajo conceptos modernos. Si substancialmente la propiedad de que se habla tiene relación con la tierra, aparece entonces un personaje que lleva el nombre de terrateniente, que es el rector de la producción agrícola para los mercados nacionales y extranjeros, el jefe de la sociedad civil, el guía de la acción política. Si a su condición de terrateniente, agrega las cualidades de industrial, o de comerciante o de banquero, entonces estamos en presencia de un hombre decisivo en la República. Y la República se desenvuelve por la espiral capitalista, dejando atrás los restos feudales y coloniales, como:

a) Los bienes de manos muertas, completamente inalienables y que pertenecían a las comunidades religiosas, a los hospitales y a otras instituciones parecidas de Derecho canónico. Al separarse la Iglesia del Estado, los bienes eclesiásticos pasaron a este último, el que les dio carácter civil y los sometió al rigor del contrato.

b) El mayorazgo, institución destinada a perpetuar en una familia la posesión de ciertos bienes en favor del hijo mayor. Además de los bienes, el hijo mayor debía conservar el nombre o apellido de la familia, debía llevar el título nobiliario que le correspondía y, como jefe de la casa, estaba obligado a cuidar de la vida y salud de sus hermanos y hermanas, descendientes, etcétera, y también debía velar por la perpetuidad de las tradiciones y costumbres del clan. Al destruir el mayorazgo en Europa se le dio un golpe de muerte al feudalismo en Europa y a sus imitadores en América, quedando los bienes sujetos al rigor de la herencia.

c) El latifundio es una gran extensión territorial que pertenece a una persona o grupo. Se le trabaja con individuos sujetos a obligaciones de servidumbre, y el producto de la cosecha se destina especialmente al consumo familiar, por lo que se dice que el latifundio está ligado a la economía doméstica. De aquí que se diga que el mayor responsable de la crisis de producción y de la carestía de los granos sea el latifundista, al negarle a la tierra de que es dueño la correspondiente función social.

La Reforma liberal de 1876 creó terratenientes; no tocó la propiedad de los latifundistas, ni pensó en la liberación de los campesinos siervos al darles parcelas con sus correspondientes títulos de dominio.

Fue hasta 30 años después que el propio jefe de la Reforma liberal en Honduras, licenciado Marco Aurelio Soto, recordó a los campesinos sin tierra en una carta que le dirigió a un ilustre historiador nacional, cuyo texto vamos a trascribir:

***

"San José de Costa Rica, 8 de noviembre de 1906.
Señor Lic. Don Rómulo E. Durón. Tegucigalpa.

Muy querido amigo:

Pongamos punto a tantas generalidades, y entremos en materia. El objeto de la presente, es como le he dicho, comunicar a Ud. lo que el discurso célebre del Profesor Burgess me ha hecho pensar en relación con nuestro pueblo y nuestra propiedad territorial. Esta se divide, entre nosotros, en tierras nacionales, ejidales y de propiedad particular. De esta no hay nada que decir. Nuestras Constituciones y nuestra legislación, la declaran sagrada, y lo que falta únicamente es que las Autoridades constituidas hagan que ese gran principio social, sea una verdad en los hechos. Creo que en nuestro país se han limitado o abolido, por la ley, los ejidos. No estoy impuesto de la nueva legislación sobre el particular.

Cuando fui Presidente de esa República procuré convertir la propiedad comunal en propiedad privada, por medio de la ley de Agricultura. Siempre he opinado que la propiedad en común es estéril, infecunda, inútil y hasta nociva. Esta es la opinión de la ciencia, probada y comprobada en todos los países del mundo.[11]

¿Quiénes se aprovechan de las tierras ejidales? Los principales de los pueblos, nada más. ¿Los pobres no gozan de ella, y sí pagan impuestos y soportan más que todos, las cargas municipales. ¿Es esto la igualdad republicana? He querido decir que la abolición de los ejidos ha dado por resultado, que éstos pasen al dominio particular de los ricos de los pueblos. No sé lo que haya de verdad en esto. Pero si es así, los pobres se quedan sin tierras. Una vez que están abolidos los ejidos, es necesario sustituir la propiedad comunal, condenada por la

---

[11] Hoy está demostrado que los pueblos que quedaron en la prehistoria de la tribu, ignorando la parcelación de la propiedad privada que apareció con posterioridad milenaria, han saltado con sus comunas territoriales a la colectivización del socialismo.

ciencia y la experiencia por la propiedad particular, más productiva siempre, dando a cada padre de familia la tierra necesaria para que constituya su hogar, su "home" ("home sweet home"") como dicen los ingleses, palabra imposible de traducir al español, porque no tenemos la cosa que la representa. En política y en Administración como decía Catalina de Médicis, cuando la de San Bartolomé, o cuando el asesinato del duque de Guisa, no es la cuestión sólo de cortar: es preciso coser después. Pienso, pues, que debemos meditar en la mejor manera que sea posible para dar a todos los hondureños un pedazo de tierra que constituya su propiedad patrimonial, y en condiciones de absoluta seguridad.

He aquí algunas de las ideas que he concebido con tal objeto, al pensar sobre el discurso del profesor Burgess. Pueden, a mi juicio, servir de algo, para que usted forme un buen proyecto de ley, que sin duda será de bien público:

Primero: Todo hondureño casado, o todo hondureño u hondureña que tenga familia, ya legítima o reconocida conforme a la ley, tienen el derecho de que el Poder Ejecutivo les dé un lote de tierra nacional, donde ellos designen, de... (una hectárea cuadrada, por ejemplo) o un lote de tierra ejidal, o comunal, si la hubiere en el pueblo de donde sean vecinos.

Segundo: A este efecto toda propiedad ejidal o comunal deberá dividirse para ser repartida en "lotes familiares", entre los padres de familia que componen el pueblo, la aldea o caserío que habitan. La división se hará en proporción de la cantidad que haya de tierra común, y los habitantes, previendo el desarrollo futuro de la población. Los "lotes de familia" que queden sin ocuparse, serán administrados por los Municipios, dándolos en arrendamiento mientras se convierten en "lotes de familia". (Renta para Municipios).

Tercero: Los "lotes de familia", en ningún caso podrán ser embargados por deudas o por otros motivos. No entrarán nunca en los casos de quiebras. Constituyen una propiedad sagrada, patrimonial. Sólo podrán ser embargados los bienes semovientes que en ellos se encuentren, por orden judicial, dejando siempre libres los necesarios para el sostenimiento de la casa o familia.

Cuarto: De los "lotes de familia" no podrán disponer los que los ocupen. La tierra y las construcciones y habitaciones que en ellos se fabriquen no podrá venderse, ni enajenarse, ni hipotecarse, de ninguna manera.

Quinto: Los lotes de familia se transmitirán por herencia, solamente, siguiendo el orden de la ley de las sucesiones abintestato.

Sexto: Cuando la familia que ocupe un lote quede extinguida, volverá a ser propiedad de la Nación o Municipio, según corresponda.

Séptimo: Los lotes de familia están exentos de toda contribución fiscal, territorial o urbana. Sólo pagarán los impuestos municipales.

Octavo: En caso de divorcio el juez declarará que el "lote de familia" pertenecerá al cónyuge en cuyo favor se ha declarado el divorcio.

Noveno: Los lotes de familia que sean abandonados por más de dos años, volverán al dominio nacional, o municipal, salvo que el dueño presente excusas satisfactorias que justifiquen el abandono.

Décimo: Los gastos de medida, título, etc., de los "lotes de familia" serán de cuenta de los agraciados, pero tanto el Poder Ejecutivo como las municipalidades, procurarán facilitar su adquisición.

Estas cortas indicaciones, a la ligera pensadas y escritas, tal vez puedan servir a Ud. en algo para formar el proyecto de ley sobre los "Lotes de familia". Científicamente están fundados en los principios generales de la Economía Política y Social y del Derecho Común y Administrativo. Se me han ocurrido sin duda por los vagos recuerdos que conservo de la anticuada institución siempre viviente, anglosajona del homestead, otra palabra que no tiene equivalente en español, y de la moderna "Ley Torrens", (nombre de su autor) dada en Australia, y que tantos bienes ha hecho a los habitantes de esa Colonia Inglesa. Tanto el homestead como la Ley Torrens han sido adoptados en varios países. En todas las legislaciones de los Estados que componen la Unión Americana, existe el homestead. En todo el continente americano, de norte a sur, se han dado leyes, estimulando, promoviendo, premiando la inmigración, y en todas ellas se asegura a los inmigrantes, buenos lotes de tierra. Yo considero justo que demos uno también a cada padre o cabeza de familia hondureño, para que la caridad comience por casa.

Por pequeñas que sean, o parezcan estos lotes, bastarán para llenar las primeras y más ingentes necesidades de una familia. La tierra es agradecida. Mientras más se divide en propiedades particulares, como en Francia, que por el cultivo esmerado de su suelo, se ve como un inmenso y bello parque, y mientras más intensivamente se la trabaja, produce más y más, y corresponde más generosamente a las esperanzas del trabajador que la riega con el sudor de su frente y de sus brazos.

El objeto, que a mi juicio, debemos proponernos, al presentar a la Legislatura el proyecto de ley sobre "lotes de familia", es beneficiar, principalmente a la clase pobre de nuestro pueblo, que es la más numerosa, pero, a la vez, el de resolver, de acuerdo con la ciencia, la cuestión de ejidos, generadora en nuestros pueblos, de tantos disturbios, de tantas discordias, y de tanto atraso en nuestra incipiente industria agrícola. Convertir la propiedad comunal, absurda e inútil, en propiedad privada patrimonial es, a mi juicio, una solución de inmensa utilidad para Honduras.

También esa ley tendrá su importancia social. ¿Cómo no ha de ser justo que los hondureños tengamos unos cuantos palmos de tierra en donde levantar nuestra casa, fundar nuestro hogar, tener nuestro refugio, vivir con seguridad al calor de la familia, al abrigo de la miseria y de los tinterillos y abogados de mala ley y de los terribles usureros? ¿Cómo no ha de ser beneficioso, asegurar a nuestros pobres paisanos y a sus hijos, contra los malos maridos que, desgraciadamente las abandonan sin piedad?

Nosotros los hondureños, por instinto, tenemos algo de trashumantes, y no nos arraigamos en nuestros suelos, a veces por las condiciones de revolución constante en que ha vivido Honduras. Es necesario que nos apeguemos a nuestra tierra, que la amemos de todo corazón, que vivamos felices en ella, que deseemos siempre morir, como las olas de los mares que bañan nuestras costas, besando la tierra de la

Patria. Salimos fácilmente de nuestro país a vagabundear, so pretexto de emigrados, o de la política, o de falta de trabajo, pasamos años y años fuera de nuestro país, que se priva de la labor que debíamos rendir para acumularla al bien nacional. Cuando recorremos nuestros desiertos caminos, encontramos las casitas o las chozas de los pueblos y aldeas, habitadas sólo por mujeres y ancianos. "¿-Y en dónde están los muchachos, viejita?" dice el pasajero. "¡Ay! ¡Señor, contesta la madre abandonada, son muy andariegos mis hijos! Unos están por el monte, no sé dónde, otros desterrados o en las ferias de

El Salvador, ¡corriendo el mundo!"[12]. Debemos procurar devolver esos brazos a la tierra, para que la trabajen y funden nuestra agricultura, reducida hoy, casi a sembrar unos cuantos granos, de maíz y frijol, para medio matar el hambre. Es preciso dar tierra al hondureño, arraigarlo para que viva y muera en ella. Y notemos de paso con dolor, que la mayoría, la gran mayoría de los hondureños ilustres, ha muerto en el ostracismo, en tierra extranjera ¡Clama la tierra hondureña por esos restos, que son honra y gloria de la Patria!

Los lotes de familia contribuirán al arraigo del pueblo hondureño. Nada como la tierra para arraigar al hombre. Entre el trabajador se contraen relaciones amorosas. Los óptimos productos que nos da, salidos de sus entrañas, son como hijos de quien la trabaja. El monte, el cerro, el llano, el río de nuestro pueblo natal nos atraen irresistiblemente, como el imán. Es un misterio de la naturaleza. Ah, procuremos que cada hondureño, cabeza de familia, tenga un pedazo de tierra suyo, suyo propio, en que fulgure y chisporrotee el fuego del hogar, para que muera viendo prolongada su vida, en larga descendencia. Así se conservará el culto doméstico, de donde nace el culto de la Patria, que ha sido la fuerza de los grandes pueblos. Hagamos la vida del hondureño amable en su país, y en su casa para que se sienta protegido por la ley, por su gobierno y por la fraternidad social y humana.

Entre tanto, me es grato saludar, por medio suyo, a nuestros queridos y numerosos amigos y suscribirme de Ud. su siempre afectísimo.

MARCO AURELIO SOTO

***

Esta carta del ex Presidente Soto para el Licenciado Rómulo E. Durón fue quizás la primera tentativa de reforma agraria en Honduras en el presente siglo.

En 1906 había terminado totalmente la redacción de los Códigos de Derecho común, y la carta quizás llegaba con gran oportunidad para que fuera tomada en cuenta por los legisladores, a fin de

---

[12] El ex Presidente Soto se refiere en este párrafo a la angustia de las montoneras provocadas por las potencias anglosajonas para debilitar y desmoralizar a este país en que se interesaban ambas.

incorporar su contenido si no en el texto fundamental, por lo menos en la Ley de Agricultura o en una ley especial que llevara el nombre de LEY DE LOTES DE FAMILIA.

La idea del ex Presidente Soto fue olvidada, pasó a la región del olvido, porque los campesinos sin tierra serían trasladados a las plantaciones de las grandes compañías fruteras en calidad de obreros agrícolas, cuando no de carne de cañón de las montoneras provocadas por las mismas compañías.

EL INVERSIONISMO EN HONDURAS

El tema que vamos a abordar, "la exportación del gran capital", fue expuesto por un talento más que extraordinario, por un genio, y a nosotros sólo nos queda seguirlo y aplicarlo en lo posible a nuestro caso hondureño.

En efecto, dice:

Lo que caracterizaba al viejo capitalismo, en el cual dominaba la libre concurrencia, era la exportación de mercancías. Lo que caracteriza al capitalismo moderno, en el que impera el monopolio, es la exportación de capital. El capitalismo es la producción de mercancías en el grado más elevado de su desarrollo, cuando incluso la mano de obra se convierte en mercancía. El incremento del cambio tanto en el interior del país como, particularmente, en el terreno internacional, es el rasgo distintivo característico del capitalismo. El desarrollo desigual, a saltos, de distintas empresas y ramas de la industria y de distintos países, es inevitable bajo el capitalismo. Inglaterra comienza convirtiéndose en país capitalista antes que otros, y hacia mediados del siglo XIX, al introducir la libertad de comercio, pretendió ser el "taller de todo el mundo", el abastecedor de artículos manufacturados para todos los países, los cuales debían suministrarle, a cambio de ello, materias primas. Pero este monopolio de Inglaterra se vio quebrantado ya en el último cuarto del siglo XIX, pues otros varios países, defendiéndose por medio de aranceles "proteccionistas", se habían desarrollado hasta convertirse en Estados capitalistas independientes. En el umbral del siglo XX asistimos a la formación de monopolios de otro género: primero, uniones monopolistas de capitalistas en todos los países de capitalismo desarrollado; segundo, situación monopolista de unos pocos países ricos, en los cuales la acumulación de capital había alcanzado proporciones gigantescas. Surgió un enorme "exceso de capital" en los países avanzados.

Naturalmente, si el capitalismo hubiera podido desarrollar la agricultura, que actualmente se halla en todas partes enormemente atrasada con respecto a la industria; si hubiera podido elevar el nivel de vida de las masas de la población, que sigue viviendo, a pesar del vertiginoso progreso de la técnica, una vida de hambre casi y de miseria, no habría por qué hablar de un exceso de capital. Este "argumento" es constantemente empleado por los críticos pequeño burgueses del capitalismo. Pero entonces el capitalismo dejaría de ser capitalismo, pues el desarrollo desigual y el nivel de vida de las masas semi hambrientas son las condiciones y las premisas básicas, inevitables de este modo de producción. Mientras el capitalismo es capitalismo, el exceso de capital no se consagra a la elevación del nivel de vida de las masas en un país determinado, ya que esto significaría la disminución de las ganancias de los capitalistas, sino el acrecentamiento de estos beneficios mediante la exportación de capital al extranjero, a los países atrasados. En estos países atrasados el beneficio es ordinariamente elevado, pues los capitales son escasos, el precio de la tierra relativamente poco considerable, los salarios bajos, las materias primas baratas. (El subrayado es nuestro, pensando en las enormes ganancias que adquiere el capital exportado a Honduras F.M.). La posibilidad de exportación de capital está determinada por el hecho de que una serie de países atrasados se halla ya incorporado a la circulación del capitalismo mundial, se han construido las principales líneas ferroviarias o se ha iniciado su construcción, cuentan con las condiciones elementales de desarrollo de la industria, etc. La densidad de la exportación de capital es debida al hecho de que en algunos países el capitalismo ha "madurado excesivamente" y (en las condiciones creadas por el desarrollo insuficiente de la agricultura y por la miseria de las masas) no dispone de un terreno para la colocación "lucrativa" del capital.

La exportación del capital influye sobre el desarrollo del capitalismo en los países en que aquí él es invertido, acelerándolo extraordinariamente. Si, por este motivo, dicha exportación puede, hasta cierto punto, ocasionar un cierto estancamiento del desarrollo de los países exportadores, esto se puede producir únicamente a costa de la extensión y del ahondamiento ulteriores del desarrollo del capitalismo en todo el mundo.

Para los países que exportan capital, existe casi siempre la posibilidad de obtener "ventajas" determinadas, cuyo carácter arroja luz sobre las particularidades de la época del capital financiero y del monopolio. He aquí, por ejemplo, lo que decía, en octubre de 1913, la revista berlinesa "Die Bank".

"En el mercado internacional de capitales se está representando desde hace mucho tiempo una comedia digna de la pluma de Aristófanes. Toda una serie de Estados extranjeros, desde España hasta los Balcanes, desde Rusia hasta la Argentina, desde Brasil hasta China, se representan abierta o encubiertamente, ante los grandes mercados de dinero exigiendo, a veces con extraordinaria insistencia, recibir empréstitos. Los mercados de dinero actualmente no se hallan en una situación muy brillante, y las perspectivas políticas no son halagüeñas. Pero ninguno de los mercados monetarios se decide a negar un empréstito por miedo a que el vecino se adelante, de su asentimiento al empréstito y, al mismo tiempo, se asegure ciertos servicios recíprocos. En las transacciones internacionales de esa clase el acreedor obtiene casi siempre algo en provecho propio: una ventaja en el tratado de comercio, una estación carbonera, la construcción de un puerto, una concesión lucrativa, un pedido de cañones".

El capital financiero ha creado la época del monopolio. Y los monopolios llevan siempre aparejados consigo los principios monopolistas: la utilización de las "reacciones" para las transacciones gananciosas reemplaza a la competencia en el mercado abierto. Es muy corriente que, como una de las condiciones del empréstito, se exija la inversión de una parte del mismo en la compra de productos al país acreedor, particularmente armamentos.

Hasta aquí la cita.

Ahora bien, otro autor nos ilustra diciendo que la exportación de capitales es la forma típica del capitalismo monopolista, de invertir capitales en el extranjero con el fin de obtener ganancias máximas.

El capital se exportaba ya durante el capitalismo premonopolista, más entonces desempeñaba un papel secundario respecto a la exportación de mercancías. (El subrayado es nuestro, pensando en las exportaciones de capital premonopolista en los días de la República

Federal de Centro América y en las exportaciones premonopolistas de la República independiente de Honduras con fines ferrocarrileros).

La exportación de capitales constituye uno de los caracteres fundamentales del imperialismo. La necesidad de exportar capital surge en los países capitalistas más desarrollados debido a que la oligarquía financiera, después de concentrar en sus manos enormes recursos materiales y monetarios, encuentra limitadas las posibilidades de inversión en el interior del país de modo que las inversiones garanticen altas ganancias monopolistas; así se forma un relativo "sobrante" de capital que se desplaza hacia los lugares donde la cuota de ganancia es superior a la del país dado.

Al mismo tiempo, la economía capitalista mundial del imperialismo hace posible invertir capitales de manera que produzcan altos beneficios, pues los países atrasados han sido ya incorporados a la circulación mundial de mercancías, cuentan con vías de comunicación hasta cierto punto accesible y disponen de fuerza de trabajo "libre" para la explotación capitalista. La exportación de capitales se lleva a cabo ya sea bajo la forma de empresas (el capital exportado se coloca en alguna empresa) o en forma de préstamos (el capital exportado se presta a un determinado interés). En ambos casos, el exportador de capital explota a los trabajadores del país en que dicho capital se invierte, directamente en el primer caso, y en el segundo, a través de quienes obtienen los préstamos, es decir, a través de los explotadores locales. Actúan como exportadores de capital los propios monopolios o el aparato estatal -controlado por los monopolios- de los países imperialistas.

En los últimos años, se registra una tendencia a aumentar sensiblemente, el peso específico de la exportación estatal de capitales, cosa que se explica por los esfuerzos colosales del movimiento de liberación nacional, que amenazan no sólo con reducir las ganancias del capital privado que se exporta, sino, frecuentemente, con su pérdida absoluta.

La forma estatal de la exportación de capitales resulta beneficiosa para los monopolios porque garantiza la indemnización de los beneficios "no obtenidos" mediante el saqueo impositivo de los trabajadores perteneciente al propio país,

Lo que sigue se adelanta al tiempo que nos hemos prefijado, pero es bueno que lo conozcan los lectores:

Después de la segunda guerra mundial, la exportación de capitales de los Estados Unidos superó a la de todos los demás Estados capitalistas tomados en conjunto. En los últimos años, se ha elevado considerablemente la exportación de capitales de la República Federal Alemana.

La obtención de ganancias máximas sobre el capital exportado a países atrasados en su desarrollo económico, está indisolublemente vinculada al dominio económico y político de la oligarquía financiera en los países coloniales y dependientes, a la detención del incremento de la industria nacional en los países poco desarrollados, al mantenimiento de los precios monopolistas para las mercancías que dichos países venden y a la explotación, en ellos, de mano de obra barata.

Por cada dólar invertido en países poco desarrollados, desde 1946 hasta 1959, los Estados Unidos, exportador fundamental de capitales, obtuvieron 2.5 dólares de ganancia. La exportación de capitales acentúa la contradicción del imperialismo, dado que, al intensificar la explotación de los países poco desarrollados, provoca inevitablemente en ellos, al mismo tiempo, un crecimiento de la producción industrial, la formación del proletariado industrial, y de la burguesía nacional, fortalece el movimiento de liberación nacional.

Los éxitos de este movimiento socavan cada día más las posiciones del imperialismo en los países poco desarrollados, hecho que también influye en gran manera sobre las direcciones que toma la exportación de capitales. Así, en los últimos años, los Estados Unidos han aumentado en alto grado la exportación de capitales a los países de Europa Occidental, donde el trabajo de los obreros se paga más que en los países poco desarrollados, pero bastante menos que en los Estados Unidos, lo cual hace lucrativa dicha explotación. El aumento de la exportación de capitales de los Estados Unidos a Europa Occidental acentúa en gran manera la lucha competitiva en el campo imperialista, agudiza más aun las contradicciones interimperialistas. No pocas veces los países que conquistan su independencia estatal nacionalizan el capital monopolista extranjero.

Hasta aquí esta segunda cita; brava en su contenido, pero ver dadera y sin reservas.

Finalmente, inversión de capitales- que es el tema que nos interesa- es la colocación de capitales a largo plazo en empresas industriales, agrícolas, de transporte, etc., tanto en el interior del país como en el extranjero con el din de obtener ganancias. La inversión de capitales va ligada a la formación del capital y de la oligarquía financiera.

Los inversores de capital adquieren títulos: acciones y obligaciones de las sociedades anónimas, obligaciones del empréstito del Estado, aportan capitales para la fundación de empresas.

La inversión de capitales aumenta el valor del capital efectivo, y contribuye a aumentar el capital ficticio, parasitario.

En el período del imperialismo, uno de cuyos rasgos característicos estriba en la exportación de capitales, han alcanzado dimensiones colosales las inversiones en el extranjero, medio de que se valen los Estados imperialistas para sojuzgar a otros países.

***

INVERSIONISMO PREMONOPOLISTA EN HONDURAS

No mencionaremos las inversiones inglesas de la República Federal o sea a los empréstitos contraídos durante el Gobierno del General Manuel José Arce.

Nos interesan las inversiones proyectadas y reales de la República de Honduras independiente.

1ª. inversión proyectada: Durante el Gobierno del General Trinidad Cabañas, el Señor Efraín Squier, Encargado de Negocios de los Estados Unidos ante los gobiernos de Nicaragua, Honduras y El Salvador, propuso al Gobierno hondureño la formación de una Compañía de inversionistas norteamericanos para construir el Ferrocarril interoceánico que partiera de Puerto Cortés y llegara a la Costa del Golfo de Fonseca. A cambio de dicha construcción el Gobierno daría en concesión a la Compañía los territorios que ocupaban los ingleses en Honduras.

El Gobierno de Honduras aceptó el proyecto. Entonces el señor Squier fue a Nueva York con el fin de fundar la Compañía, pero encontró un ambiente adverso porque los capitalistas neoyorkinos habían invertido su capital "sobrante" en el ferrocarril que se construía en Panamá.

Entonces Squier pasó a Londres, y allá sí encontró clima propicio, pues grandes personalidades de la banca y el gobierno formaron la Compañía necesaria para emprenderla obra ferrocarrilera. Mas, no se llevó a cabo porque en eso estalló la guerra civil de los Estados Unidos.

2ª. inversión real: El gobierno del General José María Medina, bajo la influencia de la fiebre ferrocarrilera que cundía en la época, pensó en construir el Ferrocarril Interoceánico que partiera de Puerto Cortés y fuera al Golfo de Fonseca.

El General Medina dio en Gracias el decreto en que facultaba a los Ministros Plenipotenciarios en Londres y París, señores Carlos Gutiérrez y Víctor Herrán, respectivamente, para que gestionaran empréstitos con que construir el ferrocarril, garantizando el paso de ellos con las maderas preciosas de la Mosquitia y con lo que diera el propio ferrocarril una vez que llegara a funcionar.

Esta inversión compuesta de varios empréstitos y cuyos contribuyentes recibían bonos que serían cancelados en fechas prefijadas, fue un atraco de los agentes financieros, produciéndose tal escándalo que tuvo que intervenir el Parlamento Británico. El señor Carlos Gutiérrez huyó de Londres. El Señor Víctor Herrán fue encarcelado por varias semanas en París. Y los demás, unos fueron apresados y otros escaparon.

La única gente honrada que hubo en la operación, fue la inglesa que vino a trabajar en la construcción del ferrocarril, la que enfrentó grandes dificultades al carecer de fondos para pagar salarios y de los instrumentos y máquinas, que llegaban con tardanza y muchas veces no llegaban.

Pero al fin pudieron desembarcar una locomotora con carros pasajeros que funcionó desde Puerto Cortés hasta San Pedro Sula.

Aquella inversión ferrocarrilera dejó la famosa deuda inglesa de varios millones de libras esterlinas, que mediante un arreglo del Gobierno del Doctor Paz Baraona con el National City Bank de Nueva York, fue cancelado. El Banco neoyorkino la pagó de una sola vez en 1927 y el Gobierno de Honduras le canceló al Banco en abonos provenientes de los ingresos consulares.

Pagaron la Deuda Inglesa los Gobiernos de Miguel Paz Baraona, quien hizo el arreglo, Vicente Mejía Colindres, Tiburcio Carías y Juan Manuel Gálvez,

3ª. Inversión proyectada. El Gobierno de Marco Aurelio Soto insistió en construir el ferrocarril interoceánico con dólares norteamericanos. Ya había desaparecido del escenario de Centro América el poder de la Gran Bretaña.

Pero las condiciones en que estaba concebido el proyecto eran tan onerosas para Honduras, que el Congreso las rechazó de plano.

Quizás el ferrocarril interoceánico por Honduras ya no era un negocio que diera buenas ganancias a los inversores, porque ya existía un ferrocarril de mar a mar por Panamá, ya existía el Canal de Suez y los norteamericanos se afanaban en construir un canal por el mismo Panamá. Esto obliga a pensar que pusieran condiciones que desalentaran a los hondureños.

4ª. Inversión real: Unos cuantos capitalistas se reunieron en Nueva York para fundar la compañía minera "New York, Honduras, Rosario Mining Company" que explotaría una mina de plata en el lugar denominado San Juancito, departamento de Tegucigalpa (hoy Francisco Morazán), República de Honduras. El señor Marco Aurelio Soto, Presidente de la República entonces, obtuvo un grueso fajo de acciones de la Compañía Minera.

Esta Compañía se dedicó únicamente a explotar el mineral, dejándole a Honduras unos impuestos raquíticos y un poblado cementerio de silicosos en el citado pueblo de San Juancito.

Julio Lozano, Embajador de Honduras en Washington, hizo lo que ningún Embajador hondureño hace en aquella capital, con excepción del notable escritor Rafael Heliodoro Valle. Fue a la Biblioteca del Congreso a recoger las estadísticas norteamericanas en que constaban las ganancias de la Rosario Mining Company para compararlas con las ganancias que aparecían en las estadísticas hondureñas, y hacer constar el fraude y el latrocinio de la Compañía.

De nada sirvió el trabajo de Lozano. La Compañía renovó su concesión y hoy se halla explotando un lugar todavía más rico, como es El Mochito, según el compatriota Rubén Bermúdez, Ingeniero de Minas, graduado en Boston.

INVERSIONISMO MONOPOLISTA EN EL SIGLO XX

Hasta la primera guerra mundial. Los gobiernos de Terencio Sierra y de Manuel Bonilla dieron las primeras concesiones para plantar, cosechar y exportar bananos a los mercados extranjeros.

Las empresas bananeras pagaban sus salarios en dólares. Casi se puede decir que no había una moneda nacional. Los salarios en la fase inversionista eran los más altos que se habían conocido en Honduras y aun en Centro América.

El inversionismo no tuvo tasa ni freno y fue cuando se conoció a la Costa Norte con el nombre de Costa Dorada, que está bien dibujada en la novela "Barro'" de Paca Navas de Miralda.

Aparecieron nuevas poblaciones, y fue cuando florecieron las ciudades de La Ceiba y Tela.

Los salarios de 3, 4 y 5 dólares atrajeron a la Costa Norte los campesinos semi-siervos del interior del país que ganaban en las fincas agrícolas y en las haciendas de ganado todavía feudales cuatro y seis reales por día. Esta fuga de semi-siervos hacía la Costa Feliz, determinó el derrumbe de la economía doméstica que prevalecía en las zonas centrales, orientales, occidentales y sureñas del país.

Sólo en el Gobierno de Miguel R. Dávila hubo la tentativa de solicitar un empréstito a la Casa Morgan de Nueva York, por la cantidad de diez millones de dólares para atender los apremios del Estado. La casa prestamista para garantizarse el pago de los intereses y la amortización del principal, exigió el control de las aduanas del país. El Gobierno aceptó la condición, y fue firmado el Convenio Paredes-Knox. Los Delegados del Gobierno, señores Francisco E. Paredes y Paulino Valladares se trasladaron a los Estados Unidos para traer el oro en dólares, sin reparar en que no habían garantizado totalmente la retaguardia, pues llevado el Convenio para su aprobación al Congreso Nacional, fue rechazada con irritación por la mayoría de los diputados

El Presidente del Congreso, don Francisco Escobar, viejo jurista, dijo con patetismo: -Primero me cortan la mano derecha que poner mi firma en el Convenio Paredes-Knox.

El imperialismo entonces cambió de método. Olvidó los empréstitos contratados por el Estado y apoyó a los caudillos que una vez tomado el poder podían dar concesiones fruteras al gusto de los solicitantes.

Hasta la gran crisis de 1929. Los gobiernos de Francisco Bertrand y de Rafael López Gutiérrez aumentan las concesiones, manera con que pagan que los sostengan en el poder o los hagan subir a él.

Las concesiones dadas por Manuel Bonilla rinden ganancias enormes en el Gobierno de Francisco Bertrand, que protege el Gobierno de los Estados Unidos por haberle declarado la guerra a los imperios centrales.

Pero al pasar la guerra número uno, la paz es alterada por el poco tacto de Bertrand en la conducción de la política nacional. Quiere situar en la Presidencia al Doctor Nazario Soriano, persona de bellas prendas morales, pero desconocida por el pueblo hondureño. Los liberales se levantan en armas, bajo la jefatura del General Rafael López Gutiérrez, y a las pocas semanas triunfa la "revolución".

La palabra "revolución" tiene un significado en Honduras. No es revolución propiamente, es revuelta, bochinche, montonera. Pero ni siquiera eso. Es rebelión armada en las serranías de los nacionalistas para quitar del Poder a los liberales, e inversamente, rebelión armada en las serranías de los liberales para quitar del Poder a los nacionalistas.

Este tipo de revolución sui géneris vino del siglo XIX, pero fue fortalecido y afinada por las empresas bananeras, constantemente hambrientas de más concesiones.

El gobierno de López Gutiérrez se caracterizó por la entrega de concesiones sin tasa ni medida. La familia Lagos, compuesta por doña Ana, esposa de López Gutiérrez, Carlos y Antonio Ramón hermano de doña Aña, más Raúl Toledo López, sobrino del Presidente, eran en el Gobierno los principales gestores de los concesionarios.

LA CARTA ROLSTON

En esa época precisamente, fue escrita la famosa Carta Rolston, a la que no han podido quitarle su autenticidad por más esfuerzos que han hecho.

Dicha carta dice:

***

CORTÉS DEVELOPMENT COMPANY

Puerto Cortés, 20 de julio de 1920.

Sr. Licdo. Luis Melara
San Pedro Sula.

Estimado Luis:

Te envío este pliego de instrucciones, su portador Sam Cariuther; asimismo recibirás de él, una caja que contiene un valioso obsequio que el viejo manda para que se le entregue a doña Anita[13]. Prepárate el discurso. Ya se imaginará la Reina Victoria o superior.

Me hace ver en todo esto el método de dureza siempre recomendado por Pemberton, y el judío de Lázarus. ¿No crees tú lo mismo? Desean conservar su pedestal inamovible, es mi idea.

1.-Para que nuestros grandes sacrificios, y nuestras cuantiosas inversiones, no hayan sido hechas en vano, debemos adquirir y apoderarnos de tantos territorios de la Nación, como de particulares, y todas las riquezas que nos permita nuestra capacidad adquisitiva, y nuestro poder de absorción.

2.-Debemos propender al enriquecimiento de nuestra Empresa, y obtener nuevas posibilidades que nos ofrezcan nuevos campos de explotación. En fin, debemos obtener todas las tierras, que nuestros intereses estratégicos, se hagan aparecer como deseables, que garanticen nuestro futuro desenvolvimiento y desarrollo agrícola, incrementando nuestro poder económico.

---

[13] Esposa del presidente Rafael López Gutiérrez.

3.-Debemos obtener contratos implacables, de tal naturaleza, que nadie pueda sustentar competencia, ni en el futuro lejano; a fin de que cualquier otra empresa que se estableciere y pudiera desarrollarse, tenga nuestro control y se adapte a nuestros principios establecidos.

4.-Debemos obtener concesiones, privilegios, franquicias, abrogación de impuestos aduaneros, exonerarnos de toda carga pública, de gravámenes, y de todos aquellos impuestos y obligaciones, que mermen nuestras utilidades y de nuestros asociados. Debemos erigirnos una situación privilegiada, a fin de imponer nuestra filosofía comercial y nuestra defensa económica.

5.-Es indispensable cultivar la imaginación de estos pueblos avasallados, atraerlos a la idea de nuestro engrandecimiento y de una manera general, a políticos y mandones que debemos utilizar. La observación y estudio cuidadoso, nos permite asegurar que este pueblo envilecido por el alcohol, es asimilable para lo que se le necesita y destine: es en nuestro interés preocuparnos porque se dobleguen a nuestra voluntad, esta clase privilegiada, que necesitaremos a nuestro exclusivo beneficio: generalmente, estos como aquellos, no tienen convicciones, carácter y menos patriotismo; y sólo ansían cargos y dignidades, que una vez en ellos, nosotros se los haríamos más apetitosos.

6.-Estos hombres no deben actuar por su propia iniciativa, deben actuar en el sentido de los factores determinantes, y a nuestro control inmediato.

7.-Debemos separar a nuestros amigos que han estado a nuestro servicio, que consideremos envilecidos por su lealtad, pues tarde o temprano nos traicionarían, alejarlos sin que se sientan ofendidos, y tratarlos con alguna deferencia; pero no servirnos más de ellos. Tenemos necesidad sí de su país, de sus recursos naturales, de sus costas y puertos; que poco a poco debemos adquirir.

8.-De una manera general, todas las palabras y pensamientos, deben dar vueltas en torno de estas ideas; poderío, bienestar material, campos de trabajo, disciplina y método. Hay que proceder con sutileza, no exponiéndonos a ninguna idea que nos señale o justifique nuestra pretensión dominadora. Nada de acción bienhechora ni consideraciones, en resumen, ningún aliento generoso. Si nuestros proyectos terminasen mal, tomaríamos una nueva orientación, nos haríamos más modestos, más sencillos, más simpáticos, y quizá buenos.

9.-Debemos producir un desgarramiento en la incipiente economía de este país, para aumentar sus dificultades, y se faciliten nuestros propósitos. Debemos prolongar su vida trágica, tormentosa y revolucionaria; el viento sólo debe soplar a nuestras velas, y sus aguas humedecer no más que nuestras quillas.

10.-Estamos, pues, en el punto de partida, tú conoces mejor los hombres que yo. A tu llegada te mostraré una lista de las tierras que debemos obtener, si es posible, de inmediato; debemos parar a Good el en "El Bagran State", vamos a forjarnos un plan bien estudiado para su desarrollo.

Nos veremos.

(f) H.V. Rolston.

(Tomado de VANGUARDIA, San Pedro Sula octubre 20 de 1949. No. 182).

***

Hasta la segunda guerra mundial. En el mundo occidental domina el nazifascismo. España surge como República y luego se apaga. Hitler prepara la guerra más bárbara de la historia, y a la vez pone de moda sus discursos gritados, sus aglomeraciones humanas, sus marchas, sus desplantes y sus crueldades. En América Latina hacen mayoría los dictadores que dependiendo del imperialismo yanqui, aprenden la lección hitleriana de mandar. En Honduras gobierna Tiburcio Carías, quien adiestrado por Pico de Oro[14] —un aventurero nicaragüense— deja de ser el campesino bonachón que era antes para convertirse en un señor que viste a la moda, de bigote recortado, mirada dura y decisión de aniquilar a sus adversarios.

Las compañías fruteras de Honduras querían un hombre así en el Poder. Sabidas anticipadamente del inminente estallido de la segunda guerra mundial en la que Hitler podía llegar a ser el vencedor y

---

[14] Por suponerlo un Juan Crisóstomo en Oratoria se llamaba José María Albir.

apropiarse de los intereses de sus enemigos donde estuvieran, Carías con su rudeza cerril era el más indicado para defenderlas. Con ese objeto le prestaron todo su apoyo para que le ganara las elecciones a Ángel Zúñiga Huete, y le dieron más apoyo para que sofocara la postrera rebelión de los liberales jefaturados por José María Reina. Desde el primer día que tomó el poder, Carías se condujo como un dictador.

Al llegar la fecha en que debía convocarse el pueblo para que eligiera al nuevo gobernante, Carías declaró la política del "continuismo" en su favor. Hubo protestas armadas como la de Juan B. Pagoaga en el departamento de Olancho, de Gregorio A. Velásquez en Comayagua, y Pablo Nuila en Quimistán, que fueron prontamente aniquilados.

Así gobernó Carías hasta 1949. Las Compañías se sintieron garantizadas como en ninguna época.

Hasta el fin de la segunda guerra mundial. Naturalmente, Honduras le declaró la guerra al Eje Roma-Berlín Tokio, siguiendo los pasos de los Estados Unidos. Se hicieron listas negras. Los alemanes nazis residentes en el país fueron a un campo de concentración norteamericano. Los bienes alemanes fueron cuidados al principio, pero al final fueron repartidos entre algunos personajes del gobierno.

Las compañías fruteras engordaban y retozaban del gusto. La Truxillo Rail Road Company renunció a la concesión de explotar parte de la Mosquitia y del departamento de Olancho porque sus expertos, descubrieron cierta esterilidad en los terrenos, y así no podía comprometerse a llevar la línea férrea a Juticalpa, y prolongarla después hasta la Capital. Así, pues, arrancó los rieles y los condujo juntamente con las locomotoras en los barcos de la Flota Blanca para los campos de Tiquizate, en Guatemala y Parrita, en Costa Rica.

Lo que el novelista García Márquez vio en Macondo, que apareció y desapareció una compañía bananera, eso mismo se observó en el departamento de Colón, al surgir y hacerse humo la Truxillo: Rail Road Co.

En ese tiempo millares de hondureños, huyéndole al hambre y la cárcel, se contrataron como marineros en los barcos mercantes de la Flota Blanca y después tuvieron que verse envueltos en la guerra. Perecieron muchos. Otros quedaron en lugares lejanos para no volver más. Pero ni el gobierno de entonces ni los posteriores trataron de averiguar el destino de tales compatriotas.

Quizá no sea cuento de camino que así como un grupo gubernamental se quedó con los bienes alemanes, así otro grupo llegó al reino de la fortuna con la venta de gasolina a los submarinos nazis que se acercaban a lugares discretos de la costa a recibirla.

No sería una novedad de ninguna manera cuando diplomáticos hondureños establecidos en París, Hamburgo y Praga, se entregaron al negocio de vender pasaportes en la afiebrada sociedad europea poco antes de estallar la guerra. El gobierno de Carías que había empezado el uno de febrero de 1933 terminó el uno de enero de 1949. No fue fascista, pero pareció que lo era; públicamente se declaró demócrata, pero daba señales de no serlo.

La verdad es que Carías seguía al imperialismo yanqui en la política internacional. Pruebas al canto: si en los primeros años de la guerra elogió en sus mensajes presidenciales a la coalición anglo-norteamericana-soviética, en los últimos años de su gobierno fue partidario de la "guerra fría".

Simplemente, los enormes negocios de los Estados Unidos en Honduras, a lo largo de la guerra, necesitaban una "mano firme". Y eso fue Carías. Nada más.

El primer gobierno de la postguerra: El licenciado Juan Manuel Gálvez llegó a la Presidencia de la República el primero de febrero de 1949. Fue abogado por largo tiempo de la Tela Rail Company, y así demostró que podía ser gobernante, en la nueva época que el mundo estaba saludando. En efecto, firmó todos los tratados y convenios que requería la hora internacional. Y a la vez dictó todas las providencias y fundó todas las instituciones que necesitaba la nueva Honduras. Celebró un pacto militar de ayuda mutua con los Estados Unidos, con vistas a la formación de un ejército y fundó la banca central y las demás instituciones necesarias al desarrollo de la economía del país.

A Juan Manuel Gálvez le tocó en suerte echar las bases del neocolonialismo. De otra parte, tuvo que ver en su tiempo gubernamental el nacimiento y desarrollo de una huelga general en el mes de mayo de 1954, que jamás se había visto en Honduras, en Centro América y en muchos países latinoamericanos a la redonda.

Y aquí ponemos fin a esta exposición.

PARTIDOS HISTÓRICOS

Un partido político es una asociación que expresa y defiende los intereses de determinadas clases o capas sociales. Es una parte de esas clases o capas, la más activa políticamente. Dirige su lucha, sobre todo encaminada a afirmar o conquistar el poder, la dirección de la sociedad. En general, los partidos políticos no se presentan como defensores de una clase sino de la sociedad en su conjunto. Sólo el partido comunista proclama sin reservas que expresa los intereses de la clase obrera. Los partidos burgueses, aun los más democráticos, es decir, los que abogan por reformas progresistas, tratan de ocultar las contradicciones de clases e incluso la existencia de clases sociales. (Breve Diccionario Político, Talleres Gráficos Río de la Plata S.R.L. Avenida Maipú 4896, de Buenos Aires, 1974),

En Centro América primero, pues al principio formó una sola República de tipo federal, abarcando a Honduras, El Salvador, Guatemala, Nicaragua y Costa Rica, los partidos iniciaron sus actividades, sin darse nombre aún, expresando las tendencias sociales dominantes; en economía, uno haciéndole eco al libre cambio, el otro al proteccionismo; en política, el uno inclinándose a las ideas populares de Rousseau, el otro aceptando la alianza tradicional de la Iglesia y el Estado; en cultura y educación, el primero proclamando el libre pensamiento y la escuela laica, el segundo sustentando un avance moderado en ideas, sin rechazar la religión católica.

La burguesía centroamericana en aquel tiempo, quería la separación de España para que no siguiera la descapitalización colonialista española; se oponía a la anexión a México por el temor de caer en una nueva descapitalización, y no aceptaba la separación de los Estados Federados por el miedo a la reconquista con que amenazaban España y la Santa Alianza.

La burguesía centroamericana, muy incipiente pero revolucionaria, pues formaba parte de la burguesía hispanoamericana que luchaba por la liberación social y nacional de nuestra América, sólo se componía de dos capas:

1) De la pequeña burguesía radical, la gran masa de la población que ya empezaba a percibir salarios y a conocer las relaciones económicas; y a) de la burguesía media que tenía a su cargo la producción y la oferta para los mercados interno e internacional. En

Centro América no se puede hablar de gran burguesía, excepto escasas unidades como la familia Irisarri en Guatemala que contaba con barcos propios para sus exportaciones al Caribe.

Así entendidas las cosas, ya se le puede librar de las acusaciones infundadas, sobre todo a la burguesía media que no quería salir del coloniaje español, y que una vez logrado, favoreció la anexión a México, y una vez caído el imperio mexicano optó por romper la Federación. Esto es completamente absurdo.

Los responsables de no querer separarse de España, de anexarse a México y romper la Federación, fueron: 1º. Los burócratas del Estado Colonial Español; 2º. Los jesuitas que habían regresado al país autorizados por Carlos IV, las demás órdenes religiosas compuestas de hombres y mujeres y el alto clero regular, y 3º. Los hacendados feudales que apoyaban su economía doméstica en la servidumbre de los indios y los negros. Puédese agregar un cuarto grupo: el de los provincialistas que además de vivir satisfechos en sus aldeas, consideraban que el gobierno ideal estaba en el caudillaje, que era como una supervivencia del mando de los antiguos caciques.

Esto hay que entenderlo claramente para no confundir a la burguesía revolucionaria de la América Latina a fines del siglo XVIII y comienzos del XIX, con la reacción de encomenderos, curas y sargentones. Estos elementos fueron los responsables de haber perdido una hermosa República, que sin los daños de ellos pudo haber avanzado hacia la fase superior del capitalismo liberal.

***

Inglaterra, en pleno desarrollo de su revolución industrial en aquellos años, quería mercados para sus mercancías, materias primas, colonias en áreas mundiales. Por tanto, quería la dominación de Centro América, loque consiguió al derrotar a Morazán. La burguesía fue aplastada, perdiendo su iniciativa creadora y pasando a la condición de burguesía intermediaria.

El 19 de abril de 1850, los Estados Unidos y la Gran Bretaña, sin consultar a los gobiernos centroamericanos, pensaron poner fin a sus diferencias expansionistas y colonialistas en Centro América a base de un condominio con el pretexto de abrir un canal interoceánico por Nicaragua. Para este efecto celebraron el Tratado Clayton-Bulwer.

Los Estados Unidos suavemente introdujeron la idea de una Confederación de Estados Centroamericanos. De modo que el plan confederalista de Chinandega volvió a coger fuerza y se unieron en este empeño Honduras, El Salvador y Nicaragua. La Gran Bretaña, por su parte, viendo con claridad la norteamericanización de los Estados centrales, apoyó sus garras en los países orilleros de Guatemala y Costa Rica.

Si antes la guerra civil se había librado entre federalistas y separatistas, entre morazanistas y provincialistas, ahora se libraba entre gobiernos y pandillas al servicio de los Estados Unidos contra pandillas y gobiernos a las órdenes de la Gran Bretaña, y en este vaivén sangriento las pequeñas repúblicas se estaban aniquilando.

Pero les esperaba un mal mayor. La guerra civil de Nicaragua entre liberales de León y demócratas de Granada iba tomando fuerza con desventaja para los leoneses. Fue cuando éstos hicieron venir a los filibusteros de William Walker, que encandilaron la guerra, tomando al cabo del tiempo la ciudad de Granada, y establecieron un gobierno propio. Entonces se supo que el Presidente Walker había venido a Nicaragua como agente de los esclavistas sureños de los Estados Unidos a fundar una República esclavista y algodonera en Centro América.

Entonces los gobiernos y los partidos de Centro América —todo a una— le declararon la guerra al invasor, derrotándolo al fin en Rivas. Dos intentos más hizo por volver a continuar la guerra, pero los Estados antiesclavistas del Norte que se dieron cuenta a lo que venía Walker, le volvieron imposible su hazaña, y para colmo fue capturado por un barco de guerra inglés, el Ícarus, y lo entregaron a las autoridades hondureñas, que lo fusilaron en el puerto de Trujillo el 12 de septiembre de 1860.

En 1861 empezó la guerra civil de los Estados Unidos entre esclavistas sureños y capitalistas del Norte. Tiempo que aprovechó la Gran Bretaña para atizar las rivalidades centroamericanas, no logrando gran cosa, pues el principal caudillo que le ayudaba, Rafael Carrera, murió el 14 de abril de 1865. Este jefe campesino mantenía en constante amenaza a los gobiernos de El Salvador, Honduras y Nicaragua, fueran liberales o conservadores. Su fuerza venía del apoyo diplomático de Londres, de la asistencia de la armada británica en cualquier momento y del consejo y contribución de Federico

Chatfield, Encargado de Negocios Inglés, y del Coronel Alejandro MacDonald, Superintendente de Belice.

La guerra civil de los Estados Unidos terminó victoriosamente en favor de los Estados del Norte en 1865. En el momento mismo de la victoria fue asesinado Abraham Lincoln. Pero los Estados Unidos subieron vertiginosamente, hasta constituirse en la primera potencia capitalista del mundo.

De 1865 a 1871 se produjo en Centro América, y en la América Latina lo que se llama la Reforma Liberal, la cual consistió en separar la Iglesia del Estado, abolir los conventos de monjes y monjas, suprimir las propiedades eclesiásticas o de manos muertas, abolir las cofradías, los diezmos y las primicias, instituir el libre examen, establecer la escuela laica, modernizar el Estado, agregarle los servicios públicos, legalizar. los derechos del hombre y el ciudadano, en una palabra desfeudalizar los países para capitalizarlos.

Pero este afán costó ríos de sudor, ríos de sangre, ríos de lágrimas, en Centro América. En a la segunda mitad del siglo XIX, no hubo una escaramuza, combate o batalla que dejara cien muertos en el campo. La más estruendosa batalla dejaba a lo sumo veinticinco muertos. Las enconadas luchas de La Arada, patrocinada por don Juan Lindo como Gobernante de Honduras, y la de Coatepeque, conducida por el General Gerard Barrios de El Salvador contra Rafael Carrera de Guatemala, no produjeron lo que se llama una carnicería. Pero la bárbara represión del General José María Medina contra los facciosos de Olancho, por el contenido social de la lucha, congregó a todos los zopilotes de Centro América y a todos los coyotes de la región para que saciaran su hambre con carne humana.

Empezó el levantamiento de agosto de 1864 con fuerte base campesina. Fueron sus Directores Manuel Barahona, Francisco Zavala y Bernabé Antúnez. En el primer asalto a Juticalpa Barahona cayó herido y luego fusilado. Siguieron comandando el movimiento Antúnez y Zavala hasta 1865, derrotando a las tropas del gobierno medinista. Peleaban contra los diezmos y las primicias que menoscababan la economía de los campesinos.

Como los jefes expedicionarios de gran fama como los Generales Juana López, Juan Antonio Medina y Mariano Álvarez fueron derrotados por las guerrillas de Antúnez y Zavala en Olancho en el término de un año, el Presidente Medina reunió un poderoso ejército para exterminar a los insurrectos y con él se dirigió a la región olanchana, a la vez que publicaba un manifiesto que decía "Compatriotas, las leyes de la guerra son terribles, pero con ellas pienso exterminar a los facciosos de Olancho que hace un año han alterado la tranquilidad pública. Que no quepa la menor duda que voy a exterminar-los quiero exterminarlos y sé cómo exterminarlos".

El General Medina llegó a Olancho. Con fuerzas superiores derrotó a los insurrectos. Después mandó darle fuego a varias poblaciones, ahorcó a más de mil campesinos, fusiló a más de quinientos y expulsó a familias enteras para otros departamentos del país y para Nicaragua.

A pesar de los malos correos, la monstruosa noticia fue conocida en Centro América, que hizo al doctor Francisco Dueñas, Presidente de El Salvador intentar el derrocamiento de Medina por medio del General Florencio Xatruch, a la sazón Comandante de Armas de San Miguel, nombrado por el mismo Dueñas.

El doctor Céleo Arias vio con claridad lo que podía resultar del choque entre dos jefes conservadores, y con una habilidad política parecida a la de Talleyrand provocó la guerra entre Honduras y El Salvador, resultando que fue derribado Dueñas, ocupó su lugar el General Santiago González, quien acompañado de los líderes liberales de Guatemala que ya habían vencido a los conservadores, instalaron en la Presidencia de Honduras al doctor Arias.

Así pues, en 1871 también empieza la Reforma en Honduras, de abajo arriba como queda explicado. Sólo que el Gobierno Liberal de Arias pudo ver que Honduras fuera el campo en que lucharon las fuerzas reaccionarias que buscaban la restauración con las fuerzas revolucionarias de los liberales que querían seguir adelante. Y luego las estupideces de González de El Salvador y la microcefalia de Justo Rufino Barrios de Guatemala, mantuvieron una situación de subibaja en Honduras. Arias, el más capaz de todos, fue mal logrado por la inasistencia traducida en encono de sus colegas liberales centroamericanos.

Quizás porque él había triunfado antes que sus cofrades de Guatemala, pues la derrota de las tropas salvadoreñas por las hondureñas, en el cementerio de Santa Ana fue el 10 de abril de 1871, mientras que la victoria de García Granados y Justo Rufino Barrios fue el 30 de junio del mismo año, tres meses después, hecho que daba una primaria histórica muy significativa.

En 1876 llegó el ex Ministro de Gobernación en el Gobierno de Barrios, Doctor Marco Aurelio Soto, al Puerto de Amapala donde prestó su juramento de Presidente ante el Alcalde Municipal. De allí pasó a Comayagua y de Comayagua a Tegucigalpa donde instaló su Gobierno progresista. Tegucigalpa asumió el carácter de Capital de la República de Honduras.

Como queda dicho, la Reforma Liberal, oficializada, empezó el 27 de agosto de 1876 y terminó el 19 de octubre de 1883. Pudo haberse prolongado con figuras tan notables como Ramón Rosa, el General Enrique Gutiérrez o el Abogado Rafael Alvarado Manzano, siguiendo la "línea rufinista". Pero el propio Barrios obstinado en convertirse en amo de Centro América, truncó el desarrollo gradual de estos países, con la guerra unionista que desató en 1885 y que acabó con su vida en los campos de Chalchuapa, El Salvador, el 2 de abril.

Sin embargo, Luis Bográn el sucesor de Soto hizo algo en favor del progreso nacional, pero a las últimas se enredó en el reeleccionismo absurdo y en el continuismo por medio de uno de sus favorecidos. En ese tiempo el Doctor Céleo Arias publicó el programa liberal con el título de "MIS IDEAS" que dio base para que se pensara seriamente en la organización del Partido Liberal; tarea que le tocó al Doctor Policarpo Bonilla, quien publicó para ese efecto un periódico político con el título de EL BIEN PÚBLICO.

Bográn impuso el gobierno del General Ponciano Leiva, en unas elecciones desastrosas. Ya no era posible seguir aguantando más. Empezaron los movimientos rebeldes en distintos lugares. Al cabo del tiempo a Leiva le fue materialmente imposible seguir gobernando en medio de aquel caldo hirviendo y depositó la Presidencia en don Rosendo Agüero, quien fue un juguete en las manos del General Domingo Vásquez, por entonces Comandante de Armas de Tegucigalpa y quien, a pesar de ser un hombre bien cultivado, fue un déspota por condición. Vásquez fusilaba por la menor cosa y a las mujeres de la oposición las mandaba rapar, hacía que les pusieran manteca de cerdo en la cabeza y ordenaba que las sometieran a los ardores del sol. La revolución liberal de 1894 (empezó malamente en 1893 y culminó con el triunfo en 1895) se valió de la teoría capitalista expuesta en "Mis Ideas" del Doctor Arias, pero sobre todo luchó tardíamente por los "Derechos del Hombre y del Ciudadano" de la lejana Revolución Francesa. EL REGIMEN DEL ENTIERRO, EL ENCIERRO Y EL DESTIERRO, (expresión aplicada por primera vez al despotismo de Vásquez en el torrente oratorio de Francisco Argueta Vargas) determinó la ideología y la conducta de los liberales del 94. El primer Presidente de la Revolución fue Policarpo Bonilla, dedicado especialmente a civilizar a los hondureños, haciéndolos respetar la Constitución y las leyes. Las elecciones que antes eran públicas, ahora introducían el voto directo y secreto. Se introdujo el juicio de jurados para valorar la culpabilidad de los convictos. Aparecieron centros colegiales como EL ESPÍRITU DEL SIGLO en el que se ensayó el libre examen y se estudió la ciencia avanzada. La principal preocupación del Gobierno de Bonilla fue la unión de Centro América, la cual se intentó en 1898 pero a los pocos meses fracasó.

Cuando el Doctor Policarpo Bonilla subió a la Presidencia de la República, dejó la Presidencia del Partido Liberal en el Vicepresidente del mismo General Manuel Bonilla. Este hecho poco conocido ahora, se le dio amplia divulgación entonces en un folleto que con tiene el discurso de entrega de la Jefatura del Partido pronunciado por el Doctor Bonilla, y el discurso en que recibía la Jefatura pronunciado por don Manuel. Todo esto hacía pensar en que el Doctor Bonilla entregaría la Presidencia al General Bonilla, Presidente del Partido. Pero no fue así, se la entregó al General Terencio Sierra, uno de los bravos de la Revolución, por amistosa sugerencia del General José Santos Zelaya, Gobernante de Nicaragua, quien suponía al General Bonilla más inclinado al Gobierno de Guatemala, en lo que no andaba equivocado.

Terencio Sierra, como Jefe Constitucional de la República. saludó el siglo XX, le tocó saber que el viejo Tratado Clayton-Bulwer de 1850 había sido sustituido por el Tratado Hay-Pauncefote de 1901, por el cual la Gran Bretaña renunciaba definitivamente de sus pretendidos derechos en Centro América y los pasaba totalmente a los Estados Unidos.

También le tocó a Sierra conocer algo todavía más importante -aunque no lo entendiera- que lleva el nombre de "imperialismo, etapa superior del capitalismo", en el cual los monopolios son el elemento dominante en economía y en política, y la libre concurrencia del capitalismo liberal pasa a la historia.

Ha llegado la hora, pues, del capital financiero de los empréstitos, de las inversiones públicas y privadas en los países poco desarrollados. De allí en adelante no habrá más que dependencia colonial a una metrópoli imperialista.

Tal es la verdad exacta.

El Partido Liberal siguió intentando llevar a la práctica su programa. Al principio viendo el avance imperialista adoptó una actitud de rebeldía y de resistencia, al menos en el espíritu de sus hombres más conspicuos y en su prensa. Hizo valer su protesta ante el cercenamiento del territorio colombiano para crear la República de Panamá en 1903 y construir el Canal Interoceánico de acuerdo con lo establecido en la Convención firmada por John Hay, Secretario de Estado de los Estados Unidos, y Philippe Bunay Varilla, enviado Extraordinario y Ministro Plenipotenciario de la República de Panamá, el 18de noviembre del mismo año de 1903.

También protestó cuando los gobiernos de los Estados Unidos y de Nicaragua celebraron por medio de Plenipotenciarios el Tratado Bryan-Chamorro en la ciudad de Washington en 1916 para construir un Canal Interoceánico por la ruta canalera, ampliamente conocida, de este último país. Naturalmente, el Tratado Bryan-Chamorro afectaba derechos territoriales de Honduras por el lado del Atlántico y por el del Pacífico, en el Golfo de Fonseca.

A la vez, siempre que se halló en el Poder quiso reconstruir la Patria Grande, como lo intentó en 1916 y en 1921, para celebrar con un hecho grandioso el centenario de la Independencia de Centro América. En esta ocasión formó la República Federal con Honduras, El Salvador, y Guatemala, legisló una Constitución que aprobó solemnemente el 15 de septiembre de 1921. El Distrito Federal quedó en Tegucigalpa y la Capital del Estado de Honduras pasó a Comayagua.

El imperialismo que siempre apoya sus intereses en la división de Centro América, frustró la República Federal recién fundada con un golpe de Estado que dio en Guatemala el General Lacayo José María Orellana el 5 de diciembre del mismo año. Es decir, el nuevo Estado Centroamericano duró dos meses más unos cuantos días.

Y para que los Estados del Istmo quedaran convencidos por enésima vez que eran colonias, y simples colonias, el Gobierno de Calvin Coolidge invitó a los cinco Gobiernos Centroamericanos para que enviaran Plenipotenciarios a Washington donde celebrarían, en vez de la unión históricamente deseada, un Tratado de Paz y Amistad, más unas cuantas Convenciones necesarias en el nuevo orden.

Y los Delegados Centroamericanos fueron a Washington. Por Guatemala, Francisco Sánchez Latour y Marcial Prem; por El Salvador Francisco Martínez Suárez y J. Gustavo Guerrero; por Honduras, Alberto Uclés, Salvador Córdova y Raúl Toledo López; por Nicaragua, Emiliano Chamorro, Adolfo Cárdenas y Máximo H. Zepeda; y por Costa Rica, Alfredo González Flores y J. Rafael Oreamuno.

Bajo la vigilancia de Charles Evans Hughes, Secretario de Estado, y de Sumner Welles, Enviado Extraordinario y Ministro Plenipotenciario, redactaron, convinieron y firmaron un Tratado y unas Convenciones que se conocieron con el nombre de PACTOS DE WASHINGTON, de 7 de febrero de 1923. Las gestiones diplomáticas para la reunión en Washington empezaron, se desarrollaron y concluyeron en el Gobierno Liberal del General Rafael López Gutiérrez. El tratado y las convenciones fueron aprobadas por el Congreso Nacionalista que presidía el Doctor Venancio Callejas y fue ejecutado por el Doctor Miguel Paz Baraona, Presidente de la República, el 5 de marzo de 1925.

De este modo los dos partidos tradicionales de Honduras se hicieron políticamente responsables de los PACTOS DE WASHINGTON, que desempeñaron el papel de una super Constitución en el área de Centro América.

***

Antes de pasar a otros temas, conviene señalar las igualdades y las diferencias del Partido Liberal y el Partido Nacional.

Antes de la Reforma (1876-1883) podía hablarse de Partido Liberal y Partido Conservador porque éste, saturado de hacendados latifundistas y clérigos, trataba de conservar la vida colonial y de servir los intereses de la Iglesia, en la llanura y en el Poder.

Después de la Reforma, el Partido Liberal se radicaliza bajo la influencia de Céleo Arias, Policarpo Bonilla y la juventud liberal forjada en la revolución armada y en las aulas de El Espíritu del Siglo.

Esto hace que los restos del viejo conservatismo que se sienten solos y desamparados, traten de fundar un nuevo partido, pero fracasan en su intento en el siglo pasado.

Ramón Rosa habla de un partido racional pero utópico: el Partido Progresista. No había ambiente para una creación igual. Rosa soñaba con un liberalismo positivista.

Domingo Vásquez, teniendo las normas del drasticismo, quería fundar un partido militar para militarizar a la Nación. Pero acerca de este los romanos enseñan que las legiones se reúnen y se mantienen en pie en casos de emergencia. Si pasada la emergencia se les quiere conservar en servicio activo no habiendo un objeto que justifique tal actitud, las legiones se anarquizan y se corrompen, y son entonces agentes de desorden, inseguridad y crimen. Como Vásquez fue derrotado, tuvo oportunidad de mandar ejércitos, pero no de contar con un partido militarizado.

El Partido Liberal fue uno, compacto y poderoso en las acciones cívicas y militares de 1893, 94 y 95. En 1895. el Doctor Policarpo Bonilla asumió la Presidencia de la República y con ese motivo trasladó la Jefatura del Partido a su Vicejefe el General Manuel Bonilla, quien se mantuvo en ella durante los últimos años del siglo XIX.

Mas, sucedió que el General Terencio Sierra fue elevado a la Presidencia por una maniobra palaciega fraguada en 1898 contra el General Bonilla, maniobra que disgustó a éste por ser Jefe del Partido Liberal.

Vencidos los cuatro años, Terencio Sierra cometió un nuevo abuso al imponer la Candidatura Presidencial del Doctor Juan Ángel Arias, en nombre del Partido Liberal, hecho que produjo indisciplina y desorden en el liberalismo. Como Manuel Bonilla apareció en las elecciones de 1902 como Candidato Presidencial, con una popularidad arrolladora, fue conveniente distinguirse del liberalismo arista, y así surgió la tendencia liberal con el nombre de Partido Nacional, a la que se sumaron los restos conservadores del siglo pasado, que no habían hallado cobijo en ninguna parte.

Manuel Bonilla no fue el hombre que suele dibujarse. Tuvo méritos y defectos. A los 16 años peleó con su pueblo en la insurrección olanchana contra los diezmos y las primicias en 1865, bajo el mando de los Barahona, habiendo acompañado a Gregorio en el exilio de Belice donde vivió ocho años, aprendió el idioma inglés y el oficio de zapatero. Regresó a Honduras cuando el Doctor Céleo Arias había llegado a la Presidencia y se peleaba por la Reforma Liberal. Fue uno de los valientes dentro de Comayagua cuando fuerzas hondureñas, salvadoreñas y guatemaltecas la rodeaban en 1874. Como el país había caído en el más tenebroso caos, fue necesaria la solución polí-tica de Marco Aurelio Soto, quien asumió la Presidencia en 1876. Con el Grado de Coronel desempeñó la Comandancia de Armas de varios departamentos del país. En 1878 integró el Consejo de Guerra que condenó a la pena máxima a los Generales José María Medina y Ezequiel Marín por los delitos de rebelión y traición a la Patria. Se dijo entonces que Bonilla había participado en el consejo de guerra para vengar a los olanchanos muertos en La Ahorcancina de 1865.

Al año siguiente fue ascendido al Grado de General de Brigada por ser-vicios distinguidos. Fue un hombre predilecto de la Reforma. En el Gobierno del General Luis Bográn, comprometido con el Gobierno del General Justo Rufino Barrios a realizar la unión de Centro América, el General Manuel Bonilla fue nombrado Jefe del Ejército auxiliar de Honduras. Aquel unionismo terminó con la muerte de Barrios en la batalla de Chalchuapa en 1885. En medio del desorden político provocado por Bográn, el General Bonilla, de ideas liberales, fue partidario de las candidaturas sucesivas y derrotadas del Doctor Céleo Arias y del Doctor Policarpo Bonilla. Al llegar la guerra, fue Jefe del Ejército revolucionario que derrotó definitivamente al Gobierno del General Domingo Vásquez. Ya dijimos que fue Jefe del Partido Liberal y que más tarde fundó el Partido Nacional también llamado manuelismo.

Hoy la pedagogía enseña que la escuela es necesaria, pero que excepcionalmente puede ser substituida por el autodidactismo. Manuel Bonilla no tuvo escuela; fue un autodidacto. En efecto, tuvo un sorprendente desarrollo mental derivado del constante y complejo servicio público, desde joven guerrillero analfabeto en las facciones de Olancho de 1865 hasta Presidente de la República en dos ocasiones en el presente siglo. Carlos Alberto Uclés, partidario de Marco Aurelio Soto en las elecciones de 1902, se inventó esta sátira: "Marco Aurelio Soto es la luz eléctrica; Juan Ángel Arias, el gas, y Manuel Bonilla, el ocote", nombre náhuatl del pino americano. La sátira es cierta en cuanto a diferencias culturales, pero olvidó Uclés que Manuel Bonilla como los demás fueron hombres de la Reforma, que amaban la escuela que letraba al pueblo y el progreso que impulsaba a la Nación. Después de Marco Aurelio Soto y Luis Bográn, quien se distinguió en esto, Manuel Bonilla se llevó la palma como promotor de la enseñanza en la República. Y si se dice que el Gobierno de Francisco Bertrand fue una proyección manuelista, se encuentra uno con el mayor florecimiento cultural del primer cuarto del siglo XX.

De otra parte, el General Manuel Bonilla aparece en la historia como el autor del primer golpe de Estado que se da en Honduras en el presente siglo. En efecto, trasladó del Congreso a la Penitenciaría Central a 8 diputados que gozaban de inmunidad, según la Constitución de 1894, en calidad de reos. El grupo lo encabezaba el doctor Policarpo Bonilla, ex Presidente de la República. Mucha tinta se ha gastado sobre este acontecimiento, rodeando el tema para no tocar lo principal, o sea que la conspiración que había empezado en 1898 para que Manuel Bonilla no fuera Candidato Presidencial; la cual se había repetido en 1902 al suplantarle su Candidatura con la de Juan Ángel Arias, ahora se había introducido en el Congreso para desorganizarle la Administración Pública. Cualquier hombre de sangre hace lo que hizo Manuel Bonilla en 1904.

Bonilla inició un período de facto, pero luego reunió una Asamblea Nacional Constituyente que dictó la Constitución Política de 1906, año en que Alfonso XIII, Rey de España, dictó el laudo que delimitó la frontera de Honduras y Nicaragua. Aunque el Gobierno de José Santos Zelaya aprobó el fallo real en el informe presidencial del año rendido al Congreso Nacional de Nicaragua, los liberales hondureños obtuvieron apoyo de aquel Gobierno para derribar el Gobierno del General Manuel Bonilla. El conflicto se agravó porque tropas salvadoreñas al mando del General Cristales, cooperaron con las tropas de Honduras en contra de los liberales hondureños y el Gobierno de Nicaragua. Se considera que en la primera mitad del siglo, la batalla de Namasigüe ha sido la más feroz que se ha producido, durante ocho días con sus noches y muriendo centenares de hondureños manuelistas y liberales, salvadoreños y nicaragüenses. El Gobierno del General Bonilla terminó en esta batalla el 25 de marzo de 1907.

Pero como las cosas no debían quedar donde quedaron, el General Bonilla volvió a la carga, con ayuda norteamericana, para derribar el Gobierno Constitucional del General Miguel R. Dávila, hecho que logró el 28 de marzo de 1911. Aquí empieza la parte trágica del General Bonilla al dar concesiones fruteras a empresas gringas como nadie antes y después. Desde luego, conviene aclarar que don Manuel consideraba el inversionismo como lo consideran todos los partidarios de él en nuestros días: como un medio de acelerar el desarrollo de nuestros países. De las inversiones extranjeras y de los inmigrantes como factores de progreso nacional vinieron pronunciándose favorablemente no pocos adalides de la política desde la fundación de la República grande.

Podemos citar nombres, excluyendo a los personajes de las demás naciones centroamericanas. Dionisio de Herrera, don Joaquín Rivera, León Alvarado, Santos Guardiola, José María Medina, Marco Aurelio Soto, y los de este siglo, Terencio Sierra, el propio Manuel Bonilla, Miguel R. Dávila (gestor de un empréstito por medio de Juan E. Paredes y Paulino Valladares en Nueva York), Francisco Bertrand, Rafael López Gutiérrez, Vicente Tosta, Gregorio Ferrera, Tiburcio Carías Andino, Juan Manuel Gálvez (último gobernante de nuestro estudio).

Miguel Paz Baraona fue un caso distinto. Vivió en París muchos años. Estudiando a Francia, allá comprendió el imperialismo y el mundo colonial. Se dio cuenta exacta del paralelo que ocupaba América Latina y su parte Honduras. Conversó con sus amigos repetidas veces acerca de esto, y alguna vez redactó una proclama contra las Compañías que publicó en la prensa. Como la dirección en Washington permitió que llegara a la Presidencia de la República, el doctor Paz Baraona escogió un grupo para hacer un gobierno distinto, hallándose en él Venancio Callejas, Presidente del Congreso Nacional; Felipe Reyes, crítico de las Compañías; Jacobo P. Munguía, ferviente partidario de un Código de Trabajo para aplicarlo en las fincas bananeras; Abel García Cálix, periodista recién llegado de México para darle un rumbo distinto a la prensa y para organizar a la clase obrera; Presentación Centeno, Ministro de Educación Pública, quien recordó las normas de Ramón Rosa en la enseñanza primaria y secundaria, y también se acompañó de hombres temibles como Agapito Ruiz Torres Fhalcon, "capaz de colgar a los conspiradores de los balcones de la Casa de Piedra" y dispuesto a "aplastar las rebeliones pegándole fuego a Tegucigalpa". Precisamente, fue la intervención de este hombre, la que frustró el proyecto del General Carías que Paz Baraona entregara la Presidencia al Vice Licenciado Presentación Quezada. En el período del doctor Paz Baraona se pretendió someter a las Compañías a las leyes que dictara el Congreso Nacional. Pero no fue posible por la actitud de la derecha cariísta. Y muchos hombres del grupo pazbaraonista fueron matados.

Vicente Mejía Colindres fue otro caso distinto. Subjetivamente fue un hombre que se dio cuenta de la dependencia de Honduras a los grandes intereses de los Estados Unidos. En su condición de médico, juntamente con el Doctor José Jorge Callejas que abrigaba las mismas ideas, atendió la salud del General Augusto César Sandino, hospedado clandestinamente en la casa del poeta Froylán Turcios. Y una vez en la Presidencia de la República resistió las presiones del Gobierno yanqui que deseaba fuera cerrada la frontera de Nicaragua para impedir el abastecimiento de las guerrillas sandinistas en Las Segovias. El doctor Mejía Colindres llegó a la Presidencia de Honduras por una coalición pactada entre el Partido Liberal y el ala izquierda del Partido Nacional conducida por el General Vicente Tosta. La derecha del Partido Nacional fue derrotada con su Candidato el General Tiburcio Carías Andino.

No obstante, la derrota de la derecha nacionalista, llamada cariísmo, fue relativa. Perdió el Poder Ejecutivo, pero ganó la mayoría del Congreso, hecho que le permitió nombrar Jueces y Magistrados y dominar el Poder Judicial; elegir los Miembros del Tribunal Superior de Cuentas que llevaba el control, Fiscal del Estado; nominar los responsables de las Tesorerías Especiales, que eran muchas y le restaban fuerza a la Secretaría de Hacienda; aumentar o reducir el Presupuesto General de Gastos para producir desequilibrios hacendarios que luego se volvían desequilibrios políticos; aumentar o reducir las guarniciones del país, sin ningún motivo justificado, excepción hecha la de debilitar las fuerzas defensivas del Estado. Es correcto decir que la derecha del Partido Nacional se preparaba con cuatro años de anticipación a tomar el Poder y que para ello había adoptado una táctica segura, lenta y gradual.

Completaba el panorama que en los primeros años del gobierno mejía colindrista, murió el General Vicente Tosta, Jefe de la izquierda del Partido Nacional, quedando el gobierno sin el hombre más indicado para defenderlo de cualquier asalto interno o externo, dado que el General Tosta "era la primera espada de Honduras en aquellos años". Muerto Tosta, quedaron fastidiando los mismos personajes y personajillos que echaron a perder el Gobierno del General Rafael López Gutiérrez en 1923 y 24.

La crisis mundial de 1929 produjo el crack de los Estados Unidos, el ascenso de Hitler al gobierno de Alemania, el nacimiento de la República y la guerra civil de España, en fin, el hundimiento visible del sistema capitalista en áreas globales. Como los Estados Unidos ejercen influencia directa en Honduras por ser una nación dependiente, la crisis trasladó sus efectos funestos a este país. Quien soportó el primer golpe de la crisis fue el Gobierno del Doctor Vicente Mejía Colindres; que agravó la contradicción del capital y el trabajo y desató una marejada de huelgas en la Costa Norte, que fueron reprimidas con toda violencia. El Estado carecía de fondos. A duras penas pagaba los empleados públicos.

En estas condiciones de angustia, la Tela Rail Road Company solicitó una concesión de aguas para regar sus plantaciones bananeras. El Poder Ejecutivo pasó al Congreso la solicitud para que la discutiera, la aceptara o la rechazara. Toda la legislatura de 1930 pasó discutiendo el canon de aguas: la izquierda del Congreso quería que la Tela pagara 10 dólares por hectárea regada, y la derecha 5. En la legislatura de 1931, se repitió la discusión, terminando la derecha por salir con la suya. En las discusiones el pueblo había intervenido con gruesas manifestaciones en las calles, para exigir el canon de 10 dólares.

Fue cuando la Tela habilitó al General Gregorio Ferrera para que se levantara en armas en la Costa Norte y derribara el Gobierno de Mejía Colindres. Ferrera con su movimiento empezó en Progreso, Yoro, hizo un paseo por el Occidente del país, regresó de allá, pasó por Olanchito, se internó en Olancho, volvió de allá en marchas sorprendentes como si quisiera cansar a las tropas del Gobierno, hasta que al fin tuvo que enfrentar a su enemigo en El Jaral, donde fue derrotado y destruido. Ferrera enfermo, huyó con cincuenta hombres, se internó en la montaña con el propósito de ganar la frontera de Guatemala, pero alcanzado en Botaderos, donde fue muerto. La guerra fascista de aquel año profundizó la crisis económica y dejó el gobierno sin fondos fiscales.

Anticipadamente Carías tenía ganadas las elecciones presidenciales de 1932. Nunca dejó de tener el control del Congreso, arma suprema en el caso. No le faltó el dominio del Poder Judicial que le sirvió para inhabilitar electores con procesos verdaderos y falsos. Consiguió el manejo de la mayoría de las Municipalidades para hacer uso exclusivo de los censos electorales. La izquierda del Partido Nacional había aspirado a que su caudillo el Doctor Venancio Callejas fuera el Candidato Presidencial propuesto y triunfante en la convención del Nacionalismo. Pero aun en eso había sido previsora la derecha nacionalista, pues la aplastante mayoría de delegados tenían de sus pueblos la indicación de votar por el General Carías. Más tarde, el Doctor Callejas y sus principales amigos pasaron al destierro.

Como se consideraba que el Gobierno del Doctor Vicente Mejía Colindres, había sido un fracaso, los liberales que no se daban cuenta que Carías tenía anticipadamente ganada la partida electoral, pensaron que bastaba con sólo ponerle al frente a un hombre fuerte como el Licenciado Ángel Zúñiga Huete, cuyas ideas las había dado a conocer repetidas veces en los años de su juventud y su conducta la habían evidenciado como alto funcionario en el Gobierno del General Rafael López Gutiérrez.

El Partido Liberal con un jefe como Ángel Zúñiga Huete no pensaba en ganar las elecciones. Pero si consideraba que ganaría la guerra, pues se daba cuenta (en lo que tenía razón) que el Partido Nacional con Carías a la cabeza había usado y abusado del Gobierno del Doctor Mejía Colindres, y que lo único valedero en el caso era la guerra civil, para lo cual estaban listos y comprometidos bajo juramento casi todos los Comandantes de Armas de los departamentos. El Jefe del Partido Liberal en armas sería un hombre enérgico: el General José María Reina.

Al día siguiente de las elecciones ganadas por Carías empezó la sublevación en todo el país. Con la falla de la desorganización en el levantamiento, y demás que algunos jefes militares no cumplieron su para esta emergencia, y habría perdido toda posibilidad, si el dictador de El Salvador, Maximiliano Hernández Martínez no le da la mano, mandándole armas por avión cuantas quisiera. En medio de la guerra el General Reina perdió la vida en un accidente aéreo.

El Doctor Mejía Colindres, hombre de palabra, entregó la Presidencia de la República al General Carías, como en un Jueves Santo, en medio de los aullidos de la turbamulta.

El Partido Nacional victorioso tomó y disfrutó del Poder totalmente. El Partido Liberal fue perseguido en la extensión de la República con fines de exterminio.

Las grandes compañías fruteras se habían puesto de acuerdo para sostener un Gobierno de fuerza en provecho de sus intereses.

Fue el Doctor Miguel A. Navarro, quien repitiendo a Francisco Argueta Vargas, orador liberal del siglo pasado, dijo del régimen de Carías: "Este es el Gobierno del entierro, el encierro y el destierro".

Y así fue Ángel Zúñiga Huete, opositor firme y permanente, no pudo hacer nada contra un régimen que siempre contó con el apoyo y protección del Departamento de Estado.

PACTOS DE WASHINGTON DE 1907

Seremos breves en esta referencia. Lo importante es presentar, como decía el historiógrafo hondureño Salvador Turcios, el documento. Presentado el documento, todo lo demás tiene valor menudo.

A pesar de que en el tiempo de su validez tuvo resonancias de cañón "Berta", las generaciones actuales tienen poco conocimiento del Tratado General de Paz y Amistad, y la Convención Adicional celebrada en Washington el 20 de diciembre de 1907.

Como el mismo Tratado lo dice, las Naciones de Centro América, permanentemente embochinchadas dentro de ellas mismas, por ambiciones de poder y entre unas y otras por motivos de poca importancia, necesitaban la paz y ser amigas, para lo cual necesitaban un instrumento jurídico de validez internacional.

Con ese objeto, los gobiernos centroamericanos nombraron representantes para celebrar una conferencia en Washington, y los delegados fueron por Honduras, Policarpo Bonilla, Ángel Ugarte y Constantino Fiallos; por Costa Rica, Luis Anderson y Joaquín B. Calvo; por Guatemala, Antonio Batres Jáuregui, Luis Toledo Herrarte y Víctor Sánchez Ocaña; por Nicaragua, José Madriz y Luis F. Corea; y por El Salvador, Salvador Gallegos, Salvador Rodríguez González y Federico Mejía.

Naturalmente, esto de reunirse en Washington es significativo, y la presencia del representante de los Estados Unidos de América, Mr. Williams T. Buchanan, es todavía más significativo. La asistencia del señor Enrique Creel Embajador de México en los Estados Unidos, sólo fue un adorno puesto al acto.

El Tratado de Paz y Amistad y la Convención adicional tuvieron aprobación en Honduras por una Asamblea Constituyente presidida por Miguel A. Navarro y siendo secretarios de ella Paulino Valladares y Carlos María Varela; y el Gobierno presidido por Miguel R. Dávila le puso el "Ejecútese".

Como todo lo nuevo, aquello produjo gran alegría en Centro América. Iba a haber paz y amistad. Se acabarían las "revoluciones". Se iniciaría el progreso, palabra que tenía gran validez entonces. Pero pronto llegaría la sorpresa del empréstito contenido en el Tratado Paredes-Knox, según el cual Honduras hipoteca sus aduanas para pagar el principal y los intereses. Y pronto vendría también el Tratado Chamorro-Bryan, por el cual Nicaragua entregaba a los Estados Unidos la zona canalera del río San Juan, el Gran Lago y el Estrecho de Rivas, con grave daño de los intereses soberanos de los países que limitan con Nicaragua.

La Corte de Justicia Centroamericana se puso a prueba con la demanda que se presentó contra Nicaragua por haber entregado su soberanía, y fracasó en sus decisiones legales. La pobre Corte tenía que vérselas con el coloso de los Estados Unidos.

Desde que fue celebrado el Tratado Chamorro-Bryan, Nicaragua ya no pudo tomar decisiones libres. Como lo dijo el unionista Salvador Mendieta, desde entonces fue una enfermedad local.

No queremos cerrar este informe omitiendo un hecho importante que ha quedado inadvertido para los estudiosos de nuestra historia. Al Presidente Dávila le pasó la misma que al Presidente Mejía Colindres en su tiempo. Llegó a gobernar cuando empezaba la primera crisis mundial que tuvo salida en la primera gran guerra de 1914-1918. Como la "glorificación de los cerros" como más tarde dijo Alfonso Guillén Zelaya, no permitió el desarrollo agrícola-industrial del país, a Dávila le sorprendió una situación como nunca se había visto en el país, por eso fue que aceptó el préstamo que ofrecía la Casa Morgan de Nueva York, sin sospechar las consecuencias que le iba a traer la sola intención.

Por supuesto, la crisis mundial de 1910 al 14 fue menos tremenda que la crisis de 1929 al 32.

La Corte de Justicia Centroamericana desapareció sin ninguna gloria.

DECRETO NÚMERO 9

LA ASAMBLEA NACIONAL CONSTITUYENTE

DECRETA:

Artículo único. Apruébanse el Tratado General de Paz y Amistad y la Convención Adicional, celebrados en Washington el 20 de diciembre de mil novecientos siete, por los Delegados de las cinco Repúblicas de Centro América, cuyo tenor es el siguiente:

TRATADO GENERAL DE PAZ Y AMISTAD

Los Gobiernos de las Repúblicas de Honduras, Costa Rica, Guatemala, Nicaragua y El Salvador, deseando establecer las bases que fijen las relaciones generales de dichos países, han tenido a bien celebrar un Tratado General de Paz y Amistad, que llene aquel fin, y al efecto han nombrado Delegados:

HONDURAS: A los Excelentísimos señores Doctor don Policarpo Bonilla, Doctor don Ángel Ugarte y don E. Constantino Fiallos;

COSTA RICA: A los Excelentísimos señores Licenciado don Luis Anderson y don Joaquín B. Calvo;

GUATEMALA: A los Excelentísimos señores Licenciado don Antonio Batres Jáuregui, Doctor don Luis Toledo Herrarte y don Víctor Sánchez Ocaña;

NICARAGUA: A los Excelentísimos señores Doctores don José Madriz y don Luis F. Corea; y

EL SALVADOR: A los Excelentísimos señores Doctor don Salvador Gallegos, Doctor don Salvador Rodríguez González y don Federico Mejía.

En virtud de la invitación hecha conforme al artículo 11 del Protocolo firmado en Washington el 17 de septiembre de 1907 por los Representantes Plenipotenciarios de las cinco Repúblicas Centroamericanas, estuvieron presentes en todas las deliberaciones

411

los Excelentísimos señores Representantes del Gobierno de los Estados Unidos Mexicanos, Embajador don Enrique C. Creel, y Representante del Gobierno de los Estados Unidos de América, Mr. Williams I. Buchanan.

Los Delegados, reunidos en la Conferencia de Paz Centroamericana en Washington, después de haberse comunicado sus respectivos plenos poderes, que encontraron en buena forma, han convenido en llevar a efecto el propósito indicado de la manera siguiente:

ARTÍCULO I

Las Repúblicas de Centro América consideran como el primordial de sus deberes, en sus relaciones mutuas, el mantenimiento de la paz, y se obligan a observar siempre la más completa armonía y a resolver todo desacuerdo o dificultad que pueda sobrevenir entre ellas, de cualquiera naturaleza que sea, por medio de la Corte de Justicia Centroamericana, creada por la Convención que han concluido al efecto en esta fecha.

ARTÍCULO II

Deseando asegurar en las Repúblicas de Centro América los beneficios que se derivan de la práctica de las instituciones, y contribuir al propio tiempo a afirmar su estabilidad y los prestigios de que deben rodearse, declara que se considera amenazante a la paz de dichas Repúblicas, toda disposición o medida que tienda a alterar en cualquiera de ellas el orden constitucional.

ARTÍCULO III

Atendiendo a la posición geográfica central de Honduras ya las facilidades que esta circunstancia hadado para que su territorio haya sido con la mayor frecuencia el teatro de las contiendas centroamericanas, Honduras declara desde ahora su absoluta neutralidad en cualquier evento de conflicto entre las otras Repúblicas; y éstas, a su vez, si se observare tal neutralidad, se obligan a respetarla y a no violar en ningún caso el territorio hondureño.

ARTÍCULO IV

Atendiendo a las ventajas que deben obtenerse de la creación de Institutos Centroamericanos para el fomento de sus más vitales intereses, además del Instituto Pedagógico y de la Oficina Internacional Centroamericana que han de establecerse según las Convenciones celebradas al efecto por esta Conferencia, se recomienda especialmente a los Gobiernos la creación de una Escuela Práctica de Agricultura en la República de El Salvador, una de Minería y Mecánica en la de Honduras y otra de Artes y Oficios en la de Nicaragua.

ARTÍCULO V

Para cultivar las relaciones entre los Estados, las Partes Contratantes se obligan a acreditar ante cada una de las otras, una Legación Permanente.

ARTICULO VI

Los ciudadanos de una de las Partes Contratantes, residente en el territorio de cualquiera de las otras, gozarán de los mismos derechos civiles de que gozan los nacionales, y se considerarán como ciudadanos en el país de su residencia si reúnen las condiciones que exigen las correspondientes leyes constitutivas. Los no naturalizados estarán exentos del servicio militar obligatorio, por mar o por tierra, y de todo empréstito forzoso o requerimiento militar, y no se les obligará, por ningún motivo, a pagar más contribuciones o tasas ordinarias o extraordinarias, que aquellas que pagan los naturales.

ARTÍCULO VII

Los individuos que hayan adquirido un título profesional en alguna de las Repúblicas Contratantes, podrán ejercer en cualquiera de las otras, sin especial gravamen, sus profesiones, con arreglo a las respectivas leyes; sin más requisitos que los de presentar el título o diploma correspondiente debidamente autenticado, y justificar, en caso necesario, la identidad de la persona y obtener el pase del Poder Ejecutivo donde así lo requiera la ley.

También serán válidos los estudios científicos hechos en las Universidades, Escuelas Facultativas e Institutos de Segunda Enseñanza de cualquiera de los países contratantes, previa la autenticación de los documentos que acrediten dichos estudios y la comprobación de la identidad de la persona.

ARTÍCULO VIII

Los ciudadanos de los países signatarios que residan en el territorio de los otros, gozarán del derecho de propiedad literaria, artística o industrial en los mismos términos y sujetos a los mismos requisitos que los naturales.

ARTÍCULO IX

Las naves mercantes de los países signatarios se considerarán en los mares, costas y puertos de los indicados países como naves nacionales; gozarán de las mismas exenciones, franquicias y concesiones que éstas y no pagarán otros derechos ni tendrán otros gravámenes que los que paguen y tengan impuestos las embarcaciones del país respectivo.

ARTÍCULO X

Los Gobiernos de las Repúblicas Contratantes se comprometen a respetar la inviolabilidad del derecho de asilo a bordo de los buques mercantes de cualquiera nacionalidad surtos en sus puertos. En con secuencia, no podrá extraerse de dichas embarcaciones sino a los reos de delitos comunes, por orden de Juez competente y con las formalidades legales. A los perseguidos por delitos políticos, o delitos comunes conexos con los políticos, sólo podrá extraérseles en el caso de que se hayan embarcado en un puerto del Estado que los reclama, mientras permanezcan en sus aguas jurisdiccionales y cumpliéndose los requisitos exigidos anteriormente para los casos de delitos comunes.

ARTÍCULO XI

Los Agentes Diplomáticos y Consulares de las Repúblicas Contratantes en las ciudades, plazas y puertos extranjeros prestarán a las personas, buques y demás propiedades de los ciudadanos de cualquiera de ellas, la misma protección que a las personas, buques y demás propiedades de sus compatriotas, sin exigir por sus servicios otros o mayores derechos que los acostumbrados respecto de sus nacionales.

ARTÍCULO XII

En el deseo de fomentar el comercio entre las Repúblicas Contratantes, sus respectivos Gobiernos se pondrán de acuerdo para el establecimiento de naves nacionales y mercantes que hagan el comercio de cabotaje y para los arreglos y subvenciones que deban acordarse a las compañías de vapores que hagan el tráfico entre los puertos nacionales y los del exterior.

ARTÍCULO XIII

Habrá entre las Partes Contratantes un canje completo y regular de toda clase de publicaciones oficiales.

ARTÍCULO XIV

Los instrumentos públicos otorgados en una de las Repúblicas Contratantes serán válidos en las otras, siempre que estén debidamente autenticadas y que en su celebración se hayan observado las leyes de la República de donde proceden.

ARTÍCULO XV

Las autoridades judiciales de las Repúblicas Contratantes darán curso a las requisitorias en materia civil, comercial o criminal, concerniente a citaciones, interrogatorios y demás actos de procedimiento o instrucción.

Los demás actos judiciales, en materia civil o comercial, procedentes de acción personal, tendrán en el territorio de cualquiera de las Partes Contratantes igual fuerza que los de los Tribunales locales, y se ejecutarán del mismo modo, siempre que se declaren previamente ejecutoriados por el Tribunal Supremo de la República en donde han de tener ejecución, lo cual se verificará si llenaren las condiciones esenciales que exige su respectiva legislación y conforme a las leyes señaladas en cada país para la ejecución de las sentencias.

ARTÍCULO XVI

Deseando prevenir una de las causas más frecuentes de trastornos en las Repúblicas, los Gobiernos Contratantes no permitirán que los cabecillas o jefes principales de las emigraciones políticas, ni sus agentes, residan en los departamentos fronterizos a los países cuya paz pudieran perturbar.

Los que estuvieren actualmente establecidos de una manera fija en un departamento fronterizo podrán permanecer en el lugar de su residencia, bajo la inmediata vigilancia del Gobierno asilador; pero desde el momento en que llegaren a constituir peligro para el orden serán incluidos en la regla del inciso precedente.

ARTÍCULO XVII

Toda persona, cualquiera que sea su nacionalidad, que, dentro del territorio de una de las Partes Contratantes iniciare o fomentare trabajos revolucionarios contra alguna de las otras, será inmediatamente concentrada a la capital de la República, donde se la someterá a juicio con arreglo a la ley.

ARTÍCULO XVIII

En cuanto a la oficina de las. Repúblicas centroamericanas que se establecerá en Guatemala y respecto al Instituto Pedagógico que ha de crearse en Costa Rica, se observarán las Convenciones celebradas al efecto, así como también regirán las que se refieran a Extradición,

Comunicaciones y Conferencias anuales para unificar los intereses centroamericanos.

ARTÍCULO XIX

El presente Tratado permanecerá en vigor por el término de diez años, contados desde el día del canje de las ratificaciones. Sin embargo, si un año antes de expirar dicho término no se hubiere hecho por alguna de las Partes Contratantes notificación especial a las otras sobre la intención de terminarlo, continuará rigiendo hasta un año después de que se haya hecho la referida notificación.

ARTÍCULO XX

Estando resumidas o convenientemente modificadas en este Tratado las estipulaciones de los celebrados anteriormente entre los países contratantes, se declara que todos quedan sin efecto y derogados por el actual, cuando sea definitivamente aprobado y canjeado.

ARTÍCULO XXI

El canje de las ratificaciones del presente Tratado así como el de las otras Convenciones concluidas en esta fecha, se hará por medio de comunicaciones que dirijan los Gobiernos al de Costa Rica, para que éste lo haga saber a los demás Estados contratantes. El Gobierno de Costa Rica les comunicará también la ratificación, si la otorgare.

Firmada en la ciudad de Washington, a los veinte días del mes de diciembre de mil novecientos siete.

(f) Policarpo Bonilla. (f) Ángel Ugarte. (f) E. Constantino Fiallos. (f) Luis Anderson. (f) J. B. Calvo. (f) Antonio Batres Jáuregui. (f) Luis Toledo Herrarte. (f) Víctor Sánchez O. (f) José Madriz. (f) Luis F. Corea. (f) Salvador Gallegos. (f) Salvador Rodríguez G. (f) F. Mejía.

CONVENCION ADICIONAL AL TRATADO GENERAL

Los Gobiernos de las Repúblicas de Honduras, Costa Rica, Guatemala, Nicaragua y El Salvador, han tenido a bien celebrar una Convención Adicional al Tratado General, y al efecto han nombrado Delegados:

HONDURAS: A los Excelentísimos señores Doctor don Policarpo Bonilla, Doctor don Ángel Ugarte y don E. Constantino Fiallos;

COSTA RICA: A los Excelentísimos señores Licenciado don Luis Anderson y don Joaquín B. Calvo;

GUATEMALA: A los Excelentísimos señores Licenciado don Antonio Batres Jáuregui, Doctor don Luis Toledo Herrarte y don Víctor Sánchez Ocaña;

NICARAGUA: A los Excelentísimos señores Doctor don José Madriz y don Luis F. Corea; y

EL SALVADOR: A los Excelentísimos señores Doctor don Salvador Gallegos, Doctor don Salvador Rodríguez González y don Federico Mejía.

En virtud de la invitación hecha conforme al Artículo II del Protocolo firmado en Washington el 17 de septiembre de 1907 por los Representantes Plenipotenciarios de las cinco Repúblicas Centroamericanas, estuvieron presentes en todas las deliberaciones los Excelentísimos señores Representantes del Gobierno de los Estados Unidos Mexicanos, Embajador don Enrique G. Creel, y Representante del Gobierno de los Estados Unidos de América, Mr. William I. Buchanan.

Los Delegados, reunidos en la Conferencia de Paz Centroamericana en Washington, después de haberse comunicado sus respectivos plenos poderes, que encontraron en buena forma, han convenido en llevar a efecto el propósito indicado de la manera siguiente:

ARTÍCULO I

Los Gobiernos de las Altas Partes Contratantes no reconocerán a ninguno que surja en cualquiera de las cinco Repúblicas por consecuencia de un golpe de Estado, o de una revolución contra un Gobierno reconocido, mientras la Representación del pueblo, libremente electa, no haya reorganizado el país, en forma constitucional.

ARTÍCULO II

Ningún Gobierno de Centro América podrá, en caso de guerra civil, intervenir en favor ni en contra del Gobierno del país donde la contienda tuviera lugar.

ARTÍCULO III

Se recomienda a los Gobiernos de Centro América procurar, por los medios que estén a su alcance, en primer término la reforma constitucional en el sentido de prohibir la reelección del Presidente de la República, donde tal prohibición no exista, y en segundo, la adopción de todas las disposiciones necesarias para rodear de completa garantía el principio de alternabilidad en el Poder.

Firmada en la ciudad de Washington, a los veinte días de diciembre de mil novecientos siete.

(f) Policarpo Bonilla. (f) Ángel Ugarte. (f) E. Constantino Fiallos. (f) Luis Anderson. (f) J. B. Calvo. (f) Antonio Batres Jáuregui. (f) Luis Toledo Herrarte. (f) Víctor Sánchez O. (f) José Madriz. (f) Luis F. Corea. (f) Salvador Gallegos. (f) Salvador Rodríguez G. (f) F. Mejía.

Dado en Tegucigalpa, en el Salón de Sesiones de la Asamblea Nacional Constituyente, a los tres días del mes de marzo de mil novecientos ocho.

MIGUEL A. NAVARRO,
Presidente

C. Ma. VARELA,
Secretario 2°.

PABLO ROSALES R.
Vicesecretario 1°.

AL PODER EJECUTIVO.

Por Tanto: EJECÚTESE.

Tegucigalpa, 4 de marzo de 1908

MIGUEL R. DÁVILA

El Secretario de Estado en el Despacho de Relaciones Exteriores,

E. CONSTANTINO FIALLOS

DECRETO NÚMERO 10
LA ASAMBLEA NACIONAL CONSTITUYENTE

DECRETA:

Artículo único. Apruébanse la Convención para el establecimiento de una Corte de Justicia Centroamericana y Protocolo Adicional a la misma, celebrada en Washington el 20 de diciembre de mil novecientos siete, por los Delegados de las cinco Repúblicas de Centro América, cuyo tenor es el siguiente:

CONVENCIÓN

PARA EL ESTABLECIMIENTO DE UNA CORTE DE JUSTICIA CENTROAMERICANA

Los Gobiernos de las Repúblicas de Honduras, Costa Rica, Guatemala, Nicaragua y El Salvador, con el propósito de garantizar eficazmente sus derechos y mantener inalterables la paz y armonía de sus relaciones, sin tener que recurrir en ningún caso al empleo de la fuerza, han convenido en celebrar una Convención para constituir un Tribunal de Justicia encargado de realizar tan altos fines, y al efecto han nombrado Delegados:

HONDURAS: A los Excelentísimos señores Doctor don Policarpo Bonilla, Doctor don Ángel Ugarte y don E. Constantino Fiallos;

COSTA RICA: A los Excelentísimos señores Licenciado don Luis Anderson y don Joaquín B. Calvo;

GUATEMALA: A los Excelentísimos señores Licenciado don Antonio Batres Jáuregui, Doctor don Luis Toledo Herrarte y don Víctor Sánchez Ocaña;

NICARAGUA: A los Excelentísimos señores Doctores don José Madriz y don Luis F. Corea; y

EL SALVADOR: A los Excelentísimos señores Doctor don Salvador Gallegos, Doctor don Salvador Rodríguez González y don Federico Mejía.

En virtud de la invitación hecha conforme al artículo II del Protocolo firmado en Washington el 17 de septiembre de 1907 por los Representantes Plenipotenciarios de las cinco Repúblicas Centroamericanas, estuvieron presentes en todas las deliberaciones los Excelentísimos señores Representantes del Gobierno de los Estados Unidos Mexicanos, Embajador don Enrique C. Creel, y Representante del Gobierno de los Estados Unidos de América, Mr. William I. Buchanan.

Los Delegados, reunidos en la Conferencia de Paz Centroamericana en Washington, después de haberse comunicado sus respectivos plenos poderes, que encontraron en buena forma, han convenido en llevar a efecto el propósito indicado de la manera siguiente:

ARTÍCULO I

Las Altas Partes Contratantes convienen, por la presente, en constituir y sostener un Tribunal permanente que se denominará "Corte de Justicia Centroamericana", a la cual se comprometen a someter todas las controversias o cuestiones que entre ellas puedan sobrevenir, de cualquiera naturaleza que sean y cualquiera que sea su origen, en el caso de que las respectivas Cancillerías no hubieren podido llegar a un avenimiento.

ARTÍCULO II

Esta Corte conocerá, asimismo, de las cuestiones que inicien los particulares de un país centroamericano contra alguno de los otros Gobiernos contratantes, por violación de tratados o convenciones, y en los demás casos de carácter internacional, sea que su propio Gobierno apoye o no dicha reclamación; y con tal que se hubieren agotado los recursos que las leyes del respectivo país concedieren contra tal violación, o se demostrare denegación de justicia.

ARTÍCULO III

También conocerá de los casos que de común acuerdo le sometieren los Gobiernos contratantes, ya sea que ocurran entre dos o más de ellos o entre alguno de dichos Gobiernos y particulares.

ARTÍCULO IV

Podrá igualmente conocer la Corte de las cuestiones internacionales, que por convención especial hayan dispuesto someterle alguno de los Gobiernos Centroamericanos y el de una nación extranjera.

ARTÍCULO V

La Corte de Justicia Centroamericana tendrá su asiento en la ciudad de Cartago, de la República de Costa Rica; pero podrá trasladar accidentalmente su residencia a otro punto de Centro América, cuando por razones de salubridad, de garantía para el ejercicio de sus funciones, o de seguridad personal de sus miembros, lo juzgare conveniente.

ARTÍCULO VI

La Corte de Justicia Centroamericana se organizará con cinco Magistrados, nombrados uno por cada República y escogidos entre los jurisconsultos que tengan las condiciones que las leyes de cada país exijan. para el ejercicio de la Alta Magistratura y gocen de la más elevada consideración, tanto por sus condiciones morales, como por su competencia profesional.

Las vacantes serán llenadas por Magistrados Suplentes, nombrados al propio tiempo y del mismo modo que los propietarios, y deberán reunir idénticas condiciones a las de éstos.

La concurrencia de los cinco Magistrados que componen el Tribunal, es indispensable para que haya quórum legal en las resoluciones de la Corte.

ARTÍCULO VII

El Poder Legislativo de cada una de las cinco Repúblicas contratantes, nombrará sus respectivos Magistrados, un propietario y dos suplentes.

El sueldo de cada Magistrado será el de ocho mil pesos anuales, en oro americano, que se les pagará por la Tesorería de la Corte. El sueldo del Magistrado del lugar donde la Corte resida será señalado por el respectivo Gobierno. Además, cada Estado contribuirá con dos mil pesos oro anuales para los gastos ordinarios y extraordinarios del Tribunal. Los Gobiernos de las Repúblicas contratantes se obligan a consignar las partidas respectivas en sus presupuestos de erogaciones y a remitir por trimestres adelantados a la Tesorería de la Corte la parte que por tales servicios les corresponda.

ARTÍCULO VIII

Los Magistrados propietarios y suplentes serán nombrados para un período de cinco años, que se contará desde el día en que tomen posesión de sus cargos, y pueden ser reelectos.

En caso de fallecimiento, renuncia o incapacidad permanente de cualquiera de ellos, se procederá a su reemplazo por la respectiva Legislatura, y el Magistrado electo continuará el período de su predecesor.

ARTÍCULO IX

Los Magistrados propietarios y suplentes prestarán el juramento o la protesta de ley ante la autoridad que los hubiere nombrado, y desde este momento gozarán de las inmunidades y prerrogativas que por la presente Convención se les confiere. Los propietarios gozarán también, desde entonces, del sueldo asignado en el artículo VII.

ARTÍCULO X

Mientras permanezcan en el país de su nombramiento, los Magistrados propietarios y suplentes gozarán de la inmunidad personal que las respectivas leyes otorguen a los Magistrados de la Suprema Corte de Justicia, y en las otras Repúblicas contratantes tendrán los privilegios e inmunidades de los Agentes Diplomáticos.

ARTÍCULO XI

El cargo de Magistrado en funciones es incompatible con el ejercicio de su profesión y con el desempeño de cargos públicos. La misma incompatibilidad se establece para los Magistrados suplentes por el tiempo que ejerzan efectivamente sus funciones.

ARTÍCULO XII

En su primera sesión anual la Corte elegirá, entre los Magistrados de su seno, un Presidente y un Vicepresidente; organizará el personal de su oficina, con la designación de un Secretario, un Tesorero y los demás empleados subalternos que juzgue necesarios; y fijará su presupuesto de gastos.

ARTÍCULO XIII

La Corte de Justicia Centroamericana representa la conciencia nacional de Centro América, y en tal virtud, los Magistrados que compongan el Tribunal no podrán considerarse inhibidos del ejercicio de sus funciones por el interés que puedan tener en algún caso o cuestión las Repúblicas de donde se derive su nombramiento. En cuanto a implicaciones y recusaciones, las ordenanzas de procedimientos que la Corte dictare dispondrán lo conveniente.

ARTÍCULO XIV

Cuando ocurran diferencias o cuestiones sujetas a la competencia del Tribunal, la parte interesada deberá presentar demanda que comprenda todos los puntos de hecho y de derecho relativos al asunto y todas las pruebas pertinentes. El Tribunal comunicará, sin pérdida de tiempo, el libelo de demanda a los Gobiernos o particulares interesados y los invitará a que presenten sus alegaciones y probanzas dentro del término que se les señale, que, en ningún caso, excederá de sesenta días, contados desde la notificación de la demanda.

ARTÍCULO XV

Si transcurriere el término señalado sin que se haya contestado la demanda, la Corte requerirá al demandado o demandados para que lo verifiquen dentro de un nuevo término, que no podrá exceder de veinte días, vencido el cual y en vista de las pruebas presentadas, y de las que de oficio haya creído conveniente obtener el Tribunal, dictará el fallo correspondiente, que será definitivo.

ARTÍCULO XVI

Si el Gobierno, Gobiernos o particulares demandados, hubieren acudido en tiempo ante la Corte, presentando sus alegaciones y probanzas, ésta fallará el asunto dentro de los treinta días siguientes, sin más trámite ni diligencia; pero si se solicitare un nuevo plazo para presentar otras pruebas, la Corte decidirá si es oportuno o no concederlo; y, en caso afirmativo, señalará para ello un término prudente. Vencido este término, la Corte pronunciará su fallo definitivo, dentro de treinta días.

ARTÍCULO XVII

Cada uno de los Gobiernos o particulares a quienes directamente conciernan las cuestiones que van a tratarse en la Corte, tiene derecho para hacerse representar ante ella por persona o personas de su confianza, que presenten pruebas, formulen alegatos y promuevan, en los términos fijados por esta Convención y por las ordenanzas de la

Corte de Justicia, todo lo que a su juicio sea conducente a la defensa de los derechos que representan.

ARTÍCULO XVIII

Desde el momento en que se inicie alguna reclamación contra uno o más Gobiernos hasta el en que se falle definitivamente, la Corte podrá fijar la situación en que deban permanecer las partes contendientes, a solicitud de cualquiera de ellas, a fin de no agravar el mal, y de que las cosas se conserven en el mismo estado mientras se pronuncia el fallo definitivo.

ARTÍCULO XIX

Para todos los efectos de esta Convención, la Corte de Justicia Centroamericana podrá dirigirse a los Gobiernos o Tribunales de Justicia de los Estados contratantes, por el órgano del Ministerio de Relaciones Exteriores o de la Secretaría de la Corte Suprema de Justicia del respectivo país, según la naturaleza de la diligencia que haya de practicarse, a fin de hacer ejecutar las providencias que dictare en la esfera de sus atribuciones.

ARTÍCULO XX

También podrá nombrar Comisionados Especiales para la práctica de las referidas diligencias, cuando lo juzgue así oportuno, para su mejor cumplimiento. En tal caso, solicitará del Gobierno donde vaya a practicarse la diligencia su cooperación y auxilio, para que el Comisionado cumpla su cometido. Los Gobiernos contratantes se comprometen, formalmente, a obedecer y hacer que se obedezcan las providencias de la Corte, prestando todos los auxilios que sean necesarios para su mejor y más pronta ejecución.

ARTÍCULO XXI

La Corte de Justicia Centroamericana juzgará acerca de los puntos de hecho que se ventilen, según su libre apreciación; y en cuanto a los de derecho, conforme a los principios del Derecho Internacional. La sentencia definitiva comprenderá cada uno de los puntos en litigio.

ARTÍCULO XXII

La Corte tiene facultad para determinar sus competencias interpretando los Tratados y Convenciones pertinentes al asunto en disputa y aplicando los principios del Derecho Internacional.

ARTÍCULO XXIII

Toda resolución definitiva o interlocutoria deberá dictarse mediante el acuerdo, por lo menos, de tres de los Magistrados del Tribunal. En caso de desacuerdo, se llamará por sorteo a uno de los Magistrados Suplentes, y si aún así no se obtuviere la mayoría de tres, se continuará sorteando otros suplentes, hasta obtener tres votos uniformes.

ARTÍCULO XXIV

Las sentencias deberán ser consignadas por escrito y contener una exposición de los motivos en que se funden. Deberán ser firmadas por todos los Magistrados del Tribunal y autorizadas por el Secretario. Una vez que hayan sido notificadas, no podrán alterarse por ningún motivo; pero, a pedimento de cualquiera de las partes, podrá el Tribunal declarar la interpretación que deba darse a sus fallos.

ARTÍCULO XXV

Los fallos de la Corte se comunicarán a los cinco Gobiernos de las Repúblicas contratantes. Los interesados se comprometen a someterse a dichos fallos; y todos a prestar el apoyo moral que sea necesario para que tengan su debido cumplimiento, constituyendo en esta forma una garantía real y positiva de respeto a esta Convención y a la Corte de Justicia Centroamericana.

ARTÍCULO XXVI

Queda autorizado el Tribunal para acordar su reglamento, para dictar las ordenanzas de procedimiento que sean necesarias y para la determinación de formas y de plazos que no se hayan prescrito en la presente Convención. Todas las disposiciones que se dicten sobre el particular se comunicarán inmediatamente a las Altas Partes Contratantes.

ARTÍCULO XXVII

Las Altas Partes Contratantes declaran que, por ningún motivo ni en caso alguno, darán por caducada la presente Convención; y que, en consecuencia, la considerarán siempre vigente durante el término de diez años, contados desde la última ratificación. En el evento de que se cambie o altere la forma política de alguna o algunas de las Repúblicas contratantes, se suspenderán ipso facto las funciones de la Corte de Justicia Centroamericana; y se convocará desde luego, por los respectivos Gobiernos, una Conferencia para ajustar la constitución de dicha Corte al nuevo orden de cosas, y en caso de no llegar por unanimidad a un acuerdo, se tendría por rescindida la presente Convención.

ARTÍCULO XXVIII

El canje de ratificaciones de la presente Convención se hará de conformidad con el Artículo XXI del Tratado General de Paz y Amistad concluido en esta fecha.

ARTÍCULO TRANSITORIO

Como recomendación de las cinco Delegaciones, se agrega un artículo anexo que contiene una ampliación de las facultades de la Corte de Justicia Centroamericana, para que las legislaturas que lo estimen conveniente puedan incluirlo en esta Convención, al ratificarla.

ARTÍCULO ANEXO

La Corte de Justicia Centroamericana conocerá también de los conflictos que pueda haber entre los Poderes Legislativo, Ejecutivo y Judicial, y cuando de hecho no se respeten los fallos judiciales o las resoluciones del Congreso Nacional.

Firmada en la ciudad de Washington, a los veinte días de diciembre de mil novecientos siete.

(f) Policarpo Bonilla. (f) Ángel Ugarte. (f) E. Constantino Fiallos. (f) Luis Anderson. (f) J. B. Calvo. (f) Antonio Batres Jáuregui. (f) Luis Toledo Herrarte. (f) Víctor Sánchez O. (f) José Madriz. (f) Luis F. Corea. (f) Salvador Gallegos. (f) Salvador Rodríguez G. (f) F. Mejía.

PROTOCOLO ADICIONAL

A LA CONVENCION PARA EL ESTABLECIMIENTO DE UNA CORTE DE JUSTICIA CENTROAMERICANA

En la ciudad de Washington, a la una de la tarde del día veinte de diciembre de mil novecientos siete. Los infrascritos, Delegados a la Conferencia de Paz Centroamericana:

Por HONDURAS: Excelentísimos señores Doctor don Policarpo Bonilla, Doctor don Ángel Ugarte y don E. Constantino Fiallos;

Por COSTA RICA: Excelentísimos señores Licenciados don Luis Anderson y don Joaquín B. Calvo;

Por GUATEMALA: Excelentísimos señores Licenciado don Antonio Batres Jáuregui, Doctor don Luis Toledo Herrarte y don Víctor Sánchez Ocaña;

Por Nicaragua: Excelentísimos señores Doctores don José Madriz y don Luis F. Corea; y

Por EL SALVADOR: Excelentísimos señores Doctor don Salvador Gallegos, Doctor don Salvador Rodríguez González y don Federico Mejía.

Notando que se ha cometido un error de copia al consignar el Artículo III de la Convención para el establecimiento de una Corte de

Justicia Centroamericana, concluida en esta fecha, hacen constar que el texto auténtico de dicho Artículo III es como sigue:

También conocerá de los casos que ocurran entre alguno de los Gobiernos contratantes y personas particulares, cuando de común acuerdo le fueren sometidos.

En fe de lo cual, firman el presente Protocolo que ha de considerarse como parte integrante de la Convención.

(f) Policarpo Bonilla. (f) Ángel Ugarte. (f) E. Constantino Fiallos. (f) Luis Anderson. (f) J. B. Calvo. (f) Antonio Batres Jáuregui. (f) Luis Toledo Herrarte. (f) Víctor Sánchez O. (f) José Madrid. (f) Luis F. Corea. (f) Salvador Gallegos. (f) Salvador Rodríguez G. (f) Mejía.

Dado en Tegucigalpa, en el Salón de Sesiones de la Asamblea Nacional Constituyente, a los tres días del mes de marzo de mil novecientos ocho.

MIGUEL A. NAVARRO,
Presidente

PAULINO VALLADARES,
Secretario 1º.

C. Ma. VARELA,
Secretario 2º.

Al Poder Ejecutivo.
Por Tanto: EJECUTESE.

Tegucigalpa, 4 de marzo de 1908.

MIGUEL R. DÁVILA

El Secretario de Estado en el Despacho o de Relaciones Exteriores,

E. CONSTANTINO FIALLOS.

BIBLIOGRAFÍA

Cuantos autores, nacionales y extranjeros, han construido esta Historia con sus obras, han sido puntualmente citados en los textos, hasta con insistencia para que no haya ninguna duda. A todos les estamos vivamente agradecidos por su cooperación en la factura de este trabajo. Si desgraciadamente hubiera uno, dos o tres que fueran omitidos, les rogamos culpar a nuestra memoria y no atribuirnos mala intención, que nunca la hemos abrigado.

Respetamos lo ajeno intelectual, y repugnamos el bizantinismo de varios, que a fuerza de respeto y por ostentar erudición, llenan páginas y páginas con citas de autores y obras, y muchas veces por haber tomado una simple palabra, lo que es el colmo.

A todos muchas gracias.

www.ingramcontent.com/pod-product-compliance
Lightning Source LLC
Chambersburg PA
CBHW061547120626
46550CB00004B/1403